Andrea Bischhoff / Hans Berwanger
Die Eltern-Schule

PIPER

Zu diesem Buch

Immer mehr Eltern suchen Rat. Sie sind verunsichert, was Kinder brauchen, um nicht zu kleinen Tyrannen zu werden. Die Journalistin und Mutter Andrea Bischhoff und der Kinderpsychologe Hans Berwanger reagieren darauf mit einem einzigartigen Buch: »Die Eltern-Schule« erklärt in 14 elementaren Lektionen, was Kindsein und Erwachsenwerden ausmacht. Sie behandeln die großen Fragen (Vertrauen) und auch die kleinen (Taschengeld) und bieten sehr konkrete Anleitung und Orientierung bei allen Reizthemen (Schlafen, Schreien, Schule). Vor allem aber zeigen die Autoren, wie Eltern auf der Grundlage von Liebe ihrem Kind helfen können, seinen eigenen Weg im Leben zu finden.

Mehr Informationen auch unter www.hilfe-bei-erziehung.de

Andrea Bischhoff, geboren 1962 im Schwarzwald, lebt als freie Autorin und Journalistin mit den Schwerpunkten Kindererziehung und Gesundheitsfragen in München und hat zwei Kinder. Sie war Redakteurin zweier Jugendzeitschriften und hat mehrere Kinderbücher, darunter das preisgekrönte »Kennst du den Unterschied?«, sowie Beiträge über Psychologie und Medizin für verschiedene Zeitschriften und Magazine verfasst.

Hans Berwanger ist Kinderpsychologe und Leiter einer Erziehungs- und Familienberatungsstelle in Lichtenfels. Als langjähriger Fachberater von *Eltern* und *Eltern for family* ist er als Referent bei Fortbildungen und Kongressen aktiv. Er ist Vater von drei Kindern.

Andrea Bischhoff/Hans Berwanger

Die Eltern-Schule

Kinder fürs Leben stark machen

Mit 14 Illustrationen von Claudia Sanna

Piper München Zürich

Mehr über unsere Autoren und Bücher:
www.piper.de

Von Andrea Bischhoff liegen bei Piper vor:
Lexikon der Erziehungsirrtümer
Die Eltern-Schule (mit Hans Berwanger)

Das vorliegende Buch beruht auf sorgfältiger Recherche. Dennoch sind alle Angaben ohne Gewähr. Weder Autoren noch Verlag übernehmen die Haftung für eventuelle Fehler oder Schäden, die aus den im Buch gegebenen Hinweisen resultieren. Eine Haftung der Autoren beziehungsweise des Verlags und seiner Beauftragten für Personen-, Sach- oder Vermögensschäden wird ausgeschlossen. Die Hinweise auf Websites wurden mit aller Sorgfalt zusammengestellt und überprüft. Dennoch können die Autoren weder Gewähr oder Haftung für eventuell rechtswidrige Inhalte oder sonstige Rechtsverletzungen noch Verantwortung für die Aktualität, Richtigkeit, Vollständigkeit und/oder Qualität der empfohlenen Websites übernehmen.

FSC
www.fsc.org
MIX
Papier aus verantwortungsvollen Quellen
FSC® C083411

Ungekürzte Taschenbuchausgabe
November 2012

Umschlaggestaltung: semper smile, München, nach einem Entwurf von Büro Jorge Schmidt, München
Umschlagabbildung: plainpicture/beyond
Satz: Kösel, Krugzell
Gesetzt aus der Scala
Papier: Munken Print von Arctic Paper Munkedals AB, Schweden
Druck und Bindung: CPI – Clausen & Bosse, Leck
Printed in Germany ISBN 978-3-492-26490-7

Für
Moritz und Amelie
und
Sebastian, Robin und Johanna

Inhalt

Vorwort

Es gibt Menschen, auf die Kinder ganz automatisch hören. Jeder kennt solch ein pädagogisches Naturtalent. Und jeder, der Kinder hat, würde gern auch so sein: immer ruhig und gelassen, nie entnervt, nie laut werden müssen und dennoch erfolgreich erziehen. Wie machen die das bloß?, fragt man sich. Warum gelingt diesen Menschen mit Leichtigkeit, wofür man selbst so oft kämpfen muss? Verstehen sie mehr von Kindern? Oder haben sie einfach bessere Nerven?

Die Tatsache, dass Sie sich solche Fragen stellen, beweist: Sie sind eine gute Mutter beziehungsweise ein guter Vater. Denn wer an sich zweifelt, ist feinfühlig. Und Feinfühligkeit zeichnet gute Eltern aus. Die *Eltern-Schule* ist ein Buch über diese Fähigkeit, sich einzufühlen – und über die Liebe, die Familien zusammenhält, aber das Miteinander manchmal auch so schwierig werden lässt. Denn wo starke Gefühle im Spiel sind, machen Menschen einander glücklich – aber können sich auch schnell verletzen.

Gerade weil die Gefühle in einer Familie so stark sind, liegen Glück und Überforderung eng beieinander. Man quillt über vor Zärtlichkeit, wenn man den Säugling im Arm wiegt – und weint verzweifelt mit, wenn er nachts stundenlang schreit. Man schließt die Augen vor Rührung, wenn das Kleinkind seine Arme um einen schlingt – und richtet sie zum Himmel, wenn es sich in einem Trotzanfall zu Boden wirft. Man ist stolz auf den selbstständigen Teenager – und ärgert sich, wenn man ihm immer noch hinterherräumen muss.

In den Momenten des Glücks ist es richtig, mit dem Herzen zu entscheiden. In den schwierigen Situationen aber ist der klare

Menschenverstand gefragt. Dann gilt es, einen Schritt zurückzutreten und zu überlegen: Was fordert mein Kind – und was halte ich für richtig? Was treibt es dazu, mir das Leben schwerzumachen? Was könnte ihm fehlen – oder wo tue ich vielleicht des Guten zu viel? Wie sollte ich reagieren, damit mein Kind daraus etwas lernen kann?

Heute liest man viel über kleine Tyrannen, die ihren Eltern das Leben schwermachen. In der *Eltern-Schule* geht es nicht darum, wie man mit Kindern fertig wird. Wir richten den Blick auf die Freude, die jedes Kind seinen Eltern bereiten will. Auf das Vertrauen, durch das es so selbstverständlich nach der Hand seiner Eltern greift. Und auf den Glanz in den Augen von Müttern und Vätern, wenn sie an das erste Lächeln ihres Kindes denken. Uns geht es darum, sich immer wieder auf dieses kostbare Kapital zu besinnen. Damit man es nutzen kann, wenn die Erziehung Kopfzerbrechen oder auch Kummer bereitet.

Was ist der Schlüssel zu einer erfolgreichen Erziehung?

Erziehung wird einfacher und erfolgreicher, wenn wir unser Augenmerk nicht auf unsere Schwächen, sondern auf unsere ganz persönlichen Stärken und die unserer Kinder richten. Das entspannt die Situation in der Familie und führt zu mehr Verständnis und Zufriedenheit für alle. Denn gelassene und zufriedene Eltern haben selbstbewusste und zufriedene Kinder. Die *Eltern-Schule* will Ihnen dabei den Rücken stärken und Ihnen unnötige Selbstzweifel nehmen. Sie ist eine Gebrauchsanweisung für mehr Gelassenheit und Fehlerfreundlichkeit.

Denn das Geheimnis einer erfolgreichen Erziehung liegt nicht darin, alles perfekt zu machen. Sondern darin, immer wieder die Balance zu suchen zwischen Sanftmut und Standfestigkeit. Ob unsere Kinder gerade erst geboren oder schon jugendlich sind: Sie brauchen von uns eine altersentsprechende Mischung aus sanfter und standfester Liebe. Sie brauchen unser Einfühlungsvermögen und unsere Anerkennung – und sie brauchen Orientierung durch Strukturen und Grenzen, die wir ihnen vorgeben. Wenn sie zudem genug Anregungen und Freiheit bekommen, um sich erproben und die Welt erkunden zu können: Dann verschaffen wir ihnen alles, was ein Kind braucht, um glücklich zu sein und stark zu werden.

Warum passt die ganze Erziehung in ein Buch?

Die 14 Lektionen der *Eltern-Schule* behandeln die großen Themen der Erziehung. Jede Lektion richtet sich an alle Eltern, ganz gleich, wie alt Ihr Kind ist und ob Sie ein Elternpaar oder alleinerziehend sind. Ziel der darin enthaltenen Ratschläge ist es, alle Familienmitglieder stark zu machen. Deshalb geht es in der *Eltern-Schule* nicht nur um unsere Kinder, sondern auch um unsere Partnerschaft, um uns selbst und die Beziehung zu unseren Freunden. Jede Lektion ist in Kapitel gegliedert, die sich mit Fragen rund um die jeweilige Erziehungsaufgabe beschäftigen, die dazugehörenden Entwicklungsschritte veranschaulichen und vom aktuellen Stand der Wissenschaft sowie von den Erfahrungen anderer Eltern berichten.

Herzstück des Buches sind die Kästen – und das im Sinne des Wortes: Hier finden Sie heilsame Botschaften, wie Sie Ihre Seele und die Ihres Kindes beruhigen können. Sie sind dazu gedacht, sich die Entwicklungsaufgaben des Kindes vor Augen zu halten und zu verstehen, warum sich Kinder und Eltern manchmal so schwer damit tun. Wir wollen Sie anregen, Kraft zu schöpfen, indem Sie die wohltuenden Botschaften der *Eltern-Schule* mit dem Herzen fühlen. In den Kästen bekommen Sie psychologische Verhaltenstipps und praktische Anleitungen. Während die Lektionen Sie also über die großen Erziehungsthemen informieren, geben Ihnen deren Kästen konkrete Antworten und Tipps zu den großen und kleinen Fragen des Alltags.

Wie benutze ich die *Eltern-Schule*?

Stöbern Sie einfach nach den Themen und Fragen, die Sie besonders interessieren. Sie brauchen die *Eltern-Schule* nicht von vorn bis hinten durchzulesen, denn sie enthält ein Navigationssystem, das Sie gezielt zu den Buchpassagen leitet, die sich mit der jeweiligen Fragestellung beschäftigen.

Kästen sind sowohl im Inhaltsverzeichnis als auch in den Lektionen mit großen, hellen Punkten markiert. Während des Lesens werden Sie immer wieder auf Pfeile mit Seitenverweisen stoßen. Falls Sie weitere Anregungen zum jeweiligen Thema suchen: Schlagen Sie einfach dort nach und lesen Sie weiter. Manchmal leiten wir Sie beim Lesen auch zum Anhang, denn dort haben wir nützliche Adressen, Internetseiten und Telefonnummern aufgelistet, wo Sie gezielte Informationen, Service und Hilfe geboten bekommen. Damit Sie auf einen Blick die Adresse für Ihr jeweiliges Anliegen finden, haben wir den Anhang durchnummeriert. Sie brauchen also nur zur angegebenen Anhangnummer zu blättern: Dort treffen Sie direkt auf passende Adressen, die Ihnen bei dem Problem, wegen dem Sie die *Eltern-Schule* aufgeschlagen haben, weiterhelfen können.

Natürlich kann man die *Eltern-Schule* auch in einem Rutsch durchlesen, denn die Lektionen sind so aufeinander aufgebaut, dass sich dabei keine Wiederholungen ergeben. Die Seitenverweise kündigen Ihnen dann an, wo Sie in den nächsten Lektionen noch mehr zum jeweiligen Thema erfahren werden.

Danke

Unser Dank gilt allen, die zu diesem Buch beigetragen haben. Allen voran den zahlreichen Müttern, Vätern und Kindern, die wir für die *Eltern-Schule* interviewen durften. Die Fallbeispiele, die daraus entstanden, vermitteln typische Familiensituationen, anhand derer wir typische Erziehungsprobleme analysieren. Die persönlichen Daten der darin geschilderten Menschen wurden so verändert, dass man die realen Personen dahinter nicht mehr erkennen kann.

Danke auch den vielen Rat suchenden Klienten, die sich vertrauensvoll und kooperationsbereit an die Erziehungsberatungsstelle Lichtenfels gewandt haben und wenden. Die jahrelange Erfahrung aus dieser Beratungsarbeit ist selbstverständlich in dieses Buch eingeflossen.

Gedankt sei auch Britta Egetemeier, die dieses Buch mit auf den Weg gebracht hat, unseren Lektorinnen Kristin Rotter, die es mit viel Sorgfalt betreute, und Margret Plath, durch deren Ideen dieses Buch viel übersichtlicher wurde, für die angenehme

Zusammenarbeit, Janine Erdmann für die geschmackvolle Gestaltung sowie Claudia Sanna für die liebevollen Illustrationen.

Liebsten Dank auch unseren Kindern, denen dieses Buch gewidmet ist, und unseren Ehepartnern Ingrid Berwanger und Michael Miersch: Mit euch haben wir am meisten über Familie und Partnerschaft gelernt, danke für jeden Tag an eurer Seite. Dir, lieber Michael, auch danke für die ans Bett gebrachten Kaffees, wenn deine Frau mal wieder die Nacht durchgeschrieben hat. Während der Arbeit an diesem Buch haben wir oft auch an unsere eigenen Eltern gedacht. Was ihr für uns getan habt, stärkt uns bis heute.

München, im Februar 2010

Andrea Bischhoff
Hans Berwanger

LEKTION 1

Rollen und Veränderung

Die Geburt eines Kindes krempelt das Leben um. Plötzlich wird alles anders, und Veränderungen machen Angst. Zumal in Deutschland im Zusammenhang mit Kindern hauptsächlich von Nachteilen die Rede ist: Familie gründen gilt als Armutsrisiko, Karrierebremse, als Ruin für Nerven, Liebesleben, Freizeit und Figur.

Es gibt viele Gründe gegen ein Kind: angelutschte Brezelstücke in der Manteltasche, Schlafmangel oder die Tatsache, dass es unterm Strich genauso viel kostet wie ein Einfamilienhaus. Familie ist ein anstrengendes Kleinunternehmen mit 24 Stunden Dauerbetrieb, ohne Wochenende oder Urlaub. Kinderlose haben es leichter. Anstatt auf verkleckerten Sofas sitzen sie auf cremefarbenen Designercouchen. Sie bereisen die Welt, während Eltern in Ferienanlagen auf Mallorca oder in Kärnten Sandburgen bauen. Sie fahren einen BMW Z3 anstatt einen Opel Zafira und treffen sich zum Brunch, während unsereins Schaukeln anschubst. Eltern entscheiden nicht gemäß Spaßfaktor, sondern danach, was dem Nachwuchs guttut. Die Geburt eines Kindes macht ein Liebespaar zum Vorsorgungsteam für das kleine Lebewesen. Diesen Job machen bedeutet: sehr viel Verantwortung zu übernehmen, in eine sehr erwachsene Rolle zu schlüpfen.

Warum sprechen Eltern trotzdem mit solch glänzenden Augen von ihrem Nachwuchs? Weil Elternschaft das größte und schönste Abenteuer ist, auf das man sich einlassen kann. Mit einem Kind kommt eine völlig neue Liebe ins Leben, und im Stillen bedauert man all jene, denen dieses Glück entgeht. Ein Kind zu haben fühlt sich mindestens so wunderbar an, wie über beide Ohren verliebt zu sein. Und diese Liebe wächst mit jedem Tag ein Stückchen mehr.

In neun Monaten erwachsen

Ist ein Baby unterwegs, bekommen werdende Eltern plötzlich Angst vor ihrem Mut: Was haben wir uns da nur getraut? Wie viel von unserem gewohnten Leben müssen wir aufgeben? Werden wir unsere Freunde verlieren? Was wird aus unserem Liebesleben? Ein treu sorgendes, vernünftiges und stets vorbildliches Elternpaar abgeben: Schaffen – und wollen – wir das überhaupt? Ist das nicht furchtbar spießig?

Sonja und Karsten wünschten sich nichts sehnlicher als ein Kind. Beide haben einen lukrativen Beruf, die Eigentumswohnung ist abbezahlt, nur das Kinderzimmer steht leer. Als sich nach sechs Jahren endlich der ersehnte Nachwuchs einstellt, wird den beiden plötzlich angst und bange. Karsten hadert, ob er seine Familien ernähren kann. Sonja trauert um ihre Freiheit und zweifelt, ob sie dieses Kind wirklich will. Manchmal werden die Zweifel so heftig, dass sie am liebsten vor ihrem schwangeren Körper davonlaufen würde. Dieses Wechselbad der Gefühle zeigt: Die werdenden Eltern setzen sich mit ihren neuen Rollen auseinander und sind auf dem besten Wege, sich darin einzufinden. Solange sich das Baby noch im Bauch befindet, zerbricht man sich den Kopf darüber, ob man all den neuen Pflichten gewachsen ist. Dieser Gedanke ist nach der Geburt wie weggeblasen. Jetzt hat man die Verantwortung – und trägt sie. Und das Wunderbare daran ist: Plötzlich weiß man, dass man genau dieses Kind schon immer haben wollte.

So genießen Sie Ihre Schwangerschaft

• Verwöhnen Sie sich: Essen Sie lecker und gesund. Gönnen Sie sich Kosmetik-, Fußpflege- oder Massagebehandlungen. Nehmen Sie sich Zeit für sich selbst. Die Entscheidung, gesund zu leben, hilft auch der Seele. Geben Sie das Rauchen auf und verzichten Sie auf Alkohol (▶ Seite 108).

• Ziehen Sie sich täglich an einen angenehmen Platz zurück. Sprechen Sie mit Ihrem Baby, streicheln Sie es durch die Bauchdecke, heißen Sie es willkommen.

• Damit es Ihrem Ungeborenen gut geht, müssen Sie nicht 40 Schwangerschaftswochen lang auf Wolke sieben schweben. Ärger im Job, kleinere Auseinandersetzungen oder Kopfzerbrechen darüber, ob man der neuen Rolle gewachsen ist, können das Baby kaum beeinträchtigen. Die Kinderpsychologin Margarete Bolten von der Universität Basel geht davon aus, dass nur dramatische Erlebnisse wie ein schwerer Unfall oder der Tod eines nahen Verwandten auch das Ungeborene belasten.

• Viele Frauen haben während der Schwangerschaft »nahe am Wasser gebaut«, ein typisches Phänomen, das der Analytiker Donald Winnicott als »primäre Mütterlichkeit« bezeichnete. Die gesteigerte Empfindlichkeit diene dazu, Schwangere für die Bedürfnisse des Kindes zu sensibilisieren. Schützen Sie sich vor Einflüssen, die Ihnen Angst machen. Meiden Sie belastende Filme, überblättern Sie erschütternde Zeitungsmeldungen. Stellen Sie sich einen Schutzschild in Ihrer Lieblingsfarbe vor: An diesem Schutz prallt alles Ungute ab. Religiöse Menschen können an einen Schutzengel denken (▶ Seite 25, 66).

• Betrachten Sie Ihre neue Rolle mit Humor. Malen Sie sich diese nicht nur rosig, sondern auch mal übertrieben anstrengend aus: Wie sie breibekleckert, übernächtigt und ungeduscht einem brüllenden, nach vollen Windeln duftenden kleinen Monster ausgeliefert sind. Und lachen Sie darüber!

• Es ist Ihr Baby und Ihre Schwangerschaft. Informieren Sie sich – aber verweisen Sie Bekannte und Verwandte, die Sie mit gut gemeinten Ratschlägen überhäufen, in ihre Schranken.

• Stellen Sie keine überhöhten Erwartungen an sich selbst. Perfekte Eltern gibt es nicht. Ihre Eltern haben es geschafft, Sie großzuziehen. Das wird auch Ihnen gelingen.

• Vermitteln Sie sich und Ihrem Baby die Grundbotschaft: Die Welt ist gut! Du kannst dich darauf freuen, geboren zu werden.

Belastungsprobe Baby

Elternpaare, die sich das Leben mit Kind allzu rosig ausmalen, tun sich nach der Geburt oft schwer. Ein Baby zu bekommen ist kein Garant für Glückseligkeit. Kinder sind kleine egoistische Wesen. Sie machen nicht nur Freude, sondern kosten auch viel Kraft. Sie lieben uns nicht um unserer selbst willen, sondern weil sie uns brauchen.

Ein Kind stellt die Partnerschaft auf die Probe, denn es wirkt als Verstärker: Eine tragfähige Partnerschaft wird gefestigt, eine glückliche Liebe zusätzlich erfüllt. Ein Kind wird eine gute Beziehung nicht zermürben, sondern bereichern. Doch es kann nicht die Scherben einer kaputten Liebe kitten. Sind die Gefühle zwischen den Partnern ungleich verteilt, öffnet sich diese Schere mit einem Kind noch weiter. Eine unfaire Rollenverteilung wird noch schlechter. Steht die Beziehung auf der Kippe, darf man nicht erwarten, dass sie mit Ankunft des Babys wieder ins Lot kommt. Die zusätzlichen Belastungen werden die Probleme eher verschärfen. Dem sollte man ins Auge sehen und sich darüber aussprechen. Und auch den Schritt nicht scheuen, sich hierfür professionelle Hilfe zu holen. Eine Paarberatung muss nicht gleich in jahrelange Therapie ausufern. Oft reichen schon ein paar fachmännisch angeleitete Gespräche, um den Blick wieder auf die Stärken der Partnerschaft richten zu können. Zieht der Partner nicht mit, lohnt es sich auch, alleine eine Familienberatungsstelle aufzusuchen. Oft bekommt die Partnerschaft schon dadurch einen Positivschub, dass einer etwas verändert. Auf jeden Fall sollte man Ballast von Bord werfen, bevor das Baby geboren wird. Denn nach der Geburt stehen erst mal zu viele andere Anforderungen im Vordergrund. Sich miteinander für ein Kind zu entscheiden ist das größte Kompliment, das Frauen und Männer sich gegenseitig machen können. Falls sie sich dann eingestehen, dass sie etwas verbessern müssen, und sie sich für diese Verbesserungen Hilfe holen: Dann beweist das nicht Schwäche, sondern Stärke und wertet die Partnerschaft auf.

Kinder machen rührselig

Anfangs schiebt man es auf die Hormone: Schwangere kämpfen bei der abendlichen TV-Serie mit den Tränen, nur weil sich ein Hund die Pfote verletzt. Später treibt einem der Anblick des Babys vor Glückseligkeit die Tränen in die Augen. Ist der Nachwuchs dem Buggy entwachsen, lässt einen der Blick in fremde Kinderwägen vor Melancholie das Taschentuch zücken. Und wann immer Kerzen auf mit Smarties verzierten Geburtstagskuchen brennen, bringt man statt »Happy birthday« bloß ein überwältigtes Schluchzen heraus. Aber Eltern dürfen sich trösten: Diese Rührseligkeit ist kein Grund, sich zu schämen. Sie ist ein Indiz für ein gutes Einfühlungsvermögen.

Väter in anderen Umständen

Nicht nur Mütter, auch ein Drittel der werdenden Väter klagt über typische Schwangerschaftssymptome wie Gewichtszunahme oder Schlaflosigkeit. Wissenschaftler nehmen an: Teilt ein Mann mit seiner schwangeren Partnerin das Bett, nimmt er über die Nase und den Austausch von Körperflüssigkeiten Stoffe auf, die seinen Hormonhaushalt beeinflussen und ihn so auf die Vaterrolle vorbereiten. Das Hormon Prolaktin bringt bei

Müttern die Milchproduktion in Gang und fördert die Fürsorglichkeit. Erstaunlicherweise steigt etwa drei Wochen vor der Entbindung auch bei einigen Vätern die Prolaktinproduktion an. Hingegen scheint das Testosteron nach der Entbindung um etwa ein Drittel zu sinken, jenes männliche Hormon, das Tiere zum Balzen und Männer zum Flirten treibt. Diese anderen Umstände sind offenbar ein Trick der Evolution, der Familien zusammenhält. Wenn Väter und Mütter sich gemeinsam um den Nachwuchs kümmern, verbessert das die Chancen des Babys. Müttern ist geholfen, wenn die Arbeit nicht an ihnen alleine hängen bleibt. Am meisten profitieren vom Modell »Familie« aber die Väter: In langjährigen und stabilen Partnerschaften erfreuen sich Männer im Durchschnitt einer deutlich erhöhten Lebenserwartung.

Schließen Sie einen Vertrag

Planen Sie Ihr Leben zu dritt möglichst detailliert und schreiben Sie dies schon in der Schwangerschaft auf. Falls Sie keinen Partner haben, brauchen Sie umso mehr Entlastung. Notieren Sie, wie Sie diese organisieren können (▶ Seite 37).

- Wie sorgen wir für »Tankstellen« im Alltag: Welche Zeit bleibt uns für Hobbys und Sport? Was schränken wir ein – und auf was wollen wir nicht verzichten? Wie ermöglichen wir uns gegenseitig Freiräume? Wie bleiben wir körperlich fit?

- Wie bekommen wir genügend Schlaf? Wer hat wann »Nachtdienst«, wenn das Baby weint?

- Welche Freundschaften können wir weiterhin pflegen? Welche Freunde sind uns besonders wichtig? Wen beziehen wir, vielleicht auch als Paten, in die Kindererziehung ein?

- Wie kommen wir finanziell zurecht? Wann kehrt wer von uns in den Beruf zurück? Wie verteilen wir Hausarbeit und Kinderbetreuung? (▶ Seite 204, 332)

• Wie soll sich unsere Wohnung im ersten Lebensjahr verändern?

• Und nicht zuletzt: Was tun wir für unsere Partnerschaft? Wie und wann sind exklusive Zeiten für Zweisamkeit möglich?

Eine Familie werden

Jeder von uns hat Idealvorstellungen, wie wir mit unseren Kindern umgehen wollen. Das Programm für diese Aufgabe ist bereits in uns angelegt. Die eigene Mutter und der eigene Vater haben uns vorgelebt, wie man Kinder erzieht. Dieses Muster ist in uns gespeichert und wird aktiviert, sobald wir selber Eltern werden. Bei der Konstellation »Vater-Mutter-Kind« spielen also nicht nur drei Personen mit, sondern stets auch unsere eigenen Elternpaare. Darum macht in der Mathematik der Psyche zwei plus eins nicht drei, sondern sieben (eine Mutter, ein Vater, vier Großeltern plus ein Baby). Und zwar unabhängig davon, ob unsere Eltern noch leben oder bereits verstorben sind: Unsere familiären Strukturen und Traditionen kommen jetzt wieder zum Tragen, in einem Kind setzen wir unsere Herkunft fort. Es wird uns und unseren Vorfahren in gewisser Weise ähneln. In ihm leben alle Beteiligten weiter.

Ob wir eher geduldige oder angespannte, ängstliche oder gelassene Eltern werden: Dabei spielen auch unsere eigenen Eltern mit. Ein schöner Gedanke, insofern man eine Bilderbuchkindheit hatte. Doch die meisten werdenden Eltern nehmen sich vor, vieles ganz anders zu machen. Vielleicht war ihre Kindheit sogar so schwierig, dass sie dieses Muster unbedingt durchbrechen sollten. Es klingt merkwürdig, aber: Unabhängig davon, wie glücklich oder unglücklich die eigene Kindheit war – wir bringen daraus immer ein wertvolles Kapital mit. Nämlich die Tatsache, dass alles gut ausgegangen ist. Man hat es geschafft, erwachsen zu werden. Man erwartet nun selbst ein Kind. Dass es auf die Welt kommt, gibt allen Beteiligten die Chance zu einem ganz neuen Anfang. Einem Anfang, den wir als Erwachsene nun bewusst so gestalten können, wie wir es für richtig halten.

Aussöhnung mit den eigenen Eltern

• Danken Sie Ihren Eltern dafür, dass sie Ihnen das Leben geschenkt haben. Entweder im Stillen oder, wenn Sie den Mut dazu aufbringen, indem Sie es ihnen sagen oder schreiben.

• Falls Sie eine schwierige Kindheit hatten, sagen Sie sich: Diese Zeit hat mich – aber auch meine Eltern – viel gekostet. Jetzt ist meine Kindheit vorbei, und ich mache das Beste daraus (▶ Seite 52). Nehmen Sie der Vergangenheit ihren Schrecken: Sie sind jetzt erwachsen. Damit ist Ihre Kindheit gut ausgegangen! Dieser gute Ausgang hat Achtung verdient.

• Halten Sie sich vor Augen, dass Ihre Eltern Ihnen nicht schaden wollten, sondern es leider nicht besser vermochten. Stellen Sie sich vor, es gäbe eine Art göttliches Füllhorn, randvoll mit Liebe, Güte, Wärme und Weisheit. Imaginieren Sie, wie dieser Inhalt sich als warmer Regen über Ihre Eltern ergießt. Denken Sie: Mit diesen Fähigkeiten ausgestattet wären Mutter und Vater mir bessere Eltern gewesen. Versuchen Sie, Ihre Eltern in diesem wohlwollenden Licht zu sehen. Schließen Sie Frieden mit Ihrer Vergangenheit.

Ein Liebespaar bleiben

Solange Paare noch im siebten Liebeshimmel schweben, machen sie automatisch fast alles richtig: Sie sind verschwenderisch mit Komplimenten und sparen mit Kritik. Sie sehen einander in die Augen und lauschen verzückt, was der andere zu erzählen hat. Sie fragen einander nach ihrem Kummer, reagieren darauf mit Verständnis und geben sich das Gefühl: Du gefällst mir. Ich bin glücklich, dass du bei mir bist.

Lässt der Rausch frischer Verliebtheit nach, behandelt man sich nüchterner. Und mit dem ersten Kind lässt manchmal das Gefühl, sich umeinander bemühen zu müssen, leider allzu sehr nach. Kritik wird großzügig verteilt, mit Liebesbekenntnissen hingegen gespart. Zur Begrüßung gibt's statt freudiger Küsse einen Rapport, was heute schiefgelaufen ist. Der Eheforscher John Gottman nahm die Unterschiede zwischen glücklichen und unglücklichen Paaren unter die Lupe und ermittelte so die Gottman-Konstante: ein Rezept, das die Liebe lebendig hält. Seine Zutaten sind Zuwendung und Wertschätzung. In stabilen Partnerschaften stehen positiver und negativer Austausch im Verhältnis 5:1. Ein unbedachtes »Geh mir nicht auf die Nerven« will also durch mindestens fünf anerkennende Handlungen oder Bemerkungen aufgewogen werden. Außerdem zeigen gut funktionierende Partnerschaften folgende Gemeinsamkeiten: Man öffnet sich voreinander und bespricht, was einen beschäftigt. Glückliche Paare necken einander häufig, sie legen nicht nur im Ehebett, sondern auch im Alltag Wert auf viel Körperkontakt und begegnen einander mit Respekt.

Den zu bewahren ist das A und O jeder guten Beziehung. Darum raten die Paartherapeuten Joachim Engl und Franz Thurmaier, möglichst schon vor der Familiengründung mit dem Partner Regeln zu trainieren, wie man sich in Konfliktsituationen konstruktiv miteinander auseinandersetzt. Ihre Erfahrung zeigt: Das Geheimnis glücklicher Paare ist das gelungene Gespräch. Um bei Meinungsverschiedenheiten nicht in Vorwürfen oder Schweigen stecken zu bleiben, sollten Partner üben, ihre Gefühle und Wünsche so auszudrücken, dass der andere sie nicht nur hört, sondern auch versteht. »Ein Partnerschaftliches Lernprogramm«, kurz EPL, heißt ihr Kommunikationsmodell, das Paaren hilft, richtig zu streiten – um schlimmen Streit zu vermeiden. Wirksamkeitsstudien belegen, dass Teilnehmer von EPL-Seminaren noch Jahre später davon profitieren (▶ Anhang 18).

Paare können sich viel verzeihen, wenn sie akzeptieren, dass Frauen und Männer einen unterschiedlichen Gesprächsstil haben. Während Frauen Gemeinsamkeiten zur Sprache bringen, sprechen Männer gerne über Sachthemen und verabscheuen es, mit Frauen über Probleme zu debattieren (▶ Seite 191). Frauen wollen Nähe herstellen, darum reden sie am liebsten über Gefühle. Die Soziolinguistin Deborah Tannen, Professorin an der Georgetown University in Washington, hat jahrelang Gespräche zwischen den Geschlechtern untersucht, um herauszufinden:

Warum nur haben Männer das Gefühl, Frauen meckerten fortwährend an ihnen herum und kämen nicht zur Sache? Warum fühlen sich Frauen dauernd kritisiert, während Männer davon genervt sind, dass sie alles persönlich nehmen?

Verliebte Paare erwarten, dass Liebe und Verständnis miteinander einhergehen. Doch das Rätsel langer Beziehungen ist: Mit zunehmender Nähe verstärkt sich das geschlechtstypische Gesprächsverhalten. Viele kleine Enttäuschungen addieren sich, und irgendwann meint man, nicht mehr zueinander zu passen. Das lässt sich vermeiden, indem man – vor allem beim Streiten – ein paar Regeln beachtet und indem man sich bewusst macht: Wenn wir uns vom Partner unverstanden fühlen, mangelt es selten an Liebe, sondern meist liegt es nur daran, dass wir Gefühle unterschiedlich ausdrücken.

Zehn Regeln für faires Streiten

Als Sprechende/r sollten Sie sich bemühen…

1. von sich, Ihren Gedanken und Gefühlen zu reden. Kennzeichnend dafür ist der Gebrauch der Ich-Form, dadurch werden Aussagen persönlicher. Du-Sätze beinhalten oft Vorwürfe und Anklagen und wirken als Auslöser für Rechtfertigungen oder Gegenangriffe.

2. konkrete Situationen anzusprechen und Ihre Aussage damit zu veranschaulichen, und Verallgemeinerungen (wie »immer«, »nie«) zu vermeiden, sie bewirken meist reflexhaften Widerspruch und lenken vom Wesentlichen ab.

3. konkretes Verhalten in konkreten Situationen zu beschreiben. So kann Ihr Partner Ihre Aussagen nachvollziehen, ohne sich bewertet zu fühlen. Unterstellen Sie ihm keine negativen Eigenschaften (wie »typisch«, »unfähig«), das würde Widerspruch hervorrufen. Versuchen Sie, die bei Ihnen ausgelösten Gefühle und Gedanken vom Verhalten Ihres Partners zu trennen.

4. sich zu öffnen und zu beschreiben, was in Ihnen vorgeht. Die VW-Regel beachten: Hinter jedem »V«orwurf versteckt sich ein »W«unsch. Sich diesen versteckten Wunsch vor Augen zu führen und sich verständlicher zu machen, indem man Gefühle und Bedürfnisse äußert (das ist anfangs schwierig, aber äußerst nützlich). Anklagen und Vorwürfe sowie »negatives Gedankenlesen« zu vermeiden. Das sind Äußerungen, welche die Reaktion des Partners vorwegnehmen (wie »Anders kann man mit dir ja nicht reden«, »Das verstehst du ja eh nicht«). Hiermit will man sich zwar gegen negative Reaktionen absichern – beschwört sie aber geradezu herauf.

5. beim Thema zu bleiben, um das es gerade geht, und nicht abzuschweifen. Nicht in die Historienkiste zu greifen, sondern im Hier und Jetzt zu bleiben.

Als Zuhörer/in erreichen Sie am meisten, wenn Sie…

6. den Gesprächspartner ausreden lassen. Zeigen, dass Sie zuhören, indem Sie sich ihm zuwenden und Blickkontakt halten. Ihr Interesse durch unterstützende Gesten wie Nicken oder ein kurzes »Hm«, »Aha« zeigen. Den Partner im Weitererzählen bestärken, zum Beispiel indem Sie ihm sagen, dass Sie mehr darüber hören möchten.

7. Missverständnisse vermeiden, indem Sie das Gehörte zwischendurch zusammenfassen und möglichst in eigenen Worten wiedergeben. Das strukturiert Ihr Gespräch.

8. zeigen, dass Sie Ihren Partner verstehen wollen. Offene Fragen ermuntern ihn, sich tiefer auf das Gespräch einzulassen (zum Beispiel »Wie ging es dir dabei?« oder »Woran hast du das gemerkt?«). Nötigen Sie ihn aber nicht zur Rechtfertigung und verzichten Sie auf Vorwürfe (wie »Das musst du doch gemerkt haben!«).

9. dem Partner sagen, was Sie an seinem Gesprächsverhalten gut finden. Zum Beispiel indem Sie sagen: »Ich verstehe jetzt viel bes-

ser, was du meinst«, »Jetzt wird es mir klar, weil du es offen angesprochen hast«. Auch der Sprecher kann sich für gutes Zuhören bedanken. Schneiden Sie einander nicht das Wort ab, sondern vereinbaren Sie, wer gerade mit reden – oder zuhören – an der Reihe ist.

10. auch wenn Sie wütend sind, indirekte Aussagen vermeiden (wie »Das stimmt doch nicht!«). Stattdessen die eigenen Gefühle zurückmelden (wie »Ich bin erstaunt, dass du das so siehst«). Springen Sie über Ihren Schatten und melden Sie aufkommende positive Gefühle direkt zurück, zum Beispiel: »Es freut mich, dass du da mitmachst«, »Ich bin erleichtert, dass du dir die Zeit nimmst«. Versuchen Sie auszusprechen, was das Gesagte in Ihnen auslöst und wie Sie sich gerade fühlen. So bleiben Sie miteinander auch im Streit gefühlsmäßig in Kontakt.

Diese Regeln wurden in Anlehnung an die Kommunikationsprogramme EPL und KEK der Psychologen Joachim Engl und Franz Thurmeier erarbeitet (▶ Anhang 18).

Das Geheimnis glücklicher Paare

Eine Partnerschaft – zumal mit Kindern – erfordert, eigene Interessen oft hintanstellen und auch Opfer bringen zu müssen. Wissenschaftlerinnen der San Francisco State University fanden heraus, dass dies keineswegs unglücklich macht – im Gegenteil. Sie ließen Frauen und Männer aufschreiben, wie oft und warum sie ihren Partnern einen Gefallen erwiesen. Das Ergebnis: Je öfter solch kleine Liebesdienste erbracht wurden, desto zufriedenstellender entwickelte sich die Beziehung. Allerdings: Geschehen diese Gefallen aus Verlustangst oder um Streit zu vermeiden, bewirken sie das Gegenteil. Nur wer den Partner aus freiem Herzen erfreuen will, wird dadurch zufrieden. Wenn jeder versucht, ein bisschen mehr zu geben, als er nimmt: Das ist die Kunst, einander glücklich zu machen.

Werden aus Paaren Elternpaare, schafft es etwa ein Drittel

nicht, sich in der neuen Rolle zu würdigen. Sie trennen sich innerhalb von vier Jahren nach der Geburt des ersten Kindes (▶ Seite 336). Was machen glückliche Familien da besser? Sie reden viel miteinander. Sie verschaffen sich gegenseitig Freiräume. Sie schätzen einander als beste Ressource, um sich zu unterstützen. Sie jammern nicht dauernd verlorenen Freiheiten nach. Sie betrachten ihr Kind als wunderbare Bereicherung, aber nicht als Sinnstifter ihres Lebens.

Glückliche Familien zeichnen sich dadurch aus, dass nicht die Kinder, sondern die Eltern an erster Stelle stehen. Es ist völlig in Ordnung, wenn das Kind seinen Eltern der liebste Mensch auf der Welt ist. Aber es sollte dem Partner nicht vorgezogen werden. In den ersten Lebensmonaten wird das kaum gelingen. Ein Säugling kann nicht warten: Wenn er Hunger hat, muss er trinken – und zwar sofort. Er ist hilflos darauf angewiesen, dass Mutter und Vater um sein Wohlbefinden kreisen. Doch spätestens wenn die erste Kerze auf dem Geburtstagskuchen brennt, sollte die Partnerschaft wieder Priorität bekommen.

Heißt das nun, dass Single-Eltern, die ihr Kind mangels Partner konkurrenzlos lieben, dieses zwangsläufig verkehrt erziehen? Nein! Es geht darum, dass Eltern weiter ihr eigenes Leben leben. Dass sie nicht dem Nachwuchs zuliebe all ihre Interessen aufgeben und dann insgeheim zum Dank erwarten, dass ihr Kind sie glücklich mache. Mit dieser Verantwortung wären Kinder völlig überfordert. Sie brauchen in ihren Familien einen Platz, an dem erst die Eltern kommen – und dann die Kinder. In dieser Rolle sind sie am glücklichsten, weil sie spüren, dass wir sie aus dem besten aller Gründe in diese Welt gesetzt haben: Aus Freude am eigenen Leben.

Pflegen Sie Ihre Partnerschaft

Mit Baby ist der Ausschnitt der Welt erst einmal sehr klein. Überlegen Sie, wie Sie diesen wieder erweitern können.

- Planen Sie von Anfang an einen Abend die Woche ein, der Ihnen beiden gehört. Das muss nicht gleich ein Theaterbesuch sein.

Auch kleine Dinge zählen: Was Leckeres beim Chinesen bestellen. Zu zweit eine Flasche Wein öffnen. Sich gegenseitig aus der Zeitung vorlesen.

• Pflegen Sie beide eigene Freundschaften.

• Reden Sie miteinander und formulieren Sie Ihre Bedürfnisse positiv: Sagen Sie anstatt »Nie hast du Zeit« besser »Ich vermisse dich«. Tauschen Sie Nettigkeiten aus, machen Sie Ihrem Partner Komplimente. Und überlegen Sie, womit Sie ihm einen Gefallen tun können: Frühstück ans Bett bringen? Eine Wanne einlaufen lassen und das Bad mit Kerzen schmücken? Nach Büroschluss die Einkäufe erledigen, damit die Partnerin eine Freundin treffen kann? Schaffen Sie einander Freiräume für Ihre Hobbys.

• Gewöhnen Sie das Baby bis zum Ende des ersten Lebenshalbjahres an andere Betreuungspersonen (Großeltern, Babysitter, Tagesmutter…). Denn ab dem achten Monat beginnt die Fremdelphase, in der Babys sehr schwer Vertrauen fassen (▶ Seite 60).

• Sex wird (zumindest vorerst) seltener. Lassen Sie Ihr Liebesleben aber nicht zu sehr einschlafen. Machen Sie sich füreinander hübsch. Verabreden Sie sich zum Sex. Achten Sie vor allem auch außerhalb des Ehebettes auf liebevolle Berührungen, zärtliche Gesten und darauf, sich gegenseitig in die Augen zu sehen (▶ Seite 160).

Mutterrolle – Vaterrolle

Das klassische Mutterbild ist das der behutsamen Beschützerin, die das Kind ernährt, es in den Schlaf wiegt und tröstet. Als typischen Vater sieht man einen Mann vor sich, der sein juchzendes Baby in die Luft wirft, es kurz loslässt und dann wieder auffängt. Väter stehen für die Öffnung zur Welt, für Ermutigung, Herausforderung, Verstandesbetonung und Durchsetzungskraft. Mütter sind nach dem traditionellen Rollenbild zuständig für Fürsorglichkeit, Gefühlsbetonung, Vorsicht und Trost.

Zum Glück ist diese klassische Rollenverteilung überholt. Die unterschiedlichen Formen an Zuwendung bleiben aber Grundpfeiler der Erziehung. In ihrer Summe ergeben sie das, was Kinder von ihren Eltern kennenlernen müssen: Kinder brauchen eine Bezugsperson, die schützend die Arme um sie legt. Aber auch eine, die ihren Wagemut fördert – und ihnen aufs blutende Knie pustet, falls sie sich dabei wehtun.

Trotz verändertem Rollenverständnis erziehen Mütter und Väter immer noch unterschiedlich – und das tut Kindern gut. Die meisten Mütter sind behütender, während Väter risikobereiter sind. Da darf die Achtjährige schon mal alleine mit dem Hund um den Block gehen, während die Mutter sie noch viel zu klein dafür findet. Der unterschiedliche Erziehungsstil liegt teils am Rollenbild, das uns unsere Eltern vorgelebt haben, teils an den genetischen Ursachen. Das weibliche Gehirn unterscheidet sich deutlich vom männlichen; es macht Frauen tendenziell kommunikativer und emotionaler. Sie betrachten ihre Kinder oft als kleiner und unselbstständiger, als sie sind, während Väter ihren Nachwuchs als reifer einschätzen und dadurch angstloser mit ihm umgehen.

Wer in der Familie eher den traditionell mütterlichen oder den eher väterlichen Part übernimmt, spielt keine Rolle. Hauptsache, das Kind bekommt die gesamte Handlungsbreite mit. Umso besser, wenn diese Rollen nicht geschlechtsspezifisch verteilt sind und auch Väter ihre Kinder zur Vorsicht mahnen, sie wickeln und umsorgen – und Mütter mit ihren Kindern das Zimmer renovieren oder wild mit ihnen raufen.

Verteilen Paare die unterschiedlichen Rollen allzu einseitig, verhärten sich diese. Kinder haben dann schnell raus, wie sie ihre Eltern gegeneinander ausspielen können. Die unterschiedlichen Erziehungsstile sind oft Zündstoff für Ehestreit. Kinder geben sich an diesem Streit dann häufig die Schuld und denken: »Weil ich da bin, haben sich Mama und Papa nicht mehr lieb.« Darum sollten sich Elternpaare unbedingt auf familiäre Grundregeln einigen und an einem Strang ziehen (▶ Seite 133, 160).

Ein flexibles Rollenverständnis zu erleben tut Kindern gut,

und Untersuchungen zeigen, dass auch Alleinerziehende beruhigt sein können: Ganz instinktiv leben sie ihren Kindern meist ein sehr breit gefächertes Verhaltensrepertoire vor. Alleinerziehende Väter animieren ihre Kinder zu Abenteuern – aber sie machen ihnen auch eine Wärmflasche, wenn der Bauch grummelt. Alleinerziehende Mütter mahnen zur Vorsicht – aber sie nehmen auch eine Bohrmaschine in die Hand und stehen im Alltag ihren Mann. Durch diese große Handlungsbreite und das flexible Rollenverhalten werden Single-Eltern von ihren Kindern als besonders kompetent erlebt. Das vertieft das Vertrauensverhältnis und macht Kinder selbstbewusst und leistungsstark.

Alleinerziehend

Alleinerziehende müssen auch Rollenanteile übernehmen, die traditionell eher dem anderen Geschlecht zugeschrieben werden. Doch viele haben an sich den Anspruch, ihrem Kind zugleich Mutter und Vater zu sein. Das ist nicht möglich – und wäre auch verkehrt. Und wirklich alleinerziehend sind ja auch die wenigsten von ihnen. Gerade weil sie auf Unterstützung von außen besonders angewiesen sind, knüpfen die meisten Single-Eltern ein gutes Netz an zwischenmenschlichen Beziehungen. Ob Großeltern, Tagesmütter, Kita-Betreuer, Freunde oder Freundinnen: Kindern aus Ein-Eltern-Familien stehen meist reichlich Bezugspersonen zur Verfügung.

Fast jedes siebte deutsche Kind lebt bei nur einem Elternteil, neun Zehntel davon bei der Mutter. Die Zahl der Alleinerziehenden hat sich in den letzten 25 Jahren verdreifacht, Tendenz steigend. Untersuchungen zeigen, dass diese Kinder trotzdem keineswegs schlechtere Chancen haben. Kinder von Alleinerziehenden werden sogar besonders selbstständig und kontaktstark. Sie bekommen ein flexibleres Rollenverständnis und halten in der Schule mit. Streitigkeiten in Erziehungsfragen bleiben ihnen erspart, sodass sie das Familienklima oft als ausgesprochen harmonisch und entspannt erleben (▶ Seite 33).

Wie Single-Eltern Netze knüpfen

• Pflegen Sie Kontakt zu Vertrauenspersonen beiderlei Geschlechts, damit Ihr Kind männliche und weibliche Vorbilder hat.

• Sprechen Sie schon in der Schwangerschaft mit Verwandten und Freunden ab, wie Sie Freiräume für sich organisieren. Knüpfen Sie ein Netz, um sich in der Kinderbetreuung zu entlasten: Helfen Sie sich mit anderen alleinerziehenden Müttern und Vätern gegenseitig aus. Holen Sie sich Unterstützung von Verwandten, Freunden und Nachbarn. Unternehmen Sie regelmäßig etwas ohne Kind.

• Bewerben Sie sich bereits in der Schwangerschaft um einen Krippenplatz oder eine Tagesmutter. Kehren Sie möglichst zeitig ins Berufsleben zurück: Alleinerziehende, die eigenes Geld verdienen, sind meist zufriedener.

• Falls Sie wieder auf Partnersuche sind: Suchen Sie nicht nach einem Ersatzvater für Ihr Kind. Sondern nach einem Partner, der Ihnen guttut. Sie haben das Recht auf ein Liebesleben. Überfrachten Sie aber eine neue Liebe nicht mit zu hohen Erwartungen. Binden Sie sich nicht vorschnell und ziehen Sie nicht zu schnell mit dem neuen Partner zusammen. Geben Sie ihm – und vor allem Ihrem Kind – genügend Zeit, sich aneinander zu gewöhnen und sich lieb zu gewinnen.

• In der Pubertät müssen Alleinerziehende allerdings aufpassen, dass sich ihr Kind aus der engen und meist sehr harmonischen Elternbindung lösen kann (▶ Seite 307).

Patchworkfamilien

Knapp ein Drittel der Neugeborenen in Deutschland hat unverheiratete Eltern, hinzu kommen die Kinder aus Scheidungsfamilien. Gehen ihre Mütter und Väter neue Partnerschaften ein, entstehen so genannte Patchworkfamilien. In diesen Familien müssen alle Beteiligten neue Regeln des Zusammenlebens finden (▶ Seite 126), und vermutlich werden die Kinder dem frischverliebten Paar Kopfzerbrechen bereiten: Viele sind eifersüchtig und haben oft Schuldgefühle gegenüber dem leiblichen Elternteil, der nicht bei ihnen wohnt. Den »neuen Papa« gern zu haben bringt sie in einen Loyalitätskonflikt.

Wer eine Patchworkfamilie gründet, darf nicht erwarten, dass endlich alles reibungslos läuft. Und man würde zu viel verlangen, wenn die Kinder den neuen Partner als gleichwertigen Erziehungsberechtigten akzeptieren sollen. Viele Patchworkfamilien ziehen in neuer Kombination das herkömmliche Vater-Mutter-Kinder-Modell durch und überfordern damit alle Beteiligten, vor allem die Kinder. Diese werden ihre leiblichen Eltern immer wieder über den Stiefvater oder die Stiefmutter stellen. Auch der leibliche Elternteil will nicht zwischen den Stühlen sitzen, sondern stellt sich im Konfliktfall meist auf die Seite seines Kindes. Dieser Zwiespalt belastet das neue Familienleben und die neue Partnerschaft. Am besten funktionieren Patchworkfamilien, wenn sie in der neuen Familienstruktur klare Rollen verteilen: Was für das Kind richtig ist und wie es erzogen wird, bestimmt der leibliche Elternteil. Der neue Partner mischt sich nicht in die Erziehung ein, sondern unterstützt sie. Ob der neue Partner der Ernährer ist oder nicht: Kinder werden ihm kaum das Recht zugestehen, sie zu erziehen. Irgendwann kommt zwangsläufig das Argument: »Du bist nicht mein richtiger Papa.«

Viele Probleme von Patchworkfamilien können verhindert werden, wenn man Kindern zugesteht: Es ist völlig in Ordnung, dass du deine leiblichen Eltern (also auch den geschiedenen Papa) lieber hast als Mamas oder Papas neuen Partner. Auch wenn deine Mutter jetzt einen anderen liebt, so ist sie deinem Vater trotzdem immer dankbar dafür, dass es dich gibt. Du bist und bleibst das Kind deiner leiblichen Eltern. Du darfst so werden wie sie. Und: Du darfst deinem Papa ähnlich sein! Auch wenn der Ex-Partner viele Schattenseiten hat, so ist die Zustimmung dazu, dass das Kind ihm ähnlich werden darf, Balsam für seine Seele! Vielleicht will es ja gar nicht so werden wie er, aber wenn es dieses Zugeständnis hört, fällt das Gefühl innerer

Zerrissenheit von ihm ab und es kann sein Herz für die neuen Familienmitglieder öffnen (▶ Seite 37, 339).

Wenn ein Geschwister kommt

Die Geburt eines Geschwisters weist Kindern in ihren Familien eine neue Rolle zu. Bislang waren sie am elterlichen Hof Kronprinz oder Kronprinzessin. Jetzt steht ihnen die Entthronung bevor. Weil sich alle auf das neue Baby freuen, fiebert auch das Erstgeborene diesem Ereignis entgegen. Doch selbst ältere Kinder sind noch zu klein, um die damit verbundenen Veränderungen zu verstehen. Wären sie dazu in der Lage: Sie würden das Baby mit Sorge erwarten. Ein großer Bruder oder eine große Schwester werden ist schwierig.

Elias' Eltern konnten sich nicht vorstellen, dass ihr Kleiner bald der »Große« sein würde. Einfühlsam stimmten sie ihn auf seine neue Rolle ein, lasen mit ihm Bilderbücher darüber und schenkten ihm ein Babypüppchen, das Elias hingabevoll wickelte und fütterte. Die Eltern waren gerührt und zweifelten insgeheim, ob sie das neue Kind so stark würden lieben können wie Elias. Doch als die kleine Schwester geboren war, kam ihnen der Dreijährige im Vergleich plötzlich so groß vor. Seine temperamentvolle Art, sein wissbegieriges Fragen brachten vor allem die Mutter nicht mehr so oft zum Lachen, sondern wurden ihr lästig. Sie wollte ihr Baby stillen und liebkosen dürfen, ohne dass sich dauernd ein ungeduldiges Kleinkind dazwischendrängte, und war froh über jede Minute, die Elias im Kindergarten war. In dieser Zeit fand sie ihren Sohn ziemlich nervig und (so gestand sie sich im Stillen ein) irgendwie nicht mehr so süß wie früher. Bei solchen Gedanken drückte sie ihren Großen vor Gewissensbissen ganz fest an sich und kämpfte mit den Tränen.

Solche inneren Konflikte sind normal. Dass Mütter sich ungestört ihrem Neugeborenen widmen möchten, ist ein natürlicher Instinkt. Vom Baby in Beschlag genommen, fühlt man sich von dem älteren Kind überfordert. Doch dieses wünscht sich weiterhin die ungeteilte Zuneigung seiner Eltern. Kein Wunder also, wenn es das Baby am liebsten wieder in die Klinik zurückbringen würde. Die Eifersucht kann sich auch riskant äußern: ein heimlicher Klaps, ein Biss in den Finger oder gar ein Stoß vom Sofa. Bis zum Alter von etwa fünf Jahren, oder auch darüber hinaus, lässt man Kinder besser nicht mit einem Säugling allein. Ein schlechtes Gewissen machen darf man ihnen aber nicht. Besser fragt man: »Willst du wirklich, dass wir dein Brüderchen zurückgeben? Das haben wir bei dir nicht gemacht – und das machen wir auch beim Niko nicht.« So fühlt sich das Kind wertgeschätzt und spürt, wie stabil die Liebe seiner Eltern ist. Und dass auch sein Geschwisterchen jetzt dazugehört.

Jedes Erstgeborene erlebt den Rollenwechsel vom Einzelkind zum Geschwister zunächst als Verlust. Seine heile Welt wird von dem Neuankömmling zerstört, und seine verletzte Seele braucht Verständnis und Mitgefühl. Mitleid hingegen wäre Gift! Es würde das Kind in seinem Kummer bestätigen – und dazu gibt es keinen Grund. Elterliche Liebe ist kein Kuchen, der weniger wird, wenn man ihn teilt. Sondern sie ist eine Quelle, die niemals versiegt. Eltern brauchen kein schlechtes Gewissen zu haben, wenn ihr Erstgeborenes vom Thron gestoßen wird. Denn mit einem Geschwister bekommt es nicht nur einen Rivalen – sondern vor allem einen Verbündeten. Einen Menschen, der es eines Tages so lange und gut kennen wird wie sonst niemand auf der Welt. Die neue Familienforschung zeigt: Niemand beeinflusst die Persönlichkeit eines Menschen mehr als seine Brüder oder Schwestern. Damit die Mutter in dieser schwierigen Phase die Nerven behält, benötigt sie jetzt ausreichend Zeit für Zweisamkeit mit dem Baby – und auch etwas Freiraum für sich alleine. Alleinerziehende Mütter sollten schon während der Schwangerschaft Entlastung organisieren und verstärkten Kontakt zu mindestens einer Vertrauensperson aufbauen, die sich später um das größere Kind kümmert. In Zwei-Eltern-Familien übernimmt das meist der Vater, und das Erstgeborene wird eine Zeit lang »Papakind«. Mit Ankunft eines Geschwisters kommen Vätern ihren Erstgeborenen oft noch näher (▶ Seite 88). Zusammen tolle Sachen machen, für die das Baby viel zu klein ist: Das schweißt zusammen und zeigt dem Kind die Sonnenseite seiner neuen Rolle: Ich bin groß – und ich bin wichtig!

Diese Lösung ist gut – doch sie reicht nicht aus. Das Kind muss sich auch seiner Mutter sicher sein. Ein Neugeborenes schläft zwar viel, trotzdem beansprucht es die Mutter im Durchschnitt fünf bis sechs Stunden am Tag. Zeit, die zuvor dem Erstgeborenen zur Verfügung stand. Darum braucht es gerade nach der Geburt dringend Zeiten, in welchen es mit der Mama ungestört spielen, etwas Besonderes unternehmen und vor allem mit ihr kuscheln kann. Diese exklusive Zeit sollte nicht zwischendurch eingeschoben, sondern fest eingeplant und jedes Mal feierlich angekündigt werden: »Die nächste Stunde gehört ganz alleine dir. Da mache ich keine Hausarbeit und gehe auch nicht ans Telefon. Da bin ich nur für dich da und für sonst niemanden« (▶ Seite 129).

Schon vor der Geburt des Geschwisters lässt sich das Selbstbewusstsein des Erstlings steigern, indem man ihn in viele Vorbereitungen einbezieht. Darf er zum Beispiel zu den Ultraschalluntersuchungen mitkommen und hört der Arzt dabei außer den Herztönen des Ungeborenen auch die des angehenden Geschwisters ab, spürt dieses: Ich bin genauso interessant. Gibt man dem Ungeborenen einen (vorübergehenden oder geplanten) Namen und verwendet ihn, wenn man über das Baby spricht, wird es schon in der Schwangerschaft zum Familienmitglied. Auch fördert es den Familiensinn, wenn man von »unserem Baby« spricht.

Eine Mutter mit Neugeborenem auf dem Arm symbolisiert innigste Verbundenheit. Dieses Bild brennt sich vielen Kindern schmerzlich ins Gedächtnis, wenn sie ihre Mutter in der Entbindungsklinik besuchen. Ein kleiner Trick kann ihnen das ersparen: Man sorgt bei seinem ersten Besuch dafür, dass sich das Neugeborene gerade auf der Babystation befindet (das sollte auch bei Rooming-in möglich sein). Dort holt das Geschwister es dann zusammen mit dem Vater (oder einem anderen Erwachsenen) ab. Es erlebt diese erste Begegnung dann als positiv, weil es »sein« Baby abholt und es zur Mutter bringt. Auch bieten immer mehr Geburtskliniken Geschwisterkurse an, die Kinder auf die Ankunft eines neuen Familienmitglieds vorbereiten.

Bevor Besucher das Baby bestaunen, sollten sie stets das große beglückwünschen und es für sein gelungenes Geschwister loben: »Ist der aber süß. Und die niedliche Nase – die hat er von dir!« »Wie lieb er schaut – das hat er von dir gelernt.« Auch mit Geburtsgeschenken sollten Freunde einfühlsam umgehen. Ein Säugling bemerkt den mitgebrachten Strampelanzug nicht. Dem großen Geschwister hingegen versetzen Babygeschenke einen Stich ins Herz, weshalb man Besucher bitten sollte, lieber die großen Geschwister zu beschenken (▶ Seite 206).

Geliebte Rivalen

Welche Rolle Geschwister füreinander spielen, hängt stark von Altersabstand und Geschlecht ab.

- Altersabstand unter 16 Monaten

Neue Forschungen zeigen: Schon Säuglinge sind zur Eifersucht fähig. Trotzdem empfinden sich Babys weitgehend als Einheit mit ihrer Mutter, erst mit 15 bis 16 Monaten entwickeln sie ein Gefühl für eigenen Besitz. Bekommen sie bereits vor diesem Reifeabschnitt ein Geschwister, haben sie kein konkretes Gefühl, dass ihnen etwas weggenommen werde. Entsprechend nehmen sie das Baby als emotionalen Zwilling an. Diese Geschwister liegen sich zwar oft in den Haaren, empfinden aber vergleichsweise wenig Eifersucht. Der kurze Altersabstand ist für Eltern in den ersten Jahren sehr anstrengend, und auch in der Pubertät hat man den doppelten Kampf und die doppelte Wehmut, zwei Kinder zugleich loslassen zu müssen. Dass alles »in einem Aufwasch« passiert, macht andererseits die Organisation des Alltags angenehm unkompliziert.

- Altersabstand 16 Monate bis fünf Jahre

Die Eifersucht ist groß, das Erstgeborene erlebt die Entthronung als schmerzhaften Verlust. Je geringer der Abstand, desto unklarer sind die Rollen verteilt und müssen laufend neu ausgefochten werden. Liebe und Hass liegen im dauernden Wechselbad eng beieinander. Besonders Brüder streiten sich viel, was Eltern gute Nerven abverlangt. Andererseits sind die Interessen oft ähnlich, sodass viel gestritten, aber auch viel miteinander gespielt wird.

Ab drei Jahren Abstand werden Rivalitätskämpfe nicht so erbittert ausgetragen, da das ältere Geschwister als stärker akzeptiert wird. In ihrer Entwicklung sind sich die Kinder aber noch nahe genug, um viel miteinander anfangen zu können (▶ Seite 89).

• Altersabstand über fünf Jahre
Nach so langem Exklusiv-Status wird ein Baby nicht als Bedrohung, sondern als Bereicherung empfunden. Das Verantwortungsgefühl profitiert, allerdings ist das jüngere Geschwister als Spielpartner uninteressant. Sind beide erwachsen, entwickeln sie trotz der altersbedingten Distanz oft großes Interesse aneinander.

• Zwillinge
Eineiige Zwillinge sind zu 100 Prozent verwandt, zweieiige teilen, wie alle Geschwister, durchschnittlich 50 Prozent ihres genetischen Materials. Gerade durch die große Ähnlichkeit sind Zwillinge darauf erpicht, unterschiedliche Stärken zu entwickeln. Den wenigen Minuten, die einer der beiden früher geboren wurde, wird große Bedeutung beigemessen. Bei drei Vierteln der Zwillingspaare gibt der Erstgeborene den Ton an. Viele Zwillinge, besonders die eineiigen, ringen ein Leben lang um Unabhängigkeit, empfinden aber zugleich eine unvergleichbare Nähe und schätzen diese als Privileg.

Geschwister nie vergleichen!

Jedes Erstgeborene fürchtet, die Eltern könnten das Geschwister mehr lieben als es selbst. Geschwisterliche Rivalität bleibt oft bis ins Erwachsenenalter Thema.

• Die wenigsten Kinder fragen direkt: »Wen von uns hast du mehr lieb?« Eher wetteifern sie um Anerkennung: »Welches Bild findest du schöner?« »Wer von uns war schneller?« »War die Julie, als sie noch in der fünften Klasse war, besser als ich jetzt?« Lassen Sie sich nicht darauf ein. Vergleichen Sie jedes Kind stets nur mit sich selbst! Sagen Sie: »Beide Bilder gefallen mir sehr. Hier bei dir, Patrick, lacht die Sonne noch freundlicher als auf deinem letzten

Bild. Und bei dir, Sven, gefällt mir, dass du jetzt schon räumlich malst. Das konntest du letzten Monat noch nicht – und jetzt klappt es.« Auch wenn Ihre Kinder noch so insistieren, bleiben Sie stur: »Nein, tut mir leid, ich kann mich beim besten Willen nicht zwischen euren Bildern entscheiden. Jedes ist auf seine Weise am schönsten.«

• Wenn Sie jedes Geschwister nur mit seinen eignen Leistungen vergleichen, dürfen Sie auch mal kritisieren, ohne dass es sich abgewertet fühlen müsste: »Hier hast du dir aber nicht so viel Mühe gegeben wie beim letzten Mal. Ich weiß, dass du es besser kannst.«

• Vermeiden Sie auch, Ihre Kinder an Freunden zu messen. Geben Sie jedem Kind das gute Gefühl, dass es einzigartig und besonders wertvoll ist (▶ Seite 232).

LEKTION 2

Vertrauen

Unser ganzes Leben basiert auf Vertrauen. Wenn wir morgens unser Frühstücksbrötchen schmieren, haben wir dazu vermutlich die Straße überquert, in der Annahme, nicht überfahren zu werden. Wir haben uns nicht geduckt, als ein Flugzeug über uns flog, und beim Bäcker wahrscheinlich das Wechselgeld nicht nachgezählt. Wir vertrauen darauf, dass das Kaffeepulver schadstoffkontrolliert ist, dass im Supermarkt niemand unsere Marmelade vergiftet hat, dass die Radionachrichten der Wahrheit entsprechen und dass der Toaster nicht in Flammen aufgeht. Hätten wir dieses Vertrauen in unsere Grundsicherheit nicht – das Leben wäre eine Hölle.

Dieses Grundvertrauen wurde uns nicht in die Wiege gelegt – wir mussten es erst erlernen. Als Neugeborene waren wir vollkommen hilflos und abhängig. Jedes Baby braucht einen Menschen, der es liebt, nährt und pflegt. Darum kommt es mit einem instinktiven Bedürfnis nach Bindung zur Welt. Um diese zu erreichen, wurde es von der Natur mit einem grandiosen Kapital ausgestattet: mit Niedlichkeit.

Weil Babys so niedlich und zerbrechlich sind, können wir gar nicht anders, als uns um sie zu kümmern. Wenn sie schreien, lassen wir alles stehen und liegen, um sie zu füttern und zu trösten. Verziehen sie die kleinen Mundwinkel nach unten, rätseln wir, ob ihre Windel voll ist, ihnen ein Pups quer liegt oder sie ein Bettzipfel störend an der Nase kitzelt. Indem wir dies für unsere Babys tun, gedeiht in ihnen die Erfahrung: Ich habe jemanden, der für mich da ist. Das Leben ist schön.

Das Bindungshormon

Wie sich Erwachsene ineinander verlieben, wissen wir schon: Tiefe Blicke, erste Berührungen, zärtliche Worte, Streicheln und Schmusen. Man will möglichst ungestört und dauernd zusammen sein. Das enge Band in einer Familie entsteht auf ganz ähnliche Weise. Mutter, Vater und Kind sind biologisch dazu ausgerüstet, den Bindungsprozess, der in der Schwangerschaft begonnen hat, heftig zu verstärken. Der erste ungestörte Kontakt zum Neugeborenen wird als »Bonding« bezeichnet. Damit ist die Gefühlsverbindung gemeint, die Eltern und ihr Baby zueinander entwickeln. Durch die Geburt und auch durch das Stillen wird bei der Mutter das Bindungshormon Oxytocin ausgeschüttet. Auch der männliche Körper wird, wenn Väter ihr Baby sehen, hören, fühlen und riechen, von diesem »Liebeshormon« überflutet. Oxytocin wirkt wie eine Zauberformel, durch die sich Eltern automatisch bis über beide Ohren in ihr Baby verlieben.

In der ersten Stunde nach der Entbindung ist der mütterliche Oxytocin-Spiegel besonders hoch. Viele Babys zeigen etwa 20 bis 30 Minuten nach der Geburt einen besonders starken Saugreflex. Danach flaut er etwas ab und erreicht erst nach ein paar Tagen wieder diese Intensität. Untersuchungen zeigen: Darf das Baby gleich nach der Geburt an die Brust, tun sich Mutter und Kind mit dem Stillen besonders leicht. Wird dieser frühe Zeitpunkt verpasst, sind die Babys manchmal so müde, dass sie sich später beim Trinken unbeholfener anstellen. Mutter und Hebamme brauchen dann etwas mehr Geduld, um dem Neugeborenen das richtige Saugen an der Brust zu zeigen. Prallvoll mit Milch werden die Brüste meist erst in den Tagen nach der Geburt, trotzdem liefern sie dem Baby bereits jetzt alles, was es braucht. Denn zunächst bilden die Milchdrüsen die besonders wertvolle Vormilch. Dieses sogenannte Kolostrum ist ein einmaliges Nährstoffkonzentrat: reich an wichtigen Mineralien, Nährstoffen und Enzymen sowie zahlreichen Immun- und Schutzstoffen. Da Kolostrum sich außerdem wie ein schützender Film über die Darmwände des Babys legt, sollten auch Mütter, die sich gegen das Stillen entschieden haben, ihr Kind zumindest diese Vormilch trinken lassen. Schon beim ersten Anlegen bekommt es ein paar Schlückchen davon ab (▶ Seite 74, 331).

Mutterliebe stellt sich nicht immer auf den ersten Blick ein. Manchen Frauen ist ihr Kind zunächst etwas fremd. Hinzu kommt, dass die Schwangerschaftshormone nach der Geburt drastisch absinken. Die meisten Mütter fühlen sich während dieser »Heultage« sehr dünnhäutig, wegen Kleinigkeiten brechen sie in Tränen aus. Manchmal verlaufen die Geburt und die erste Zeit mit dem Baby auch ganz anders als geplant.

Hanna und Eric hatten gemeinsam einen Geburtsvorbereitungskurs absolviert. Töchterchen Klara sollte so natürlich wie möglich zur Welt kommen. Doch dann bekam Hanna eine sogenannte Schwangerschaftsvergiftung, lag Wochen in der Klinik, und in der 37. Schwangerschaftswoche musste die Geburt künstlich eingeleitet werden. Nach stundenlangen Wehen verließ Hanna die Kraft. Vollnarkose, Kaiserschnitt. Tochter Klara war gesund, Hanna aber so schwach, dass die Kinderschwestern Klara das Fläschchen gaben. Als Hanna ihr Baby anlegte, war es zu satt zum Trinken, der Milchfluss kam nicht in Gang, Klara gewöhnte sich an das Saugen aus dem Fläschchennuckel. Hanna fühlte sich um die Geburt betrogen. Während alle um sie herum im Glück schwelgten, liefen ihr die Tränen übers Gesicht.

Gerade wenn die Geburt mit Hindernissen verläuft oder Frauen sich mit dem Bonding schwertun, brauchen Mutter und Kind viel Kontakt und gemeinsame Zeit. Alltägliche Pflichten sollten Dritte erledigen. Die Mutter hat jetzt ein Recht auf einen Schonraum, wo sie sich ganz auf ihr Baby konzentrieren kann. Wenn es mit dem Stillen wirklich nicht klappen will: Was wir für unsere Kinder empfinden, hängt nicht davon ab. Das menschliche Gehirn und menschliches Verhalten sind sehr flexibel. Schließlich sind Eltern und Kinder ja sogar unter sehr schwierigen und verzögerten Startbedingungen (wie zum Beispiel einer Adoption) in der Lage, eine tiefe und intakte Bindung zueinander aufzubauen.

Hanna ging es bald besser, als sie aus der Geburtsklinik entlassen wurde und zu Hause zur Ruhe kam. Sie rief die Leiterin ihres Geburtsvorbereitungskurses an und bekam Kontakt zu einer mobilen Hebamme. Die half täglich bei der Babypflege und brachte Klara mit viel Geduld bei, an der Brust zu saugen. Nach zwei Wochen stillte Hanna voll. Eric erledigte Einkäufe und Haushalt, das Abendessen brachten Freunde oder auch mal der Pizzadienst. Hannas Liebe zu Klara wuchs jeden Tag ein Stück mehr, und bald waren die beiden so innig verbunden wie nach einer ganz normalen Geburt.

Bonding: Liebe auf den ersten Blick

• Suchen Sie sich in der Schwangerschaft eine Entbindungsklinik aus, die Wert darauf legt, Eltern und Kind nach der Geburt nicht durch die Stationsroutine zu stören. Besichtigen Sie den Geburtssaal und lassen Sie sich beschreiben, was getan wird, um das Bonding zu fördern. Auch falls Sie nicht stillen wollen, sollten Sie eine Klinik wählen, wo Wöchnerinnen beim Stillen geholfen wird.

• Legen Sie Ihr Kind möglichst in der ersten halben Stunde nach der Geburt erstmals an. Untersuchungen zeigen: Auch wenn es noch nicht trinkt, sondern die Brustwarze nur berührt, hat dies einen sehr positiven Einfluss auf die Mutter-Kind-Beziehung.

• Väter schütten ebenfalls Bindungshormone aus, wenn sie die Haut ihres Babys berühren, seinen Duft riechen und seine Laute hören.

• Nach einem Kaiserschnitt sollte das Baby möglichst bald auf den Arm des Vaters oder einer anderen Vertrauensperson kommen. Sobald die Mutter dazu in der Lage ist, sollte es mit viel Hautkontakt, möglichst nackt, bei ihr kuscheln.

• Wenn Sie ein sehr hohes Sicherheitsbedürfnis haben, berücksichtigen Sie bei der Wahl der Geburtsklinik, ob im Haus oder in naher Umgebung eine Intensivstation für Neugeborene ist. Muss das Kind aufgrund von Geburtskomplikationen in eine andere Klinik verlegt werden, braucht die Mutter ein Foto von ihm und sollte es baldmöglichst besuchen.

• Falls Ihr Baby ein Frühchen ist, haben Sie spezielle Beratung und Betreuung verdient. Fragen Sie in der Klinik nach Adressen. Hilfreiche Informationen gibt es auch beim Bundesverband »Das frühgeborene Kind e.V« (▶ Anhang 13).

• Nicht nur das Baby, auch die Mutter benötigt nach der Geburt liebevolle Fürsorge und Betreuung: durch den Vater, Verwandte, Freunde. Klären Sie schon in der Schwangerschaft mit Ihrer Krankenkasse, wie lange Sie Anspruch auf Hausbesuche einer Nachsorge-Hebamme haben. Insbesondere Mütter, die sich mit den neuen Aufgaben schwertun, sollten sich diese Hausbesuche so lange wie möglich gönnen.

Spiegelneuronen: Eine Software für die Liebe

Im Mutterleib war das Baby über die Plazenta automatisch versorgt. Nach der Geburt braucht es sofort einen Menschen, der diese Versorgung übernimmt. Kaum ist die Nabelschnur durchtrennt, versucht das Neugeborene aktiv, seine Eltern an sich zu binden. Dazu setzt es eine erstaunliche Fähigkeit ein: Es ist schon eine halbe Stunde nach der Geburt in der Lage, Gesichtsausdrücke zu imitieren. Verlief die Entbindung komplikationsfrei, befindet es sich jetzt wahrscheinlich auf dem Arm von Vater oder Mutter, und die tun instinktiv genau das Richtige: Sie halten ihr Baby in dem Abstand, wo es, wenn auch verschwommen, schon etwas erkennen kann, und reden mit ihm. Aufmerksam lauscht es den Stimmen, die ihm bereits aus dem Mutterleib vertraut sind, und prägt sich den Gesichtsausdruck ein. In seinem Gehirn beginnt es zu arbeiten, und plötzlich öffnet das Neugeborene den Mund, streckt die Zunge heraus, kneift die Augen zusammen, kräuselt Nase oder Stirn. Es versucht, sein Gegenüber zu imitieren.

Nicht alle Geburten verlaufen wie im Bilderbuch, sodass viele Eltern diese ersten Kontaktversuche versäumen. Die Gelegenheit bietet sich auch weiterhin, und das Baby wird dabei mit jedem Tag aktiver. Mit etwa vier Wochen öffnet und schließt es den

Mund, wenn die Eltern sprechen, mit etwa sechs Wochen zeigt es ihnen sein erstes Lächeln und mit drei Monaten ahmt es erste Sprachlaute nach (▶ Seite 194). Durch diese Nachahmung sehen sich die Eltern in ihrem Baby wie in einem Spiegel. Sie können gar nicht anders, als sich tief mit ihm verbunden zu fühlen. Dieses Wunder der Liebe ist so alt wie die Menschheit. Seit Neuem gibt es dafür eine wissenschaftliche Erklärung: In unserem Gehirn befinden sich spezielle Nervenzellen, die dafür sorgen, dass wir uns in andere einfühlen können. Diese sogenannten Spiegelneuronen befähigen uns, in der Körperhaltung und vor allem im Gesichtsausdruck unseres Gegenübers zu »lesen« (▶ Seite 192). Die Natur hat uns mit dieser Fähigkeit ausgestattet, um Verständnis füreinander zu entwickeln. Die Spiegelneuronen in unserem Gehirn sind sozusagen eine Software für Mitgefühl, Menschlichkeit und Liebe.

Je intensiver diese Nervenzellen benutzt werden, desto besser vernetzen sie sich. Ein gutes Netzwerk an Spiegelneuronen ist die Grundlage für Kommunikation und befähigt Menschen zur Empathie. Wer andere gut versteht und sich in sie einfühlen kann, wirkt sympathisch und wird geliebt. Dass das auch ohne Worte funktioniert, lässt sich an flirtenden Pärchen beobachten: Um sich gegenseitig zu gefallen, verhalten sich Verliebte unbewusst wie Spiegelbilder und nehmen automatisch eine ähnliche Körperhaltung ein. Schlägt ein Partner die Beine übereinander, tut der andere es ihm nach wenigen Augenblicken gleich. Spricht einer mit ernster Mine, runzeln beide die Stirn. Sie lächeln und lachen gemeinsam und geben einander so das Gefühl: Ich verstehe dich und es lohnt sich, wenn du dich an mich bindest.

Auch Eltern turteln mit ihrem Baby und schulen damit instinktiv seine Spiegelneuronen: Sie verziehen sorgenvoll das Gesicht, wenn sich die kleine Stirn kräuselt. Sie sagen »Dududu« und »Eieiei«, damit es sie nachahmen kann. Sie loben es überschwänglich und strahlen, wenn ihr Baby sich freut. Dadurch zeigen sie ihm: »Ich verstehe dich – du kannst mir vertrauen!«

Kuscheln ist lebensnotwendig

- Der Verhaltensforscher Harry Harlow von der University of Wisconsin erregte in den Sechzigerjahren unter Wissenschaftlern Aufsehen (und unter Tierschützern Entsetzen). Er trennte Rhesusaffenbabys von ihren Müttern und bot ihnen zwei Drahtattrappen an. Die eine konnte Milch geben, die andere gab keine Milch, war aber weich gepolstert. Die Wahl der Äffchen war eindeutig: Sie schmiegten sich bis zur Entkräftung an das Kuscheltier und mieden das Drahtgestell.

- Etwa zeitgleich gab die Weltgesundheitsorganisation WHO eine Arbeit über die Folgen emotionaler Vernachlässigung bei Heimkindern in Auftrag. Die Beobachtungen passten ins Bild von Harlows Studien: Menschen und ihre nahen Verwandten brauchen Bindung so dringend wie Nahrung.

Kinder brauchen Urvertrauen

Um glücklich zu werden, brauchen Kinder Urvertrauen. Diesen Begriff hat der Psychoanalytiker Erik H. Erikson (1902–1994) geprägt. Nach Erikson erwirbt jedes Baby in den ersten Monaten ein Gefühl, welchen Menschen und Situationen es vertrauen kann. Das Urvertrauen entwickelt sich durch die verlässliche, konstante und liebende Fürsorge mindestens einer festen Bezugsperson. Das Baby spürt: Ich werde verstanden, angenommen und geliebt. Und so lernt es, sich selbst zu lieben. Darauf zu vertrauen, dass die Welt gut ist und dass es sich lohnt, darin zu leben. Experten sprechen von einem sicher gebundenen Kind.

Diese sichere Bindung ist wie ein schützender Hafen, von dem aus ein Kind die Welt erkunden kann. Forschungen zeigen: Sicher gebundene Kinder kommen mit den Belastungen des Lebens besser zurecht. Sie sind selbstsicherer, ausdauernder, kreativer, einfühlsamer und dadurch sozial kompetenter als Kinder, die keine sichere Bindung zu ihren Eltern – oder einer anderen verlässlichen Bezugsperson – aufbauen konnten. Hat ein Baby hingegen während der ersten ein bis zwei Lebensjahre nicht die Gelegenheit, eine stabile Bindung aufzubauen, hat es keine feste Bezugsperson, sondern wird dauerhaft vernachlässigt oder gar misshandelt, bildet sich sein Urvertrauen nur mangelhaft aus. Man spricht von einem unsicher gebundenen Kind. In dem unerfüllten Wunsch, verstanden zu werden, scheuen diese Kinder seelische Nähe, sie können sich nur schwer in andere einfühlen, begegnen ihrer Umwelt skeptisch und sind weniger selbstbewusst (▶ Seite 216, 333).

Liebe lässt sich lernen

Eine sichere Bindung zwischen Eltern und Kind erfordert Gespür für dessen Bedürfnisse. Um zu wissen, was ein Baby braucht, benötigen Eltern Vorbilder.

• Knüpfen Sie bereits während der Schwangerschaft Kontakt zu Eltern, deren Erziehungsstil Ihnen gefällt. Beobachten Sie, wie diese mit ihrem Kind umgehen. Stellen Sie Fragen und lassen Sie sich Tipps geben. Revanchieren Sie sich, indem Sie Ihre Hilfe anbieten: Damit nützen Sie auch sich selbst und Ihrem eigenen Baby. Bringen Sie sich in die Babypflege ein, indem Sie das Kleine wickeln, füttern und beruhigen. Nehmen Sie es auf den Arm und versuchen Sie, seine Signale zu deuten.

• Auch Schimpansen, unsere nächsten Verwandten, schauen sich den Umgang mit dem Nachwuchs von anderen ab. Wo diese Vorbilder fehlen, werden die Jungen häufig vom Muttertier abgelehnt. In Zoos wurden gute Erfahrungen damit gemacht, solchen Schimpansinnen Videofilme zu zeigen, in welchen Artgenossen ihre Jungen versorgen. Die Muttertiere kümmerten sich daraufhin in ähnlicher Weise um ihr Junges, wie sie es im Film gesehen hatten.

• Zu einer sicheren Bindung gehört unbedingt der Verzicht auf Gewalt. In der Schwangerschaft kann sich kaum jemand vorstellen, einem unschuldigen Kind etwas zuleide zu tun. Doch der Alltag mit Kindern ist anstrengend. Gerade in Stresssituationen werden bei Eltern oft jene Verhaltensweisen aktiviert, die sie in der eigenen Kindheit erlebt haben. Wer als Kind selbst Gewalt erfahren musste, läuft Gefahr, den eigenen Kindern auf kurz oder lang ebenfalls gewalttätig gegenüberzutreten. Um die unheilvolle »Vererbung« von Gewalt zu durchbrechen, sollten Eltern sich Rat und Beistand holen – am besten schon in der Schwangerschaft.

• Der Münchner Bindungsforscher Karl Heinz Brisch hat das Trainingsprogramm SAFE® (Sichere Ausbildung für Eltern) entwickelt. Es besteht aus vier vorgeburtlichen Seminaren und sechs Seminaren nach der Geburt bis zum Ende des ersten Lebensjahres. Anhand von Gesprächen, Filmen und Videoaufnahmen wird unter anderem mit den Eltern feinfühliges Verhalten trainiert. SAFE® hilft Eltern, Sicherheit im Umgang mit ihrem Baby zu bekommen und angemessen auf dessen Signale zu reagieren. Ziel des primären Präventionsprogramms ist, eine sichere Bindung zwischen Eltern und Kindern zu fördern. In den Kursen wird auch im Einzelgespräch auf die Kindheit der Eltern eingegangen. Eltern, die belastende Ereignisse in ihren eigenen Bindungsbeziehungen erfahren haben, können bei Bedarf weitere Hilfestellungen in Anspruch nehmen, um der Weitergabe eigener Ängste an ihre Kinder vorzubeugen (▶ Anhang 14).

Verwöhnen schafft Sicherheit

Seit Großmutters Zeiten plagt Eltern die Sorge, ihr Baby zu sehr zu verwöhnen. Diese Angst findet man so nur in Deutschland. Sie entstand im Nationalsozialismus, wo sie durch das Buch *Die deutsche Mutter und ihr erstes Kind* geschürt wurde. Man lernte, Schreien sei gesund für die Lungen, und so ließ man Babys getrost brüllen, auch, um sie nicht zu verwöhnen. Noch in den Sechzigerjahren waren Hebammen der Überzeugung, nachts brauche der Magen Ruhe. Erwachte das Neugeborene hungrig, musste es so lange weinen, bis es vor Erschöpfung einschlief. Nach einigen Wochen gab es auf. Hebamme und

Mutter verbuchten dieses notgedrungene Durchschlafen als Erfolg.

Heute weiß man zum Glück, dass Babys in den ersten Monaten auch nachts Nahrung brauchen. Dass man sie nach Herzenslust hätscheln und betüddeln soll, weil man sie in den ersten vier bis sechs Monaten noch überhaupt nicht verwöhnen kann. Neueste Bindungsforschungen wie die des Kölner Heilpädagogen Rüdiger Kißgen zeigen: Das Zeitfenster, in welchem ein Baby geduldig und sorgenfrei warten kann, umfasst direkt nach der Geburt gerade mal zwei Sekunden. Zwar verlängert sich diese Toleranzspanne mit jedem Tag ein klein wenig, trotzdem wäre es ideal, wenn Eltern sich vornähmen, ihr Neugeborenes nicht warten zu lassen, wenn es sich meldet. Natürlich ist es nicht möglich, jederzeit unverzüglich zur Stelle zu sein. Doch zumindest sollte man das Weinen sofort beantworten, indem man mit dem Kind spricht und ihm so signalisiert, dass man da ist und es verstanden hat: »Ja, du hast bestimmt Hunger, ich bin gleich bei dir.« Oder: »Du bist von der blöden Türklingel aufgewacht. Ich mache nur kurz auf und dann komme ich sofort.«

Ein Bad, so geborgen wie in Mamas Bauch

Die Münchner Hebamme Nelly-Niculina Stancescu hat eine Methode, wie ein warmes Bad mithilfe einer simplen Mullwindel für Säuglinge zu einem wunderbaren Erlebnis werden kann.

- In eine Babybadewanne (oder runde Schüssel, Waschbecken) ein Handtuch legen, damit das Baby nicht ausrutscht.

- Eine dünne Mullwindel ausgefaltet im Wasser schwimmen lassen, bevor man das Baby hineinlegt. Die Zipfel der Windel lose über Babys Körper schlagen. Das Gesichtchen bleibt natürlich frei, der Körper soll nicht komplett eingewickelt, sondern vom Stoff nur sanft umschmeichelt werden.

- Die zarte Berührung durch den im Wasser treibenden Stoff fühlt sich auf der Haut ähnlich an wie die Umhüllung durch die Fruchtblase. Viele Neugeborene entspannen bei diesem Bad völlig und wirken fast wie in Trance. Es scheint, als erinnere sie dieses Gefühl an den Zustand im Mutterleib.

• Baden Sie Ihr Baby, unter anderem wegen der Infektionsgefahr des Nabels, aber erst nach Rücksprache mit dem Kinderarzt oder der Hebamme und besprechen Sie, was beim Baden (und auch bei diesem Bade-Tipp) alles zu beachten ist. In der Regel sollten Babys nicht mehr als drei bis zehn Minuten baden und bis zum sechsten Monat auch nicht öfter als zweimal in der Woche. Da Babys schnell auskühlen, sollte das Badezimmer schön warm sein. Fenster und Türen schließen, damit es nicht zieht. Die Wassertemperatur sollte etwa 37 Grad Celsius betragen, zur Sicherheit mit Badethermometer nachmessen. Badezusatz und Seife sind unnötig. Der beste Zeitpunkt für ein Bad ist abends: Das Plantschen strengt das Baby an, und danach ist es angenehm müde.

• Nicht alle Babys baden gerne. Man kann auf das Baden durchaus verzichten. Der Säureschutzmantel von Babyhaut ist perfekt, und es genügt völlig, sie mit einem weichen Waschlappen und warmem Wasser zu reinigen. Weint ein Baby beim Baden, kann es sein, dass ihm das Wasser nicht warm genug ist. Es ist einen Versuch wert, die Badetemperatur leicht (!) zu erhöhen. Fragen Sie Ihre Hebamme oder den Kinderarzt!

• Ist das Baby alt genug, um schon mit den Großen zu baden (Kinderarzt oder Hebamme fragen), kann man einem wasserscheuen Baby das Baden meist doch noch schmackhaft machen, wenn man gemeinsam mit ihm in die Wanne steigt. Man braucht dazu aber eine helfende Hand, die einem das Kind reicht und es wieder entgegennimmt, wenn man anschließend aus dem Wasser steigt. Das Baby zuerst nur mit den Füßen im Wasser strampeln lassen. Beim Baden liegt es dann mit dem Rücken auf dem Bauch von Mutter oder Vater, und zwar eher auf der Herzseite, sodass es den elterlichen Herzschlag spürt. Wenn man es (ähnlich wie oben beschrieben) bis zur Brust oder zum Bauch mit der Mullwindel bedeckt, fühlt es sich umso geborgener.

Zu viel Abwechslung macht Babys nervös

Die Art und Weise, wie man ein Baby beruhigt, sollte nicht zu abwechslungsreich, sondern möglichst ritualisiert sein. Viele junge Eltern haben an sich den Anspruch, ihr Baby immer bei Laune zu halten, und tun dadurch oft des Guten zu viel. Bei jedem Weinen holen sie es aus dem Bettchen, legen es unzählige Male am Tag an die Brust, tragen es in allen möglichen Positionen umher, singen die verschiedensten Lieder und lenken es mit allerlei Spielzeug ab. Verwöhnen werden sie ihr Baby dadurch nicht. Aber man kann Säuglinge schnell überreizen (▶ Seite 75).

Im ersten Lebensmonat braucht ein Baby über 16 Stunden Schlaf. Wenn es schrill schreit, ist es nicht unbedingt hungrig – sondern oft schlichtweg übermüdet. Ein allzu abwechslungsreiches Beruhigungsprogramm steigert die Nervosität zusätzlich, auch an der Brust ist es dann oft nicht mehr zu beruhigen. Bald sind Eltern und Kind völlig überreizt und schaukeln sich in ihrer inneren Unruhe gegenseitig hoch.

Anstatt immer neuer Beruhigungsversuche zieht man dann besser ein Muster, mit dem man schon Erfolg hatte (und mit dem sich beide Eltern wohlfühlen), durch. Zum Beispiel: Baby auf dem Arm wiegen und dabei ein Lied summen. Oder: Sich das Baby auf den Bauch legen und ihm sanft über den Rücken streichen. Oder: Spieluhr aufziehen, Baby in die Wiege legen und so lange sein Köpfchen streicheln, bis es eingeschlafen ist.

Ab dem fünften oder sechsten Lebensmonat hat ein Baby genug Grundvertrauen entwickelt, um zu wissen, dass es sich nicht nur auf Körperkontakt, sondern auch auf tröstende Worte verlassen kann. Wenn es nicht aus Hunger oder Durst, sondern nur aus Langeweile oder Müdigkeit quengelt, gelingt es ihm nun schon mal, sich gelegentlich selbst zu beruhigen. In diesem Fall darf man es jetzt ganz gezielt ein oder zwei Minuten mit einem ermutigenden »Ich weiß, dir ist langweilig, aber Mama ist ja da und spielt gleich mit dir« vertrösten. Vielleicht hört das Weinen in der Zwischenzeit schon wieder auf, weil das Baby eben entdeckt hat, wie angenehm es sich die Zeit vertreiben kann, wenn es mit seinen eigenen Fingern spielt. Ein müdes Baby nimmt nach anfänglichem Weinen vielleicht seinen Daumen, und dann fallen ihm auch schon die Äuglein zu. So lernt es allmählich, wie es sich auch ohne mütterliche Hilfe ein Weilchen beschäftigen oder in den Schlaf gleiten kann. Hält das Weinen aber trotz Zuruf nach ein bis zwei Minuten noch an, sollte man das Kleine nicht länger warten lassen.

Anleitung für eine geborgene Kindheit

• Bedürfnisse befriedigen
Ein Baby muss am eigenen Körper erleben: Ich werde gefüttert, gepflegt, beschützt und gestreichelt. Wenn ich etwas brauche, kommt immer jemand, und alles wird gut.

• Nicht warten lassen
Ein Säugling hat noch kein Zeitgefühl. Antworten Sie ihm, wenn er nach Ihnen ruft, und gehen Sie ohne längere Verzögerungen zu ihm.

• Mindestens eine feste Bezugsperson
Ein Baby will sich binden. Idealerweise an Mutter und Vater, deren Stimmen es schon aus dem Mutterleib kennt.

• Blickkontakt
Schon direkt nach der Geburt sucht das Neugeborene Blickkontakt. Sehen Sie Ihrem Baby oft in die Augen. Überfordern Sie es aber nicht. Wenn es seinen Blick abwendet, braucht es Ruhe und ist vielleicht müde.

• Hautkontakt
Streicheln und massieren Sie Ihr Baby. Lassen Sie es beim Stillen Ihre Brust mit seinen Wangen und Händchen berühren. Falls Sie ihm ein Fläschchen geben, entblößen Sie Ihre Arme oder halten Sie seine Hand. Lassen Sie es auf Papas nackter Brust kuscheln. Nutzen Sie auch das Wickeln als Gelegenheit, um seine Haut zu liebkosen.

• Orientierung
Zahllose Eindrücke stürmen auf Ihr Baby ein. Helfen Sie ihm, diese einzuordnen. Auch wenn es Sie noch nicht versteht: Erklären Sie ihm, was gerade passiert: »Jetzt schauen wir nach, was in der Windel ist.« »Du hast Hunger, gleich darfst du an die Brust.« »Jetzt gehen wir spazieren, darum bekommst du dein Mützchen auf.«

• Tag und Nacht
Neugeborene können Tag und Nacht noch nicht unterscheiden. Der Tag-Nacht-Rhythmus pendelt sich mithilfe der Zirbeldrüse ein, die den Lichteinfluss verarbeitet. Ziehen Sie für die Tages-Schläfchen die Vorhänge nur leicht zu und verdunkeln Sie das Zimmer erst am Abend. Ein eventuelles Nachtlicht sollte nicht zu hell sein. Nächtliches Stillen und Wickeln sollte bei Schummerlicht geschehen. Lassen Sie Licht ins Zimmer, wenn Ihr Baby morgens aufwacht.

• Rituale
In der ersten Zeit stecken Sie wahrscheinlich nachmittags noch ungeduscht im Nachthemd. Versuchen Sie aber bald, Ihren neuen Familienalltag zu strukturieren. Waschen und baden Sie das Baby zu bestimmten Zeiten. Sorgen Sie für regelmäßige Spiel- und Schlafzeiten und legen Sie Ihr Kind nach einem festen Muster schlafen. Rituale erleichtern Ihnen den Alltag und geben Ihrem Baby viel Sicherheit (▶ Seite 85, 113).

• Ruhe statt Stille
Die meisten Säuglinge fühlen sich bei einem leichten Geräuschpegel am wohlsten, denn Alltagsgeräusche sind ihnen aus dem Mutterleib vertraut. Beim Einschlafen darf durchaus mit den Kochtöpfen geklappert werden, und es macht nichts, wenn auch mal der Staubsauger läuft. Schleichen Eltern hingegen auf Samtpfoten durch die Wohnung, gewöhnt sich das Baby an diese Ruhe und wird unnötig geräuschempfindlich.

• Vorhersehbar handeln
Verhalten Sie sich in bestimmten Situationen gleich, damit Ihr Baby Sie einzuschätzen lernt. Es wäre irritiert, wenn Sie in der glei-

chen Situation mal ruhig, mal impulsiv, mal fröhlich oder auch zornig reagieren. Je größer das Baby wird, desto eher erkennt es, wenn eine andere Situation und somit eine andere Stimmung herrscht. Diese Toleranz entsteht aber nur auf der Basis eines Urvertrauens (▶ Seite 51).

Wenn das Kind seinen ersten Geburtstag feiert, ist in den meisten Familien der Grundstein für ein stabiles Urvertrauen gelegt. Im Lauf der nächsten Jahre entsteht auf diesem Fundament ein tragfestes Gebäude, das dem Kind sein Leben lang Sicherheit gibt. Je geborgener es sich in seiner Familie fühlt, desto selbstbewusster wird es sein Leben meistern. Liebevolle Zuwendung zeigt sich nicht nur im Vorlesen einer Gutenachtgeschichte oder einer zärtlichen Umarmung. Wadenwickel machen, wenn das Kind fiebert; der Lehrerin eine Nachricht schreiben, weil die Strafarbeit unfair war; vom Spaziergang einen Eisbecher mitbringen, weil sich die 14-Jährige mit Liebeskummer im Zimmer verkrochen hat – all das gibt Kindern das gute Gefühl: Ich kann mich auf meine Eltern verlassen. Manchmal müssen wir unsere Liebe auch auf weniger angenehme Weise ausdrücken: Wenn wir unseren Kindern Gemüse vorsetzen und ihnen die Zähne putzen. Wenn wir sie gegen Masern impfen lassen und darauf bestehen, dass sie beim Fahrradfahren einen Sturzhelm tragen. Das passt ihnen zwar nicht, aber sie spüren: Ich bin meinen Eltern wichtig und kann darauf vertrauen, dass sie wissen, was gut für mich ist.

Vertrauen in den Partner

Mütter können ihr Baby schwer aus den Armen geben. Das ist verständlich: Bis vor Kurzem war es noch in ihrem Bauch, sie fühlen sich noch mit ihm vernabelt. Dadurch meinen viele Mütter, nur sie alleine wüssten, was ihr Kind braucht. Sie reißen die Babypflege an sich und reden besserwisserisch hinein, wenn ihr Partner sich um das Kind kümmern will. Dicke Luft und Streit sind vorprogrammiert.

Menschen sind soziale Wesen. Archaische Gesellschaften binden Kinder in ihren Stamm ein. Auch bei uns wuchsen Kinder bis vor Kurzem in Großfamilien auf und fühlten sich von klein auf als Teil einer Gemeinschaft. Dass Frauen mit ihrem Nachwuchs nicht selten bis zum Kindergartenalter mutterseelenallein zu Hause sitzen, ist ein misslicher Zustand für alle Beteiligten: Die Mutter findet kaum noch Zeit für sich selbst, der Partner kann keine gleichberechtigte Beziehung zum Kind aufbauen, und das Kind ist überfordert, wenn es in seiner Familie die erste Geige spielen muss (▶ Seite 33). Die Welt eines Kindes sollte nicht nur aus der Mama bestehen. Möglichst bald nach der Geburt soll es spüren, dass es auch auf Papas Arm oder dem einer anderen Bezugsperson gut aufgehoben ist. Kinder brauchen Mütter, die mit ihren Freundinnen ins Kino gehen und dabei das Handy ausgeschaltet lassen. Die darauf vertrauen, dass der Vater mit dem Kind klarkommt, auch wenn er vielleicht eine andere Meinung dazu hat, welches Mützchen es bei welchem Wetter braucht.

Wenn Mütter den Mut haben, sich verzichtbar zu machen, profitieren alle Familienmitglieder: Die Mutter wird entlastet, beide Partner fühlen sich gleichberechtigt und gleichwertig, Vater und Kind bauen eine intensivere Bindung zueinander auf und genießen ihre Zweisamkeit. Und das Kind macht von klein auf die schöne Erfahrung, dass es nicht nur seiner Mutter, sondern auch anderen Menschen vertrauen kann.

Fremdeln

Im zweiten Lebenshalbjahr erwirbt das Baby eine Fähigkeit, die Experten Objektpermanenz nennen. Bislang waren in seiner kleinen Welt nur jene Dinge vorhanden, die es gerade sehen konnte. Jetzt versteht es, dass diese existieren, obwohl es sie gerade nicht sieht. Versteckt man vor seinen Augen ein Spielzeug, sucht es danach. Es liebt »Kuckuck«-Spiele, bei denen die Eltern sich für einen Moment verstecken oder auch nur ihr Gesicht mit den Händen verdecken. Die Objektpermanenz verstärkt das Vertrauen zu den Eltern noch einmal: Das Baby weiß, dass sie da sind, auch wenn es sie gerade nicht sehen kann. Wenn es in den nächsten Monaten zu krabbeln beginnt, wird es sich durch Blickkontakt bei den Eltern immer wieder rückversichern. Bald wird es wagen, aus dem Raum zu krabbeln, im Vertrauen darauf, dass seine Eltern es auch dann beschützen, wenn sie gerade nicht zu sehen sind.

Das Baby hat die gute Erfahrung gemacht, dass seine Eltern kommen, wenn es nach ihnen ruft, und dass sie verstehen, was es braucht. Obwohl es noch nicht sprechen kann, hat es mit ihnen oder einer anderen nahestehenden Bezugsperson ein eigenes Kommunikationsmuster entwickelt. Kommen nun andere auf es zu, drücken sie sich anders aus. Dem Kind wird die Situation plötzlich unheimlich und es weint. Das Fremdeln erstreckt sich oft sogar auf nahestehende Personen wie Großeltern oder Freunde. Am besten, man bedrängt das Kind nicht, sondern wartet, bis es sich wieder von selbst nähert. Oft lassen sich fremdelnde Babys mit einem Spielzeug locken. Die »fremde Person« könnte ein Spielzeugauto oder einen Ball zwischen sich und dem Kind hin- und herrollen lassen. So wird zugleich Distanz gewahrt und Kontakt hergestellt.

Eifersucht auf ein neues Baby

Die Geburt eines Geschwisters bringt die heile Welt eines Kindes ins Wanken. Bis jetzt stand es im Mittelpunkt der Familie, und plötzlich dreht sich alles um den neugeborenen Nebenbuhler. Beteuerungen wie »Wir haben dich genauso lieb« sind in den Ohren frischgebackener Geschwister hohle Phrasen. Ruhig bleiben, während der kleine Schreihals auf dem Arm gewiegt wird. Artig aufs Töpfchen gehen, obwohl sich der Windelträger beim Wickeln herzen lässt. Manierlich am Tisch sitzen, wenn der Säugling an Mamas Brust trinken darf. Dass er selbst einmal genauso hingabevoll verhätschelt und umsorgt wurde – daran kann sich der Erstling natürlich nicht erinnern.

Eine Studie des Max-Planck-Instituts für Bildungsforschung stellt fest, dass sich die meisten Geschwister dem Baby gegenüber positiv verhalten, bis es etwa ein Dreivierteljahr alt ist. Dann beginnt es zu krabbeln und erobert immer mehr Terrain, das bislang ihnen vorbehalten war. Bevor das kleine Geschwister mobil wird, richtet sich die Wut der Erstlinge vor allem gegen die Mutter. Sie verhalten sich patzig, fordernd und ungehorsam, wirken liebloser und zugleich überempfindlich, wodurch die Mutter zwischen Ärger und schlechtem Gewissen schwankt. In den ersten Monaten nach der Geburt seiner kleinen Schwester platzte der vierjährige Jakob fast vor Stolz, jetzt ein großer Bruder zu sein. Würdevoll schob er den Kinderwagen. »Die riecht so lecker«, schwärmte Jakob und schnupperte verliebt am flaumigen Haar seiner Babyschwester. Dass Jakob trotzdem unter Eifersucht litt, zeigte sich erst, als seine Schwester zu krabbeln begann. Als hilflosen Wurm hatte Jakob die Konkurrentin noch verkraftet. Doch seit sie so munter und mobil das Kinderzimmer eroberte, verlor Jakob die Haltung. Er, der für sein Alter immer so schön gesprochen hatte, redete nun mit alberner Babystimme. Fortwährend stolperte er, beweinte winzigste Wehwehchen tränenreich und wollte mit großem Tamtam getröstet werden. Jakob heischte nicht nur nach Mitleid, sondern auch nach Lob. Ein simpler Sandkuchen auf dem Spielplatz, ein dahingekrakeltes Bild: Jede Kleinigkeit verlangte nach Huldigung (▶ Seite 207).

Etwa die Hälfte aller Erstgeborenen legt in ihrer Entwicklung den Rückwärtsgang ein, wenn ein Geschwister kommt. Sie verlangen wieder nach Schnuller oder Nuckelflasche, sprechen plötzlich in einer albernen Babysprache, nässen ein oder schlafen nicht mehr durch. Oft ist ihnen ihr Verhalten selbst peinlich, doch sie können sich nicht dagegen wehren. Ermahnungen wie »Sprich nicht so albern!« oder »Schämst du dich denn nicht, du bist doch ein großes Mädchen?« bewirken das Gegenteil und verfestigen das wunderliche Benehmen unnötig. Hält die Babymasche über mehrere Monate unvermindert an, sollte man sich und seinem Kind Hilfe von außen gönnen und psychologischen Rat einholen. Ansonsten gilt: Je gelassener Eltern mit dieser schwierigen Umstellungsphase umgehen, desto schneller vergeht sie.

Das größere Kind braucht jetzt Sicherheit. Zum Beispiel durch exklusive Zeiten, wo Papa oder Mama sich ihm ganz ungestört widmen (▶ Seite 129). Und es findet Halt, indem jene Regeln, die auch vor der Geburt des Babys gegolten haben, weiterhin bestehen. Das heißt: Wer bisher schon alleine seine Schuhe angezogen hat, kann das auch weiterhin. Hat ein Kind vor der Geburt des Geschwisters im eigenen Bett geschlafen, bleibt dies sein Schlafplatz. Auf die Babyallüren allzu sehr einzugehen hilft dem Kind ebenso wenig wie dauernde Appelle an seine Vernunft. Tröstend und hilfreich ist hingegen eine zeitlich festgelegte Ausnahmebehandlung in Form eines Babyspiels (▶ Seite 39).

Babyspiel gegen die Eifersucht

Das Babyspiel wird mit dem eifersüchtigen älteren Geschwister gespielt. Die Mutter, ersatzweise der Vater, sollte mit dem Kind ungestört sein. Das jüngere Geschwister muss so versorgt sein, dass es das Spiel keinesfalls unterbrechen kann. Idealer Zeitpunkt ist abends zur Schlafenszeit.

- Stellen Sie eine Nuckelflasche mit warmer Milch oder Tee zurecht.

- Betrachten Sie mit Ihrem Kind Fotos aus seiner Säuglingszeit und schwärmen Sie: »War das eine schöne Zeit mit dir, als du mein kleines Baby warst. Wie habe ich mit dir geschmust, dich gebadet und gestillt. Ich wünsche mir, dass du wieder mal mein Baby bist, so wie damals. Möchtest du noch mal mein Baby sein und von mir im Arm gewiegt werden?«

- Vielleicht reagiert Ihr Kind auf diese Frage empört und fühlt sich zu groß für dieses Spiel. Reagieren Sie humorvoll: »Das dachte ich mir! Ich freue mich, dass du schon so groß und selbstständig bist!« Spielen Sie das Spiel nur, wenn das Kind es möchte.

- Ein unter Eifersucht leidendes Kind wird der Testfrage wahrscheinlich zustimmen. Vielleicht fällt es sogar in eine Babysprache zurück, spielt mit seinen Händen und lässt sich schlaff auf Ihren Schoß sinken. Legen nun auch Sie Ihre Hemmungen ab: Wenn Ihr

Kind es genießt (und auch Sie sich dabei wohlfühlen), können Sie es im Arm wiegen, ihm das Fläschchen geben, Windeln anbieten, ein Schlaflied singen, eine Rassel reichen und es wie ein Baby baden.

- Bringen Sie Ihr Kind Baby spielend ins Bett und bieten Sie ihm vor dem Einschlafen an: »Wenn du morgen Abend wieder mein Baby sein willst, brauchst du es mir nur zu sagen.«

- Behandeln Sie es am nächsten Morgen betont als Ihr großes und verständiges Kind. Falls es wieder Baby spielen will, vertrösten Sie es auf den Abend. Halten Sie sich für das Spiel etwa eine Stunde frei. Zwar geht es oft schneller, richten Sie es aber so ein, dass dieses Spiel ohne Zeitdruck geschieht.

- Dass jedes Geschwister als Baby von den Eltern gleich liebevoll umsorgt wird, wird in dem Bilderbuch von Astrid Lindgren *Ich will auch ein Geschwister haben* sehr schön gezeigt. Lesen Sie Ihrem Kind daraus vor, auch wenn es schon selbst lesen kann.

- Machen Sie das große Geschwister nicht zu sehr zum »Papakind«. Wenn Mütter mit ihren »Großen« regelmäßig etwas Schönes zu zweit unternehmen, gemeinsam Eis essen, einen Kuchen backen oder ins Kindertheater gehen, erleben sie ihr Kind nicht nur als älteres Geschwister. Das stärkt die Bindung und gibt dem Kind die Chance, wieder ganz es selbst zu sein, ohne sich dauernd gegen sein jüngeres Geschwister abzugrenzen.

- In den ersten Wochen kostet das Stillen täglich mehrere Stunden. Mithilfe einer »Stillkiste« erreichen Sie, dass sich auch Ihr Älteres auf diese Zeit freut: Füllen Sie eine Schachtel mit spannenden Gegenständen: vielleicht einem Kaleidoskop, Zauberstiften, einem besonderen Bilderbuch, einer Meeresmuschel, einem Eierschneider, auf dem man Gitarre spielen kann. Diese Kiste steht auf dem Schrank. Nur während der Stillzeit (und nicht länger!) darf das Kind den Deckel öffnen und mit all den Schätzen spielen.

• Umstellungen (wie Umzug vom Elternschlafzimmer ins Kinderzimmer oder Eingewöhnung in den Kindergarten) sollten Monate vor der Geburt geschehen, damit sie nicht dem Geschwisterchen angelastet werden.

• Sorgen Sie rechtzeitig vor der Geburt dafür, dass Ihr größeres Kind in seinem Alltag eigene Bereiche hat (wie Spielkameraden, Kindergarten, regelmäßige Besuche bei Großeltern, Tagesmutter, Freunden), in welchen das Baby keine Rolle spielt (▶ Seite 206).

Dem Kind genug zutrauen

Als Stefan geboren wurde, war die Mutter einen Moment enttäuscht: wieder ein Junge. Ein Mädchen hätte ihr Familienglück perfekt gemacht. Stefans ältere Brüder Markus und Matthias waren »richtige« Jungs, die draußen Fußball spielten, sich für Autos interessierten und dem Vater zu Hand gingen, wenn es etwas zu reparieren gab.

Der kleine Stefan entwickelte sich anders: Mit seinen weichen Gesichtszügen wirkte er zarter, sensibler. »Stefan ist mein kleines Mädchen«, schwärmte die Mutter, »genauso lieb und anschmiegsam.« Der Junge spürte, was die Mama an ihm schätzte. Anstatt auf Bäume zu klettern, saß er malend und bastelnd im Zimmer. Mittlerweile ist Stefan längst erwachsen, 1,85 Meter groß und erfolgreicher Manager. Der 32-Jährige wirkt ausgesprochen respektabel und maskulin, hält sich aber für unmännlich und ungeschickt. Frauen gegenüber ist er schüchtern, gibt es in seinem Appartement einen Nagel in die Wand zu schlagen, beauftragt er einen Handwerker.

Auch die 20-jährige Annika bekam von ihren Eltern eine Botschaft mit auf ihren Lebensweg, und die hieß: Du bist wunderbar! Liebevoll lobte der Vater ihre Stupsnase, ihre süßen Zehen und ihre etwas abstehenden Ohren. Die Eltern bestärkten sie in ihren Interessen. Annika spürte, dass sie für ihre Eltern das beste Mädchen der Welt war. Dieses Selbstbewusstsein ist ihr bis heute geblieben. Objektiv betrachtet ist Annika keine auffallende

Schönheit. Aber ihr selbstbewusstes Auftreten und ihre innere Zufriedenheit machen sie zu einer attraktiven Frau, der die Männerherzen nur so zufliegen.

Annika und Stefan haben das Bild, das ihre Eltern von ihnen hatten, verinnerlicht. Kinder erfüllen die Erwartungen, die ihre Mütter und Väter an sie stellen – im Guten und im Schlechten (▶ Seite 233). Trauen sie ihrem Kind genug zu, entwickelt es Selbstvertrauen. Sind Eltern hingegen zu ängstlich, konzentriert sich zu viel Energie auf dieses Problem. Diese Konzentration kann wie eine Art Hypnose wirken: Man redet sich und den Kindern das, wovor man Angst hat, regelrecht ein. Gerade überbehütete Kinder, die nicht auf Mauern oder Bäume klettern dürfen, tun sich besonders oft weh, denn es mangelt ihnen an Selbstvertrauen und auch an altersgerechtem Training.

Kinder besitzen bei der Geburt ein Überangebot an Nervenzellen. Damit sie sich miteinander verschalten, brauchen sie Stimulation. Der Göttinger Neurobiologe Gerald Hüther ist überzeugt, dass das Vertrauen in die Fähigkeiten unserer Kinder Voraussetzung dafür ist, dass sie sich zutrauen, eigene Erfahrungen zu machen – und diese Erfahrungen können sich dann im Gehirn verankern. Darum müssen unsere Kinder nicht nur Grundvertrauen in uns Eltern gewinnen, sondern auch umgekehrt. Wir wissen nicht, welche Schicksalsschläge uns und unseren Kindern bevorstehen – und das ist gut so. Denn so bleibt uns nichts anderes übrig, als das Sinnvollste zu tun: zuversichtlich in unsere Zukunft und die unserer Kinder zu blicken.

Glaube kann helfen

Das Leben stellt uns drei Quellen zur Verfügung, aus denen wir seelischen Sicherheit schöpfen können. Erstens: Vertrauen in die eigene Stärke. Zweitens: Vertrauen in die Stärke der anderen. Und drittens: Vertrauen in eine übergeordnete Macht.

Ein Neugeborenes ist vollkommen hilflos und daher ganz und gar auf die Stärke der anderen angewiesen. Aus der Zuwendung und Liebe seiner Eltern erwächst sein Selbstvertrauen, und dadurch füllt sich seine Kraftquelle, auf seine eigene Stärke zu vertrauen. Bis etwa zum siebten Geburtstag leben Kinder im sogenannten magischen Alter. Jedes Kuscheltier, jeder Baum, jeder Stuhl: Alles in ihrer kleinen Welt hat eine Seele. Auch wenn man ihnen nichts von Religion erzählt, glauben sie auf natürliche Weise an eine übergeordnete Macht. Darum ist es schön, wenn zumindest ein Elternteil diese Zuversicht mit ihm teilt und ihm seinen Glauben nahebringt. Sei es der Glaube an seine Religion und seinen Gott oder einfach der Glaube an die Kraft der Natur und das Gute im Leben. Oder sei es die Überzeugung, dass die menschliche Gesellschaft uns trägt und Geborgenheit gibt.

Untersuchungen zeigen: Gläubige Menschen werden mit Schicksalsschlägen leichter fertig. In der Tat besitzen die meisten Menschen irgendeine Form von religiösem Urvertrauen, und auch Atheisten sind nicht ungläubig: Sie glauben fest an achtbare Werte und finden darin Lebenssinn und Zuversicht.

Lernen Kinder durch Freunde, Kindergarten und Schule die unterschiedlichen Weltanschauungen, Kulturen und Religionen kennen, profitiert ihr eigenes Wertesystem enorm. Sie lernen Toleranz, verfeinern ihr Gewissen und entwickeln ein reichhaltiges Wertebewusstsein.

Auch atheistische Eltern können das Bedürfnis ihres Kindes nach Gläubigkeit befriedigen, indem sie ihm erzählen, woraus sie Kraft schöpfen. In das abendliche Abendritual eingebunden, geben Gespräche dem Kind Halt und die Zuversicht, zusätzlich zum Schutz durch Mama und Papa auch von einer guten Macht Geborgenheit zu erfahren. Wer religiös ist, sollte gemeinsam mit seinem Kind beten und in diese Gebete auch andere Menschen einschließen. Sind beide Eltern überzeugte Atheisten, sollten sie überlegen, ihr Kind einen konfessionellen Kindergarten besuchen zu lassen, damit es auch andere Überzeugungen kennenlernen und sich eines Tages sein eigenes Weltbild machen kann. Im Schulalter stellen Kinder sich und ihren Eltern viele Fragen über Religion. Viele zweifeln jetzt, ob es einen Gott gibt oder ob dieser Gott nicht ganz anders aussieht, als sie ihn sich bisher vorgestellt haben. Mit 14 Jahren werden Kinder religionsmündig. Das heißt sie können jetzt selbst entscheiden, ob sie in der Kirche sein wollen und zu welchem Glauben sie sich bekennen (▶ Seite 340).

Heimlichkeiten

Wenn Eltern zu Weihnachten, Geburtstag oder Muttertag erstmals mit einer Bastelei oder einem gemalten Bild überrascht werden, haben sie doppelten Anlass zur Freude. Zum einen über das kleine Geschenk, aber noch mehr über den Entwicklungsschritt, der sich darin zeigt. Indem das Kind seine Überraschung geheim halten konnte, hat es die Erfahrung gemacht, eigenes geistiges Eigentum zu besitzen. Diese Erkenntnis ist ein kostbarer Schatz, den Kinder etwa mit vier Jahren entdecken. Mit geheimnisvoller Mine wird gemalt, geschnipselt und geklebt, oft ist die Vorfreude auf das Überraschen so groß, dass Kinder mit ihrem Geheimnis herausplatzen. Unbedingt müssen Mutter und Vater dann hoch und heilig versprechen, das Geschenk sofort wieder zu vergessen.

Ob und wie lange Kinder ihre Geheimniskrämereien für sich behalten können, ist eine Frage der Reife. Ab dem Kindergartenalter entwickeln sie zunehmend ein eigenes Privatleben, das es zu respektieren gilt. Mit jedem Lebensjahr erobern sie weitere Lebensbereiche, in die sie ihre Eltern nicht einweihen wollen. Grundschüler lieben es, sich in vertraulicher Mission an »Geheimtreffs« zu verabreden, wo nur Eingeweihte Zutritt haben. Sie lesen Detektivgeschichten, wo Kinder ohne das Wissen Erwachsener Gaunern und Gangstern auf die Schliche kommen. Sie verlieren ihr Herz an den süßen Jungen aus der Vierten, und bevor Mama oder Papa davon erfahren dürfen, weiß die beste Freundin längst Bescheid. Neunjährige wollen Eltern, die nicht in ihrem Tagebuch lesen. Ein 13-Jähriger will ein abschließbares Schränkchen, in welchem er auch mal eine Zeitschrift mit nackten Frauen verstecken kann, und er will sicher sein, dass die Eltern nicht in seinen Hosentaschen stöbern oder seine SMS lesen (▶ Seite 320). Es stimmt etwas wehmütig, wenn das Kind sein Herz nicht mehr auf der Zunge trägt, sondern sich vor den

Eltern allmählich verschließt. Doch durch neugieriges Ausfragen oder gar Ausspionieren würde man nicht mehr, sondern eher weniger erfahren: Je mehr sich Kinder auf die Diskretion ihrer Eltern verlassen können, desto mehr werden sie ihnen anvertrauen.

Dieses Vertrauen ist wichtig, denn nicht alle Geheimnisse sind süß. Belastende Geheimnisse dürfen kleine und große Kinder nicht für sich behalten. Sie sollten einen Erwachsenen, am besten ein Elternteil, einweihen, um sich von einem schlechten Geheimnis zu befreien. Der Erwachsene nimmt dem Kind dann die Verantwortung für die Lösung des Problems ab.

Die vierjährige Paula wird im Kindergarten von der gleichaltrigen Jessica schikaniert und ausgegrenzt. Paula vertraut sich ihrer Mutter an und verlangt, dass sie mit niemandem darüber spricht, denn sie fürchtet, Jessica werde ihr dann umso übler mitspielen. Doch die Mutter kann nur helfen, indem sie das böse Geheimnis ihrer Tochter ein Stück weit lüftet. Dazu sollte sie verschiedene Lösungsmöglichkeiten vorschlagen: Die Lieblingserzieherin einweihen, damit sie Jessica besser im Auge behält? Jessicas Mutter auf den Missstand ansprechen? Man könnte Jessica auch zu Paula nach Hause einladen. Paula hätte dort Heimvorteil, und Jessica würde merken, dass Paula ein mutiges Mädchen mit respektablen Eltern ist. Auf jeden Fall wird Paula die Erfahrung machen, dass es für ein belastendes Geheimnis immer eine Lösung gibt. So kommt das Kind gestärkt aus seinem Problem heraus (▶ Seite 165).

Wer gute Geheimnisse für sich behalten kann, beweist Stärke. Wer aber ein schlechtes Geheimnis bewahrt, lebt seinem Kind Schwäche und mangelnde Zivilcourage vor. Wenn Kinder in die Pubertät kommen, erfahren sie immer häufiger von zweifelhaften Heimlichkeiten Gleichaltriger. Einerseits wollen sie ihre Freunde nicht verpetzen, andererseits geraten sie in Konflikt, weil sie bei der Sache ein ungutes Gefühl haben.

Der 14-jährige Marco macht sich Sorgen um seinen Klassenkameraden Kevin. Seit einem Jahr trinkt Kevin größere Mengen Alkohol. Manchmal kommt er sogar betrunken zum Unterricht und schwänzt oft die Schule. Seine Eltern scheinen Kevins Absturz zu übersehen, sie haben es nicht einmal bemerkt, als er volltrunken im Park übernachtete. Marco ist irritiert und zieht seinen Vater ins Vertrauen. Nun liegt der Wackerstein auf dem Herzen eines Erwachsenen. Das ist besser so, aber auch dort darf er nicht liegen bleiben. Würde Marcos Vater das schlechte Geheimnis hüten, wäre er automatisch dessen Opfer. Falls etwas passiert, würde er sich mit Schuldgefühlen plagen. Er sollte helfen – aber wie? Die Sache gegen Marcos Willen einfach ausposaunen? Das wäre verkehrt. Marcos Vater braucht jetzt Fingerspitzengefühl. Das zeigt er, wenn er mit seinem Sohn verschiedene Varianten durchspielt: Wäre es okay, nichts zu tun? Wie würde man sich fühlen, falls Kevin Alkoholiker wird? Oder im Vollrausch verunglückt? An wen könnte man das Problem delegieren? Ist der Klassenlehrer so vertrauenswürdig, dass man ihn bitten könnte, mit Kevins Eltern zu reden? Marco und sein Vater könnten auch Experten um Rat fragen und gemeinsam zu einer Suchtberatungsstelle gehen. Auch gibt es an der Schule einen Drogenberatungslehrer, der sich mit solchen Fragen auskennt. Kann sich Marco zu keiner dieser Möglichkeiten durchringen, sollte der Vater entscheiden und ihm erklären: »Ich kann nicht verantworten, Kevin ohne Hilfe zu lassen. Da auch ich mit diesem Problem überfordert bin, muss ich jemanden einweihen, der Ahnung davon hat und mir diese Verantwortung abnimmt. Für jedes noch so schwierige Problem gibt es Experten, die wissen, was zu tun ist. Du hast dich an mich gewandt. Das war richtig, denn du musstest das schlechte Geheimnis loswerden. Da der Schuh aber auch für mich zu groß ist, ziehe ich jemand Kompetenten ins Vertrauen. Auf diese Weise bin auch ich von dem schlechten Geheimnis befreit und bin froh, weil wir versucht haben, Kevin zu helfen.«

Gute und schlechte Geheimnisse

Lehren Sie Ihr Kind, süße von schlechten Geheimnissen zu unterscheiden. Ob es ein Geheimnis für sich behalten darf, kann schon ein kleines Kind an seinem Körpergefühl erkennen. Erklären Sie Ihrem Kind:

• »Ein gutes Geheimnis fühlt sich im Bauch schön an. Es macht dich fröhlich, und vielleicht musst du sogar kichern, wenn du daran denkst. Ein gutes Geheimnis macht dich gut gelaunt und stolz: Also darfst du es für dich behalten.«

• »Ein schlechtes Geheimnis macht Bauchweh, und wenn du daran denkst, fühlst du dich automatisch unwohl: Behalte ein schlechtes Geheimnis niemals für dich! Du musst es unbedingt Papa oder Mama erzählen.«

• »An das Versprechen, ein schlechtes Geheimnis nicht weiterzusagen, sollst du dich nicht halten! Auch dann nicht, wenn du es schwören musstest. Oder wenn du Angst hast, dass dann etwas Schlimmes passiert. Gerade dann ist es besonders wichtig, dass du uns davon erzählst! Wir versprechen dir fest: Wir finden auch für das schlimmste und böseste Geheimnis eine Lösung, damit die Sache gut ausgehen kann.«

Petzen erwünscht!

Je jünger Kinder sind, desto häufiger petzen sie. So verpönt unter Gleichaltrigen das Anschwärzen ist: In der Erziehung ist Petzen eine Chance, dem Kind zu erklären, wie es sich im Konfliktfall richtig verhält.

Wer die Missetaten anderer ausplaudert, fragt sich: Ist es richtig, wie der andere gehandelt hat? Darf ich das auch tun? Auch verbergen Kinder hinter dem Petzen oft ihre Not, nicht zu wissen, wie sie sich richtig verhalten können. Darum sollte man sie nicht mit »Man petzt nicht« abwimmeln. Sondern geschickt nachhaken: »Wie gehst du damit um? Wie geht es dir, wenn du siehst, wie die Lola die Reifen von Saschas Fahrrad aufsticht?« Oder die Viola Schule schwänzt? Oder der Anton im Unterricht von dir abschreibt? Findest du das in Ordnung? Was könnte oder müsste man dagegen tun? Oder ist es eigentlich gar nicht so schlimm? Wenn wir beim Petzen den Ball auffangen, entwickelt sich ein Gespräch, in dem ganz ohne Druck gelingt, was wir im

Alltag so oft vergeblich versuchen: dass unsere Kinder ihre Ohren weit öffnen und sich das, was wir ihnen sagen, zu Herzen nehmen.

Besondere Hellhörigkeit und Fingerspitzengefühl sind in der Pubertät gefragt. Jetzt verschließen sich Jungen und Mädchen vor ihren Eltern und verraten oft nur auf Umwegen, was in ihnen rumort. Wenn sie, vielleicht wie nebenbei, berichten, dass ein Klassenkamerad klaut, kifft, raucht oder die Schule schwänzt, wollen sie Mutter oder Vater damit vielleicht indirekt fragen: »Wie würdest du reagieren, wenn ich das machen würde? Ist das wirklich so unanständig und gefährlich?« Vielleicht verbirgt sich dahinter auch ein Hilferuf: Ich hab Mist gebaut. Bitte zeige mir, wie ich das wieder gutmachen kann. Denn zu dir habe ich Vertrauen (▶ Seite 317).

LEKTION 3

Alltag

Ein Neugeborenes kostet mehr Zeit, als man sich in der Schwangerschaft vorstellen kann. Allein mit Stillen und Bäuerchen vergeht anfangs bis zu einer Stunde. Oft will das Baby nach zwei Stunden schon wieder an die Brust. Hat man es gefüttert, gewaschen, gewickelt und zum Spaziergang angezogen, füllt es die eben gewechselte Windel. Auf dem Wickeltisch fallen ihm womöglich die Äuglein zu. Also lässt man es lieber schlafen, räumt die Spülmaschine ein und schiebt sich das Marmeladebrot, das noch vom Frühstück auf dem Tisch liegt, in den Mund. Vermutlich klingelt genau jetzt das Telefon, das schlummernde Baby erwacht, und während die Freundin auf dem Anrufbeantworter dringend um Rückruf bittet, hat man schon wieder ein weinendes Bündel auf dem Arm.

So kommt es, dass junge Mütter nachmittags noch im Schlafanzug sind und ihr Highlight des Tages darin besteht, den Kinderwagen noch vor Einbruch der Dunkelheit ein halbes Stündchen durch die frische Luft zu schieben. Das ist normal. Alles dreht sich um den Winzling. Er braucht vor allem zwei Dinge: Nahrung und Liebe. Haushalt und anderweitige Verpflichtungen stellt man in den nächsten Wochen beruhigt hintenan. Die wichtigste Pflicht frischgebackener Eltern besteht darin, mit ihrem Baby im Bett zu liegen und zu kuscheln. Alles andere muss warten. Wollen Freunde das Baby besichtigen, sollen sie den Kaffeetisch selber decken und am besten auch wieder abräumen. Denn bis die junge Familie ihren Rhythmus findet, der wieder Freiräume ermöglicht, wird es ein paar Monate dauern.

Stillen

Als natürliche Fortsetzung der Schwangerschaft ist das Stillen die beste und zugleich bequemste Art, sein Baby zu ernähren. Muttermilch ist, alleine schon wegen der darin enthaltenen Immunstoffe, die optimale Nahrung für ein Baby.

Allerdings ist das Stillen anfangs nicht so einfach. Bei den meisten Frauen dauert es etwa vier Wochen, bis sich das Stillen zu der harmonischen Symbiose einpendelt hat, die man sich während der Schwangerschaft ausgemalt hat. Prallvolle Brüste und wundgenuckelte Brustwarzen können schmerzen, die Milch tropft oder staut sich, und oft stellt sich das Neugeborene beim Trinken zunächst noch ungeschickt an. Darum braucht die Mutter jemanden, der ihr zeigt, wie sie ihr Baby richtig anlegt, und ihr Mut macht, nicht vorschnell zuzufüttern. Denn die Brust steuert ihre Milchproduktion danach, wie viel das Baby daran saugt. Bekommt es zwischendurch künstliche Nahrung, trinkt es entsprechend weniger an der Brust. Dadurch erhält die Brustdrüse die falsche Information: Die letzte Milchmenge war zu hoch, also für die nächste Mahlzeit weniger produzieren. Bei dieser wird der Säugling dann erst recht nicht satt und trinkt dann umso mehr aus der Flasche. So läutet das erste Zusatzfläschchen oft unabsichtlich das Abstillen ein. Mütter sollten daher bei Stillproblemen sofort eine Hebamme zurate ziehen! Wenn Mütter kompetente Hilfe bekommen, sind auch wunde Brustwarzen oder Milchstau kein Abstillgrund. Darum sollten sie sich in der Geburtsklinik beim Stillen helfen und nach der Entlassung von einer Nachsorge-Hebamme unterstützen lassen (▶ Seite 79). Hilfe in der Stillzeit bekommt man außerdem von speziellen Stillberaterinnen (▶ Anhang 11).

Die anfänglichen Schwierigkeiten durchzustehen lohnt sich! Hat sich das Stillen erst einmal einspielt, leben Mutter und Baby in einer perfekten Einheit, bei der die Nachfrage das Angebot regelt: Trinkt das Kind an der Brust, wird das Drüsengewebe automatisch angeregt, die getrunkene Milchmenge innerhalb weniger Stunden zu erneuern. Da sich der Bedarf des wachsenden Babys zunehmend steigert, entstehen zwischendurch mal kurze Durststrecken, bei denen das Kind von einer Brustmahlzeit nicht ganz satt wird. Doch für diese Engpässe hat die Natur vorgesorgt: Ein halb sattes Baby wird entsprechend früher wieder an die Brust wollen. Diese ist dann zwar noch nicht ganz voll, aber ein paar Schlucke sind immer drin (die Brust ist nie ganz leer, beim Saugen wird ständig Milch nachproduziert). Diese Menge wird das Baby zusätzlich trinken – und damit bildet die Brust automatisch auch diese Zusatzportion nach. Nach ein paar Mahlzeiten haben sich die Milchdrüsen auf den erhöhten Bedarf eingestellt und produzieren künftig entsprechend mehr. Steigern lässt sich die Milchmenge auch durch sogenanntes Wechselstillen: Dabei legt man das Kind während einer Mahlzeit mehrfach an beide Brüste an. Damit immer genügend Milch fließt, muss sich eine Frau entspannen und auf ihr Baby einlassen können. Darum ist Stillen nicht nur Frauensache: Auch Väter können dazu beitragen, indem sie ihre Partnerin von Alltagsaufgaben entlasten.

Wer sein Baby lieber mit der Flasche ernähren will, sollte dieses »Nein« zum Stillen gut überlegen. Möchte eine Mutter wirklich nicht stillen, ist es besser, wenn sie ihrem Baby zärtlich und entspannt die Flasche gibt, als ihm widerwillig die Brust zu geben. Unterlassen Mütter aber aufgrund einer unklaren Abneigung das Stillen, plagen sich einige später mit einem schlechten Gewissen. Darum sollte man sich rechtzeitig und ausreichend über die Vor- und Nachteile informieren. Wenn man das individuelle Für und Wider gut abwägt, wird man eine kompetente Entscheidung treffen, hinter der man selbstbewusst stehen kann und die man nicht zu bereuen braucht (▶ Seite 48, 331).

Schreibabys

Alle Babys schreien, es ist ihre einzige Möglichkeit mitzuteilen, dass sie Hilfe brauchen. Doch jedes achte bis zehnte Baby schreit in den ersten drei Monaten exzessiv. Für Schreibabys gilt, so die Stiftung Kindergesundheit (▶ Anhang 10), die sogenannte Dreierregel: Wenn ein Baby im Alter von zwei Wochen bis vier Monaten mindestens *drei* Stunden pro Tag an mehr als *drei* Tagen pro Woche schreit und dieser Zustand länger als *drei* Wochen anhält, handelt es sich um exzessives Schreien. Der Volksglaube erklärt dieses Schreien mit »Dreimonatskoliken«. In der Tat haben sogenannte Schreibabys oft einen aufgeblähten Bauch. Doch Untersuchungen zeigten: Diese Luft befindet sich nicht vor den Schreiattacken darin – sondern oft erst danach. Heute geht man davon aus, dass Schreibabys nicht weinen, weil sie Blähungen haben, sondern dass sie Blähungen bekommen, weil sie beim vielen Schreien Luft verschlucken. Ob und inwieweit diese Luft sie stört, ist ungeklärt.

Dass Babys viel schreien ist der Preis für den aufrechten Gang und die menschliche Intelligenz. Menschen haben durch ihr großes Gehirn einen großen Schädel, aufgrund des aufrechten Ganges aber ein enges Becken. Damit der kindliche Kopf durchs mütterliche Becken passt, müssen unsere Babys nach neun Monaten Schwangerschaft geboren werden. Zu diesem Zeitpunkt sind sie noch sehr unreif, im Grunde kommen alle Menschenkinder als Frühgeburten zur Welt. Während Fohlen oder Kälber gleich nach der Geburt mit der Herde laufen, sind unsere Neugeborenen völlig hilflos. Um diese physiologische Unreife aufzuholen, machen Gehirn und Nervensystem in den ersten drei Lebensmonaten eine intensive Anpassungsphase durch. In der Gebärmutter war für alle Lebensvorgänge perfekt gesorgt, plötzlich muss das Neugeborene atmen, trinken, verdauen, grelle Farben sehen und laute Töne hören. Manche Babys lernen die Umstellung auf die starken Sinneseindrücke sowie die Steuerung der neuen Körpervorgänge scheinbar im Schlaf: Das sind jene zufriedenen Bilderbuchbabys, die wenig quengeln und gut schlafen.

Anderen Neugeborenen fällt diese Anpassungsphase schwerer, wie zum Beispiel dem kleinen Paul. Kaum aus der Entbindungsklinik entlassen, zeigte sich der Bub auffallend wach. Stimmen und Geräuschen lauschte er aufmerksam, es schien, als sauge Paul alle Reize in sich auf. In der dritten Lebenswoche begann er, oft wie aus heiterem Himmel herzzerreißend zu schreien, ohne erkennbare Ursache. An der Brust wandte er sich bei der geringsten Ablenkung ab und schaute, was los war. Dann sprudelte ihm die Milch als Fontäne ins Gesicht, worauf Paul empört die Mahlzeit beendete. Verhasst war es ihm auch, in seinem Bettchen zu liegen. Kaum befand er sich in der Horizontalen, bäumte er sich auf und brüllte. Stets wollte er herumgetragen werden, damit er etwas sehen konnte. Den Aufenthalt im Kinderwagen duldete er nur, solange dieser geschoben wurde. Stand die Fußgängerampel auf Rot, ertönte aus dem Wagen umgehend Protest. Ob Wagen, Wippe oder Wiege: Alles, worin Paul lag, sollte in Bewegung sein. Das stetige Schunkeln ging seiner Mutter bald dermaßen in Fleisch und Blut über, dass sie an der Supermarktkasse auch den Einkaufswagen besänftigend hin- und herschob. Zufrieden wirkte Paul nur am Vormittag, ab mittags quengelte er viel, und pünktlich zum Abendessen erschallte anhaltendes Geschrei. Jetzt wurde das Bäuchlein massiert und stundenlang durch die Wohnung marschiert. Fiel der erschöpfte Säugling schließlich in den Schlaf, legte man ihn banger Hoffnung in seine Wiege: Blieb der kleine Körper entspannt, verhieß das ein paar Stunden Schlaf. Andernfalls begann das Programm von vorn. Gähnend und gereizt schleppten sich Pauls Eltern durch den Tag. Das Herz quoll ihnen über vor Liebe – und zugleich fühlten sie sich ihrem brüllenden Baby hilflos ausgeliefert. An manchen Tagen quengelte und schrie Paul insgesamt über fünf Stunden. Was machten sie nur falsch, dass ihr Sohn so unzufrieden war?

Was Paul fehlte, war Schlaf. Im Durchschnitt schlafen Neugeborene 16,5 Stunden und im Alter von drei Monaten etwa 15 Stunden am Tag. Sie brauchen diese langen und häufigen Ruhephasen, um all die neuen Reize zu verarbeiten. Manchen Babys fallen einfach die Äuglein zu, wenn sie müde sind. Andere sind durch die Müdigkeit irritiert, sie wehren sich regelrecht dagegen und suchen nach immer mehr Sinneseindrücken, um sich von dem quälenden Müdigkeitsgefühl ablenken zu lassen. Dadurch bekommen diese Säuglinge tagsüber zu wenig Schlaf und sind am Abend so überreizt, dass sie oft stundenlang schreien.

Die Natur hat dafür gesorgt, dass die Frequenzen kindlichen Weinens Eltern in Alarmbereitschaft versetzen. Hört eine Mutter ihr Baby weinen, gerät sie in akuten Stress und eilt herbei, um es zu trösten. Erst wenn das Kind Ruhe gibt, kann sie sich wieder entspannen. Schreit ein Baby aber exzessiv, geraten Eltern in eine Art Daueralarm, der sich wie chronischer Stress auswirkt. Man fühlt sich erschöpft und am Ende seiner Kräfte. Das ist der Moment, in dem Eltern fluchen, sie würden ihr Kind »am liebsten aus dem Fenster werfen«. Für diese hässlichen Gefühle und Gedanken macht man sich dann Gewissensbisse und gibt sich an dem Babygeschrei die Schuld: Wahrscheinlich, so wirft man sich vor, ist der arme Wurm nur deshalb so unzufrieden, weil man die eigene Nervosität auf ihn überträgt.

So schaukelt sich die Anspannung bei Eltern und Kind hoch. Aber Selbstvorwürfe oder auch das Stirnrunzeln der Schwiegermutter verunsichern nur zusätzlich. Was Eltern jetzt brauchen, ist Entlastung. Indem sie sich abwechseln, damit jeder mal abschalten kann. Sie brauchen Bekannte, die eine fertig gekochte Mahlzeit mitbringen, wenn sie das Baby bestaunen wollen. Sie brauchen Freunde, Großeltern, Nachbarn oder einen Babysitter, damit die junge Mutter auch mal ohne Baby den Einkauf erledigen oder sich ausruhen kann. Solche kleinen Freiräume wirken Wunder und verbessern die angespannte Situation.

Dreimonatskoliken

Der Begriff täuscht: Nur etwa fünf Prozent der exzessiv schreienden Babys haben eine Verdauungsstörung. Lassen Sie trotzdem vorsichtshalber vom Kinderarzt organische Ursachen wie eine Nahrungsmittelunverträglichkeit oder einen Reflux (krankhaft bedingter Rückfluss des Mageninhalts in die Speiseröhre) ausschließen.

• Die Schreiattacken sind bei gestillten Babys und Flaschenkindern gleich häufig. Stillbabys müssen pupsen, wenn Mütter Knoblauch oder Kohl essen. Doch das legt sich, sobald die blähende Milchmahlzeit verdaut ist, und erklärt nicht das exzessive Schreien. Vorwürfe wie »Was hast du denn gegessen, dass das Arme solche Blähungen hat?« verunsichern. Lassen Sie sich von den unterschiedlichen Ratschlägen aus Ihrer Umgebung nicht irritieren. Die meisten stillenden Mütter nehmen bei ihrer Ernährung ohnehin Rücksicht auf den Säugling. Verzichten Sie nicht auf zu viel: Sie brauchen gerade als stillende Mutter eine ausgewogene Mischkost. Besprechen Sie diese mit Ihrem Frauen- oder Kinderarzt. Verschaffen Sie sich Sicherheit, indem Sie sich an Experten wenden. Falls Sie Fläschchen füttern, weiß der Kinderarzt, welche Säuglingsersatznahrung Ihrem Baby bekommt.

• Verschaffen Sie sich Entlastung und bestellen Sie sich eine Hebamme ins Haus (klären Sie mit Ihrer Krankenkasse, inwieweit sie die Kosten übernimmt). In größeren Städten gibt es spezielle Schreiambulanzen. Sie verdienen für Ihr Baby und sich fachlich kompetente Beratung (▶ Seite 140).

• Babys genießen zarte Bauchmassagen. Wenn sie aber allabendlich mit hochrotem Köpfchen brüllen, benötigen sie meist keine Massage, sondern einfach nur Schlaf. Halten Sie sich vor Augen: Babys schreien nie, um ihre Eltern zu tyrannisieren, sondern weil sie etwas brauchen – zum Beispiel Schlaf. Es fehlt ihnen noch die Erfahrung, wie sie abschalten können, um einzuschlafen. Wenn Ihr Neugeborenes, obwohl es müde ist, lauthals Beschäftigung einfordert: Allzu abwechslungsreiche Ablenkungsversuche und zu vielfältige Sinneseindrücke überreizen es nur umso mehr. Es braucht jetzt Entspannung – und Sie brauchen sanfte Rituale, wie Sie es beruhigen können (▶ Seite 56). Wenn Ihr Baby unruhig wird oder schreit, klopfen Sie ihm nicht auf den Rücken. Vermeiden Sie unruhige, rasche Bewegungen, laute Musik und lärmende Spielgeräte. Wenn Sie Ihr Kind schaukeln, dann ruhig und langsam. Für manche Babys ist es hilfreich, wenn das Zimmer, in dem sie schlafen, nicht vollkommen dunkel ist.

• Machen Sie sich keine Sorgen: Dass sich Schreibabys so schwer beruhigen lassen, tut dem Vertrauensverhältnis keinen Abbruch. Wenn das Kind spürt, dass Sie stets für es da sind, es liebevoll trösten, füttern, pflegen und versorgen, wird es ein ebenso gesundes Urvertrauen entwickeln wie ein ruhiges und »pflegeleichtes« Baby (▶ Seite 51).

• Exzessives Schreien ist keine Zivilisationskrankheit, es kommt auch bei Naturvölkern vor. Es ist anlagebedingt und sagt nichts über den Charakter aus. Ein Schreibaby kann sich zum unkomplizierten Sonnenschein entwickeln, ein ausgeglichener Säugling kann während der Trotzphase anstrengend werden.

• Trösten Sie sich: Nach etwa drei Monaten hat sich das kindliche Nervensystem an das Leben außerhalb des Mutterleibs angepasst. Dann sind Schreibabys wie umgewandelt und alles läuft viel harmonischer (▶ Seite 104).

Zu viel Kinderkram im Kopf

Ein viertel bis ein halbes Jahr nach der Geburt hat sich in den meisten Familien der Alltag mit dem Baby gut eingependelt. Doch jetzt werden viele Mütter und Väter, die ganz bei ihren Kindern zu Hause bleiben, allmählich unzufrieden. Sie fühlen sich unfrei, und es fällt ihnen daheim die Decke auf den Kopf. Sich »nur« um Haushalt und Kinder zu kümmern ist kein Klacks, sondern Stress für Körper und Seele. Nicht nur, weil es sieben Tage die Woche Einsatz und Präsenz rund um die Uhr verlangt, sondern auch, weil es eine enorme geistige Anpassungsleistung erfordert. Kinder großzuziehen ist die anspruchs- und verantwortungsvollste Aufgabe, die man sich vorstellen kann. Ein feinfühliger Umgang mit ihnen erfordert, dass man ihre geringeren Fähigkeiten berücksichtigt, ihren Entwicklungsstand respektiert und sich altersgerecht auf das geistige Niveau der Kinder einstellt. Mit Kleinkindern kann man nun mal nicht über den Leitartikel in der Tageszeitung oder die letzte Landtagswahl diskutieren. Das dauernde »Eieiei«, Sandkuchenbacken und Bauklötzchenstapeln ist für Erwachsene eine intellektuelle Unterforderung. Nicht nur Kinder, auch Erwachsene brauchen geistige Nahrung, um sich ausgeglichen und erfüllt zu fühlen. Wo diese fehlt, macht sich Unzufriedenheit breit. Intellektuelle Unterforderung führt auf Dauer zu innerer Anspannung und nagt am Selbstbewusstsein: Man fühlt sich ausgelaugt und fremdbestimmt. Wer sich den ganzen Tag mit »Kinderkram« befasst, kommt selbst dabei zu kurz. Darum wird es jetzt Zeit, wieder etwas für sich zu tun. Geht das Kind nicht in die Krippe und fehlen Verwandte, die es einem regelmäßig abnehmen könnten, sollte man spätestens im zweiten Lebenshalbjahr einen Babysitter engagieren. Denn danach beginnt die Fremdelphase, in der sich das Kind schwer an neue Vertrauenspersonen gewöhnen lässt (▶ Seite 60).

Der ganz alltägliche Wahnsinn

Kinderlose und Frischverliebte erscheinen am Arbeitsplatz oft auf den letzten Drücker oder sogar zu spät. Ganz im Gegensatz zu frischgebackenen Vätern: Sie sitzen bereits im Büro, wenn sich der kinderlose Kollege noch im Bett räkelt. Für diesen Arbeitseifer gibt es drei Gründe. Erstens: Väter stehen unter stärkerem Karrieredruck, da sie eine Familie zu versorgen haben. Zweitens: Der Nachwuchs kräht längst, bevor der Wecker klingelt. Und drittens: Im Vergleich zum Alltag mit Kindern ist der Büroalltag oft reine Erholung, sodass viele Väter dem häuslichen Stress entfliehen.

Als hektischsten Tagesabschnitt erleben die meisten Eltern den Morgen. Unerbittlich steht der Jüngste mit voller Windel am Bett und verlangt nach seinem Brei. Das komatöse Schulkind muss aus dem Bett bewegt und die Zeit, bis es Richtung Bad schlurfen wird, zum Duschen genutzt werden. Hat man endlich gefrühstückt, müssen noch Schulbrote belegt und Trinkflaschen befüllt werden. Anschließend muss man die Kinder mehrfach daran erinnern, Zähne zu putzen, dem Wetter entsprechende Jacken und Schuhe anzuziehen, Schulbrote und Trinkflaschen in den Ranzen zu packen und sich zu beeilen, damit niemand zu spät kommt. Dieser Countdown verspricht nicht unbedingt gute Laune. Doch mit ein paar Veränderungen lassen sich die schlimmsten Stressfallen vermeiden. Das lohnt sich, denn die Stimmung am Morgen bestimmt die Grundmelodie des ganzen Tages.

Ein liebevoller Start in den Tag

Überlegen Sie, welche dieser Tipps für Sie infrage kommen, und passen Sie diese an Ihre Familie an.

• Machen Sie zur Familienregel, einander sanft zu wecken: mit einem Kuss, einer leichten Massage der Füße und Beine, einem zarten Fingerkreisen auf der Stirn. Das Rollo nicht hochreißen, sondern behutsam hochziehen. Nicht laut reden und andere auch nicht mit demonstrativ munterem Pfeifen oder Singen ärgern.

• Besonders harmonisch beginnt der Tag, wenn der Frühaufsteher die anderen mit einer Tasse Kaffee am Bett weckt. Stehen die Kinder zuerst auf, können schon Kindergartenkinder den Eltern ein Glas Wasser servieren. Oder bereiten Sie abends eine Thermoskanne Tee vor und trinken die morgendliche Tasse zusammen im Bett.

• Ist Ihr Kind schon im Morgengrauen fit? Holen Sie es zum Kuscheln ins Bett. Nach dem Babyalter lässt es sich vielleicht noch ein Weilchen mit einer »leisen Kiste« ruhig stellen: Bestücken Sie eine Spielkiste mit interessanten, geräuscharmen Spielsachen, die Sie abends an Ihr Bett stellen. Damit die Kiste ihren Reiz behält, kommt sie tagsüber weg. Weitere Möglichkeit für Größere: einen kindgerechten CD-Spieler anschaffen, damit sie eine Aufwachgeschichte anhören können, bevor sie die Eltern wecken. Morgendliches Fernsehen sollte unter der Woche tabu sein. Am Wochenende ist es oftmals die einzige (und daher taugliche) Chance, um mit dem Partner ungestört im Bett bleiben zu können.

• Ist Ihr Kind ein Langschläfer? Schenken Sie ihm im Vorschulalter einen Wecker und übertragen ihm feierlich die Aufgabe, von nun an für das Wecken der Eltern zuständig zu sein. Diese Verantwortung macht es stolz und gewöhnt es daran, zügig aufzustehen. Dass Pubertierende so schwer aus den Federn kommen hat nichts mit Faulheit zu tun, sondern mit Umbauprozessen im Gehirn (▶ Seite 119, 263).

• Berücksichtigen Sie die individuellen Wesensunterschiede aller Familienmitglieder – auch »Lerche« oder »Eule« zu sein ist Veranlagungssache und lässt sich kaum umerziehen – und einigen Sie sich auf einen sinnvollen Ablauf des Morgens: Wer zuerst aus dem Haus muss, hat Vorrang. Wenn die 14-Jährige eine halbe Stunde für Frisur und Make-up braucht, muss sie entweder als Erste aufstehen oder als Letzte ins Bad gehen. Kindergartenkinder rechtzeitig genug wecken, damit noch »Luft« zum Spielen bleibt. Kindern nicht verübeln, wenn sie trödeln. Sie tun dies nicht aus Trotz, sondern weil sie vor dem zehnten Lebensjahr noch ein sehr schwaches Zeitempfinden haben. Daher müssen Eltern das Zeitmanagement übernehmen (▶ Seite 220).

• Bereiten Sie am Vorabend möglichst viel vor: Schulranzen einräumen, Frühstückstisch decken, Garderobe zurechtlegen. Hängen Sie die Kleidung in der Reihenfolge, wie Ihr Kind sie anziehen soll, über einen Stuhl: zuoberst Unterwäsche, Socken, dann T-Shirt, Pulli und Hose. Lassen Sie es mitentscheiden, was es anziehen soll, um sich morgendliche Diskussionen darüber zu ersparen.

• In manchen Familien wird schon morgens angeregt geplaudert, in anderen schlaftrunken geschwiegen. Übertönen Sie diese Gespräche – oder auch die Stille – nicht mit Radio oder Musik.

• Reizen Sie das Ausschlafen nicht bis zur letzten Minute aus. Wenn alle Familienmitglieder nur zehn Minuten früher aufstehen, kommt man einander viel weniger in die Quere.

Kinder sind zeitlos

Jeden Morgen verabschiedet der zweijährige Moritz seinen Papa an der Haustür. Noch ein Küsschen, dann schlägt die Türe zu, und der Vater ist weg. »Papa geht arbeiten«, erklärt die Mutter, und Moritz nickt verständig. Damit er weiß, wo sein Papa tagsüber ist, hat dieser ihn mit ins Büro genommen und ihm seinen

Arbeitsplatz gezeigt. Wie der kleine Junge das tägliche Abschiedsritual aber einordnet, zeigt sich Monate später beim Spielen. Der Vater hält ein Bonbon auf der Handfläche. Als Moritz danach greifen will, schließt er die Hand und fragt: »Wo ist das Bonbon jetzt?« »Arbeiten!«, antwortet der Sohn. Klar doch: Das Bonbon ist weg. Genauso wie der Papa, wenn sich morgens die Tür hinter ihm schließt. Dass er anschließend in seinem Büro sitzen wird, kann der Junge noch nicht verstehen. Das, was in seiner kleinen Welt eine Rolle spielt, ist: Mein Papa steht mir gerade nicht zur Verfügung. Genauso wenig wie das Bonbon.

Kinder leben in einer sehr kleinen, sehr subjektiven Welt. Eine Welt, in der nicht Stunden oder Minuten zählen, sondern nur begonnene und beendete Tätigkeiten und Erlebnisse. Darum wollen Kinder ihre Schnürsenkel selber zubinden, obwohl Mama zur U-Bahn muss, oder nach der Gutenachtgeschichte ausgiebig schmusen, obwohl gleich die »Tagesschau« anfängt. Kinder trödeln nicht, um die Großen zu ärgern. Sie können sich noch nicht in andere hineinversetzen und leben bis weit ins Grundschulalter hinein hauptsächlich im Augenblick. Erst mit etwa zehn Jahren sind sie allmählich in der Lage, sich ihren Tag einzuteilen.

Weil Kinder noch nicht wissen, was zehn Minuten oder eine halbe Stunde sind, müssen Eltern den Takt vorgeben. Den Kleinen ist noch ein Rätsel, warum wir es wichtiger finden, zur Arbeit zu gehen, anstatt den Puppen in Ruhe neue Kleider anzuziehen. Sie begreifen aber, wenn wir ihnen sagen: »Wenn du alle Bauklötze in den Kasten einsortiert hast, müssen wir los.« Oder: »Mal noch das Haus fertig, dann müssen wir die Jacken anziehen.«

Unverzichtbarer Ausgleich zum täglichen Zeitdruck ist eine regelmäßige exklusive Zeit, in der das Kind weiß: Jetzt sind Papa oder Mama nur für mich da, und alles andere zählt nicht (▶ Seite 129, 220).

Die Perspektive wechseln

Kinder schmieren Marmelade auf den eben gewischten Tisch, quasseln beim Telefonieren dazwischen und trödeln, wenn man es eilig hat. Das führt oft zu Stress und Streit. Dann hilft es, sich vor Augen zu halten, dass sie nicht aus Absicht so handeln. Folgender Test veranschaulicht, dass Kinder wirklich noch nicht in der Lage sind, eine Situation aus einer anderen Perspektive als der eigenen zu sehen.

• Zeigen Sie Ihrem Kind eine Münze. Erklären Sie ihm, dass man immer nur eine der beiden Seiten betrachten kann, während auf der anderen Seite aber das andere Motiv zu sehen ist. Halten Sie die Münze zwischen sich und das Kind, sodass Sie beide jeweils eine andere Seite anschauen. Fragen Sie Ihr Kind, was Sie sehen. Bis zum Alter von etwa sieben Jahren wird es Ihnen das Motiv nennen, das es selbst sieht. Es kann noch nicht begreifen, dass es auch andere Perspektiven gibt.

Rhythmus und Rituale

Die Welt außerhalb des Mutterleibs stürmt auf ein Neugeborenes wie ein Chaos ein. Außer der Stimme seiner Eltern, deren Geruch und Herzschlag sowie einigen Umgebungsgeräuschen ist ihm alles fremd. Um zwischen diesen neuen Eindrücken Zusammenhänge herstellen und diese allmählich verstehen zu können, brauchen Kinder Wiedererkennbarkeit. Nach jedem morgendlichen Aufwachen wird das Rollo hochgezogen und »Guten Morgen« gerufen, auf dem Wickeltisch wird stets das bunte Mobile angeschubst, und die Spieluhr spielt immer dasselbe Lied.

Kinder sind neugierig, doch um das Neue zu verstehen, müssen sie es anhand von Vertrautem einordnen können. Rituale geben ihnen die Zuversicht: Letztes Mal haben wir es genauso gemacht, und alles ging gut. Zum Beispiel aufs aufgeschürfte Knie gepustet, ein Pflaster draufgeklebt und »Heile Segen« gesungen. Danach tat es weniger weh und war bald wieder gut. Also wird man auch den nächsten Sturz vom Laufrad überstehen. Eines der wichtigsten Rituale ist das abendliche Einschlafritual (▶ Seite 112).

Jede Familie entwickelt ihre eigenen Rituale. Viele Eltern besinnen sich ihrer Kindheit, wünschen sich mit demselben Reim guten Appetit oder backen zu Weihnachten dieselben Kokosplätzchen, die sie einst selbst so sehr mochten. Rituale zeigen Zugehörigkeit. In der Pubertät, wenn Kinder sich von ihren Eltern lösen wollen, werden familiäre Zeremonien gelockert. Plötzlich will der 13-Jährige sonntags ausschlafen, anstatt mit der Familie zu frühstücken, und die 14-Jährige sträubt sich, am Heiligen Abend mit in die Kirche zu gehen. Auch wenn pubertäres Auflehnen gegen Gewohntes zum natürlichen Entwicklungsprozess gehört, tut es Eltern weh. Jugendliche spüren diesen Schmerz, bekommen ein schlechtes Gewissen – und fühlen sich dadurch erst recht eingeengt. Da wirkt es verbindend, wenn man ihnen sagt: »Es ist normal, dass wir dir im Moment nicht mehr so wichtig sind. Aber du bist uns wichtig, und darum wollen wir dich heute bei unserem Ausflug dabeihaben. Und wir möchten weiterhin jeden Abend um halb acht mit dir zusammen zu Abend essen.« Auch wenn Jugendliche sich noch so cool geben: Sie brauchen Familienrituale, weil diese ihnen den nötigen Rückhalt geben. Allerdings sollten die alten Gewohnheiten jetzt weniger Raum einnehmen, und es ist an der Zeit, neue einzuführen. Ein 14-Jähriger will zwar längst keine Gutenachtgeschichte mehr vorgelesen bekommen, aber er freut sich, von der Mutter zu hören, dass er jetzt groß genug ist, um nachmittags mit ihr einen Latte macchiato zu trinken. Mädchen genießen es besonders, von ihren Vätern als junge Frauen wahrgenommen zu werden und sich zum Essen ausführen zu lassen. Bei solchen Ritualen zu zweit öffnen Jugendliche ihr Herz, fühlen sich ernst genommen und als Gesprächspartner wertgeschätzt (▶ Seite 112, 325).

Kindern gibt ein regelmäßiger Tagesablauf Sicherheit. Doch bei Erwachsenen, so fand die israelische Wissenschaftlerin Dinah Avni-Babad heraus, beschleunigt Routine die Zeitwahrnehmung. Das Gehirn schaltet sozusagen auf »Autopilot« und verbucht stark routinierte Handlungsabläufe als Untätigkeit. Das erklärt, warum wir oft vergessen, wo wir unsere Schlüssel hingelegt oder ob wir den Herd ausgeschaltet haben. Neues hingegen brennt sich im Gedächtnis ein und streckt unser Zeitempfinden. Darum erscheint uns eine Urlaubswoche im Nachhinein länger als ein Monat, in dem jeder Tag wie der andere verlief. Damit die Wochen und Monate nicht so schnell verrinnen: Auch im Kleinen für Abwechslung sorgen! Indem man mal in anderen Läden einkauft, neue Kochrezepte ausprobiert, Freunde trifft, sich was Neues zum Anziehen kauft und ab und zu die Möbel umstellt (außer im Kinderzimmer, denn Kinder brauchen Gewohntes) und sich an neue Lernfelder heranwagt. Werden die Kinder größer, haben Eltern wieder mehr Zeit für sich. Die sollte man öfter mal für einen Tapetenwechsel nutzen. Denn Reisen, auch wenn es nur Ausflüge übers Wochenende sind, dehnen das Zeitempfinden besonders effektiv.

Impfen Sie sich gegen Stress

Empfinden Sie Ihren Alltag oft als Kampf? Dann warten Sie nicht, bis Ihnen alles zu viel wird. Sie brauchen Ihr Leben nicht umzukrempeln. Wie bei einer Impfung reicht schon eine kleine Dosis an Veränderungen, um Ihr seelisches Immunsystem zu stärken.

- Stellen Sie sich vor dem Einschlafen bildhaft eine Situation vor, die voraussichtlich anstrengend wird. Sei es das mühsame Aufwecken Ihres Kindes, das Anspornen zu den Hausaufgaben oder der Konflikt ums Fernsehen. Wählen Sie aber nur eine einzige Situation aus.

- Überlegen Sie, wie Sie am nächsten Tag auf andere Weise als sonst reagieren könnten. Auf eine Art, die zu Ihnen passt und mit der Sie sich wohlfühlen. Wie könnten Sie Ihr Kind ansehen? Wie fühlt sich Ihr Atem an? Wie wird Ihre Stimme klingen?

- Ein Beispiel: Ihre Kinder zanken sich gerade viel. Obwohl Sie nach dem Aufwachen ein besonders starkes Bedürfnis nach Ruhe und Harmonie haben, müssen Sie allmorgendlich Streit schlichten. Impfen Sie sich am Abend vorher ein: Morgen sage ich zu der Zankerei nichts. Ich gehe ins Bad und stelle mich einfach schon mal unter die Dusche. Oder Sie nehmen sich vor: Anstatt auf die

Streithähne einzugehen, sehe ich jedem von ihnen fünf Sekunden lang schweigend in die Augen.

• Bitten Sie Ihr Unterbewusstsein, diese Gedanken und Gefühle im Schlaf zu festigen. Dann lösen Sie sich davon, indem Sie sich bei Ihrem Unterbewusstsein – und auch bei sich selbst – bedanken, und schlafen Sie jetzt beruhigt ein.

• Gerade in Stresssituationen kommen automatisierte Verhaltensmuster in Gang, wie wir sie bei unseren eigenen Eltern erlebt haben. Viele Mütter und Väter erschrecken sich, wenn sie sich selbst so schimpfen hören, wie sie es von den eigenen Eltern kennen. Das hinterlässt oft ein schales Gefühl: Hatte man sich nicht fest vorgenommen, in diesem Punkt einmal ganz anders zu werden? Indem Sie eine Kleinigkeit, und sei es nur die Lautstärke Ihrer Stimme oder Ihren Blick, verändern, durchbrechen Sie den gesamten Automatismus Ihres bisherigen Reaktionsmusters und machen Platz für neue. Lassen Sie die Situation am Abend im Bett noch einmal Revue passieren. Sie werden feststellen: Gerade eine kleine Dosis an Veränderung zeigt hier große Wirkung.

Ein gutes Familienklima macht stark

Um sich daheim wohlzufühlen, brauchen alle ein gutes Familienklima. Es muss nicht immer Sonnenschein sein, auch ein gelegentliches Gewitter gehört dazu. Hauptsache, die Luft ist danach wieder rein. Wo Konflikte verschwiegen werden, entsteht dicke Luft. Schon Säuglinge haben dafür feine Antennen und vermissen Geborgenheit. Größere Kinder geben sich an den Spannungen unbewusst die Schuld, und ihr Selbstvertrauen leidet.

Die Familie ist der ideale Schutzraum, um konstruktiv streiten zu lernen (▶ Seite 155). In einem guten Familienklima fühlen sich Kinder wertgeschätzt. Zur guten Atmosphäre gehören auch Humor und eine positive Lebenseinstellung. Auch schöne Erlebnisse schweißen zusammen: Für den Hamster ein Gehege zimmern, mit der ganzen Familie Federball spielen. Mehr noch zählt das Wir-Gefühl im Alltag: Papa beim Wäscheaufhängen helfen, für alle Brötchen holen, mit dem Bruder die »Sendung mit der Maus« angucken und am Familientisch essen. Gemeinsamkeiten stärken das Vertrauen.

Doch jedes Familienmitglied braucht auch Zeit für Zweisamkeit mit einem anderen. Ein harmonisches Familienleben setzt sich aus vielen guten Zweierbeziehungen zusammen: Darum nicht immer alle Kinder in einen Topf werfen, sondern jedes einzelne spüren lassen, dass man es in seiner Einzigartigkeit schätzt. Zu zweit ins Kino, ins Museum oder zum Pizzaessen gehen, einen Ausflug oder sogar mal eine kleine Reise machen: Dabei entstehen oft die besten Gespräche (▶ Seite 223).

Damit auch die Geschwister eine enge Beziehung untereinander aufbauen, brauchen die größeren viel Gelegenheit, mit den kleineren zu kuscheln und sich, freiwillig, mit ihnen zu beschäftigen. Zwei älteren Kindern könnte man vorschlagen, ohne die Eltern Eis essen zu gehen, im Garten zu zelten oder mit dem Zug zur Oma zu fahren. Nicht nur das gemeinsame Spiel, sogar Streit ist für Geschwister sinnvoll verbrachte Zweisamkeit. Geschwisterliches Gerangel ist ideales soziales Kompetenztraining. Gerade in einem harmonischen Familienklima streiten Kinder besonders viel: etwa ein Drittel ihrer gemeinsam verbrachten Zeit! Bei einem Altersabstand unter fünf Jahren besteht eher Anlass zur Sorge, falls sie kaum streiten (▶ Seite 42). Hängt der Haussegen schief, halten Geschwister automatisch zusammen. Besonders wichtig ist, dass auch die Eltern ihre Zweisamkeit pflegen (▶ Seite 33).

Wenn Essen zum Kampf wird

Damit Kinder groß und stark werden, hat sie die Natur mit einem gesunden Gespür für Hunger und Sättigung ausgestattet. Solange ein Baby gestillt wird, pendelt sich dieses fast immer reibungslos ein: Das Baby meldet sich, wenn es Hunger oder Durst hat, und trinkt, bis es satt ist. Gut gefüllte Windeln und ein munter gedeihender Säugling geben den Eltern das gute Gefühl: Unser Kind nimmt sich, was es braucht.

Doch mit der ersten Beikost brocken viele Eltern sich und ihrem Kind einen Machtkampf ein. Das Drama beginnt meist harmlos: Das Baby dreht beim Füttern den Kopf zur Seite und zeigt: Ich bin satt. Da verwandelt sich der Breilöffel zum lustig brummenden Flugzeug, das anfliegt, um noch ein paar Extralöffelchen in Babys Mund abzuladen. Auch Sprüche wie »Ein Löffelchen für Papa…« sind beliebte Tricks, um ein paar Nährstoffe mehr ins Kind hineinzumogeln. Wenn Eltern ihr Kind überlisten, mehr zu essen, als es eigentlich mag, verliert es sein natürliches Sättigungsgefühl, und damit kommt ihm oft auch sein gesunder Appetit abhanden. In der Sorge, ihr Kind esse zu wenig, schummeln manche Mütter ihrem Kind sogar während es spielt zwischendurch immer wieder etwas in den Mund. Dieses andauernde Füttern und Futtern stört das natürliche Hungergefühl. Bei den Hauptmahlzeiten presst das Kind dann wiederum nach wenigen Bissen die Lippen zusammen: ein Teufelskreis.

Es gibt gute und weniger gute Esser. Manche Babys jauchzen, sobald man ihnen das Lätzchen umbindet, andere sind in Gedanken überall, nur nicht beim Essen. Gerade sie brauchen feste Mahlzeiten ohne Druck. Steht fortwährend die Mahnung »Kind, iss doch bitte« im Raum, verschlägt es ihnen den Appetit. Wer erinnert sich nicht aus der eigenen Kindheit an den verhassten Eintopf oder den Teller voll Brokkoli, der aufgegessen werden musste?

Wer sich um den Ernährungszustand seines Kindes sorgt, sollte den Rat des Kinderarztes einholen, um auszuschließen, dass es dem Kleinen an etwas mangelt. Auch bei den ärztlichen Vorsorgeuntersuchungen wird dieser das Gedeihen des Kindes anhand der Wachstumskurve kontrollieren. In der Regel stellt sich heraus, dass man getrost damit aufhören darf, mäkeligen Essern Extrawürste zu braten. Die Verhaltenstherapeutin Annette Kast-Zahn und der Kinderarzt Hartmut Morgenroth beschreiben in ihrem Buch *Jedes Kind kann richtig essen*, wie Eltern es schaffen, ihren Kindern das Essen wieder schmackhaft zu machen. Kernstück ist die »Spielregel für richtiges Essen«. Sie hat sich seit Jahrzehnten bewährt und wurde sinngemäß bereits 1987 von der Ernährungsexpertin Ellyn Satter in ihrem Buch *How to get your kid to eat but not too much* formuliert. Die Methode ist so hilfreich, dass sie im offiziellen Ernährungsratgeber, den der Verband der amerikanischen Kinderärzte 1999 herausgab, steht. Diese Essensspielregel besagt: Eltern sollten entscheiden, *was* sie ihrem Kind *wann* und *wie* anbieten. *Ob* und *wie viel* es davon essen will, bestimmt dagegen ganz allein das Kind!

Was bedeutet: Die Eltern suchen aus, was auf den Tisch kommt, und nutzen ihr Wissen über gesunde Ernährung.

Wann bedeutet: Die Eltern legen sinnvolle, regelmäßige Zeiten fest, zu denen sie das Essen auf den Tisch stellen.

Wie bedeutet: Die Eltern bestimmen die Verhaltensregeln bei Tisch und setzen sie durch. Ist ein Kind zu klein, um selbst zu essen, bieten sie ihm ihre Hilfe an. So viel wie nötig – aber so wenig wie möglich. Die Eltern sorgen bei Tisch für eine gemütliche Atmosphäre, geben ein gutes Vorbild ab und essen selbst mit Genuss.

Klingt zu einfach, um wahr zu sein – ist aber ein Wunderrezept. Vorausgesetzt, die Eltern halten sich konsequent daran! Also nicht murren, wenn das Kind beim Hauptgang nur die Nudeln isst. Es bekommt danach trotzdem seinen Nachtisch. Essen mit Nachtisch zu belohnen ist auch Druck, warnen Kast-Zahn und Morgenroth. Denn dann müssen Kinder ja etwas essen, was sie nicht mögen – um danach etwas essen zu dürfen, was ihnen schmeckt. Damit das Kind nicht nur das Dessert isst, legt man die Nachtischportion vor der Mahlzeit fest. Hat das Kind sein Fischfilet abgelehnt, darf es sich nicht am Pudding satt essen, sondern bekommt nur das Dessertschälchen, das die Eltern dafür eingeplant haben. Und zwar ohne Nachschlag. Es sei denn, es gibt Obst: Da darf es nach Herzenslust zugreifen. Zu viel Zucker bringt das Gespür, was der Körper braucht, durcheinander. Darum serviert man zum Durstlöschen nicht süße Säfte und Limonaden, sondern dünne Saftschorlen, ungesüßten Tee oder am besten Wasser. Wenn Eltern sich von der Last befreien, ihr Kind beim Essen zu kontrollieren, können sie gemeinsame Mahlzeiten endlich wieder entspannt genießen. Erstaunlicherweise wirkt dieses Patentrezept bei »schlechten« Essern und bei allzu gierigen Leckermäulern gleichermaßen. Unersättliche Kinder verlieren ihre Angst, zu kurz zu kommen, und hören auf, maßlos zu schlingen. Mäkeligen Essern fällt ein Stein vom Herzen, wenn es plötzlich erlaubt ist, Fleisch und Gemüse in der Schüssel zu lassen und sich nur Reis auf den Teller zu tun. Zum Erstaunen der Eltern ernähren sich Kinder meist schon nach kurzer Zeit freiwillig viel ausgewogener. Ohne Druck kehrt ihr gesunder Appetit zurück, und sie lernen wieder, ihren individuellen Nahrungsbedarf instinktiv richtig zu regeln. Außerdem kann diese Essensregel helfen, gefährlichen Essstörungen wie Magersucht oder Bulimie rechtzeitig vorzubeugen (▶ Seite 318).

Am Familientisch essen hält schlank

Gemeinsame Familienmahlzeiten beugen Übergewicht vor. Eine große Umfrage unter Augsburger Grundschülern zeigte: Während über die Hälfte der normalgewichtigen Kinder zweimal täglich mit ihren Familien aßen, waren es von den übergewichtigen nur 43,4 Prozent. Kinderärzte betonen: Der gemeinsame Familientisch ist der beste Weg zur Vermittlung von Esskultur sowie von Aufgeschlossenheit gegenüber unbekannten Lebensmitteln. Die Ergebnisse legen die Vermutung nahe, dass Kinder ohne Familientisch häufiger und unkontrolliert essen und somit zu Übergewicht neigen.

Reizthema Ordnung

Als Zacharias und Philip ihren Freund Moritz besuchen, platzen sie mitten in eine Standpauke hinein: »Ständig lässt du alles liegen, sobald du es nicht mehr brauchst«, schimpft die Mutter. »Kannst du deine Sachen nicht mal dorthin zurücklegen, wo du sie her hast? Oder Schubladen wieder zumachen, nachdem du dir was rausgeholt hast? Du bist doch nicht im Hotel! Ich bin doch nicht deine Dienstmagd!« »Sonderbar«, stellt Zacharias fest, »meine Mama sagt genau dasselbe zu mir.« »Meine schimpft sogar im gleichen Wortlaut«, ergänzt Philip verwundert. »Hotel, Dienstmagd – habt ihr euch etwa abgesprochen?« Nein, Eltern müssen sich nicht absprechen, um solche Schimpftiraden abzuhalten. Im täglichen Kampf gegen Wäsche, Spielzeug-, Geschirr- und Krimskramsberge vergleicht man sich schon mal selbstmitleidig mit Sisyphos, Sklaven und Knechten. Das beständige »Räum dein Zimmer auf!« gehört zum elterlichen Grundrepertoire wie »Iss dein Gemüse!« und »Zieh dir was an die Füße!«.

Die meisten Eltern stellen fest, dass sich ihr eigener Ordnungssinn durch die Ankunft eines Kindes wandelt. Wer bislang tadellose Akkuratesse brauchte, um sich wohlzufühlen, muss das nun entspannter sehen. Und umgekehrt: Türmten sich in der Studentenbude Kleider, Geschirr und Plunder kreativ, gewöhnt man sich jetzt das Aufräumen an. Denn Eltern wissen, wie es schmerzt, versehentlich barfuß auf Legosteine zu treten. Eine Lernerfahrung, die bei Kindern leider nicht funktioniert. Die Begriffe »Ordnung« und »Kinderzimmer« scheinen einander auszuschließen.

In fast alle Familien ist das Aufräumen Streitthema Nummer eins. Auch die Autoren dieses Buches geben zu, sich dabei die Zähne auszubeißen. Der große Haken ist nämlich: Kinder lassen sich leicht zu etwas motivieren, woran sie ein Eigeninteresse haben. Leider macht es den meisten aber überhaupt nichts aus, nach ihren Sachen zu suchen oder durch Playmobilfiguren, Kleiderberge oder am Boden verstreute Schulsachen zu waten.

Ordnung halten verlangt organisatorisches Denken. Damit sind vor allem kleine Kinder völlig überfordert. Ab vier Jahren kann man ihnen auftragen, in kleinen Bereichen für Ordnung zu sorgen. Das klappt am besten, wenn man spielerisch erklärt, wo was hingehört: Die Puppen schlafen im Puppenbett, Autos parken in der blauen Kiste, und alle Bälle wollen zusammen in der roten Tonne liegen. Bis zum Alter von etwa 14 Jahren brauchen Kinder beim Aufräumen noch Anleitung und Unterstützung. Erst im Jugendalter ist ihr Organisationsgeschick (zumindest theoretisch) ausgereift genug, um ihren Bereich selbstständig in Schuss zu halten.

Ein ganz heikles Thema ist die Vorbildfunktion. Natürlich darf man, wenn man selbst unordentlich ist, nicht erwarten, dass die Kinder ordentlich sind. Doch gerade wenn einem selbst das Ordnunghalten schwerfällt, fühlt man sich durch das zusätzliche Durcheinander der Kinder überfordert. Darum ein paar tröstliche Worte: Das Sprichwort »Ordnung ist das halbe Leben« galt in der Generation unserer Großväter. Heute legen wir in der Erziehung auf andere Stärken Wert, wie Kreativität und persönliche Entfaltung. Dazu brauchen Kinder Freiraum und eine gewisse Portion an »kreativem Chaos«, um auf neue Ideen zu kommen und diese dann spielerisch umzusetzen. Hierzu gehört auch, dass sie ihr Zimmer bis zu einem gewissen Grad selbst gestalten dürfen. Kinder sind nicht unordentlich, weil sie ihre Eltern ärgern wollen. Sondern weil sie deren Ordnungsvorstellungen nicht nachvollziehen und diese nur ganz allmählich, oder vielleicht auch nie, teilen können. Wenn Kinder aufräumen, tun sie das nicht sich selbst zuliebe, sondern aus einem einzigen Grund: um ihren Eltern eine Freude zu machen.

Das hilft beim Aufräumen

Ordnungsliebe lässt sich durch ein gutes Vorbild entwickeln. Strenges Ermahnen vergällt Kindern das lästige Aufräumen nur noch mehr.

- Sie brauchen Ihre Bücher nicht wegzuräumen, wenn Ihr Kind ins Krabbelalter kommt. Pressen Sie einfach so viele Bücher nebeneinander, bis sie so stramm im Regal klemmen, dass Ihr Kind sie nicht mehr herausziehen kann. An seinen Bilderbüchern sollte es sich aber bedienen dürfen.

- Erklären Sie Ihrem Kind schon früh, dass Spielsachen nicht in der ganzen Wohnung verteilt werden dürfen.

- Gewähren Sie ihm zwischen Spiel und Aufräumen ein Zeitpolster von mindestens 15 Minuten, damit es zu Ende spielen kann.

• Tun Sie bei Aufräumaktionen den ersten Schritt und fordern Sie Ihr Kind zum Mitmachen auf. Mit Musik geht es flotter und macht mehr Spaß. Geben Sie anstelle eines pauschalen »Räum auf!« konkrete Anweisungen: Schmutzige Kleider kommen in den Wäschekorb, Jacken und Mäntel an die Garderobe, benutztes Geschirr in die Küche. Fassen Sie das tägliche Aufräumprogramm auf einer Liste zusammen, die Sie im Kinderzimmer aufhängen. Malen Sie jüngeren Kindern auf, was wohin kommt. Kleinkram, mit dem täglich gespielt wird, einfach in einem großen Tuch zusammenraffen und in eine Kiste stopfen. Sorgen Sie für Stauraum in kindgerechter Höhe. Ideal sind Kisten mit gemalten Aufklebern. Auf die rote Kiste Spielzeugautos, auf die grüne Bauklötze, auf die kleine Holzkiste Puppenkleider. Lassen Sie Ihr Kind mitentscheiden, was wo hineinkommt.

• Motivieren Sie Ihr Kind: »Du sortierst dein Puppengeschirr aber schön ein, da freue ich mich drauf, morgen wieder bei dir Kaffee zu trinken.«

• Älteren Kindern nicht zu oft beim Suchen helfen. Muten Sie ihnen auch mal zu, ohne Buch in die Schule zu gehen und ihre Schusselei mit dem Lehrer auszubaden. Kindergartenkinder sind für diesen Lerneffekt noch zu klein. Viele Eltern müssen allabendlich nach dem Schmusetier suchen. Doch es würde nichts nutzen, das Kind zur Strafe ohne seinen geliebten Kuschelhasen schlafen zu schicken. Es lebt noch zu sehr im Augenblick und lässt den Hasen anderntags wieder liegen. Außerdem sind kleine Kinder noch sehr schlechte Sucher. Sie übersehen oft sogar Dinge, die direkt vor ihrer Nase liegen.

• Entsorgen Sie mit Ihrem Kind ab und zu überbordenden Krimskrams und ausgereiztes Spielzeug. Kann es sich nicht davon trennen, hilft ein Zwischenlager im Keller: Nach einiger Zeit findet dieses Spielzeug entweder erneutes Interesse – oder darf ausrangiert werden. Gut erhaltene Spielsachen gemeinsam im Secondhand-Laden oder auf dem Flohmarkt verkaufen oder für Sammelaktionen (zum Beispiel für Katastrophengebiete, Kirchenbasare, Kinderheime) spenden. Ein gutes Werk tun macht Kinder stolz.

• Besucher-Kinder sollten nach dem Spielen beim Aufräumen mithelfen.

• Lassen Sie aufwendige Bauwerke ein paar Tage stehen. Wie viel Unordnung Eltern tolerieren, ist individuell sehr verschieden. Grenzen müssen sein, wo hygienische Regeln überschritten werden: Benutzte Taschentücher und Essensreste gehören in den Müll, verschmutzte und nasse Kleidung in die Wäsche.

Im Team Familie muss jeder mithelfen

Für Kleinkinder gibt es nichts Schöneres, als den Eltern zur Hand zu gehen. Ihre Hilfsbereitschaft ist entzückend und schon des guten Willens wegen eine Freude. Eine nennenswerte Entlastung ist sie natürlich noch nicht. Leider scheint es ein Naturgesetz zu sein, dass die Begeisterung für die Hausarbeit ausgerechnet ab dem Alter nachlässt, wo Kinder sich nützlich machen könnten. »Keiner meiner Freunde muss daheim helfen«, mault der Achtjährige beim Tischdecken und muss plötzlich unbedingt Mathe lernen. Bei der größeren Schwester stellt sich beim Einräumen der Spülmaschine unmittelbar Stuhldrang ein. Diese Toilettensitzungen dauern stets so lange, bis die Küche fertig ist.

Eltern sind die Diskussionen um jeden Handstreich irgendwann leid. Doch wenn man alles selbst erledigt, bringt man sich und die Kinder um eine Chance, denn im Team Familie lernen sie im Kleinen, was auch fürs große Ganze gilt: Dass soziale Systeme nur funktionieren, wenn jeder nicht nur nimmt, sondern auch gibt. Und dass man sich selbst wertvoller fühlt, wenn man von einer Sache nicht nur profitiert, sondern auch zu ihrem Gelingen beiträgt (▶ Seite 223).

Dem Gemaule über die lästigen Pflichten lässt sich ein wenig vorbeugen, wenn man Kinder möglichst nicht spontan einspannt, sondern Aufträge ankündigt: »Wenn du nachher zum Spielplatz gehst, bring auf dem Weg den Plastikmüll zum Container.« Oder: »Lies das Kapitel in deinem Buch fertig, und dann muss der Hund Gassi geführt werden.« Am besten, man handelt bei einer Familienkonferenz aus, wer welche Aufgaben übernimmt. Wenn sie mitentscheiden können, fühlen sich Kinder anerkannt.

Hilfreich ist ein Pflichtenplan, den man neben dem Schulstundenplan aufhängt. In größeren Familien hilft ein Geschwisterplan, der übersichtlich daran erinnert, welches Kind wann und wie oft welche Aufgaben erledigen muss. Aufgaben in regelmäßigen Abständen tauschen, damit sich niemand zu einer verhassten Arbeit verdonnert fühlt.

Die kindliche Bereitschaft zur Hausarbeit ist ein zartes Pflänzchen. Eltern müssen es hegen und pflegen, damit es nicht verwelkt. Der beste Dünger ist Wertschätzung. Das schlimmste Gift ist Perfektionismus. Hat ein Sechsjähriger den Küchenboden gekehrt, sollte man sich verkneifen, ihn darauf hinzuweisen, welche Krümel er übersehen hat. Er will stolz auf sich sein dürfen, und mit etwas mehr Übung kann er es automatisch besser. Egal, wie dick und angebrannt die ersten selbst gebackenen Pfannkuchen eines Zwölfjährigen sind: Mit sichtlichem Genuss verzehren und bitte nicht erwähnen, dass die ganze Küche klebt.

Nützlich sein macht selbstbewusst

Schon Kindergartenkinder brauchen »symbolische« Aufgaben wie kleine Handreichungen beim Wäscheaufhängen oder beim Aufräumen. Sie helfen gerne, weil sie den Eltern gefallen wollen. Diesen guten Willen gilt es auszubauen. Eigenes Verantwortungsgefühl erwächst erst im Schulalter. Mit sechs oder sieben Jahren können Kinder allmählich erste Aufgaben übernehmen. Sechsjährige sollten nicht länger als eine viertel Stunde, Zehnjährige nicht länger als eine halbe Stunde eingespannt werden, damit genug Zeit zum Spielen bleibt. Diese Liste dient der Anregung. Welcher Aufgabe Ihr Kind schon gewachsen ist, wovon es überfordert oder gar gefährdet ist, müssen Sie entscheiden. Denn Kinder entwickeln sich in unterschiedlichem Tempo und haben sehr unterschiedliche Schwächen und Stärken.

• Vorschulalter
Ans Telefon gehen, Zeitung aus dem Briefkasten holen, Krümel aufkehren, Servietten hinlegen, unter Aufsicht beim Tischdecken und Abräumen helfen, Gummistiefel abwaschen, eigene Spielsachen aufräumen.

• Grundschulalter
Mülleimer leeren, Bett machen, eigenes Zimmer aufräumen, Waschbecken oder Spüle putzen, beim Kochen helfen und unter Aufsicht einfache Gerichte wie Pfannkuchen zubereiten, Wäsche aufhängen und einfache Teile zusammenlegen, Fahrrad putzen, ab sieben Jahren kleinere Einkäufe mit kurzen und ungefährlichen Wegen erledigen.

• Bis zum 15. Lebensjahr
Hin und wieder eine Mahlzeit für die Familie kochen, flicken, stopfen, bügeln, Wasch- und Spülmaschine bedienen, selbst Einkaufslisten erstellen.

• Ab dem 16. Lebensjahr
Jugendliche sollten allmählich sämtliche Arbeiten im Haushalt beherrschen. Nicht nur, um sich nützlich zu machen. Sondern auch, damit sie in der Lage sind, später ihren eigenen Haushalt zu führen.

Urlaub ohne Stress

Während Eltern sich das ganze Jahr darauf freuen, empfinden jüngere Kinder einen Tapetenwechsel eher als Stress. Sie schöpfen ihre Erholung aus der Sicherheit ihrer vertrauten Umgebung. Trotzdem haben Eltern ein Recht auf Urlaub. Sie müssen nur darauf gefasst sein, dass der Nachwuchs Heimweh hat. Vorsicht also vor zu hohen Erwartungen, sonst besteht die Gefahr, dass man sich ausgerechnet während dieses Highlights des Jahres in die Haare bekommt. Reiseerprobte Paare, die auch unter schwierigen Bedingungen harmonieren und gut improvisieren können, sind oft überrascht, wie problemlos auch ihr Urlaub als junge Familie verläuft. Ihre Gelassenheit überträgt sich auf die Kinder, sodass manche Familien tatsächlich mit Windeln im Rucksack durch den Dschungel Nicaraguas touren.

Ab dem Grundschulalter werden Kinder zunehmend flexibler und können auf Reisen immer besser mitmachen. Urlaub ist für Kinder immer dann besonders reizvoll, wenn er ihr Bedürfnis nach Bewegung und sinnlichen Erfahrungen befriedigt. Das muss keine Safari durch Afrika sein. Mit dem Kanu durch Mecklenburg-Vorpommern paddeln oder die Donau entlangradeln, abends ein Lagerfeuer machen, ein Zelt aufschlagen und vielleicht sogar einen Fisch fangen: Das sind Erlebnisse, die in den gemeinsamen Erinnerungsschatz eingehen. Eine ungewohnte Umgebung mit vereinten Kräften zu erkunden schweißt Familien zusammen. Das kann ein passiv verbrachter Strand- oder Wellnessurlaub nicht leisten. Trotzdem rücken Familien auch hier automatisch näher zusammen, weil man in der ungewohnten Umgebung stärker aufeinander angewiesen ist.

In fremder Umgebung für Vertrautes sorgen

- Nehmen Sie viel Vertrautes mit: Schmusedecke, Lieblingsspielzeug und -buch, nicht nur das liebste, sondern mehrere Kuscheltiere.

- Kinder haben ein starkes Bewegungsbedürfnis. Am Strand liegen ist nicht ihr Ding. Falls Ihnen nach Faulenzen ist, lohnt sich ein Urlaub mit Kinderbetreuung oder -animation. Parken Sie Ihr Kind nicht gleich am ersten Tag im Kinderclub, sondern erkunden Sie zuerst die Umgebung und machen ihm dann die Betreuung schmackhaft.

- Buchen Sie anstelle eines Hotels mit Vollpension lieber eine Ferienwohnung, in der Sie Essenszeiten und Speiseplan frei bestimmen können.

- Ist Ihr Kind ein Reisemuffel? Dann hat Ihre Familie wahrscheinlich mehr von den Ferien, wenn die Partner zu zweit verreisen und das Kind so lange bei den Großeltern unterbringen. Eine kinderlose Urlaubswoche bringt mehr Erholung als ein dreiwöchiges Gequengel, für das man tief in die Tasche greifen muss. Auch eine gute Lösung: Während die Eltern verreist sind, wohnen Oma und Opa mit dem Kind in seiner vertrauten Umgebung.

- Wenn Sie eine Ihnen nahestehende Betreuungsperson haben, die Ihrem Baby sehr vertraut ist, können Sie bereits nach dem Abstillen wagen, ein paar Tage alleine zu verreisen. Ein Wochenende ohne Kind tut der Mutter (und der Partnerschaft!) gut. Und wenn Eltern auftanken können, profitieren davon automatisch die Kinder.

- Erholsamer Kompromiss für die ganze Familie: ein paar Jahre stets ans selbe Ferienziel reisen. Nach dem Urlaub öfter Fotos anschauen, damit das Erlebnis und die Umgebung den Kindern im Gedächtnis haften bleiben. Wenn Kinder im nächsten Jahr wissen, was sie im Urlaub erwartet, freuen sie sich darauf ebenso sehr wie die Eltern.

- Informieren Sie sich vor allem vor Fernreisen beim Kinderarzt, welche gesundheitlichen Vorkehrungen Sie treffen sollten.

LEKTION 4

Schlafen

»Schläft es schon durch?« ist eine der häufigsten Fragen, die frischgebackenen Eltern gestellt wird. Auch in der Ratgeberliteratur gehören Ein- und Durchschlafprobleme zu den ganz großen Themen. Kein Wunder: Ein Säugling kostet Eltern viel Schlaf. Er muss sie aufwecken, weil er nachts noch Milch braucht. Außerdem sind Babys im ersten Lebenshalbjahr noch nicht in der Lage, Tag und Nacht zu unterscheiden, sondern machen, ganz im Gegenteil, die Nacht oft zum Tag. War die schwangere Mutter tagsüber auf den Beinen, wiegten die schaukelnden Gehbewegungen das Ungeborene in den Schlaf. Kam die Mutter am Abend zur Ruhe, wurde das Ungeborene munter und machte im Bauch Turnübungen. Diesen umgekehrten Tag-Nacht-Rhythmus behalten viele Babys nach der Geburt noch eine Zeit lang bei.

Während der ersten Lebensmonate spielt sich allmählich ein Tag-Nacht-Rhythmus ein. Hierfür befindet sich im Gehirn eigens ein Organ: die Zirbeldrüse. Sie bildet das Schlaf fördernde Hormon Melatonin. Melden die Augen ans Gehirn »Draußen ist es hell«, schaltet die Zirbeldrüse die Melatoninproduktion auf Sparflamme. Erfährt sie aber »Draußen ist es dunkel«, schüttet sie den Müdemacher aus (▶ Seite 119).

Eltern können ihrem Baby beim Unterscheiden von Tag und Nacht helfen, indem sie die Funktion seiner Zirbeldrüse fördern: für ein Schläfchen am Tag nicht das Rollo herunterlassen, sondern lediglich die Vorhänge zuziehen, und nachts zum Stillen oder Windelwechseln nur ein Schummerlicht anknipsen.

Übrigens: Das hinreißende Engelslächeln, das Neugeborenen im Schlaf übers Gesichtchen huscht, ist ein Reflex des vegetativen Nervensystems. Er tritt vor allem in der Übergangsphase zwischen Wachsein und Schlafen auf. Zeigt sich nach dem Hinlegen dieses kurze Lächeln auf Babys Gesicht, ist es vermutlich gerade dabei, fest einzuschlafen. Schläft es schon länger, kann das Engelslächeln darauf hinweisen, dass es bald aufwacht.

Was ist gesunder Schlaf?

Über längere Zeiträume nachts aus dem Schlaf gerissen zu werden bringt jeden an den Rand der Erschöpfung. Gelegentlichen Schlafmangel stecken wir weg, doch auf Dauer benötigen wir ausreichend Schlaf, um uns wohlzufühlen. Im Schlaf regenerieren wir, die Muskulatur erschlafft, Herz- und Atemfrequenz, Blutdruck und Körpertemperatur sinken. Unser Nervensystem ist nur vermindert erregbar, Stoffwechselfunktionen wie die Hormonproduktion sind hingegen besonders aktiv. In der Nacht durchlaufen wir vier verschiedene Schlafstadien: 15 Minuten brauchen wir im Schnitt, um einzuschlafen. Es folgen der leichte, dann der mittlere Schlaf und schließlich der Tiefschlaf. Hinzukommen, über die ganze Nacht verteilt, sogenannte REM-Schlafphasen (vom Englischen: Rapid Eye Movements). Sie sind daran zu erkennen, dass sich die Augen unter den geschlossenen Lidern bewegen. Neugeborene fallen gleich nach dem Einschlafen in eine REM-Phase. Ihr Schlafmuster ist noch unausgereift und verläuft erst im zweiten Lebenshalbjahr ähnlich wie bei den Großen. Während der REM-Phasen träumen wir am häufigsten. Unsere einzelnen Schlafstadien wechseln sich in etwa 90-minütigem Rhythmus ab. Besonders wichtig ist dabei der Tiefschlaf, der hauptsächlich in den ersten vier bis fünf Stunden nach dem Einschlafen stattfindet. Der Tiefschlaf bringt unserem Körper Erholung, die Traumphasen hingegen erfrischen unsere Psyche und helfen, Alltagseindrücke und -konflikte zu verarbeiten. Auch wenn sich viele Menschen kaum an ihre Träume erinnern: Die

Traumphasen tragen dazu bei, dass sich Probleme tatsächlich leichter lösen lassen, wenn man darüber schläft.

Frischgebackene Eltern sind auf ein paar anstrengende Monate eingestellt. Sie sind zwar latent müde, aber durch das junge Glück trotzdem meist zufrieden. Nach sechs Monaten haben sie endlich wieder Aussicht auf ihre ungestörte Nachtruhe. Normalerweise hat ein Säugling nun den Unterschied zwischen Tag und Nacht gelernt, und sein Schlafmuster ist weitgehend ausgereift. Ein gesundes Baby sollte jetzt körperlich in der Lage sein, nach seiner letzten Mahlzeit bis zum anderen Morgen durchzuschlafen. Trotzdem machen viele Babys weiterhin Rabatz. Ursache für ihre Durchschlafprobleme sind selten Schlafstörungen, sondern verkehrte Einschlafgewohnheiten. Denn in der Zwischenzeit haben sich in der jungen Familie oft nächtliche Gewohnheiten eingespielt, die das Durchschlafen des Kindes nicht fördern, sondern regelrecht behindern.

Wie viel Schlaf brauchen wir?

Unser Schlafbedürfnis hängt nicht nur vom Alter ab, sondern ist individuell sehr verschieden. Der eine kommt mit fünf Stunden aus, der andere fühlt sich erst nach zehn Stunden fit. Auch bei Kindern kann das persönliche Schlafbedürfnis deutlich vom Durchschnitt abweichen. Viele Eltern überschätzen das Schlafbedürfnis ihres Kindes oder vergessen, dass der Mittagsschlaf vom Schlafpensum abgezogen wird. Einige Mütter und Väter lassen beispielsweise ihr Kindergartenkind mittags mehrere Stunden schlafen. Kein Wunder, wenn es abends putzmunter ist. Dasselbe passiert, wenn man ein Fünfjähriges abends um sieben Uhr ins Bett steckt: Es wird seine Eltern in aller Frühe wecken, weil es ausgeschlafen ist.

- Babys

Je jünger Babys sind, desto mehr Schlaf brauchen sie. Neugeborene verschlafen 16 Stunden des Tages. Nach dem ersten Lebensmonat sinkt ihr Schlafbedürfnis im Durchschnitt auf 15,5 Stunden, mit drei Monaten auf 15 Stunden und gegen Ende vom ersten Lebensjahr genügen knapp 14 Stunden Schlaf pro

Tag. Tags halten die meisten Einjährigen zwei kürzere Schläfchen.

- Kleinkinder

Das durchschnittliche Schlafbedürfnis liegt bei 11 bis 13 Stunden. Mit 18 Monaten schlafen die meisten noch 13,5 Stunden. Anstelle von zwei verteilten Tagesschläfchen genügt den meisten nun ein ausgiebiger Mittagsschlaf, der mit der Zeit immer kürzer wird. Dreijährige müssen etwa zwölf Stunden, Fünfjährige im Durchschnitt elf Stunden schlafen. Viele Kinder geben schon mit zwei Jahren ihren Mittagsschlaf auf und schlafen dafür in der Nacht länger.

- Schüler

Erstklässler schlafen im Schnitt knapp elf Stunden. Mit zehn Jahren genügen den meisten knapp zehn Stunden. Jugendliche brauchen etwa neun Stunden Schlaf. Zu Beginn der Pubertät nimmt das Schlafbedürfnis vorübergehend wieder zu: Einige Mädchen und Jungen halten jetzt nach der Schule erschöpft Mittagsschlaf, bevor sie sich auf die Hausaufgaben konzentrieren können.

- Erwachsene

Im Durchschnitt schläft der Deutsche von 23.04 Uhr bis 6.18 Uhr, also gut sieben Stunden. Je älter wir werden, desto weniger Schlaf brauchen wir. Nach dem 50. Lebensjahr sinkt das Schlafbedürfnis oft unter sechs Stunden pro Tag.

Kleiner Trost, falls Ihr Kind nicht so viel schlafen mag, wie Ihnen lieb wäre: Vermutlich ist es im doppelten Sinne »aufgeweckt«. Untersuchungen zeigen: Viele Kinder, die in der Schule besonders leistungsstark sind, brauchen verhältnismäßig wenig Schlaf. Überdurchschnittlich viele von ihnen waren als Neugeborene sogenannte Schreibabys, die ihren Eltern den Schlaf raubten (▶ Seite 75). Das heißt natürlich nicht, dass in jedem schlechten Schläfer ein kleines Genie schlummert. Und noch viel weniger bedeutet es, dass Langschläfer geistig träge wären. Doch im Großen und Ganzen kommen viele überdurchschnittlich intelligente Menschen mit relativ wenig Schlaf aus.

Warum so viele Kinder ihren Eltern den Schlaf rauben

Unsere Urahnen schliefen nicht in festen Häusern, sondern im Freien oder in Höhlen. Umgeben von Feinden die ganze Nacht durchzuschlafen wäre lebensgefährlich gewesen. Darum stattete sie die Natur mit einem Warnsystem aus: Nach jeder REM-Phase wachten sie auf und schliefen erst weiter, wenn alles in Ordnung war. Tieren geht es übrigens genauso: Feldhasen beispielsweise erwachen jede Minute einmal und sehen sich nach Feinden um.

Dieser Urinstinkt schlummert noch in uns. Auch wir lauschen, schnuppern und blinzeln im Anschluss an jede Traumphase nach verdächtigen Geräuschen, Gerüchen und eventuellen Gefahren. Ist alles in Ordnung, dösen wir gleich wieder ein. Beim Einschlafen speichert unser Erinnerungsbewusstsein die letzten wachen Minuten nicht mehr ab. Dadurch haben wir, obwohl wir jede Nacht etwa siebenmal aufwachen, anderntags den Eindruck, fest durchgeschlafen zu haben.

Liegen wir, zum Beispiel im Urlaub, in einem fremden Bett, schlafen wir während der ersten Nacht vermutlich nicht durch. Unser nächtliches Kontrollsystem stellt fest, dass wir uns in ungewohnter Umgebung befinden – und plötzlich sind wir wach. Ähnlich geht es einem Kind, das im Arm seiner Eltern eingeschlafen ist. Seine nächtliche Alarmanlage checkt ab »Ist alles noch so, wie es beim Einschlafen war?« und muss feststellen: »Keineswegs! Ich liege plötzlich nicht mehr in Papas oder Mamas Arm, sondern alleine in meinem Bett!« Um beruhigt weiterzuschlafen, benötigt das Kind seine gewohnten Einschlafbedingungen. Bei manchen Kindern sind diese Herumgetragenwerden, an Brust oder Fläschchen nuckeln, das Summen der Eltern hören oder dass Mama oder Papa sich zu ihm legen. Diese Kinder sind beim Einschlafen auf die Hilfe ihrer Eltern angewiesen. Was bleibt ihnen also anderes übrig, als nachts, wenn sie aufwachen, nach ihnen zu schreien?

»Erst im Alter von etwa vier Jahren sind die Kinder dann so weit, dass sie sich um alles, was ihnen fehlt, selbst kümmern können«, schreiben die Psychologin Annette Kast-Zahn und der

Kinderarzt Hartmut Morgenroth in ihrem Bestseller *Jedes Kind kann schlafen lernen*. »Deshalb kommen Schlafstörungen bei Kindern über vier Jahren auch schon wesentlich seltener vor, bei Kindern bis zu zwei Jahren aber besonders oft. Die meisten von ihnen schlafen unter Bedingungen ein, die sie nachts nicht allein wiederherstellen können.« Manche Eltern legen sich vor das Bett ihres Kindes, andere unternehmen nächtliche Autofahrten. All diese »Einschlafhilfen« verhindern, dass das Baby durchschlafen kann. Schlimmer noch: Auf Dauer beginnt es, sich gegen das Einschlafen zu wehren. Denn es hat begriffen: Sobald ich eindöse, hört das, was ich zum Einschlafen benötige, auf. Also muss ich achtgeben und wach bleiben. Denn sonst droht Gefahr, dass Papa oder Mama aus dem Zimmer schleichen. Oder dass ich im Gitterbett aufwache, obwohl ich so herrlich an der frischen Luft im Kinderwagen eingeschlafen bin. Oder dass ich, statt an Mamas schöner Brust, plötzlich am Schnuller nuckle und einsam in der Wiege liege.

So schläft Ihr Baby sicher

Ein Baby zu verlieren – es gibt kaum einen schlimmeren Albtraum. Und doch geschieht es in Deutschland jede Woche rund fünfmal, dass Eltern ihr Baby abends schlafen legen und es morgens leblos im Bett finden. Der plötzliche Kindstod, oder auch SIDS (vom englischen Fachbegriff Sudden Infant Death Syndrom), ist im ersten Lebensjahr die häufigste Todesursache. In Deutschland und Österreich liegt das Risiko bei etwa 0,04 Prozent. Jungen sind mit 60 Prozent häufiger betroffen als Mädchen. Etwa 80 Prozent der Fälle treten vor dem sechsten Lebensmonat auf, mit einer Häufung zwischen der fünften und elften Lebenswoche. Die Ursache für den stillen Tod ist unbekannt. Da aber die Risikofaktoren mehr und mehr bekannt werden, gibt es auch eine gute Nachricht: Die Häufigkeit des plötzlichen Säuglingstods ist seit 1991 in Deutschland auf ein Viertel zurückgegangen. Allein durch die Berücksichtigung weniger Empfehlungen lässt sich das Risiko um 80 bis 90 Prozent vermindern.

• Baby immer auf den Rücken legen
Legen Sie Ihr Baby vom ersten Lebenstag an auf den Rücken. Die meisten Säuglinge, die unerwartet in den Tod hinübergleiten, werden auf dem Bauch liegend gefunden, mit dem Gesichtchen nach unten oder zur Seite. Auf dem Rücken liegende Babys bewegen sich während des Schlafes mehr und geben über Kopf und Arme auch mehr überschüssige Wärme ab. Die Seitenlage empfiehlt sich nicht: Babys können daraus auf den Bauch rollen. Ist das Baby wach, darf es gern auf dem Bauch liegen. Als Schlafposition sollte die Bauchlage aber so lange wie möglich vermieden werden.

• Baby im Schlafsack zu Bett bringen
Schlafsäcke lassen sich nicht wegstrampeln oder über den Kopf ziehen. Darum schlafen Babys am sichersten in einem Schlafsack ohne zusätzliche Decke. Empfehlenswert sind Schlafsäcke, die mit einem Brustteil und zwei kleinen Öffnungen für die Arme so verschlossen sind, dass das Kind nicht in den Schlafsack hinein- oder aus ihm herausrutschen kann. Deshalb darf die Halsöffnung nicht größer als der Kopfumfang sein.

• Keine Sachen ins Babybettchen legen
Babys Bett sollte eine feste Matratze haben. Es gehören keine weichen Unterlagen hinein, in die es mit dem Gesicht einsinken könnte, also kein Kopfkissen, kein Schaffell und auch kein Nestchen. Auch auf Schmusetücher oder Kuscheltiere, welche die Atemwege behindern könnten, sollten Sie verzichten.

• Baby im eigenen Bettchen im Elternzimmer schlafen lassen
Die beruhigenden Schlafgeräusche verringern das SIDS-Risiko. Allerdings sollte das Baby im eigenen Bettchen schlafen (▶ Seite 111). Das Schlafen im Elternbett ist insbesondere in den ersten Lebenswochen und bei Raucherinnen ein Risikofaktor. Die Matratzen der Elternbetten sind meist weicher, und die Decken können zu Überwärmung oder Ersticken führen. Das Baby sollte deshalb nach den Stillen wieder in sein Bettchen gelegt werden. Ein besonders hohes Risiko scheint das gemeinsame Schlafen auf dem Sofa darzustellen.

• Baby nicht zu warm schlafen lassen
Das Schlafzimmer sollte auch im Winter nicht wärmer als 18 Grad Celsius gehalten werden. Wenn das Baby im Nackenbereich schwitzt, ist die Umgebung zu warm. Die Haut im Bereich von Haaren, Gesicht und Nacken soll frei bleiben: Sie ist wichtig für die Regelung der Körpertemperatur. Hände und Näschen dürfen ruhig etwas kühl sein: Das bedeutet nicht unbedingt, dass das Baby friert. Ist seine Haut im Nacken beziehungsweise zwischen den Schulterblättern warm, aber trocken, hat es die richtige Temperatur. Im Sommer kann es auch mal wärmer sein, Klimaanlagen oder Ventilatoren sind deshalb nicht nötig. Es genügt, das Baby entsprechend leichter zu bekleiden.

• Nie in Gegenwart des Babys rauchen
Verbannen Sie Zigaretten aus Ihrem Haushalt! Raucht die Mutter in der Schwangerschaft und der Stillzeit, erhöht sich das Risiko deutlich. Bis zur Hälfte aller SIDS-Fälle werden dem Passivrauchen zugeschrieben. Raucht die Schwangere über zehn Zigaretten täglich, erhöht sich das SIDS-Risiko auf das Siebenfache. Insgesamt ist das Risiko bei elterlichem Tabakkonsum um das Zwei- bis Vierfache höher als in rauchfreien Haushalten. Mit dem Rauchen aufzuhören ist nicht einfach. Rauchende Schwangere und Mütter bekommen unter der Telefonnummer 01 80 / 5 09 95 55 persönliche Hilfe. Außerdem läuft ein Band mit Informationen über gesunden Babyschlaf, die auch für Nichtraucherinnen interessant sind.

• Stillen und Impfungen senken das Risiko
Der von Impfgegnern behauptete Zusammenhang zwischen SIDS und Impfungen, besonders der Sechsfachimpfung, lässt sich nicht belegen. Im Gegenteil: Studien zeigen, dass Impfungen – und das Stillen (▶ Seite 74) – das Risiko des plötzlichen Kindstodes deutlich reduzieren (Adressen für weitere Informationen ▶ Anhang 12).

Wie Kinder schlafen lernen

Für ein Neugeborenes ist die Welt außerhalb des Mutterleibs vollkommen fremd. Damit es sich darin geborgen fühlt, braucht es, sobald es aufwacht, die Nähe einer vertrauten Person. Außerdem benötigt es nachts eine oder mehrere Milchmahlzeiten. In der Nacht sollte man die Windeln nur wechseln, wenn sie wirklich voll sind. Auch sollte man wenig und nur leise sprechen und aufregende Aktivitäten wie Spielen oder Kitzeln auf den Tag verlegen. Man kann einen kleinen Säugling noch nicht verwöhnen. Wenn er schreit, darf und soll man ihn auf den Arm nehmen, wiegen, streicheln, ihm etwas vorsingen und ihm beim Einschlafen helfen. Es ist aber nicht sinnvoll, ein sattes Baby andauernd mit Brust oder Flasche zu trösten. Sonst gewöhnt es sich daran, beim Einschlafen immer zu trinken, und es wird schwierig, die Abstände zwischen den nächtlichen Mahlzeiten mit der Zeit auszudehnen.

Einige Hebammen raten dazu, dem Baby, bevor man selbst zu Bett geht, stets um dieselbe Uhrzeit noch mal die Brust anzubieten. Auch dann, wenn es vor Kurzem erst getrunken hat. Mit etwas Glück wird es bald um diese Uhrzeit automatisch hungrig und trinkt sich so satt, dass die Eltern jetzt mehrere Stunden ungestört schlafen können. Einige Babys schlafen aber so fest, dass sie an dieser späten Mahlzeit partout kein Interesse haben und erst wieder Hunger bekommen, wenn die Eltern gerade tief eingeschlafen sind. Klappt es mit der späten Abendmahlzeit nach ein paar Tagen noch immer nicht, sollte man den Säugling nicht weiter damit stören.

Durchschlafen zu können setzt voraus, dass das Baby in einer geborgenen Umgebung einschläft, die es bei seinen nächtlichen Aufwachphasen wieder vorfindet. Im ersten Lebenshalbjahr kann man es nicht verwöhnen, wenn man es zum Einschlafen auf dem Arm wiegt. Aber unter Umständen besteht es auch im zweiten Lebenshalbjahr auf dieser Einschlafmethode, weil es noch nicht weiß, wie es anders einschlafen kann.

Dem lässt sich vorbeugen: Mit etwa zwei Monaten wird das Baby nicht mehr während jeder Milchmahlzeit eindösen, sondern manchmal noch wach sein. Diese Gelegenheit kann man nutzen und das müde Baby wach in sein Bett legen. Quengelt es nur ein bisschen, streichelt man es und versucht, es innerhalb seines Bettchens zu beruhigen. Weint es aber, nimmt man es besser auf den Arm, denn es ist noch viel zu klein, um Frustrationen zu verarbeiten (▶ Seite 53). Gelingt es ihm jedoch, sich in seinem Bett so zu entspannen, dass es in den Schlaf gleitet, hat es einen wichtigen Schritt geschafft, um im zweiten Lebenshalbjahr durchzuschlafen: Es verbindet sein Bett mit Ausruhen und Schlaf. Diese Verknüpfung fördert man, indem man es nur zum Schlafen in sein Bett bringt. Soll es tagsüber spielen und strampeln, legt man es besser woanders hin, zum Beispiel auf eine Krabbeldecke.

Nach etwa einem halben Jahr schlafen die meisten Babys schon durch. Falls nicht, bietet die Vorsorgeuntersuchung eine gute Gelegenheit, den Kinderarzt einschätzen zu lassen, ob das Kleine kräftig genug ist, um auf seine nächtliche Zwischenmahlzeit zu verzichten. Mit seiner Zustimmung kann man die Abstände zwischen der späten Abendmahlzeit und der ersten Morgenmilch allmählich hinauszögern, bis das Baby schließlich durchschläft. Das übernimmt am besten der Vater. Die Mama zu sehen, aber nicht wie gewohnt an ihre Brust zu dürfen – das fällt dem Baby schwer. Vom Papa lässt es sich da schon eher hinhalten, wenn dieser es streichelt, herumträgt, wickelt und ihm vorsingt. Man darf das Füttern allerdings nur so lange hinauszögern, wie das Baby sich bereitwillig ablenken lässt und wohlfühlt. Anschließend bekommt es – nach höchstens einer Stunde Verzögerung – die Brust oder ein Fläschchen. Vermutlich gewöhnt sich sein Magen nach drei bis vier Tagen an diesen neuen Rhythmus, und es wacht etwas später auf. Auf diese Weise lässt sich die Nachtmahlzeit im Lauf der nächsten Tage und Wochen immer ein wenig weiter hinauszögern, bis sie schließlich mit der ersten Morgenmahlzeit zusammenfällt: Das Kind schläft durch. Zeigt diese Methode aber nach der vierten Nacht noch keinen Erfolg, bespricht man das weitere Vorgehen mit dem Kinderarzt.

Ein festes Abendritual macht die Abläufe vor dem nächtlichen Zubettgehen für das Baby vorhersehbar und hilft ihm, das Durchschlafen zu erlernen. Schmusen, Singen, Schaukeln: Alles, was es angenehm beruhigt, ist sinnvoll (▶ Seite 56). Das Trinken an

Brust oder Fläschchen sollte besser nicht Abschluss, sondern Beginn dieses Rituals sein. Nach dem Gutenachtritual legt man das müde und zufriedene Baby in sein Bettchen. Fallen ihm darin die Äuglein zu, hat es gelernt: Wenn Papa oder Mama mich hier hineinlegen, ist Schlafenszeit.

Gesunde Nähe

Für viele Säuglinge ist die räumliche Trennung von den Eltern Schlafstörer Nummer eins. Körperliche Nähe ist, insbesondere für kleinere Kinder, so wichtig wie Nahrung. Manche Eltern richten darum ein großes Familienbett ein, in dem die Kinder so lange schlafen dürfen, bis sie (meist im Kindergartenalter) in ein eigenes Bett umziehen wollen. Möchte das Paar ungestört sein, weicht es in ein anderes Zimmer aus.

• Doch das ist nicht jedermanns Sache. Die meisten Elternpaare wollen ihr Bett für sich haben. Oder sie machen sich Sorgen, ihr Neugeborenes im Tiefschlaf versehentlich zu erdrücken. Der Münchner Universitätsprofessor Berthold Koletzko leitet eine Studie über sicheren Kinderschlaf und rät vom Familienbett ab: »Stillen und Schmusen mit dem Baby im Elternbett ist wunderbar. Aber zum Schlafen ist die sicherste Option für das Kind das eigene Babybett im Elternschlafzimmer« (▶ Seite 106).

• Eine gute Alternative zum Familienbett bieten Anstellbettchen. Sie sind nicht rundum vergittert, sondern haben eine offene Seite, die ans Elternbett montiert wird. So schläft das Baby in seinem eigenen Bett, und die Eltern liegen direkt neben ihm. Auch muss die Mutter dadurch zum nächtlichen Trösten und Stillen nicht extra aufstehen. Soll das Baby später in sein eigenes Zimmer umziehen, lässt sich das Anstellbett entsprechend umbauen. Mit etwas handwerklichem Geschick kann man auch von herkömmlichen Gitterbettchen ein Seitenteil so abmontieren, dass das Gestell trotzdem stabil steht. Damit das Babybett nicht wegrutschen kann, befestigt man die offene Seite am Elternbett.

Einschlafrituale

Lennart liegt mit klopfendem Herzen in seinem Bett, er hat sich seine Decke über den Kopf gezogen und atmet ganz flach. Jetzt bloß keine falsche Bewegung, kein hervorlugender Zeh darf ihn verraten. Der böse Mann unterm Bett oder der Einbrecher, der vermutlich gleich zum Fenster hereinsteigt, soll denken, das Bett sei leer.

Wenn es dunkel ist, sehen viele Kinder Gespenster. Es ist normal, dass diese Ängste im Alter von etwa dreieinhalb Jahren stark zunehmen. Kinder befinden sich dann im sogenannten magischen Alter, das etwa bis zum achten Lebensjahr andauert. Während dieser Zeit scheint ihnen alles um sie herum lebendig. Dann bekommt der Kinderstuhl mit der darüberhängenden Jacke im Halbdunkel die Silhouette eines Ungeheuers, oder aus dem Regal steigen skurrile Geschöpfe. Diese Vorstellungen sind oft so wirklichkeitsgetreu, dass Kinder sie für echt halten. Ihre blühende Fantasie und die geringe Lebenserfahrung machen die Nächte zu einer Reise ins Ungewisse. Dann kommt die Angst vor Einbrechern und Monstern oder auch vor dem anderen Tag: Was tun, wenn im Kindergarten wieder die Anne von außen die Klotür zuhält? Oder man in Mathe an die Tafel muss?

Der Weg ins Reich der Träume wird einfacher, wenn Mama oder Papa ihn auf vertraute Weise begleiten und sich an die Bettkante setzen. Ein Lied vorsingen. Vielleicht ein Gebet sprechen. Oder darüber reden, was heute am schönsten und was am wenigsten schön war. Dann zum Beispiel noch fünf Küsschen geben und aus dem Flur noch mal ein fröhlich gedehntes »Gute Naahaacht!« zurufen. Jeden Abend in der richtigen Reihenfolge. Einschlafrituale geben Kindern die Zuversicht, dass die bevorstehende Nacht genauso gut vorübergehen und der nächste Tag genauso gut beginnen wird wie gestern: Lied gesungen, fünf Küsschen bekommen, »Gute Naahaacht« gehört – und wirklich eine gute Nacht gehabt. Also geht auch heute wieder alles gut aus.

Liebevoll die Nacht begrüßen

Ein festes Einschlafritual fördert den Schlaf, denn damit versichern Sie Ihrem Kind: Du darfst dich beruhigt in den Schlaf fallen lassen. Wir passen auf, dass es dir gut geht.

• Lassen Sie bereits die Zeit vor dem Ritual routiniert ablaufen. Zum Beispiel zu Abend essen, waschen, Schlafanzug anziehen, Zähneputzen.

• Läuten Sie das Einschlafritual deutlich erkennbar ein: Mit einem Schlückchen Wasser, einem Gutenachtküsschen des Elternteils, der das Kind heute nicht ins Bett bringt, gemeinsam dem Mond durchs Fenster zuwinken. Dieser Start muss verlockend sein. Androhungen wie »Jetzt aber schleunigst ins Bett, sonst ...« bewirken nur, dass das Kind zigmal aus dem Bett kommt: Weil es Harmonie erzwingen will, ohne die es nicht einschlafen kann.

• Wiederholen Sie jeden Abend eine Sequenz an Handlungen in gleicher Reihenfolge, wie kuscheln, vorlesen, über den Tag sprechen, Kissen klopfen, Kuscheltiere drum herum drapieren, Küsschen und dann Gutenachtwunsch.

• Eltern können ein Lied davon singen, was sich Kinder abends alles einfallen lassen: Plötzlich bekommen sie unerträglichen Durst, müssen zum dritten Mal Pipi machen oder es plagt die Neugier, was Papa und Mama im TV sehen. Gegen das Zeitschinden hilft ein klarer Schlusspunkt: Licht ausknipsen, Decke aufschütteln und übers Kind breiten, Kuscheltier in den Arm geben. Danach ist Elternzeit! Und darum folgen im abendlichen Unterhaltungsprogramm keine Zugaben mehr. Falls das Kind nochmals ruft oder angelaufen kommt, wird es mit demonstrativ langweilig (aber nicht ärgerlich) gebrummelten »Müde – ins Bett« abgewimmelt.

• Hat Ihr Kind nachts Angst oder Albträume, braucht es besonders Schutz spendende Rituale: Es gibt Einschlafbücher mit meditativen Übungen (▶ Literatur). Sagen Sie anstatt »Monster gibt's doch gar nicht« besser: »Da warst du aber ganz schön tapfer heute Nacht«. Im Traum und in der Fantasie hat man Zauberkräfte. Fantasieren Sie mit Ihrem Kind, wie man die Dämonen vertreiben könnte: Davonfliegen? Mit einem Stock vertreiben? Einen wirksamen Zauberspruch ausdenken? Es macht ihm Mut, wenn Sie sagen, dass Albträume nie wahr werden können, wenn man sie erzählt hat. Und denken Sie sich am anderen Morgen, oder abends an der Bettkante, zusammen ein Happy End für seine Angstfantasie oder seinen Albtraum aus.

• Sicher kennen Sie aus Ihrer Kindheit das Wiegenlied von Johannes Brahms: »Guten Abend, gute Nacht, mit Rosen bedacht, mit Näglein (Nelken) besteckt, schlupf unter die Deck. Morgen früh, wenn Gott will, wirst du wieder geweckt.« Zahllose Kinder bekamen es zum Einschlafen vorgesungen – und unzähligen wurde unheimlich, weil sie sich mit mulmigem Gefühl fragten: »Und was ist, wenn Gott nicht will? Wache ich dann nie wieder auf?« Der Schlaf wird oft als der »kleine Bruder des Todes« bezeichnet. Sie können Ihrem Kind die Furcht vor der Nacht nehmen, indem Sie sich einen Segensspruch überlegen, der das Erwachen einschließt, zum Beispiel: »Schlaf jetzt ruhig die ganze Nacht, am Morgen wird dann froh erwacht«, »Müde schläfst du heute ein und morgen wirst du munter sein«, »Für heut ist mit Spielen Schluss, und morgen Früh gibt's einen Kuss«.

• Erklären Sie eine Stunde vor dem Einschlafen aufregende Filme, Videos oder Computerspiele für tabu (große Ausnahme ist das Sandmännchen). Auch spannende Hör-CDs stören den Schlaf. Abends sollten Geschichten nicht als Medienkost serviert, sondern von einer geliebten Stimme vorgelesen werden. Auch größere Kinder schauen vor dem Zubettgehen möglichst nichts Spannendes mehr im TV an. Kommt ein »unverzichtbarer« Film, können sie diesen aufnehmen und anderntags ansehen (▶ Seite 248).

• Mit zunehmendem Alter schaffen sich Kinder ihr eigenes Einschlafritual, in dem die Rolle der Eltern immer kleiner wird. Und eines Tages stellt man beim Schlafengehen fest, dass einem etwas fehlt: Weil der Teenager erstmals ohne Gutenachtkuss ins Bett verschwunden ist. Trotzdem brauchen viele Jugendliche noch ihren Gutenachtwunsch, um gut einschlafen zu können. Gespräche an der Bettkante sind nicht mehr an der Tagesordnung. Gelegenheit sollten Eltern aber anbieten: Vor dem Zubettgehen zusammen einen Tee trinken oder dem Kind etwas vom eigenen Tag berichten, damit es den Ball auffangen und von sich erzählen kann.

Schlafstörungen und Schlafstörer

Jeder kennt das: Sobald wir das Einschlafen verkrampft herbeisehnen, liegen wir erst recht wach. Unseren Kindern geht es nicht anders: Wenn sie spüren, wie ärgerlich wir über ihre Schlaflosigkeit sind, werden sie davon nicht müde – sondern nervös. Schimpfen ist ein Schlafstörer, der das Zubettgehen zum Machtkampf macht. Darum sollten Eltern ruhig, aber konsequent bleiben: »Wenn der große Zeiger oben steht, ist Schlafenszeit!« Nach dem Einschlafritual gibt es keine Zugaben mehr – auch nicht in Form von Schimpfen.

Bereits bei Babys über einem halben Jahr kann man damit beginnen, einen klar erkennbaren Schlusspunkt zu setzen: Nach dem Einschlafritual geht's ins Bett. War das Kind bisher gewohnt, dass die Eltern sich zu ihm legen, darf man jetzt damit aufhören. Legen sich Mama oder Papa stets neben ihr Kind, bis dieses endlich einschläft, sind sie danach völlig abgeschlafft, und der Abend ist gelaufen. Darum wird es im zweiten Lebenshalbjahr Zeit klarzumachen, dass der Abend wieder den Erwachsenen gehört.

Die meisten Ein- und Durchschlafstörungen sind entwicklungsbedingt und verlieren sich mit der Zeit von selbst. Mit sanften Ein- und Durchschlafhilfen, wie im Kasten beschrieben, schlafen einige Kinder schon nach wenigen Tagen alleine in ihrem Bettchen ein. Ist das selbstständige Einschlafen gelernt, gelingt ihnen bald auch das Durchschlafen. Klappt es nicht so schnell, sollten die Eltern auch kleine Fortschritte als Erfolg verbuchen, denn mit etwas Geduld kann jedes Kind das Durchschlafen lernen.

Endlich durchschlafen

Mit dieser sanften Methode helfen Sie Ihrem Kind, das Ein- und Durchschlafen zu lernen. Sie empfiehlt sich ab dem zweiten Lebenshalbjahr – und natürlich auch noch für größere Kinder.

• Kann das Kind noch nicht selbstständig einschlafen, setzt sich ein Elternteil am besten im Dunkeln an sein Bettchen – ohne es zu berühren. Quengelt es, beruhigen Sie es zum Beispiel, indem Sie ihm die Hand aufs Brustbein (den Sitz der Thymusdrüse) legen. Auch Sie bauen Nervosität ab, indem Sie die andere Hand auf Ihr eigenes Brustbein legen und entspannt atmen.

• Ihre Körperhaltung und sämtliche Reaktionen sollten ausstrahlen, dass Sie ruhig und müde sind. Das Baby spürt die Ausstrahlung der Eltern. Weil es seelisch im Einklang mit den Eltern ist, verinnerlicht es ihre Ausstrahlung. Ruft es, antwortet man zunehmend wortkarg: Zuerst noch »Ich bin da«, später nur »Müde…« oder einsilbig »Mhm…«

• Jeden Tag können Sie den Stuhl ein Stückchen weiter Richtung Tür rücken, bis Sie damit außerhalb des Zimmers oder im Flur sind. Lassen Sie die Zimmertüre offen oder angelehnt. Fordert das Kind nach dem Einschlafritual erneut Unterhaltung, müssen Sie nicht jedes Mal an sein Bett gehen, sondern können ihm von dort, wo der Stuhl dann gerade steht, beruhigend zurufen – ohne es erneut zu berühren. Auf die Weise geben Sie ihm zwar Antwort, doch bieten ihm kein attraktives Unterhaltungsprogramm mehr. Das wird dem Kind so langweilig, dass es sich auf Dauer nicht mehr für es lohnt, immer wieder danach zu quengeln. Durch Ihre beruhigenden Antworten bekommt es nur das Signal »Müde – Schlafenszeit«. Es spürt, dass Sie immer in der Nähe sind, fühlt sich geborgen, kann sich entspannen und in den Schlaf gleiten.

• Sprechen Sie vorher mit Ihrem Kinderarzt ab, ob Ihr Baby schon kräftig genug ist, um auf seine nächtliche Mahlzeit zu verzichten. Mit seinem Einverständnis können Sie Ihr Baby, wenn es in der

Nacht aufwacht, ebenfalls mit dieser Methode trösten, ohne ihm noch einmal die Brust oder das Fläschchen zu geben.

• Wenn das Kind alleine in seinem Bett einschlafen kann, findet es beim nächtlichen Aufdämmern seine gewohnte Einschlafumgebung und -bedingung vor. Dadurch lernt es, beruhigt weiterzuschlummern, ohne nach den Eltern rufen zu müssen: Es schläft durch.

Mit den Nerven am Ende

In manchen Familien haben sich schlechte Einschlafgewohnheiten so stark verfestigt, dass sie zu einem nächtlichen Grauen werden, das die Eltern an die Grenzen ihrer Belastbarkeit bringt.

Die ersten drei Lebensmonate von Söhnchen Felix empfanden Michaela und Andreas wie eine Achterbahn der Gefühle. Vor Elternglück quoll ihnen das Herz über, zugleich fühlten sie sich am Ende ihrer Kraft. In der Früh erwachte ihr Kleiner als strahlender Sonnenschein. Doch sobald Felix gähnte und sich die Augen rieb, wussten sie: Jetzt stand ihnen ein zermürbender Kampf bevor, denn ihr Neugeborenes wehrte sich vehement gegen den Schlaf. Beim täglichen Spaziergang schob Michaela mit einem Arm den leeren Kinderwagen, im freien Arm trug sie ihr Kind. Die Hausarbeit verrichtete sie mit Felix im Tragetuch. Das Duschen verschob sie, bis Andreas nach Büroschluss heimkam. Ermattet reichte sie ihrem Mann den überdrehten Säugling wie ein Staffelholz weiter. Gegessen wurde mit brüllendem Baby auf dem Schoß, das Abendprogramm erschöpfte sich im Versuch, den Säugling irgendwie zum Schlafen zu bringen. Er wurde gebadet, massiert, ausgiebig gestillt, stundenlang im Wiegeschritt durch die Wohnung getragen, bekam unendliche Male »La-le-lu« gesungen. Doch Felix bäumte sich auf und schrie mit puterrotem Köpfchen in den schrillsten Frequenzen, und wenn er gegen Mitternacht endlich in den erlösenden Schlaf sank, weinte die ratlose Mutter schon seit einer Weile mit.

Nach drei Monaten schien es plötzlich, als habe jemand einen

Schalter umgelegt. Das exzessive Schreien war vorbei, und Felix wandelte sich zum gut gelaunten Bilderbuchbaby. Drei Jahre später wurde Schwesterchen Emilie geboren, sie schlief zum Glück besser. Trotzdem war an Schlaf nicht zu denken. Das Problem war nicht die Kleine, sondern ihr »Großer«: Seit sein Schwesterchen auf der Welt war, schlief Felix nicht mehr alleine ein. Ein Elternteil musste sich abends so lange zu ihm setzen und seine Hand halten, bis er eingeschlafen war. Allnächtlich rief er wieder nach den Eltern. Denen tat leid, dass Felix alleine in seinem Zimmer liegen musste, während Emilies Wiege im Elternschlafzimmer stand. Bis zu zehnmal in der Nacht musste Mutter oder Vater aufstehen und Händchenhalten, bis der Junge so tief schlief, dass sie sich zurück in ihr Bett schleichen konnten. Michaelas Nerven lagen derart blank, dass sie oft eine Gänsehaut überlief, wenn sie eines ihrer Kinder weinen hörte. Häufig konnte sie beim Gedanken, in Kürze wieder geweckt zu werden, trotz völliger Übermüdung gar nicht erst einschlafen.

Es musste sich etwas ändern. Eine befreundete Mutter machte dem Elternpaar klar: Das Mitleid mit Felix war nicht nur unnötig, sondern sogar schädlich. Der Dreijährige musste neu lernen, was er vor Emilies Geburt längst schon gekonnt hatte: nach dem Gutenachtritual selbstständig in seinem Kinderzimmer ein- und durchzuschlafen.

Das Elternpaar zog dazu die Methode der Psychologin Annette Kast-Zahn und des Kinderarztes Harmut Morgenroth aus deren Buch *Jedes Kind kann schlafen lernen* durch. Sie brachten Felix wach ins Bett und verließen dann sein Zimmer. Wenn er jetzt weinte, gingen sie nicht sofort, sondern nach einem festen Zeitplan erst nach ein paar Minuten zu ihm. So bekam Felix das Signal: Mama und Papa sind da. Doch er erhielt nicht mehr das Nachtprogramm, das er wollte. Auch mit dem nächtlichen Händchenhalten war Schluss. Da sein Protest sich nicht mehr auszahlte, hörte er rasch damit auf – und schlief nach wenigen Tagen wieder durch.

Michaela und Andreas blühten auf, und auch Felix war wieder so fröhlich wie früher. Sogar die kleine Emilie wirkte entspannter. Für die ganze Familie brachte das Buch die Erlösung. Allerdings: Vor der Türe stehen zu bleiben, während das Kind im

Zimmer schluchzend nach einem ruft, tut weh. Die Methode funktioniert – wenn man bereit ist, den Behandlungsplan durchzuziehen. Die erforderliche Konsequenz bringen die meisten Eltern nur übers Herz, wenn sie mit ihrem Latein derart am Ende sind, dass sie vor Schlafmangel »auf dem Zahnfleisch gehen«. Wenn es gar nicht erst so weit kommt und es Familien gelingt, Schlafprobleme mit sanfteren Methoden (▶ Seite 116) zu lösen – umso besser. Doch in einer allabendlichen Atmosphäre von Verzweiflung oder gar Wut kann das Kind das Einschlafen nicht lernen. Dann muss eine Lösung gefunden werden zwischen dem, was das Kind braucht, und dem, was den Eltern aus ihrer eigenen Belastbarkeit heraus noch möglich ist.

Schlaflose Pubertät: Abends topfit, morgens im Tiefschlaf

23.00 Uhr, Silvi und Frank schlurfen ins Schlafzimmer. Durch den Türschlitz am Zimmer ihres Sohnes Mario dringt noch Licht. Der 13-Jährige telefoniert mit einer Klassenkameradin. »Schluss jetzt, schlaf endlich«, flehen die Eltern zum sechsten Mal. Als Mario gegen Mitternacht das Licht löscht, sind die Eltern längst im Tiefschlaf. Sieben Stunden später schrillt Marios Wecker, bis Silvi ihn ausmacht. Vorhang aufziehen, küssen, streicheln, rufen, rütteln – Mario schläft komatös. Bleibt nur, gnadenlos die Decke wegzureißen und den Sohn Richtung Badezimmer zu schieben. So geht das jeden Morgen, außer am Wochenende, da schläft Mario bis mittags um eins.

Nachts aktiv zu sein ist typisch für die Pubertät. Dass Jugendliche abends nicht ins Bett und morgens nicht herauszubekommen sind, liegt an einem Mangel an Melatonin. Dieses Hormon aus der Zirbeldrüse im Gehirn sorgt dafür, dass man müde wird. Tagsüber, wenn es hell ist, arbeitet die gerade mal erbsengroße Drüse auf Sparflamme und produziert kaum Melatonin. Sobald es dunkel wird, schüttet sie die zehnfache Menge des Müdemachers aus. Besonders hoch ist der Pegel zwischen ein und fünf Uhr nachts. In der Pubertät stellt sich die Zirbeldrüse um, wodurch die Melatoninproduktion während der typischen »Flegeljahre« verzögert einsetzt. So kommt es, dass viele Teenager erst gegen Mitternacht müde werden. Damit Jugendliche trotz des frühen Schulbeginns auf ihr tägliches Schlafpensum kommen, ist ein gut ausgeklügeltes Zeitmanagement nötig. Zum Bespiel: Nach der Schule zügig die Hausaufgaben erledigen und dann raus an die frische Luft und ans Licht. Das drosselt die Melatoninproduktion, und wer sich tagsüber austobt, kommt abends besser ins Bett. Wie Jugendliche ihren Tagesablauf gestalten, ist aber auch Typsache. In der Pubertät sind manche nach der Schule so erschöpft, dass sie, ähnlich wie Kleinkinder, wieder einen Mittagsschlaf brauchen. Am Wochenende oder in den Ferien gerät ihr Biorhythmus oft völlig aus den Fugen. Von Ferientag zu Ferientag gehen sie später zu Bett und wachen umso später auf. Darum sollten sie gegen Ferienende abends rechtzeitig das Rollo herunterlassen, Eltern können es am Morgen beizeiten wieder hochziehen. Selbst wenn die jugendlichen Morgenmuffel dann noch weiterschlummern, hilft ihnen der natürliche Hell-Dunkel-Rhythmus, ihre innere Uhr langsam wieder auf den Schulalltag umzustellen.

LEKTION 5

Regeln und Grenzen

Zwischen Juli und September trifft man sich auf der Berliner Friedensbrücke abends zum »Starwatching«. Sobald die untergehende Sonne den Dom in sanftrotes Licht taucht, richten sich die Blicke mit einem »Aah« und »Ooh« zur Domkuppel und verfolgen ein spektakuläres Schauspiel. Die bewunderten Stare sind nicht etwa Prominente, sondern Singvögel. Gleich einer wabernden Wolkenwelle schwappt ein gigantischer Starenschwarm auf den Dom zu. Mal aufsteigend, mal nach unten sinkend, sich in die Breite dehnend und wieder zu einem Trichter zusammenziehend, scheint der Formationsflug einer Choreografie zu folgen. Jeder einzelne der 40 000 Vögel muss präzise dieselben Regeln beachten, kein einziger darf aus der Reihe tanzen – sonst käme es zu katastrophalen Karambolagen. Ziel der kleinen Vögel sind die um den Dom liegenden Kastanienbäume, auf denen sie sich allabendlich zum Schlafen niederlassen. Vor dem Schlafen geben die Stare aber noch ein Konzert. Gemeinsam ihren ganz speziellen, knarzenden Gesang vorzutragen gibt den Berliner Domstaren das Gefühl vertrauter Zusammengehörigkeit.

Die Einträchtigkeit der Stare zeigt, was auch in einer Familie die wichtigsten Voraussetzungen für ein harmonisches Miteinander sind. Erstens: Wir-Gefühl und Vertrauen. Zweitens: Regeln und Grenzen.

Wer hören soll, braucht Liebe

Der größte Ansporn im Verhalten eines Kindes ist sein Bedürfnis nach Bindung und Geborgenheit. In der Lektion »Vertrauen« wurde erklärt, warum sanfte und einfühlsame Liebe die Grundvoraussetzung für eine gelungene Erziehung und ein glückliches Familienleben ist. Die nächsten Bausteine sind sinnvolle Regeln. Sie geben Kindern Orientierung. Für die Sicherheit und das Wohl unserer Kinder müssen wir sie in ihrem Tatendrang und ihren Wünschen einschränken und zurechtweisen. Wenn wir unserem Dreijährigen verbieten, mit seinem Laufrad über die nächste Kreuzung zu preschen, handeln wir zwar zu seinem Besten, trotzdem wird er die Regel »Nur auf dem Bürgersteig fahren« zunächst als Einschränkung empfinden. Eigentlich hätte er ja viel mehr Lust, ungehindert weiterzusausen. Erst durch die Konsequenz der Eltern wird diese Regel zu einer Gewohnheit, die das Kind dann nicht mehr als Einengung, sondern als Selbstverständlichkeit erlebt.

Fühlt sich das Kind der Liebe seiner Eltern sicher, wird es in seinem Tun von zwei weiteren instinkthaften Triebfedern geleitet: von seiner Neugier und von seinem angeborenen Drang zur Besitz- und Revierverteidigung. In der Tierwelt erfolgen Revier- und Besitzverteidigung oft über das Absetzen von Duftstoffen: Wenn Dackel Bodo an den Gartenzaun pinkelt, wissen seine Artgenossen, dass sie hier unerwünscht sind. Die Berliner Domstare grenzen sich durch ihren speziellen Gesang von anderen Vogelarten und sogar von anderen Starenschwärmen ab. Bei uns Menschen funktioniert dieses Territorialverhalten komplizierter. Was uns gehört und was nicht, regeln wir nicht nur durch Kennzeichnungen, sondern durch Absprachen und stille Vereinbarungen. Wir haben nicht nur Mein-Dein-Grenzen, sondern auch moralische Grenzen, zeitliche Grenzen, Grenzen in dem, was wir miteinander tun, einander sagen und voneinander erwarten dürfen.

Inwieweit und womit wir uns abgrenzen, ist individuell und kulturell verschieden. Das Bedürfnis nach Abgrenzung an sich ist uns aber angeboren. Bereits ein neugeborenes Baby dreht den Kopf zur Seite, wenn ihm Blicke oder Berührungen zu viel werden. Ein Kleinkind verteidigt sein Spielzeug. Bald braucht es eine eigene Spielecke oder sogar ein eigenes Zimmer. In der Pubertät wird es nicht nur eigenen Raum und eigenen Besitz beanspruchen, sondern auch sein Herz ein Stück weit verschließen. Es benötigt diesen Abstand zu den Eltern, damit es seine eigene Persönlichkeit entfalten kann (▶ Seite 239, 299).

Wenn wir in unseren Grenzen verletzt werden, fühlen wir uns bedrängt oder gekränkt. Der Nachbar, der während unserer Mittagsruhe mit seinem Laubbläser lärmt, der Kollege, der einem in der Konferenz derart nah kommt, dass man seinen schlechten Atem riecht, die Schwiegermutter, die sich in die Erziehung einmischt – oder auch das Kind, das seine Spielsachen in der ganzen Wohnung verteilt: Täglich werden unsere Grenzen verletzt, und auch wir selbst verletzen die Grenzen anderer. Grenzverletzungen führen zu Spannungen in der Partnerschaft, in der Familie, im Beruf, im Straßenverkehr, im öffentlichen Leben und zwischen Nationen. Um Konflikten vorzubeugen, brauchen wir Gesetze und Verhaltensregeln.

Regeln geben Sicherheit

Untersuchungen zeigen: Die glücklichsten Kinder stammen aus Familien, in denen die Eltern liebevoll und zugleich konsequent vorgehen. Ausgesprochen lässig erzogene Kinder sind nicht etwa freier und lebensfroher – im Gegenteil: Sie werden ähnlich verunsichert wie Kinder aus Familien mit allzu rigidem Erziehungsstil. Besonders schwer haben es Kinder, deren Eltern von einem Extrem ins andere schwanken und, je nach Stimmungslage, mal allzu nachlässig und dann wieder übertrieben streng vorgehen. In solchen Familien lernen Kinder, dass es eine Regel ist, sich auf Regeln nicht verlassen zu können. Diese Kinder suchen sich oft eine zusätzliche, zuverlässige Bezugsperson. Finden sie diese nicht, wird es für sie schwierig, Vertrauen und Selbstbewusstsein zu entwickeln (▶ Seite 57, 216).

Sinnvolle und konsequent vermittelte Regeln fördern ein Gefühl von Sicherheit und Selbstsicherheit. Denn das Kind kann seine Umwelt besser einordnen. Zugleich fühlt es sich kompetent, weil es spürt: Ich weiß, was von mir verlangt wird, und ich lerne, es richtig zu machen.

Auf ein Neugeborenes wirkt die Welt wie ein Chaos, denn in seinem Gehirn sind kaum Erfahrungen abgespeichert. Im Mutterleib hat es die Stimmen seiner Eltern gehört, darum wendet es sich ihnen gleich nach der Geburt vertrauensvoll zu. Über das Fruchtwasser hat es verschiedene Geschmäcker gekostet. Lutschte seine Mutter beispielsweise in der Schwangerschaft Anisbonbons, findet es diesen Duft nach seiner Geburt appetitlich. Verzichteten Schwangere hingegen auf Anis, so fanden Forscher vom Center for Taste and Smell in Dijon heraus, wendeten ihre Babys angesichts einer mit Anis getränkten Kompresse ablehnend die Näschen ab. Jeder Lebenstag bereichert den Erfahrungsschatz eines Kindes und formt sein Verhalten. Beim Stillen prägt es sich den Duft der Brust und Haut seiner Mutter ein. Schon nach einem Tag zieht es diesen Geruch dem anderer Frauen vor, denn es weiß: Ich gehöre dahin, wo es nach Mama riecht, dort bekomme ich Liebe und Milch.

In den ersten sechs Monaten dürfen und sollten Eltern ihr Kind nach Herzenslust und grenzenlos verwöhnen, damit es die wichtigste aller Grundregeln lernt: Ich bin sicher und geborgen – es lohnt sich zu leben (▶ Seite 45, 51). Regeln versteht ein Neugeborenes natürlich noch nicht. Aber es erkennt bald Zusammenhänge zwischen dem, was es tut, und dem Verhalten seiner Eltern. Wenn es sie anlächelt, strahlen sie zurück. Wenn es weint, eilen sie herbei, um es zu trösten.

Seine angeborene Neugier sowie sein Bewegungs- und Nachahmungsdrang spornen das Baby an, mit zunehmenden Fähigkeiten immer Neues auszutesten. An der Reaktion seiner Eltern merkt es, was richtig ist – und was nicht. Sie lachen mit ihm, wenn es mit seiner Rassel voll Feuereifer auf den Küchentisch klopft. Schlägt es damit aber auf Papas Kopf, ruft dieser empört »Au« und nimmt ihm die Rassel weg. So merkt das Kind: Mit der Rassel auf Gegenstände klopfen macht Spaß, aber auf Menschen darf ich damit nicht schlagen.

Bis es diese Regel verinnerlicht hat, wird es seine Rassel mehrfach auf andere Köpfe schmettern und will dabei jedes Mal bestätigt bekommen: »Nein, au, tut weh!« Die besten Lehrmeister sind Wiederholung und die tägliche Routine. Die meisten Zusammenhänge lernt ein Kind ohne mahnende oder erklärende Worte. Sondern ganz nebenbei, durch die Wiederkehr gewohnter Abläufe. Nach dem ersten Lebensjahr lernt das Kind laufen – auch dahin, wo es nicht hin soll. Es kann jetzt im Sandkasten spielen – und es wird dort auch die Sandburgen anderer zerstören. Es ist in der Lage, seinen Brei mit dem Löffel zu essen – und es wird versuchen, damit die Wand zu beschmieren. Neugierig wird es seine Fähigkeiten ausprobieren und kann noch nicht wissen, welches Verhalten richtig ist – und welches falsch. Ein kleines Kind versteht nichts von Gerechtigkeit, Rücksichtnahme oder Ordnungssinn. Es kann nur verstehen: Was lohnt sich für mich – und was nicht? So lernt es aus den immer wiederkehrenden Reaktionen seiner Eltern, welches Verhalten diese unterstützen. Es wird alles als richtig empfinden, womit es Erfolg hat und wofür es Zuwendung und Aufmerksamkeit erntet.

Machen Sie sich zum Affen

Schimpansenmütter, so beobachtete die Forscherin Jane Goodall, wissen instinktiv, wie erfolgreiche Erziehung funktioniert. Wenn ihre Kinder etwas Unerwünschtes tun, machen die Äffinnen kein Aufhebens darum, sondern lenken ihr Junges von seinem Unfug ab, indem sie ihm eine sinnvollere Beschäftigung zeigen. Bohrt ein Schimpansenjunges zum Beispiel mit einem Stöckchen im Ohr seiner Mutter, nimmt diese kommentarlos den Stock und zeigt ihm, wie es damit in einem Erdloch herumstochert, sodass vielleicht eine leckere Ameise darauf krabbelt, die es dann verspeisen kann. Auf diese Weise wird die Erziehungsenergie nicht in das unerwünschte Benehmen investiert, sondern genutzt, um das Kind zu richtigem Verhalten anzuregen.

Jede Familie hat ihre eigenen Regeln

Einander nicht absichtlich verletzen, den eigenen Körper und den der anderen mit Respekt betrachten und behandeln: Das sind Regeln, die in jeder Familie an oberster Stelle stehen müssen. Doch Menschen, Lebensumstände und Familienstrukturen sind derart verschieden, dass notwendige Regeln nicht in einem Erziehungsbuch festgeschrieben, sondern individuell vereinbart werden sollten. So lautet eine wertvolle Regel: Alle Familienmitglieder essen mindestens einmal am Tag gemeinsam am Tisch. Arbeitet der Vater jedoch im Schichtbetrieb, löst diese Regel Stress aus und sollte durch ein anderes Gemeinschaftserlebnis ersetzt werden. Zum Beispiel, dass zwar nur am Wochenende mit Papa gegessen wird – es zur Feier des Tages dann aber sogar selbst gebackenen Kuchen gibt. Oder wenn der Papa in der Früh von der Nachtschicht heimkommt, liest er dem Kind zum Aufwachen eine Gutenmorgengeschichte vor.

Einige Regeln erfüllen ihren Zweck eine Zeit lang bestens, verlieren auf Dauer aber ihren Sinn. Hat die 13-Jährige keine Lust mehr, abends ihre Kleidung für den anderen Morgen zurechtzulegen, zettelt man deswegen keinen Kampf an, sondern wirft diese Regel über Bord. So hilfreich das Ritual war: Es hat ausgedient, denn nun ist das Kind groß genug, um in Kleiderfragen seine eigenen Regeln zu entwickeln. Sinnvolle Regeln und Grenzen dienen dem besseren Miteinander und entlasten Menschen im gemeinsamen Umgang. Sie dürfen nicht zum Selbstzweck werden. Damit Regeln das Familienleben erleichtern, müssen sie mitwachsen, angepasst – und irgendwann auch wieder abgeschafft werden. Natürlich mit Ausnahme der Regeln, die für das körperliche und seelische Wohl der Familienmitglieder notwendig sind.

Verfassen Sie Ihr eigenes Grundgesetz

Vereinbaren Sie mit Ihren Kindern die Grundregeln des Familienlebens. Schreiben Sie diese gemeinsam auf ein Blatt und hängen Sie Kopien davon in Küche und Kinderzimmer auf, bis sich die

Regeln eingespielt haben. Damit auch die kleineren Kinder sie verstehen, können Sie gemeinsam mit ihnen die Regeln als Piktogramme aufmalen. Die Anzahl der Regeln steigt mit dem Alter. Es genügt, wenn sich ein Zweijähriges zwei Regeln merkt, zum Beispiel: Beim Heimkommen Schuhe ausziehen und ins Schuhregal stellen und nach der Toilette Hände waschen. Im Kindergartenalter könnte man hinzufügen: Vor dem Abendessen kommen Legosteine in die Kiste und Kuscheltiere ins Puppenbett. Oder: Wenn Kinder ans Telefon gehen, melden sie sich mit Vor- und Nachnamen. Bei einer Familie mit Schulkindern sind die Vereinbarungen entsprechend umfassender und könnten so aussehen:

Das Grundgesetz der Familie Baumann:

1. Wir alle haben das Recht auf unsere Spielsachen, Bücher und Kleider. Wenn wir etwas voneinander ausleihen, fragen wir vorher.

2. Jeder von uns räumt sein Zimmer selbst auf und erledigt am Tag zusätzlich zwei Aufgaben im Haushalt.

3. Alle helfen nach dem Essen beim Abräumen und Abwaschen. Außer bei besonderen Anlässen geht niemand aus der Küche, bevor sie nicht aufgeräumt ist.

4. Wir essen nur in der Küche und im Esszimmer, um Möbel und Teppiche zu schonen.

5. Wenn wir etwas benutzt haben, räumen wir es wieder dorthin, wo es hingehört. Auch dann, wenn wir es da nicht vorgefunden haben.

6. Wir gehen sparsam mit Strom und Wasser um.

7. Wir klopfen an, bevor wir ins Zimmer eines anderen Familienmitglieds eintreten.

8. Wir lassen einander ausreden.

9. Wir reden freundlich miteinander und übereinander.

10. Wenn wir uns verspäten, rufen wir zu Hause an, damit sich die anderen keine Sorgen machen.

Grenzen müssen ernst gemeint sein

Bei Jonas wurde eine Zöliakie diagnostiziert. Er verträgt das in zahlreichen Mehlsorten enthaltene Gluten nicht. Normale Nudeln, Brot, zahlreiche Lebensmittel und Süßigkeiten sind für Jonas plötzlich tabu. Zu Hause kochen die Eltern jetzt nach einem Diätplan, glutenfreies Brot bestellen sie beim Bäcker vor. Ist Jonas auf einen Kindergeburtstag eingeladen, bringt er sein eigenes Stück Kuchen mit. Denn die Eltern haben ihm erkärt: Erst wenn er groß genug ist, um die Zutatenlisten zu lesen, kann Jonas selbst beurteilen, was er essen kann und was nicht. Bis dahin darf er ohne Mamas oder Papas Okay nichts zu sich nehmen. Als »Sankt Martin« beim Laternelaufen im Kindergarten Brezeln verteilt, beißen die Kinder begierig hinein. Jonas pickt sich von seiner Brezel nur die Salzkörner ab und lässt sie auf seiner Zungenspitze zergehen. »Hm, lecker«, sagt der Kleine zufrieden. Jonas nimmt die Einschränkung klaglos hin, weil er spürt: Seinen Eltern ist es ernst damit. Was er essen darf, ist nicht Verhandlungssache, sondern folgt klaren Regeln, die er beachten muss. Punkt.

In keiner Familie wird es einen Machtkampf darum geben, ob ein Kind in die Steckdose fassen darf. Weil Eltern das keinesfalls erlauben können, vertreten sie dieses Verbot standfest und überzeugend. Dagegen wird über die Frage, wann Kinder abends im Bett sein müssen, in allen Familien gestritten. Denn dieses Thema lassen Eltern einen Tag konsequent und an einem anderen vielleicht wieder lockerer angehen. Die Kinder testen dann die Grenzen aus und feilschen dauernd um Ausnahmen.

Eine Faustformel lautet: Wenn etwas zwei- bis dreimal erlaubt wird, machen Kinder daraus eine Regel. Also dosiert man Ausnahmen möglichst sparsam. Legt man Wert darauf, dass alle

Familienmitglieder am Essentisch sitzen bleiben, bis jeder fertig gegessen hat? Dann sollte man seinem Kind nicht dreimal hintereinander erlauben, früher vom Tisch zu gehen. Sonst wird es aus der Ausnahme eine Regel machen, und die Eltern müssen die Vereinbarung wieder neu ausfechten. Zum Leidwesen aller Mütter und Väter betrifft diese Faustformel nur Umstände, die Kindern gefallen. Wie herrlich wäre es, wenn zwei- bis dreimaliges Zimmeraufräumen genügen würde, damit Kinder daraus eine Regel machen.

Exklusive Zeiten: Jetzt gehöre ich nur dir!

Reservieren Sie für jedes Ihrer Kinder einmal am Tag einen festen Zeitraum, an dem Sie sich ihm alleine voll und ganz widmen. Das fördert seine Kooperationsbereitschaft und vertieft Ihre Verbundenheit. Wenn Sie sich eine bestimmte Zeit am Tag ganz nach ihm richten, wird es außerhalb dieser Zeit bereitwilliger Ihren Regeln folgen. Selbst wenn Sie nur eine Viertelstunde einräumen können: Hauptsache, Ihr Kind kann sich darauf verlassen.

- Sagen Sie Ihrem Kind, dass es in dieser Zeit alleine bestimmt, was Sie beide zusammen machen (Fernsehen allerdings ausgeschlossen). Machen Sie bereitwillig alles mit, was ihm gefällt und guttut.

- Veranstalten Sie vielleicht sogar mal ein ganzes Verwöhn-Wochenende, an dem Ihr Kind entscheidet, was zusammen unternommen, gekocht und wann ins Bett gegangen wird. Sie fürchten, nonstop Süßigkeiten essen und die ganze Nacht aufbleiben zu müssen? Sie werden erstaunt sein, wie normal und unspektakulär Kinder solche Tage gestalten und sich dabei wie im siebten Himmel fühlen (▶ Seite 88).

Kein Kind ist gerne ungezogen

Wenn Kinder Fehler machen, wenn sie Verbote übertreten, wenn sie ihre Eltern ärgern oder gar enttäuschen: Dann tun sie dies nicht aus schlechter Absicht, sondern weil es ihnen noch an der nötigen Erfahrung fehlt, wie man es richtig macht. Aus diesen Erfahrungen ziehen sie ihre Schlüsse. Ob diese Schlüsse aber das sind, was Eltern sich wünschen und was für Kinder richtig ist, haben nicht die Kinder, sondern die Eltern in der Hand. Ein Beispiel, wie es jeder schon beobachtet hat:

Eine junge Mutter schiebt mit der Oma einen Einkaufswagen durch ein Kaufhaus, zwischen den Einkäufen sitzen zwei dreijährige Zwillingsbuben und naschen zufrieden Gummibärchen. Vor der Kasse nimmt die Mutter ihren Kindern die Tüte weg: »Genug genascht. Zu viel ist schlecht für die Zähne.« Gebrüll erschallt. »Nein«, betont die Mutter. Das Gebrüll schwillt an zu ohrenbetäubendem Lärm. »Dann gib ihnen doch die Tüte«, meint die Oma, nimmt sie ihrer Tochter aus der Hand und reicht sie den Enkeln. Diese machen sich schluchzend, aber siegessicher über die Süßigkeiten her und haben gelernt: Damit aus Mamas Nein ein Ja wird, müssen wir nur laut und lange genug schreien.

Kinder sind keine geborenen Tugendengel. Sie probieren aus, welches Verhalten sich für sie lohnt – und welches nicht. Wenn sie aber die Erfahrung machen, dass Widerstand zum Ziel führt: Warum sollten sie dann brav im Einkaufswagen sitzen und auf die leckeren Gummibärchen verzichten?

In jeder Familie gibt es immer wieder Situationen, wo Eltern nachgeben, weil sie in dem Moment nicht die Kraft für eine Auseinandersetzung haben. Wahrscheinlich wusste die Zwillings-Mutter ganz genau, dass ihre Inkonsequenz keine pädagogische Meisterleistung war, aber vermutlich ließ sie es in dieser speziellen Situation dabei bewenden, weil sie ihre Nerven schonen wollte. Das ist nicht weiter schlimm, insofern Inkonsequenz eine Ausnahme bleibt. Die Zwillinge werden lernen: Wenn wir unterwegs sind, stehen unsere Chancen besser, über Quengeln unseren Willen zu bekommen. Vielleicht lernen sie auch: Wenn Oma dabei ist, verhält sich Mama anders als sonst. Für die ganze Familie verhängnisvoll wäre aber, wenn die Kinder lernen würden: Wenn wir, egal in welcher Situation, mit vereinten Kräften protestieren – dann sind wir stärker als Mama, und sie gibt erschöpft nach.

Aus kindlicher Warte ist jedes Verhalten richtig, das zum Ziel führt: Ob es nun Gummibärchen naschen, mit einer zerbrechliche Glasfigur spielen oder aufbleiben will, obwohl längst Schlafenszeit ist. Oft geht es auch darum, etwas nicht tun zu müssen: sich nicht anziehen, nicht essen, nicht Hausaufgaben machen, nicht aufräumen, nicht Zähne putzen. Kinder wissen nur, was sie gerne tun – und was nicht. Selbst 17-Jährige sind noch zu unreif, um immer zu wissen, was richtig für sie ist. Ihnen dies beizubringen und sich – zum Wohle der Kinder – gegen diese durchsetzen zu können: Das ist die anstrengende und oft unangenehme Aufgabe der Eltern. Sind Eltern dazu nicht in der Lage, handeln sie sich einen zermürbenden Machtkampf ein, unter Umständen mit schwerwiegenden Folgen. Bei Kleinkindern geht es noch um Kleinigkeiten wie Gummibärchen essen, aber die Zähne nicht putzen wollen. Wird es aber zur Regel, dass Eltern sich kindlichem Widerstand beugen, wird dieser Machtkampf zur Gefahr für das Kind. Bald kämpft es womöglich darum, sich vom Zahnarzt nicht in den Mund schauen zu lassen, obwohl es Karies hat. Seine Arznei nicht zu schlucken, obwohl die Mandeln eitrig entzündet sind. Nicht Vokabeln zu lernen, obwohl die Versetzung gefährdet ist. In der Nacht nicht nach Hause zu kommen, obwohl die Eltern am Fenster warten.

Viele Mütter und Väter fragen sich: »Warum ist unser Kind so unzufrieden und ungezogen, obwohl wir ihm doch alles erlauben?« Die Antwort: Genau darum! Kinder, die sich dauernd querstellen, vermissen Orientierung. Und: Sie kommen auch in ihrem grundlegenden Bedürfnis nach Bindung zu kurz! Weil sie ihre Eltern als schwach erleben, fühlen sie sich bei ihnen nicht geborgen. Darum werden sie sie so lange herausfordern, bis die Eltern endlich die Stärke aufbringen, Regeln und Grenzen nicht nur auszusprechen, sondern sie auch durchzusetzen (▶ Seite 138).

Ein respektvolles Familienklima

Kennen Sie das? Obwohl es keinen Streit gibt, kippt zu Hause plötzlich die Stimmung. Häufiger Grund: Die Kommunikation zwischen den Familienmitgliedern besteht aus Zurufen.

• »Schatz, sei so lieb und bring mir einen Kugelschreiber«, ruft die Frau aus ihrem Arbeitszimmer. Der Mann steht in der Küche, wo die Dunstabzugshaube dröhnt. Genervt, dass ihr Mann nicht kommt, schreit sie nach dem Sohn, doch der brüllt zurück: »Telefoniere gerade.« Endlich schlurft die Tochter aus ihrem Zimmer und bringt maulend einen Stift.

• Sie erweisen Ihren Lieben Respekt, wenn Sie sich zur Familienregel machen: Wer anderen etwas sagen will, geht hin. Auch wenn er gerade gemütlich auf dem Sofa liegt, und sogar dann, wenn er keine Bitte, sondern ein Angebot vorbringt. Abgesehen von Ausnahmesituationen sollten alle Familienmitglieder einander zum Einhalten dieser Regel erziehen: Wer einfach aus einem anderen Zimmer ruft, bekommt keine Antwort. Auch wenn man ihn verstanden hat.

Die Macht der Gewohnheit

Täglich machen wir die Erfahrung, dass eingeschliffene Verhaltensmuster wie von selbst ablaufen. So brennt sich ein immergleicher Arbeitsweg derart tief ein, dass man ihn fast unbewusst hinter sich bringt. Manchmal schreckt man mitten während der Autofahrt hoch und stellt fest, dass man sich kaum daran erinnert, wie man eben gefahren ist. Dass viele Ehepaare tatsächlich jahrelang um die legendäre offene Zahnpastatube streiten, liegt nicht daran, dass sie einander ärgern wollen, sondern dass das achtlose Beiseitelegen der offenen Tube zur Gewohnheit geworden ist. Wenn wir nach einer eingeschliffenen Bahn handeln, ersparen wir unserem Gehirn das Denken und empfinden sogar widersinnige Handlungen als bequem, obwohl uns diese im

Grunde Mühe bereiten. Vielleicht werfen wir gedankenlos unsere Kleidung auf einen Stapel, anstatt sie kurz auf einen Bügel zu hängen. Dabei wissen wir ganz genau, dass wir uns schon bald über den Kleiderhaufen ärgern, weil wir dann umso mehr aufräumen müssen.

Das Prinzip der eingeschliffenen Bahn funktioniert aber auch bei positiven Angewohnheiten. Haben wir es uns angewöhnt, morgens kalt zu duschen oder eine Runde zu joggen, kostet uns die gute Gewohnheit bald keine Überwindung mehr. Im Gegenteil: Wir vermissen etwas, wenn wir mal nicht dazu kommen. Manch gute Gepflogenheit liegt jahrelang brach und wird erst später wieder aktiviert. So zum Beispiel sind den meisten Kindern ab Ende des Grundschulalters Spaziergänge und Wanderungen verhasst. Trotzdem sollte man sie ihnen als abenteuerliche Höhlenwanderung, Flussdurchquerung oder Picknick weiterhin schmackhaft machen. Auch wenn die kleinen Stubenhocker gegen die Frischluft protestieren: Die wohltuende Wirkung der regelmäßigen Bewegung prägt sich in ihr Unterbewusstsein ein, und wenn sie größer sind, zieht es sie automatisch nach draußen.

Die Macht der Gewohnheit ist in der Erziehung ein zweischneidiges Schwert: Einerseits brennt sich unerwünschtes Verhalten allzu schnell ein. Doch zugleich macht das Prinzip der eingeschliffenen Bahn das elterliche Vorbild, die elterlichen Regeln und Rituale zu unserem stärksten Erziehungsinstrument. Darum brauchen Eltern wirksame Werkzeuge, um Regeln durchzusetzen.

So setzen Sie sich durch

• Protest-Freundlichkeit

Wenn Ihr Kind etwas tun soll, das ihm nicht passt, lassen Sie es ruhig »Blöder Papa, blöde Mama« schimpfen. Wer hingegen »Jetzt keinen Mucks mehr, sonst...« droht, lässt die Situation eskalieren. Es liegt nicht in Ihrer Macht, ob sich Ihr Kind darüber ärgert, dass Sie es im Autokindersitz anschnallen. Aber es liegt in Ihrer Macht, es trotzdem zu tun. Antworten Sie: »Ja, das passt dir nicht. Schimpf ruhig. Muss aber sein. Ist sonst zu gefährlich.« Protest erlauben und dafür sogar Verständnis äußern: Das entschärft die Situation, und das Kind findet sich bald damit ab, dass auch unangenehme Dinge manchmal sein müssen.

- Quengel-Bremse

Sie können mit sich verhandeln lassen, aber wenn Sie ein konsequentes »Nein« ausgesprochen haben, bleiben Sie dabei. Würde aus Ihrem Verbot nach längerem Geschrei doch noch ein »Ja«, lernt Ihr Kind schnell: »Ich muss nur lange genug quengeln oder toben, damit ich meinen Willen bekomme.«

- Schlusspunkt

Diskutieren Sie nur, wenn Sie tatsächlich offen für ein Umdenken sind. Aber nicht, wenn Ihre Entscheidung feststeht. Hilfreiche Sätze sind: »Nein, darüber diskutiere ich nicht! Aber du darfst ruhig noch ein bisschen protestieren.« »Ende der Diskussion. Du musst darüber nicht glücklich sein.« »Du ärgerst dich – und trotzdem muss es sein.«

- Playback

Eltern argumentieren oft viel zu viel, während sich Kinder mit einem Trick höchst erfolgreich durchsetzen: Sie wiederholen ihr Anliegen unbeirrbar, bis die Eltern nachgeben. Schauen Sie sich diese Methode ab und Sie werden sich wundern, wie gut es wirkt, wenn Sie nicht argumentieren. Sondern das, was Sie durchsetzen wollen, unbeirrt wiederholen. Ein Beispiel: Nora kommt mit nassen Stiefeln von draußen und lässt diese im Flur liegen. Die Mutter will, dass Nora ihre Stiefel zum Trocknen auf die Heizung stellt: »Nora, stopf deine Stiefel mit Zeitungspapier aus und stell sie auf die Heizung.« Nora sagt: »Gleich« – und geht Richtung Kühlschrank. Die Mutter geht ihr nach: »Nora, stopf Papier in die Stiefel, damit sie auf der Heizung trocknen.« »Ja Mama, gleich« – Nora nimmt sich ein Glas Saft. »Nora, nimm dir altes Zeitungspapier von unserem Stapel und stopf es in deine Stiefel.« Nora stellt den Saft weg und will genervt in ihrem Zimmer verschwinden. »Dort ist das Zeitungspapier, nimm jetzt deine Stiefel in die Hand und stopf sie mit Papier aus, damit sie auf der Heizung trocknen.« Murrend erledigt Nora ihre Aufgabe. Die Mutter hat sich ohne ein einziges strenges Wort durchgesetzt (▶ Seite 157).

• Papageien-Effekt

Noch wirkungsvoller setzen Sie sich durch, wenn Sie mit Ihrem Partner in dasselbe Horn stoßen. Verwenden Sie dabei möglichst sogar dieselben Worte. Der 13-jährige Louis macht Theater, weil er bis elf Uhr nachts auf einer Party bleiben will. Das mütterliche Angebot, bis zehn Uhr zu bleiben, stößt auf Empörung, und Louis greift in die Trickkiste: »Alle dürfen bis elf, nur ich muss so früh heim.« »Trotzdem, du bist um zehn Uhr zu Hause«, beharrt die Mutter. »Das ist unsere Regel«, bekräftigt der Vater, »zehn Uhr zu Hause.« »Ihr seid gemein, dann kann ich ja gleich daheim bleiben«, mault Louis. Darauf die Mutter: »Tut mir leid, zehn Uhr ist unsere Regel, über die verhandele ich nicht.« »Ich sehe das wie die Mama: Zehn Uhr ist unsere Regel, darüber wird nicht verhandelt«, pflichtet der Vater bei. Louis gibt sich geschlagen. Er beklagt sich noch ein Weilchen, ist aber pünktlich zu Hause. Mithilfe des Papageien-Effekts stärken Eltern einander den Rücken. Zusätzlich profitiert von dieser Loyalität die Paarbeziehung (▶ Seite 160). Selbstverständlich funktioniert der Papageien-Effekt nicht nur mit dem Partner, sondern auch mit anderen Eltern, Freunden oder Verwandten.

• Leise Stimme

Probieren Sie es beim nächsten Ärger mal aus: Werden Sie nicht lauter – sondern leiser. Je wütender Sie sind, desto leiser sollten Sie sprechen. Allerdings kein bedrohliches Flüstern, sondern nur mit ruhiger Stimme: »Weil es regnet, brauchst du deinen Regenmantel.« Dann noch leiser: »Hör jetzt genau zu: Nimm deinen Regenmantel. Zieh ihn an.«

• Streit verlangsamen

Deeskalation ist das erfolgreichste Prinzip in der Erziehung. Ist Ihr Kind gerade wütend oder müssen Sie Streit schlichten? Nehmen Sie das Tempo aus der Situation: »Also, was war da los? Ganz ruhig, ihr beide: einer nach dem anderen. Aha, der Leon hat Emils Bagger kaputt gemacht? Und wie ist das passiert? Hm, mit einem Stein? Aus Wut – oder aus Versehen? Und wie geht es dem Emil? Erzähl es genauer.« Und am Schluss: »Was kann man da jetzt machen? Wie wär's, wenn der Leon dem Emil dafür seinen Traktor schenkt? Ist es dann wieder gut?«

Halten Sie dabei Blickkontakt. Gehen Sie bei kleineren Kindern in die Knie und berühren Sie sie leicht, zum Beispiel an der Schulter. Doch ab der Pubertät Vorsicht: Aufgebrachte Jugendliche fühlen sich durch Körperkontakt zusätzlich angegriffen. Beschränken Sie sich bei ihnen auf Blickkontakt.

• Dreißig-Sekunden-Schimpfen

Manchmal können wir nicht anders und machen unserem Ärger Luft. Schimpfen ist »der Durchfall der Seele«: Wir müssen das, was wir nicht vertragen haben, sofort wieder loswerden. Also kommt es viel zu schnell unverdaut (und in unangenehmer Form) wieder zum Vorschein. Doch Schimpfen nutzt sich schnell ab: Kinder gewöhnen sich an das Ausflippen und schalten auf Durchzug, bis die Tirade vorbei ist. In dem Wunsch, Gehör zu finden, müssen Eltern dann immer stärker schimpfen. Sie schimpfen viel effektvoller, wenn Sie Ihr Schimpfen auf wenige Sekunden beschränken: Ballen Sie Ihren Ärger in einen missbilligenden Ton, den Sie mimisch und gestisch unterstreichen. Danach eine peinliche (!) Pause von mindestens drei Sekunden mit Blickkontakt (dabei sehr, sehr ernst schauen!). Anschließend sagen Sie nicht, was Ihr Kind unterlassen soll – sondern was Sie von ihm erwarten.

Ein Beispiel: Florian bohrt in der Nase und verspeist dann den Popel. Der Vater schüttelt sich, macht eine Geste, als würde es ihn würgen, und ruft: »Igitt! (Jetzt drei Sekunden Blickkontakt mit strenger Mine) Hol dir sofort ein Taschentuch!«

Oder: Leonies Zimmer ist ein Chaos. Die Mutter verzieht das Gesicht: »Bäh, wie es hier aussieht!« Dann blickt sie vier Sekunden in Leonies Augen und sagt: »Scheußlich! Und jetzt sofort alle Duplosachen in die weiße Tonne, alle Papierschnipsel in den Müll!«

Nach dem strengen Blickkontakt erlebt das Kind die Anweisung, wie es die Sache wiedergutmachen kann, als Problemlösung. Anders als bei einer Standpauke kann es nun ohne Gesichtsverlust gehorchen.

• Wertschätzung
Zeigen Sie Ihrem kleinen Missetäter trotz allem Ärger immer auch Ihre Wertschätzung: »Obwohl ich sauer bin, hab ich dich genauso lieb wie immer.«

• Betonung des Neuen
Erst wenn eine Regel wirklich »sitzt«, können Sie die nächste durchsetzen. Machen Sie sich einen Spaß daraus, neue Vereinbarungen eine Woche lang besonders zu betonen. Zum Beispiel die Regel: Wir klopfen an, bevor wir in ein geschlossenes Zimmer eintreten. Klopfen Sie akzentuiert an die Zimmertür Ihres Kindes: »Ich klopfe an, darf ich hereinkommen?« Zwitschern Sie mit süßer Stimme fröhlich: »Herein!«, wenn Ihre Lieben bei Ihnen anklopfen. Dieses Betonen macht die Regel bald zur Gewohnheit und schleift sie ins Gehirn ein (▶ Seite 132, 142, 158).

Strafe muss nicht sein!

Wer sich mithilfe von Strafen durchsetzt, handelt nicht erzieherisch, sondern gekränkt. Strafende Mütter und Väter lassen sich in Machtkämpfe verwickeln, bei denen Kinderseelen Schaden nehmen und die Eltern ihre errungenen Siege bald mit Niederlagen bezahlen müssen. Denn Strafen nutzen sich ab. Kinder, die regelmäßig bestraft werden, verlieren vor ihren Eltern den Respekt. Und sie stumpfen ab: Gegenüber den Strafen und auch gegenüber dem, was die Eltern ihnen predigen und womit sie drohen. Durch Strafen wird Widerstand nicht gebrochen, sondern geweckt.

Das Bedürfnis, jemanden für sein Fehlverhalten zu bestrafen, stammt von unserem archaischen Bedürfnis nach Rache. Schubst ein Kind das andere, schubst dieses zurück. Denn es fühlt sich gedemütigt und will dieses hässliche Gefühl loswerden. Vielleicht sucht es sich dazu auch ein anderes, schwächeres Kind, an dem es seinen Zorn ablassen kann. Anders als Kleinkinder können Erwachsene vorher überlegen, wie sie es besser machen. Erziehung erfüllt nur dann ihren Sinn, wenn wir nicht reflexartig reagieren, sondern emotional intelligent vorgehen. Es ist schön, wenn wir Glücksgefühle wie Begeisterung, Zuneigung und Freude spontan und leidenschaftlich zum Ausdruck bringen. Bei negativen Empfindungen und Empfindlichkeiten hingegen sollten wir versuchen, unsere Impulsivität zu bremsen und unsere Reaktion so zu steuern, dass die Kinder daraus etwas lernen können. So leben wir unseren Kindern emotionale Intelligenz vor. Diese Herzensbildung ist für ihren Lebenserfolg noch wichtiger als eine gute Schulbildung.

Der legendäre Kinderpsychologe Bruno Bettelheim sagte: »Angst vor Strafe kann zwar davon abhalten, etwas Unrechtes zu tun, aber sie veranlasst uns nicht, das Rechte zu tun.« Mit Strafen kann man Kinder nicht eines Besseren belehren, sondern sie nur demütigen. Strafen wirken beschämend, weil sie vorsätzlich geschehen. Wirft ein Kind beim Fußballspiel eine Fensterscheibe ein, hat es dies unabsichtlich getan und würde es am liebsten ungeschehen machen. Es wird einsehen, dass es die Scherben aufkehren oder sogar von seinem Taschengeld etwas zur Reparatur beisteuern muss. Würde es für seinen Fehler aber mit Zimmerarrest oder gar Schlägen bestraft, hätte es keine Chance, sein Gesicht zu wahren (▶ Seite 142). Es darf das, was es angerichtet hat, nicht geradebiegen. Stattdessen wird ihm vorsätzlich Leid angetan, um sich an ihm zu rächen. Was kann es daraus lernen? Es lernt, dass es im Leben immer Gewinner und Verlierer gibt und dass die Stärkeren die Macht über die Schwächeren haben. Dieses Prinzip wird es verinnerlichen und eines Tages vielleicht sogar sagen: »Ich bekam als Kind öfter mal Schläge, und das hat mir nicht geschadet.« Doch das hat es! Denn wer lernen muss, dass Gewalt eine Lösung ist, wird diese an andere weitergeben (▶ Seite 52).

Ein Klaps ist keine Kleinigkeit

Kinder wollen wissen, wie weit sie gehen können, bis Eltern der Geduldsfaden reißt. Dieses Austesten von Grenzen ist ein gesundes Verhalten und zeigt, dass das Kind sich der Liebe seiner

Eltern sicher fühlt. In manchen Familien allerdings scheinen die Kinder den Eltern regelrecht auf der Nase herumzutanzen. Kleine Tyrannen, die zu Hause den Ton angeben, sind mit dieser Macht völlig überfordert. Darum fordern sie ihre Eltern manchmal so lange heraus, bis diese explodieren. Das sind die Situationen, in denen Eltern schreien, sinnlose Strafen verhängen oder ihnen vielleicht sogar »die Hand ausrutscht«. Das Sonderbare: Meist sind die Kinder nach einem Klaps erst mal brav, es scheint, als hätten sie diese Härte regelrecht gebraucht. Ein fataler Irrtum: Kein Kind braucht Klapse oder gar Schläge! Der Grund, warum die Kleinen manchmal so »aufgeräumt« wirken, nachdem sie »eins hintendrauf« bekommen haben: Der Klaps war eine eindeutige Geste, die Eltern kurzfristig als durchsetzungsstark erscheinen ließ.

In Wahrheit sind Klapse aber immer ein Zeichen dafür, dass es den Eltern gerade an Stärke fehlt. Jeder Klaps ist einer zu viel! Vielleicht haben die Eltern ja so schlechte Nerven, weil sie chronisch übermüdet sind? Schon der erste Klaps sollte Anlass sein, sich zu besinnen, was schiefläuft. Wo kann man im Haushalt Abstriche machen? Wann lässt sich regelmäßig Zeit für einen Mittagsschlaf einräumen? Wie wechseln sich die Partner beim nächtlichen Aufstehen ab? Könnten Verwandte oder Freunde ab und zu die Kinderbetreuung übernehmen, damit man etwas Abstand bekommt? Manchmal hilft es bereits, das anstrengende Kleinkind nur für ein halbes Stündchen am Tag zur Nachbarin zu geben, um sich zu sammeln (▶ Seite 87, 217).

Ein leichter Klaps, zumal wenn er eine seltene Ausnahme ist, ist kein Weltuntergang. Aber er ist auch keine Kleinigkeit. Sondern immer ein ernst zu nehmendes Warnzeichen, dass man etwas verbessern muss (▶ Seite 151). Seit Juli 2000 haben Kinder laut Paragraf 1631, Absatz 2 des Bürgerlichen Gesetzbuches (BGB) ein Recht auf eine gewaltfreie Erziehung. Durch dieses Gesetz sollen Eltern nicht bestraft werden, sondern es soll ein besseres Bewusstsein für die Rechte von Kindern schaffen.

Ein schlechtes Gewissen ist ein schlechter Ratgeber

Da hat man sich so fest vorgenommen, sein Kind stets mit Geduld und Liebe zu erziehen. Rutscht Eltern dann doch die Hand aus, fühlen sie sich wie Versager und quälen sich mit Schuldgefühlen. Kennen Sie das?

- Sind Sie normalerweise ausgesprochen nachgiebig und liebevoll? Aber verlieren manchmal die Nerven, weil Sie sich Ihrem Kind gegenüber machtlos fühlen? Weil Sie meinen, es wolle Ihnen auf der Nase herumtanzen? Die Wurzel des Problems ist nicht die Frechheit Ihres Kindes. Sondern ein Mangel an klaren Grenzen.

- Ist es Ihnen schon einmal passiert, dass Sie Ihr Kind geschlagen haben? Und danach »alles wiedergutmachen« wollten, indem Sie ganz besonders lieb zu ihm waren? Vorsicht! Wer Schuldgefühle durch verstärktes Verwöhnen wettmachen will, macht den Klaps keineswegs unschädlich. Ganz im Gegenteil: Dieses Wechselspiel aus Zorn und Zuwendung schadet umso mehr, denn dann erleben Kinder elterliche Gefühle als unvorhersehbare Extreme, denen sie ausgeliefert sind. Hilflose Nachgiebigkeit, hilflose Härte – und dann wieder von hilflosen Schuldgefühlen getriebene Lieblichkeit: Solch ein Wechselbad macht Kinder nur noch orientierungsloser, unzufriedener und anstrengender (▶ Seite 123, 151).

- Auch ein noch so leichter Klaps ist immer ein Fehler. Das darf – und soll – Ihr Kind erfahren. Sagen Sie ihm: »Es tut mir leid!« Erklären Sie ihm, wie Sie das nächste Mal gewaltfrei handeln werden. Das ist eine wirkungsvolle Selbstinstruktion und bringt Ihrem Kind emotionale Intelligenz bei.

- Hat sich die Situation beruhigt, vereinbaren Sie mit Ihrem Partner und Ihrem Kind, welche Regeln von nun an gelten, damit so etwas nicht mehr passiert (▶ Seite 160). Die Regel für Ihr Kind heißt: Sie als Eltern sind der Chef und haben im Zweifelsfall das letzte Wort. Die Regel für Sie lautet: Ich darf mein Kind nicht schlagen. Und wenn ich den Impuls dazu spüre, nehme ich einen Moment Abstand und atme tief durch, damit es nicht passiert. Oft hilft es schon, kurz in ein anderes Zimmer zu gehen, auf dem Balkon frische Luft zu schnappen oder den Partner oder eine Freundin oder einen Freund anzurufen (▶ Seite 330).

- Leben Sie Ihrem Kind vor, dass Schlagen tabu ist. Jedes kleinere Kind probiert mal aus, nach den Eltern zu schlagen. Manche Eltern klapsen dann zur Strafe auf die »böse Hand«, um ihr Kind am eigenen Leib spüren zu lassen, dass Schläge nicht in Ordnung sind, weil sie wehtun. Doch damit gibt man ein falsches Vorbild ab. Außerdem ist das Kind gar nicht in der Lage zu verstehen: Das lasse ich in Zukunft, damit ich anderen nicht wehtue. Vielmehr wird es denken: Wer wütend ist, darf anderen wehtun. Mama hat mich zur Strafe ja auch geschlagen, und was Eltern tun, ist richtig. Darum: Zeigen Sie Ihrem Kind, dass Sie Schlagen scheußlich finden. Am besten mit einfachen, unmissverständlichen Ekellauten wie »Nee«, »Buah«, »Brrrr« und angewidertem Kopfschütteln. Wenden Sie sich kurz ab, sehen ihm dann fest in die Augen und sagen Sie: »Nein!«

- Falls Ihnen die Hand nicht nur in einzelnen Ausnahmefällen, sondern häufiger ausgerutscht ist: Holen Sie sich bitte professionelle Hilfe. Je früher, desto besser. Das gilt ganz besonders, wenn es nicht bei kleinen Klapsen blieb. Auch Ohrfeigen und scheinbar leichte Schläge auf den Kopf können unter Umständen zu ernsthaften Verletzungen führen. Vorsicht auch, wenn Sie den Impuls verspüren, Ihr Kind vor Wut zu schütteln: Insbesondere bei Babys kann Schütteln zu Behinderungen durch Hirnblutungen führen und sogar lebensgefährlich werden. Wenn Sie das Gefühl haben, die Kontrolle über Ihre Nerven zu verlieren, verlassen Sie lieber für fünf Minuten das Zimmer, um sich zu sammeln (▶ Seite 330). Sie sind überfordert und haben Hilfe verdient.

- Bundesweit ist unter 0800/1110550 kostenlos ein anonymes Elterntelefon eingerichtet, wo gestresste Eltern sich aussprechen können und Rat und Hilfe bekommen. Auch jedes Jugendamt und kirchliche Einrichtungen wie die Caritas bieten, auch kostenlos und anonym, Erziehungsberatung an (▶ Anhang 1, 2, 3, 8).

Logische Konsequenzen statt Strafen

Heike hat beim Einparken ein Auto gerammt. 1400 Euro wegen einer Unaufmerksamkeit – sie könnte sich ohrfeigen. Doch ihr bleibt nur, den Schaden zu begleichen und in Zukunft umsichtiger zu fahren. Würde Heike zu einer besseren Autofahrerin, wenn sie von der Polizei ordentlich geschimpft würde? Wenn ihr Mann ihr zur Strafe verbieten wollte, sich mit ihren Freundinnen zu treffen? Oder der Arbeitgeber ihr – damit sie zur Vernunft kommt – für eine Woche das Gehalt streichen würde? Sicher nicht. Heike würde sich beschämt und ungerecht behandelt fühlen. Bestenfalls wäre dadurch ihr Trotz geweckt, sodass sie das Bedürfnis hätte, nun erst recht rabiat einzuparken. Vielleicht würde sie aber auch aus Angst vor weiteren Strafen umso unsicherer fahren, und der nächste Unfall wäre vorprogrammiert.

Genauso wenig ist auch einem Kind geholfen, wenn es für Fehler mit Stubenarrest, Taschengeld- oder gar Liebesentzug bestraft wird. Das Einzige, was es zur Einsicht bringen wird, ist die Chance, sein Verhalten wiedergutzumachen. Die meisten Fehler geschehen aus Nachlässigkeit oder weil Kinder viele Situationen noch falsch einschätzen. Damit sie aus ihren Fehlern lernen können, benötigen sie nicht sinnlose Strafen, sondern logische Konsequenzen. Hat ein Kind beispielsweise seinen Kakao verschüttet, hilft es gar nichts, wenn man die Pfütze fluchend wegwischt und das Kind zur Strafe in sein Zimmer schickt. Die logische Konsequenz auf diesen Fehler ist: Ihm einen Lappen in die Hand zu drücken, damit es helfen kann, den Kakao aufzuwischen. Es wird dies bereitwillig tun, da es selbst traurig über das ist, was es angerichtet hat.

Fünf Beispiele für logische Konsequenzen:

Der dreijährige Tobi hat in einem Wutanfall ein Loch in seinen Teddy gerissen. Die Eltern erklären ihm bedauernd, dass er heute ohne Bär einschlafen muss. Wahrscheinlich wird er ihn dabei so schmerzlich vermissen, dass sie ihm zum Ersatz ein anderes Kuscheltier anbieten sollten. Am nächsten Tag wird der Lieblingsteddy dann geflickt.

Die vierjährige Vanessa sagt beim Zubettgehen zur Mutter »Arschloch«. Die Mutter macht eine angewiderte Geste, als wäre sie in einen Hundehaufen getreten, sagt »Bäh!« oder »Neee!« und redet ein paar Minuten (nicht länger) nicht mehr mit ihr. Dann erklärt sie Vanessa kurz und knapp, dass dies ein Ekelwort ist, bei dem sich der andere verletzt fühlt. Will sich Vanessa nicht entschuldigen, ist es logisch, wenn die Mutter jetzt keine Lust hat, ihr eine Gutenachtgeschichte vorzulesen. Doch ihrer Liebe muss sich Vanessa immer sicher fühlen. Darum gibt ihr die Mutter trotzdem einen Gutenachtkuss und sagt: »Obwohl ich mich geärgert habe, hab ich dich lieb.«

Kristin macht seit Tagen jeden Morgen beim Anziehen Theater: Kristins Mutter warnt ihre Tochter dreimal vor, sie notfalls im Schlafanzug in den Kindergarten bringen zu müssen. Macht Kristin trotzdem nicht mit, packt die Mutter die Kleidung ein und fährt das Mädchen in den Kindergarten. Vermutlich wird Kristin sich noch im Auto anziehen. Spätestens im Kindergarten fühlt sie sich im Schlafanzug so unwohl, dass sie anderntags freiwillig mitmacht.

Pascal erledigt seine Hausaufgaben nur, wenn die Eltern Druck machen. Die Eltern ermahnen ihren Zweitklässler nicht länger, sondern besprechen das Problem mit dem Lehrer. Dieser kontrolliert, ob Pascal seine Hausaufgaben macht, und lässt ihn gegebenenfalls nachsitzen, damit er sein Versäumnis aufholt und keine Lernlücken entstehen.

Der zwölfjährige David kommt erst um 18.30 Uhr nach Hause, obwohl 18.00 Uhr ausgemacht war: Die halbstündige Verspätung muss er anderntags büßen, indem er um die doppelte Zeit früher daheim ist: Anstatt um 18 Uhr muss er also um 17 Uhr auf der Matte stehen. Kommt David erneut zu spät, gibt's einen Tag Ausgehsperre.

Das Muster bei logischen Konsequenzen ist immer dasselbe: Die Konsequenz muss mit dem, was passiert ist, in Zusammenhang stehen. Das Kind soll spüren, dass – und wie – es seinen Fehltritt ausbügeln kann. Es soll merken, dass andere diesen nicht bedingungslos ausbaden. Sondern dass es dazu beitragen muss – und kann –, einen Fehler wiedergutzumachen (▶ Seite 275).

Zeigen Sie sich versöhnlich

Versuchen Sie, Ihren Ärger und Ihre Impulsivität zu steuern. Überlegen Sie immer: Wie bringe ich mein Kind dazu, aus seinem Fehler zu lernen? Durch harte Strafen lernt es nur, dass Sie am längeren Hebel sitzen. Mit Versöhnlichkeit erziehen Sie viel erfolgreicher! Lassen Sie Milde walten, indem Sie das letzte Drittel eines Denkzettels aufheben. Ähnlich wie in der Justiz: Bei guter Führung wird der letzte Teil der Strafe erlassen.

- Haben Sie Ihrem Schulkind wegen exzessivem Gameboykonsum eine Woche Computerentzug aufgebrummt? Wenn es sich dieser Anweisung fügt: Erlassen Sie ihm die letzten beiden Tage und vereinbaren Sie feste Computerzeiten.

- Stellen Sie die »Strafverkürzung« nicht in Aussicht, sondern überraschen Sie Ihr Kind damit, nachdem – und weil – es sich kooperativ verhalten hat.

- Hüten Sie sich vor leeren Drohungen. Kinder wissen genau: Je Furcht einflößender diese klingen, desto geringer ist die Gefahr, dass Eltern sie wahr machen. »Wenn du noch einmal nach dem Zähneputzen naschst, gibt's nichts zu Weihnachten!« Diese Drohung schreckt kaum ab, denn Ihr Kind weiß, Sie bringen das sowieso nicht übers Herz. Überlegen Sie in Ruhe eine sinnvolle Konsequenz. Kündigen Sie zum Beispiel an, dass der Nikolaus diesmal nichts Süßes bringt. Füllen Sie gegebenenfalls aber auch wirklich nur Obst, Nüsse und allenfalls ein Bilderbuch übers Zähneputzen in den Stiefel. Putzt sich Ihr Kind danach fleißig die Zähne, belohnen Sie es für dieses Wohlverhalten nach ein paar Tagen mit einer Tafel Schokolade.

- Keine Bange: Straferlass macht Sie nicht unglaubwürdig. Vielmehr setzen Sie das Signal: »Ich will keinen Machtkampf, sondern dir zeigen, wie du es richtig machst. Du hast dich gut verhalten – also bin ich dir wieder gut.« So richten Sie die Aufmerksamkeit Ihres Kindes von seinem Fehltritt auf sein Wohlverhalten. Und Sie bestärken es liebevoll darin, aus seinen Fehlern zu lernen.

Gehorchen muss sich lohnen

Das natürliche Bindungsbedürfnis lässt Kinder um die Aufmerksamkeit der Eltern kämpfen. Darum versucht normalerweise jedes Kind, sich so zu verhalten, wie es seinen Eltern gefällt. Doch viele Kinder machen die Erfahrung, dass artig sein sich nicht lohnt. Kaum eines von ihnen wird gelobt: »Wunderbar, wie du so unauffällig dagesessen und keinen Mucks gemacht hast.« Wenn es hingegen auf dem Spielplatz anderen das Spielzeug wegnimmt und dabei auch noch haut, darf es damit rechnen, dass sich mehrere Mütter um es scharen und ihm ausführlich erklären, dass man so etwas nicht tun darf. Meist steht das Kind, das gehauen wurde, staunend daneben und denkt sich: Ach, so macht man das also.

Kinder haben auch schnell den Dreh raus, den Eltern beim Telefonieren so lange dazwischenzuquasseln, bis diese das Telefonat entnervt beenden. Oder sich, während die Mutter staubsaugt, demonstrativ gelangweilt auf dem Boden zu wälzen, bis sie den Staubsauger ausschaltet. Übersehen zu werden verunsichert insbesondere jüngere Kinder und macht ihnen Angst, die Liebe der Eltern zu verlieren. Also tun sie alles, um Beachtung zu finden. Notfalls nehmen sie auch mit einer Schimpftirade vorlieb: Hauptsache, sie bekommen Aufmerksamkeit. Viele Kinder machen die Erfahrung: »Wenn ich artig spiele, verschwindet Mama in der Küche und Papa hinter seiner Zeitung. Wenn ich aber die Blumenerde aus der Zimmerpflanze grabe oder Papas CD-Sammlung ausräume, stehe ich augenblicklich im Mittelpunkt.«

Mit manchen Eltern kann man sich kaum unterhalten, ohne dass ihnen das Kind am Rockzipfel zerrt. Auch gibt es mit ihnen kaum ein anderes Gesprächsthema als die Mühsal mit den Kleinen. Hier ist das Kind in der Rolle des Störenfrieds gefangen: Es kämpft mit allen Mitteln um Beachtung. Die entnervten Eltern wiederum ringen um jede ruhige Minute. Dadurch fühlt sich das Kind wiederum abgelehnt und drängt umso penetranter in den Mittelpunkt. Sein Wohlverhalten bekommt keine Zuwendung, Renitenz hingegen wird durch Schimpfen verstärkt: eine Eskalationsfalle. Die Umwelt erlebt dieses Kind als fordernd und verwöhnt, in Kindergarten und Schule ist es als Plagegeist verrufen. Es verinnerlicht diesen aufgedrückten Stempel und verhält sich den Erwartungen entsprechend schlecht.

Aus dieser Rolle findet das Kind heraus, wenn seine Eltern ihm zeigen: Wir nehmen deine Bedürfnisse wahr – aber wenn wir etwas zu tun haben, lassen wir uns nicht beirren. Im Alltag kann das so aussehen: Den Staubsauger kurz ausschalten, drei oder vier Minuten eine Beschäftigung »anspielen« (zum Beispiel ein Puzzle aus dem Regal holen und gemeinsam die ersten Teile aneinanderfügen), dann das Kind alleine weiterspielen lassen und fertig staubsaugen. Oder: Das Telefonat kurz unterbrechen, dem Kind ein Angebot machen, wie es sich beschäftigen kann, und klarstellen, dass man nachher wieder Zeit hat. Dann aber die ganze Aufmerksamkeit der Freundin widmen. Für die oben beschriebene Spielplatzszene heißt das: sich ausgiebig dem angegriffenen Kind zuwenden. Erst danach den Angreifer mit ein paar knappen Worten zurechtweisen, dass das Spielzeug dem anderen Kind gehört und es nun hingehen und sich entschuldigen soll. Und es loben, wenn es anschließend wieder friedlich spielt.

Unser Augenmerk auf erwünschtes Verhalten richten: Das ist eines der einfachsten und zugleich wirksamsten Erziehungsmittel. Schenken wir einem Kind Aufmerksamkeit, bestätigen wir ihm: »Ja, du bist uns wichtig.« Darum sollten wir es nicht erst beachten, wenn es quengelt und nörgelt, sondern es herzen und loben, wenn es etwas tut, das uns gefällt. Soll man also ein friedlich vor sich hin spielendes Kind dauernd mit Umarmungen und Lobesbekundungen überschütten? Natürlich nicht. Es genügt, es ab und zu anzulächeln, ihm im Vorübergehen ein Küsschen auf den Kopf zu drücken, den Daumen zu heben oder sein Basteln mit einem beeindruckten »Uuiii« zu kommentieren. Solch kleine, feine Gesten wirken eindeutig und überzeugend (▶ Seite 207, 235).

Allein unterwegs

Bleiben Sie immer im Bild, wo sich Ihr Kind gerade befindet. Bei kleineren Kindern ist das noch selbstverständlich, Jugendliche hingegen versuchen, sich wachsamen Blicken zu entziehen. »Bin zum Abendbrot zurück«, ruft der 14-Jährige, und schon ist er zur Tür hinaus. Lassen Sie das gar nicht erst einreißen: Als Mutter oder Vater ist es Ihre Pflicht – und damit auch Ihr Recht – zu wissen, wo Ihr Kind steckt.

Wenn Eltern diese Monitoring-Regel durchhalten, ist die Gefahr, dass Jugendliche straffällig werden, statistisch gesehen deutlich reduziert (▶ Seite 322). Natürlich brauchen Sie einen Teenager nicht auf Schritt und Tritt zu überwachen, aber bestehen Sie darauf, dass er Ihnen verrät, wo und mit wem er sich trifft. Und vereinbaren Sie mit ihm, wann er nach Hause kommt. Jugendliche sind überaus unternehmungslustig und ändern ihre Pläne oft sehr spontan. Aus einem gemütlichen Filmabend bei Freunden wird schnell mal ein unverhoffter Clubbesuch oder eine Spritztour in den Nachbarort, weil dort eine Party steigt. Erlauben Sie solche Unternehmungen nur unter der Bedingung, dass Ihr Kind Sie vor solchen Ortswechseln anruft oder eine SMS schickt, wie und wo Sie es notfalls erreichen können. Das ist ihm wahrscheinlich lästig. Trotzdem gibt diese Regel nicht nur Eltern, sondern auch Jugendlichen ein gutes Gefühl der Sicherheit. Sie spüren: Meine Eltern interessieren sich für mich. Also bin ich wichtig und wertvoll.

LEKTION 6

Respekt

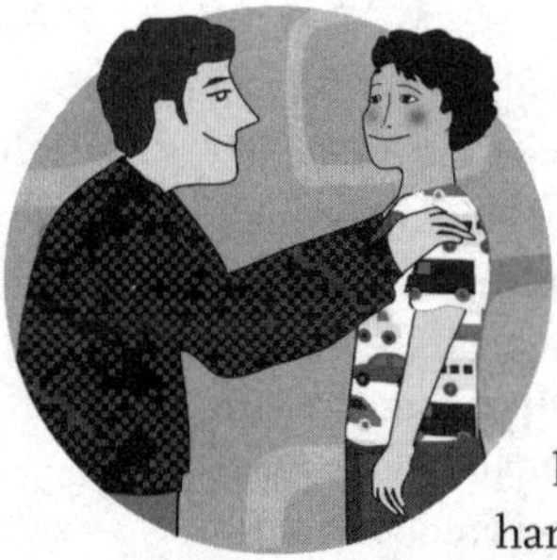

Eltern tun heute mehr denn je, um ihrem Nachwuchs eine schöne Kindheit zu bescheren. Sie langweiligen sich sonntagnachmittags im Kinderkino, damit sich die Sprösslinge ja nicht langweilen. Sie erlauben im Schwimmbad zwei Eis und verhandeln auf dem Heimweg über das dritte. Sie reden sich den Mund fransig, damit die Kleinen ihre Fahrradhelme aufsetzen und im Winter warme Jacken anziehen. Und müssen feststellen: Wenn man Kindern alles recht machen will, wird einem das weder gedankt noch wird es gewürdigt. Fast scheint es sogar, als würden Kinder umso respektloser, je nachgiebiger man sie erzieht. Die Generation unserer Großeltern kannte dieses Problem nicht. Damals waren Mütter und Väter Autoritätspersonen, deren Regiment man sich »ohne Wenn und Aber« unterordnete. Auch wenn man an die eigene Kindheit denkt, kommt man zu dem Schluss: So frech und fordernd wie heute waren Kinder früher nicht. War das strenge Regiment von gestern etwa das bessere Erziehungsmodell? Brauchen Kinder ein gewisses Maß an Härte und Strenge, damit sie Erwachsenen mit Achtung begegnen?

Kindererziehung gestern und heute

Eltern machen heute ihre Sache keineswegs schlechter als früher. Im Gegenteil: Sie können stolz auf sich sein! Nie zuvor in der Geschichte haben Eltern so viel Kraft in jedes einzelne Kind investiert. Sie besuchen Geburtsvorbereitungskurse, Krabbelgruppen, lesen Erziehungsbücher und engagieren sich in Elterninitiativen.

Noch vor 40 Jahren waren Einschüchterung, Strafen und sogar Schläge allgemein als Erziehungspraktiken akzeptiert. Viele Erwachsene, die sich psychotherapeutische Hilfe holen, leiden bis heute unter den Folgen einer harten Kindheit. Aber auch jene Eltern, die ihren Nachwuchs damals hingabevoll umsorgten, machten darum längst nicht so viel Aufhebens wie heutige Eltern: Kinder wurden zum Spielen nach draußen geschickt. Auf der Straße trafen sie die Nachbarsjungen und -mädchen, spielten unbeaufsichtigt in Hinterhöfen oder im Garten oder eroberten, mit Pfeil und Bogen bewaffnet, das benachbarte Waldstück. Dieses gemeinsame Herumstreunen machte sie selbstständig, kompetent und zufrieden (▶ Seite 233). Obwohl Kinder früher viel gefährlicher lebten, machten sich Eltern weitaus weniger Sorgen. Sie verließen sich darauf, dass in der Gruppe nichts passieren würde. Bei Einbruch der Dunkelheit hatten alle wieder zu Hause zu sein, dann gab's Abendessen und danach ging's ins Bett. Diese Regel galt nebenan bei den Müllers und Meiers genauso. Was ein Kind in welchem Alter durfte und was nicht unterlag nicht individuellen Auffassungen, sondern Normen, in denen sich Eltern einig waren.

Seitdem ist Erziehung komplizierter geworden. Eine Familie zu gründen ist keine Selbstverständlichkeit mehr, sondern eines von verschiedenen Lebensmodellen. In Deutschland ein Kind großzuziehen kostet so viel wie ein Einfamilienhaus. Trotz Kinderkrippenplätzen und Ganztagsschulen rechnen vor allem Mütter mit einem Karriereknick. Wer diese Entbehrungen bewusst in Kauf nimmt, hat an sein Kind eine hohe Glückserwartung. Und einen sehr hohen Anspruch an die eigene Aufgabe als Mutter oder Vater. Damit ist ein Stück Natürlichkeit verloren gegangen. Kinder und ihre Eltern prägen nicht mehr das Straßenbild. Kindheit und Elternschaft finden heute in verschiedenen Nischen statt: auf Spielplätzen, in Krabbelgruppen und Kinderzimmern. Diese Verinselung hat auch die Köpfe erobert: Wie ein Kind aufwächst und wie es erzogen wird, haben Eltern individuell zu entscheiden. Um in der Erziehung Rückhalt (und für ihre Kinder Spielkameraden) zu finden, müssen sie gezielt Netze mit anderen Eltern knüpfen.

Bei der Erziehung eines Kindes helfen also im Vergleich zu früher viel weniger Personen mit. Andererseits müssen Eltern heute immer mehr Erziehungsfaktoren abwehren: Fernsehen, Zeitschriften und Internet schaffen eine scheinbare Realität und wecken Bedürfnisse, die Eltern unter Zugzwang bringen. Dazu kommt eine übersteigerte Angst vor Gefahren. Täglich lesen und hören wir von entsetzlichen Verbrechen, die sich auf der Welt ereignen. Die Medien stürzen sich auf tragische Einzelfälle, was den Blick auf die Realität des Alltags versperrt. Eltern sind heute der Ansicht, Kindheit sei nie so gefährlich gewesen wie heute. Doch das Gegenteil ist wahr. Die Zahl tödlicher Gewaltverbrechen an Kindern ist seit den Siebzigerjahren leicht gesunken. Die Zahl der Verkehrsopfer ging sogar drastisch zurück: Seit 1953, als die Verkehrsopferstatistik eingeführt wurde, waren die Zahlen noch nie so niedrig. Nicht nur Tempo-30-Zonen, Fahrradhelme und Fußgängerampeln, auch bessere Medizin, mehr Impfstoffe und strengere Sicherheitsbestimmungen wie Sicherheitsverschlüsse auf Putzmitteln oder Treppenschutzgitter sorgen dafür, dass Kinder heute besser geschützt sind als jemals zuvor.

Sicherheit ist wichtig. Doch Überbehütung tut Kindern nicht gut. Es ist schön, wenn Kinder ein Sonnenschein im Leben ihrer Eltern sind. Doch es schadet ihnen, sich als Sonne zu fühlen, um die ihre Eltern wie zwei Planeten kreisen. Solch eine Familienkonstellation überfordert Kinder, macht sie respektlos und unglücklich. Wer will sich schon für das Glück eines geliebten Menschen verantwortlich fühlen? Das hält ja nicht einmal der erwachsene Partner aus. Wie soll dann erst ein Kind dieser Rolle gewachsen sein? (▶ Seite 233) Erwachsene klagen, Kindern mangele es heutzutage an Respekt. Doch das Problem liegt woanders: Erwachsenen mangelt es heute an Autorität.

Warmherzig und konsequent

Jeder hatte in seiner Schulzeit einen Lieblingslehrer. Ob damals oder heute – allen Lehrern, die von ihren Schülern geliebt werden, sind drei Merkmale gemeinsam. Erstens: Sie machen interessanten Unterricht. Zweitens: Sie mögen ihre Schüler. Und drittens: Sie sind konsequent. Inkonsequente oder langweilige Lehrer werden von ihren Schülern gepiesackt. Und dann gibt es noch jene Lehrer, die langweiligen Unterricht machen, aber trotzdem ihre Klassen mit Strafen und Notendruck fest im Griff halten. Diese Lehrer werden weder geliebt noch gepiesackt. Sie werden gehasst.

In Familien funktioniert es ähnlich: Basieren Regeln und Grenzen auf Härte, empfinden Kinder nicht Respekt, sondern Furcht und Lieblosigkeit. Wer umgekehrt alles durchgehen lässt, erntet nicht Dank – sondern Missachtung. Denn dann erleben sich Kinder als zu mächtig. Sie meinen, zu Hause das Ruder übernehmen zu müssen. Damit sind sie überfordert und unglücklich und verhalten sich wie kleine Tyrannen. Auf der Suche nach Grenzen treiben sie ihre nachgiebigen Eltern an den Rand der Verzweiflung.

In den Medien ist die Hilflosigkeit der Eltern Erziehungsthema Nummer eins. Zeitschriftentitel stellen Kinder und Jugendliche als übermächtige Monster dar, die ihre Eltern das Fürchten lehren. Doku-Soaps führen Kinder vor, die ihre Mütter bespucken und treten. In der Ratgeberliteratur boomt das Thema »Regeln und Grenzen«, was beweist: Um den Respekt ist es schlecht bestellt. Denn das Vertrackte am Respekt ist: Sobald darum gebeten werden muss, ist er meist schon verspielt.

Der Trend in der aktuellen Erziehungsdiskussion geht zurück zu mehr Strenge und Ordnung. Ist das die Lösung des Problems? Wir, die Autoren des Buches, das Sie gerade in den Händen halten, meinen: Nein. Denn dabei kommt der Gedanke der liebevollen und wärmenden Bindung zu kurz (▶ Seite 34, 45, 121). Gutmütigkeit und Einfühlungsvermögen sind die Grundvoraussetzungen, damit Kinder ihre Eltern respektieren können. Auf Grundlage dieser sanften Liebe brauchen Kinder zusätzlich Regeln und Grenzen, damit sie spüren, dass ihre Eltern stark sind. Das geht ganz ohne Härte und Strafen. Der Schlüssel für eine zeitgemäße Erziehung ist die richtige Kombination aus Sanftmut und Standfestigkeit.

»Mach die Haustür hinter dir zu!«, »Wisch dir den Mund nicht am Ärmel, sondern an der Serviette ab!«, »Wirf deine Jacke nicht auf den Boden, sondern häng sie an die Garderobe!« Warum müssen wir so vieles Tag für Tag neu ausfechten? Man redet mal mit Engelszungen, mal streng, gibt sein Bestes, um ein gutes Vorbild zu sein – und kämpft oft gegen Windmühlen. Manche Alltagsregeln scheinen Kinder geradezu lustvoll zu boykottieren, und man fragt sich: Was machen wir nur falsch, dass unsere Kinder so aufmüpfig sind?

Die Antwort lautet: nichts. Kinder haben einen anderen Stellenwert als früher und ordnen sich Erwachsenen nicht mehr so selbstverständlich unter. Dass kleine und große Mädchen und Jungen heute frecher sind, ist ein gutes Zeichen. Frechdachse haben keine Angst vor Schlägen oder seelischen Härten. Wenn Kinder hingegen ihrer selbst nicht sicher sind, wenn zu Hause dauernd dicke Luft herrscht, wenn sie eingeschüchtert sind oder gar misshandelt werden: Dann verhalten sie sich meist überangepasst artig. Ein gewisses Maß an Unfolgsamkeit und Frechheit, auch in Form von Streichen und Scherzen, ist ein Zeichen von Selbstbewusstsein und Neugier. Und dafür, dass ein Kind sich geborgen und der Liebe seiner Eltern sicher fühlt.

Autorität ausstrahlen heißt nicht, dass man mit Härte erzieht. Bei diesem Begriff wird oft »autoritär« (diktatorisch) mit »autoritativ« (maßgebend, entscheidend) verwechselt. Eine Autorität ist kein Herrscher, sondern jemand, der auf seinem Gebiet besonders kompetent und kundig ist. In Schule und im Beruf wird Menschen, die Autorität besitzen, ein hohes Maß an Respekt entgegengebracht. Ein kleines Kind empfindet von Natur aus großen Respekt vor Mutter und Vater. Sie sind die Superhelden seiner kleinen Welt. Es hält sie für allwissend und allmächtig und wächst dadurch in dem guten Gefühl auf, rundum geborgen zu sein. Dieser Mythos bekommt im Kindergartenalter erste Risse, und das ist gut so. Jetzt sollte man sein Kind sogar gezielt darin unterstützen, dieses falsche Bild nach und nach abzubauen. Ab dem vierten Lebensjahr flicht man hin und wieder ein, dass man einiges nicht weiß. Dass das aber nicht schlimm ist, weil man sich immer Rat holen kann. »Was hältst du von Karamellpudding zum Nachtisch? Ich habe leider keine Ahnung, wie man den macht. Aber lass uns im Kochbuch nachschlagen.« Auch jede Frage, die man nicht beantworten kann, bietet Gelegenheit, das kindliche Selbstbewusstsein zu stärken: Indem man mit dem Kind auf dem Schoß im Lexikon nachschlägt, im Internet nach Antworten sucht oder gemeinsam jemanden anruft, der sich auf diesem Gebiet auskennt. So bekommt das Kind das gute Gefühl: Wenn sogar meine Eltern nicht alles wissen, ist es ganz in Ordnung, dass ich so vieles noch nicht weiß. Denn meine Eltern bringen mir bei, wie man auf Fragen Antworten findet (▶ Seite 69).

Ab dem 15. Lebensjahr dürfen Eltern mit ihrem Kind auf Augenhöhe gehen. Es ist zwar noch abhängig von ihnen und hat noch viel von ihnen zu lernen, doch es ist jetzt alt genug, um die Eltern zu respektieren, ohne zu ihnen aufzublicken. Ab dem Jugendalter eignet es sich vermutlich gezielt Wissen in einem Interessengebiet an, auf dem sich Mutter und Vater weniger auskennen. Es bildet sich eine eigene Meinung und mausert sich von einer eigenen Person zu einer eigenen Persönlichkeit (▶ Seite 296). So verschaffen sich Tochter oder Sohn eigene Autorität, auf welche die Eltern stolz sein können.

Wenn Eltern Fehler und Schwächen eingestehen, beweisen sie innere Stärke, für die ihr Kind sie umso mehr schätzen wird. Es muss lernen, dass niemand unfehlbar ist und dass Mama und Papa auch nur »ganz normale« Menschen sind. Diese Erkenntnis tut deren Ansehen keinerlei Abbruch, solange das Kind sie als charakterfest und glaubwürdig erlebt (▶ Seite 329).

So verschaffen Sie sich Respekt

- Sprechen Sie Grenzen und Verbote nicht leichtfertig aus. Überlegen Sie genau, ob es Ihnen wirklich ernst damit ist. Diskutieren Sie gegebenenfalls mit Ihrem Partner darüber. Es tut Kindern gut zu spüren, dass beide Elternteile hinter einer Entscheidung stehen.

• Schieben Sie Entscheidungen auf, wenn Sie unsicher sind. Sie brauchen Ihre Ambivalenz nicht zu verbergen. »Ich hab mich drauf gefreut, morgen mit dir und dem Papa zu wandern. Lass mich mit ihm besprechen, ob wir darauf verzichten, weil du zu einem Kindergeburtstag eingeladen bist.« Äußern Sie Ihre Bedenken. Wer Schwächen zugibt, beweist Souveränität. »Ich weiß, du bist schon ein großer Junge. Aber mir ist mulmig, wenn du alleine U-Bahn fährst. Ich muss erst überlegen, ob ich das schon erlauben kann.«

• Vermeiden Sie lange Diskussionen. Aber lassen Sie sich wenn möglich auf Kompromisse ein. Je älter Ihr Kind wird, desto stärker braucht es die Erfahrung, dass Sie mit sich reden lassen und es Sie mit guten Argumenten überzeugen kann. Bestehen Sie aber darauf, dass es sich zuverlässig an Vereinbarungen hält. Auch dann, wenn sie ihm nicht passen.

• Gestehen Sie Ihrem Kind zu, sauer zu sein (▶ Seite 330). Es darf ruhig toben und schreien, weil Sie ihm verbieten, eines von Nachbars süßen Katzenbabys zu bekommen. Zeigen Sie Verständnis: »Ich weiß, es tut dir weh, dass du kein Haustier haben kannst.« Aber bleiben Sie in Ihrer Entscheidung fest: »Es tut dir weh – *und* es geht nicht. Ich bin allergisch – also kein Haustier.«

• Vorsicht vor leeren Drohungen, sie machen unglaubwürdig. Überlegen Sie gründlich, welche Konsequenzen Sie ergreifen, wenn Ihr Kind nicht auf Sie hört. Kündigen Sie nur an, was Sie sinnvoll durchziehen können (▶ Seite 133).

• Bleiben Sie vor allem auch in den schönen Dingen des Lebens glaubwürdig. Halten Sie, was Sie versprochen haben. Versprechen Sie nur, was Sie auch halten können.

• Schützen Sie Ihr Kind vor schädlichen Erfahrungen. Bleiben Sie in kritischen Situationen fest bei Ihrem Nein. In der Pubertät erfordert dieses Beschützen oft diplomatisches Geschick sowie den Mut, bisweilen als »Spießer« betrachtet zu werden (▶ Seite 312).

Wer Wut aushält, wird mit Liebe belohnt

Gute Eltern müssen mit ihren Kindern streiten. Sich durchsetzen, nachgeben, Kompromisse schließen: Diese sozialen Kompetenzen muss ein Kind in der Familie lernen. Hier herrscht heute Notstand. In vielen Familien ist Harmonie oberstes Gebot, Streit wird um jeden Preis vermieden. Von außen wirken diese Familien mustergültig und beneidenswert friedlich. Doch es sind Familien, in denen die Eltern ihre sozialen Aufgaben vernachlässigen, weil sie Harmonie mit Konfliktlosigkeit verwechseln.

Man braucht kein schlechtes Gewissen zu haben, wenn man seine Dreijährige vergeblich »Ich will aber!« brüllen lässt. Und wenn der 13-Jährige sich beklagt, wie »peinlich« man sei, darf man sich im Stillen freuen. Denn der Protest beweist einen wichtigen Entwicklungsschritt: Die trotzige Dreijährige hat gemerkt, dass sie kein Anhängsel der Eltern, sondern eine eigene Person mit eigenem Willen ist (▶ Seite 217). Und der 13-Jährige macht die wertvolle Entdeckung, dass er nicht nur eine eigene Person, sondern auch eine eigene Persönlichkeit ist (▶ Seite 296). Wer seinem Kind Widerstand bietet, wird dafür doppelt belohnt: Er erfreut sich an dessen wachsender Selbstständigkeit – und genießt ein Leben lang Respekt. Wenn das Kind erwachsen ist, wird es auf seine »peinlichen Alten« stolz sein und sie für ihre Standfestigkeit schätzen und lieben.

Viele Mütter und Väter wollen die besten Freunde ihrer Kinder sein. Doch Kinder brauchen ihre Eltern als Führungspersönlichkeiten, die ihnen zeigen, was wichtig und richtig ist. Wenn Eltern ihrem Kind statt »Papa« und »Mama« unbedingt »der Tom« oder »die Tina« sein wollen, geraten sie leicht in die »Freundschaftsfalle«. Es fällt auf, dass ausgerechnet jene Eltern, die sich betont tolerant, jugendlich und freisinnig geben, von ihren Kindern besonders respektlos behandelt werden, wenn diese in die Pubertät kommen. Jugendliche wollen sich von ihren Eltern abnabeln, eigene Freunde haben, ihren eigenen Lebensstil entwickeln. Wer von seinem Kind Respekt erwartet, muss diese Generationsgrenze auch umgekehrt respektieren (▶ Seite 300). Ob Söhne und Töchter vier, 14 oder 40 Jahre alt sind, sie werden ihre Mütter und Väter niemals lieben, wie man Freunde liebt. Sondern stets auf diese selbstredende, oft auch zwiespältige Weise, die das Verhältnis zwischen Eltern und Kindern so kompliziert und zugleich so kostbar macht.

Nutzen Sie die Vorstellungskraft Ihres Kindes

Kinder gehorchen besser, wenn Sie Ihr Anliegen positiv formulieren.

• Vermeiden Sie die Worte »nicht« und »kein«. Sagen Sie anstelle von »Du darfst jetzt nicht fernsehen« besser »Ich will, das der Fernseher aus ist«. Oder anstelle von »Das erlaube ich jetzt nicht« besser »Jetzt ist Schluss!«.

• Der Grund: Im Gehirn sind zu jedem Begriff entsprechende Bilder gespeichert, die beim Hören automatisch aktiviert werden. Die Wirkung dieser Bilder bleibt trotz der Wörtchen »nicht« oder »kein« bestehen. Wenn wir also »nicht verschütten«, »nicht spucken« oder »nicht trödeln« sagen, stellen sich Kinder (und Erwachsene) automatisch vor, wie sie etwas verschütten, wie sie spucken, wie sie trödeln. Dadurch reden wir das, was wir eigentlich verhindern wollen, oft regelrecht herbei.

• Probieren Sie's aus: Sie dürfen jetzt an alles denken, nur nicht an einen rosa Elefanten. Wetten, dass Sie gar nicht anders können, als sich doch einen rosa Elefanten vorzustellen?

• Sprachgewohnheiten zu ändern ist schwierig, aber es lohnt sich. Wenn Sie versuchen, so oft wie möglich ohne das Wort »nicht« auszukommen und Ihr Anliegen positiv auszudrücken, werden Sie feststellen: Ihr Kind hört besser auf Sie, und Sie können kleine Missgeschicke erfolgreicher verhindern (▶ Seite 158).

Sparsam mit Worten umgehen

Die zwölfjährige Hanni macht einen fünftägigen Snowboardkurs. Durchnässt kehrt sie am ersten Abend aus den Bergen zurück, steigt abgekämpft in die Badewanne – und will noch mit einer Freundin Eislaufen gehen. Das erlaubt die Mutter nicht, Hanni ist erbost. »Warum nicht?«, will sie wissen. Die Mutter beteuert, dass Hanni nach Abschluss des Kurses wieder abends ins Eisstadion dürfe, aber bis dahin brauche sie ausreichend Schlaf, sonst sei anderntags beim Snowboarden die Unfallgefahr zu hoch. Das Mädchen richtet die Augen zur Zimmerdecke, die Mutter fährt mit ihren Rechtfertigungen fort: Kurs und Liftkarten seien teuer gewesen und sollten heute als Highlight genügen. Auch freue sich die Familie auf ein gemeinsames Abendessen und darauf, was Hanni zu erzählen habe. Hanni wird wütend: All ihre Freunde seien im Eisstadion verabredet. Auch Denise, ihre beste Freundin und ebenfalls im Snowboardkurs, dürfe selbstverständlich noch hin. Nur ihr, Hanni, werde immer alles verboten. Die Mutter sei schuld, dass sie zur Außenseiterin werde. Die Debatte geht weiter, bis sie endlich vom Telefonklingeln unterbrochen wird. In der Leitung ist Denise: Ihre Mutter bestehe darauf, dass sie früh schlafen gehe, und eigentlich sei sie froh, nicht mehr hinaus in die Kälte zu müssen. Schlecht gelaunt bleibt Hanni daheim, gibt beim Abendessen schnippische Antworten und sinkt dann unzufrieden ins Bett.

Wer seinen Kindern die Geschichte von Hanni vorliest, wird sehen, dass sie kein Mitleid mit ihr haben, sondern wahrscheinlich sagen: Hannis Mutter hätte das Eislaufen einfach verbieten sollen – und Ende der Diskussion. Eine schlichte und richtige Erkenntnis. Doch Eltern haben Hemmungen, sich bei ihren Kindern unbeliebt zu machen. Deshalb erklären sie oft viel zu viel, wenn sie eine Bitte abschlagen müssen. Kinder spüren diese Unsicherheit und setzen hier den Hebel an: Sie verwickeln die Eltern in Diskussionen, um sie doch noch zu erweichen. Und die Eltern fahren mit ihrem Plädoyer fort, weil sie sich wünschen, ihr Kind von ihrem Wohlwollen und ihren Argumente überzeugen zu können. Doch je länger sie diskutieren, desto besser wähnt das Kind seine Chancen, diesen Machtkampf zu gewinnen.

Zu langes Erklären zerstört den Respekt. Wenn wir um eine Sache zu viele Worte machen, vermitteln wir unserem Gegenüber das Gefühl, mit unserer Haltung selbst nicht im Reinen zu sein. Machen wir unsere Position aber mit wenigen Worten klar, wirken wir eindeutiger, überzeugender und vertrauenswürdiger.

Experiment »Wort-Fasten«

Erziehen Sie sich selbst durch »Wort-Fasten« zu einem respektvolleren Umgang mit Ihrem Kind: Vermeiden Sie eine Woche lang die Fragen »Warum?« und »Was soll das?«. Verzichten Sie ebenso bewusst auf Negativbotschaften (▶ Seite •••). Sie werden spüren, wie dieses Experiment Ihr Denken und Fühlen verändert.

• Das harmlose Wörtchen »Warum« ist der Erziehung hinderlich. Versuchen Sie, es zu vermeiden. Ein Beispiel: Ihrem Kind ist die Zuckerdose heruntergefallen. Sie fragen: »Was für eine Kleberei. Warum hast du das gemacht? Was soll das?« Was könnte Ihr Kind da antworten? Etwa: »Weil es mir Spaß gemacht hat« oder »Weil ich das schön finde«? Würden Sie diese Antwort akzeptieren? Nein. Also könnte das Kind nur beschämt antworten: »Weil ich dumm bin« oder ungeschickt oder ungezogen oder gedankenlos. Warum-Fragen haben eine schädliche Wirkung, weil sie unterstellen, dass es kein vernünftiges »Darum« gibt.

• Rutscht Ihnen doch ein »Warum?« oder »Vergiss nicht« heraus, werfen Sie jedes Mal eine Geldmünze in eine Sparbüchse (▶ Seite 156).

• Wenn Sie gereizt sind, wird diese Stimmung durch das Wort-Fasten entschärft. Weil es Ihr Denken diszipliniert – und damit automatisch Ihr Fühlen entkrampft. Sie entwickeln einen verständnisvollen und wertschätzenden Blick für das Tun Ihres Kindes. Ihr Familienklima profitiert und entspannt sich. Abgesehen davon haben Sie nach der »Fastenwoche« eine Spardose voller Münzen und können von dem Geld zusammen Pizza essen gehen.

Sprechen Sie kindgerecht

• In kurzen Sätzen sprechen
Schwammige und umständliche Formulierungen wirken auf Kinder verwirrend. »Es gefällt mir nicht, wenn du dir vor dem Essen den Appetit mit Süßigkeiten verdirbst.« Das wird kein Kind überzeugen. Sagen Sie lieber: »Stopp! Süßes erst nach dem Essen.« Einem kleinen Kind reicht sogar einfach »Nein, erst essen«. Größeren Kindern nennt man einen guten Grund für das Verbot: »Süßes macht satt. Darum erst was Gesundes essen – dann naschen.« Hat man diese Diskussion schon mehrfach geführt, genügt als Begründung: »Nein. Weil das unsere Regel ist.«

• In die Augen schauen
Halten Sie mit Ihrem Kind Blickkontakt, während Sie eine Anweisung erteilen oder ein Verbot aussprechen. Schaut es weg oder kneift es die Augen zu, können Sie es nicht zwingen, Sie anzusehen. Aber Sie können sich zu ihm hinunterknien und Kontakt herstellen, indem Sie es sanft an der Schulter berühren, während Sie mit ihm reden.

• Das Gesagte mimisch und gestisch unterstreichen
Kindern sieht man ihre Gefühle an. Zeigen auch Sie, dass Sie nicht nur reden, sondern das Gesagte auch fühlen: Verziehen Sie angewidert das Gesicht, wenn Ihnen sein Verhalten missfällt. Zeichnen Sie mit der Handkante einen Strich in die Luft, wenn Sie »Schluss jetzt!« sagen.

• Bitten und Fragen vermeiden
Bitten und fragen Sie nur, wenn Sie dies auch wirklich so meinen. Wer sagt »Würdest du jetzt bitte dein Zimmer aufräumen?«, benutzt das höfliche Fragen ironisch und will eigentlich sagen: »Ich erwarte, dass du jetzt endlich aufräumst.« Ein Kind, das jünger als acht Jahre ist, versteht noch keine Ironie. Entweder begreift es eine Frage wörtlich und meint, es habe wirklich die Wahl, nun aufzuräumen oder nicht. Vermutlich spürt es aber, dass in die freundlich klingende Frage eine Drohung verpackt ist. Es fühlt sich

verunsichert, weil das, was es hört, dem widerspricht, was es verstanden hat (▶ Seite 198).

• Kompromisse schließen

Ersparen Sie sich und Ihrem Kind lange Debatten. Ermöglichen Sie ihm aber Zeitpolster und Kompromisse. Reißen Sie es nicht abrupt aus dem Spiel (es sei denn, es ist Gefahr im Verzug) (▶ Seite 83). Größere Kinder fühlen sich anerkannt, wenn Sie in einem gewissen Rahmen mit sich verhandeln lassen. Ist Ihr Kind gerade in seinem Computerspiel kurz vor dem nächsten Level, gönnen Sie ihm sein Erfolgserlebnis, auch wenn es schon zu lange am Bildschirm sitzt. Bleiben Sie in der Sache aber konsequent und stehen Sie dabei, bis es wirklich den Computer ausschaltet.

• Über schöne Dinge ausführlich reden

Sparen Sie mit Worten, wenn es um Verbote geht. Über angenehme und verbindende Angelegenheiten hingegen dürfen – und sollten – Sie aber in aller Ausführlichkeit sprechen.

In der Erziehung am selben Strang ziehen

Unter Paartherapeuten galt bis vor Kurzem die Regel: Wenn Elternpaare in einer Beziehungskrise stecken, muss erst die Partnerschaft in Ordnung gebracht werden, und dann versteht sich das Paar automatisch auch in Erziehungsfragen wieder besser. Doch heute weiß man: In umgekehrter Reihenfolge klappt das viel besser! Wenn Paare beginnen, in der Erziehung am selben Strang zu ziehen, profitiert das Liebesleben enorm davon.

Ein Beispiel: Es ist Schlafenszeit und Nicole will, dass ihr Sohn Vincent zu Bett geht. Ihr Mann René schaltet den Fernseher ein und erlaubt Vincent, mit ihm eine Sendung anzusehen. Nicole ärgert sich, da ihr Mann ihr in den Rücken fällt (▶ Seite 325).

Wenn ein Elternteil »Hü« und der andere »Hott« sagt, ist das für die Kinder verwirrend. Und auch die Ehe leidet, weil die Partner sich in einer ihrer wichtigsten Herzensangelegenheiten, der Kindererziehung, nicht genug unterstützt fühlen. Bedeutet dies, dass erfolgreiche Elternpaare dieselbe Meinung und denselben Erziehungsstil vertreten müssen? Nein, im Gegenteil. Es bereichert Kinder sogar, wenn Eltern ihnen unterschiedliche Positionen und Rollen vorleben. Entscheidend ist aber: Hat ein Elternteil bereits ein Verbot ausgesprochen, darf der andere es nicht einfach aufheben. Das wäre illoyal. Die Partner sollten unter vier Augen klären, ob sie es bei dem Verbot belassen oder es gemeinsam zurücknehmen (▶ Seite 135, 160).

Für oben genannte Situation gibt es verschiedene Lösungsmöglichkeiten:

1. Das Ehepaar bespricht unter vier Augen, ob Vincent die Sendung ansehen darf. Weil Nicole dagegen ist, sagt auch René: »Die Mama hat recht, du musst jetzt ins Bett.« Oder: »Die Mama will heute Abend mit mir zu zweit sein. Das geht vor, und darum gehst du pünktlich ins Bett.«

2. René hat seinen Sohn tagsüber kaum gesehen und freut sich darauf, mit ihm gemeinsam vor dem TV zu entspannen. Er diskutiert dies mit Nicole, und die erklärt dem Kind: »Der Papa ist heute zu müde, um dir eine Geschichte vorzulesen. Damit ihr beide trotzdem kuscheln könnt, haben wir besprochen, heute eine Ausnahme zu machen« (▶ Seite 128).

3. Eine Möglichkeit bestünde auch darin zuzugeben: »Wir sind da unterschiedlicher Meinung. Und weil wir uns nicht einigen können, halten wir uns an unsere übliche Regel: Es ist Schlafenszeit, und du gehst ins Bett.« Oder aber: »Weil der Papa sich darauf freut, drückt die Mama ihm zuliebe heute mal ein Auge zu.«

Falsch wäre es hingegen, die Diskussion vor dem Kind zu führen. Es würde lernen, dass es die Eltern gegeneinander ausspielen kann. Und sich, was schlimmer ist, insgeheim die Schuld an der Meinungsverschiedenheit seiner Eltern geben. Wenn Eltern beständig im Beisein der Kinder über Erziehungsfragen debattieren, ziehen Kinder den traurigen Schluss: Mama und Papa streiten meinetwegen. Wenn es mich nicht gäbe, würden sie sich vertragen.

Darum lohnt es sich schon dem Kind zuliebe, in der Partnerschaft Loyalität zu wahren. Wer in Erziehungsfragen vom anderen unterstützt wird, fühlt sich bestärkt und wertgeschätzt. Das macht gute Ehen noch glücklicher – und bewirkt in angeschlagenen Partnerschaften oft Wunder. Sobald Eltern sich auf der Erziehungsebene um frischen Wind bemühen, werden automatisch auch die Liebe und die Leidenschaft wieder lebendiger (▶ Seite 32). Selbst getrennte Elternpaare profitieren, wenn sie sich in Erziehungsfragen den Rücken stärken: Durch die gegenseitige Achtung wird die Trennung schneller überwunden (▶ Seite 136).

Sich Gehör verschaffen

»Wie oft muss ich das noch sagen?« Gehört diese Frage auch zu Ihren Standardsätzen? Seien Sie beruhigt: Nur eingeschüchterte Kinder gehorchen auf Anhieb. In vertrauensvollen Beziehungen hingegen ist es normal, dass Kinder sich oft widersetzen. Und es ist völlig in Ordnung, wenn Sie dann ein Auge zudrücken. Doch gut zwei Drittel der elterlichen Anweisungen sollte ein Kind befolgen. So setzen Sie sich wirkungsvoll durch:

- Überfordern Sie Ihr Kind nicht mit zu vielen Anweisungen. Sonst stellt es »auf Durchzug«. Gehen Sie mit Anordnungen sparsam um und fordern Sie nur dann zu etwas auf, wenn Sie bereit sind, dies auch durchzusetzen.

- Nennen Sie Ihr Kind beim Namen und sehen Sie es dabei an.

- Fordern Sie es in einem kurzen Satz auf. Aufforderungen sind keine Bitten. Fragen Sie nicht »Würdest du bitte«, sondern: »Lukas, trag deinen Teller zur Spüle!« Formulieren Sie diesen Satz positiv (▶ Seite 134, 156).

- Unterstreichen Sie den Satz mit einer Geste: Deuten Sie mit der Hand zur Spüle. Bleiben Sie in der Nähe und überprüfen Sie, ob Ihr Kind Ihrer Aufforderung nachkommt.

- Falls es Sie nicht beachtet: Bleiben Sie ruhig und ernst. Werden Sie nicht laut, sondern wiederholen Sie Ihre Anweisung leise und langsam. Bei wiederholter Nichtbeachtung fordern Sie ruhig und leise den ersten Teilschritt ein: »Nimm den Teller in die Hand!«

- Bestätigen Sie Ihr Kind, sobald es auf Sie hört: »Gut«, »Mhm« oder durch Zunicken.

Höflichkeit und gute Manieren

In der Familie ist das Vertrauen groß genug, um auch mal ohne Hand vor dem Mund gähnen oder sich ungeniert kratzen zu können. Wenn wir jemanden aber wenig oder noch gar nicht kennen, ist höfliches Benehmen ein zwischenmenschlicher Code, der uns davor schützt, uns gegenseitig zu nahe zu treten oder gar zu verletzen. Wer diese Konventionen bricht, wirkt suspekt und wird schnell missverstanden. Am deutlichsten wird das auf Reisen: Wer in China eine Visitenkarte mit einer Hand entgegennimmt, kränkt damit sein Gegenüber: Man muss sie mit beiden Händen bewundern! Mitten im Fettnapf steht, wer seine Stäbchen in den Reis steckt: ein Begräbnisritual! Für Araber ist unser Alles-in-Ordnung-Zeichen (Daumen und Zeigefinger zum »O«) eine der schlimmsten Beleidigungen. In Thailand sollte man kleinen Kindern niemals übers Haar streichen: Das ist der Sitz der Seele. Hintergrund solcher interkulturellen Missverständnisse sind unterschiedliche Höflichkeitsvorstellungen. So ist in Afrika die erste halbe Stunde einer Begegnung dem Austausch von Höflichkeiten vorbehalten: Mir geht es gut. Meiner Frau geht es gut. Meinen Kindern geht es gut. Bei der Arbeit geht es mir gut. An dieser eisernen Beteuerung ändert sich nichts, wenn gerade das Haus abgebrannt ist oder der Chef einen gefeuert hat. Mir geht es gut, gut, gut! Hierzulande würde man dies als fehlende Offenheit betrachten – in Afrika ist es ein Zeichen von Rücksichtnahme: Um den anderen nicht zu beunruhigen, bleiben unerfreuliche Tatsachen zunächst außen vor und dürfen erst in einem späteren Stadium des Gesprächs Erwähnung finden. Ein solcher Kodex gilt übrigens in den meisten Kulturen. Deutsche haben mit dieser fein ziselierten Höflichkeit Probleme, sie finden solche Gespräche ineffizient und kommen gern schnell zur Sache. Was uns im Ausland den Ruf einbringt, ungehobelt und grobschlächtig zu sein.

Unser Rüpelimage liegt nicht nur an kulturellen Missverständnissen. In den Siebzigerjahren war es insbesondere für deutsche Jugendliche geradezu obligatorisch, sich danebenzubenehmen. Andernfalls hätte man sich vor Gleichaltrigen völlig blamiert. Sekundärtugenden wie Pünktlichkeit, Höflichkeit und Ordentlichkeit galten als peinliche Relikte, auf die nur autoritäre Charaktere Wert legten. Diese Sichtweise hat sich gewandelt. Etikette gilt heute nicht als spießig, unter Jugendlichen sind Tanz- und sogar Kniggekurse aktuell. Wie viel Wert in Familien auf Manieren gelegt wird, ist unterschiedlich. Da Kinder aber vor allem am Vorbild der Größeren lernen, dürfen Eltern nur verlangen, was sie auch vorleben können. Viele Familien sehen das Thema »Tischsitten« am heimischen Küchentisch locker, weil man so einfach entspannter und gemütlicher zusammen essen kann. Damit die Kleinen aber lernen, wie man sich auch in einem formaleren Rahmen nicht blamiert, gibt es eine hilfreiche Regel: Am alltäglichen Küchentisch lässt man fünf gerade sein, wird aber am Wochenende üppig aufgedeckt, nimmt man es mit den Tischmanieren genauer.

Schon Zweijährige können üben, mit Messer und Gabel zu essen. Je früher man Kindern gutes Benehmen beibringt, desto einfacher nehmen sie es an. Ein Kleinkind, das sich für seinen Traubenzucker in der Apotheke bedankt, erntet dafür reichlich Entzücken – und wahrscheinlich einen zweiten Traubenzucker. Das geschieht zunächst spielerisch. Schließlich soll das Kind gutes Benehmen nicht eingetrichtert bekommen, sondern durch Erfolgserlebnisse erkennen, dass freundliches Verhalten sich lohnt. Man macht ihm einfach vor, dass man andere mit »Hallo« oder »Tschüß« grüßt. Bald winkt es begeistert, weil es merkt: Wenn ich freundlich bin, lachen mich die anderen an und finden mich toll. Ist ein Kind vier Jahre alt, sollte man auf das Grüßen und Bedanken bestehen. Kommt ihm ein kleines »Danke« partout nicht über die Lippen, gibt man der Apothekerin ihren Traubenzucker bedauernd zurück: »Nein danke, aber beim nächsten Mal gerne.«

Respekt, Höflichkeit und auch Hilfsbereitschaft sind keine leeren Hülsen, sondern hilfreiche Gesten, die unser Miteinander vereinfachen und verschönern. Ein Kind, das sich gut zu benehmen weiß, erschließt sich die Herzen anderer und tut sich im Leben leichter. Einem Dreijährigen sieht man gerne nach, wenn es sich hinter der Mama versteckt, anstatt »Guten Tag« zu sagen. Bei einem Fünfjährigen wirkt dieses Verhalten nicht mehr schüchtern, sondern verstockt. Bei Achtjährigen ist der Baby-Bonus endgültig vorbei: Dann gelten mangelnde Manieren nicht mehr als unbeholfen, sondern schlichtweg als schlecht erzogen.

In der Pubertät finden es auch die Gleichaltrigen peinlich, wenn jemand sich nicht zu benehmen weiß. »Wer nicht hilfsbereit ist, gilt als asozial«, weiß Zacharias. Der 15-Jährige steht bei seinen Freunden in dem Ruf, die Herzen aller Eltern zu erobern. Sein Trick: »Ich stelle mich mit meinem Namen vor und gebe ihnen die Hand. Außerdem betrete ich das Zimmer von Freunden erst, nachdem ich ein paar Worte mit den Eltern gewechselt habe.« So einfach und bereitwillig lassen sich Erwachsene um den Finger wickeln. Als Jugendlicher ist Zacharias dank seiner gewinnenden Art ein gern gesehener Gast. Als Erwachsener werden ihm seine angenehmen Umgangsformen sicher auch beruflich Türen und Tore öffnen.

Mobbing

Der Begriff kommt aus dem Englischen und bedeutet anpöbeln, fertigmachen (Mob bedeutet Pöbel). Nicht erst im Berufsleben können Menschen Opfer von Mobbing werden. Etwa fünf bis zehn Prozent der Schüler werden regelmäßig schikaniert. Sei es durch direktes Drohen, Herabsetzen, Bloßstellen, Schikanieren – oder indirekt durch Ausgrenzen, Verleumden, Beschädigen von Eigentum oder »Kaltstellen« durch das Vorenthalten von Informationen. Jungen schüchtern ihre Opfer eher durch offene Beleidigungen und körperliche Angriffe (Bullying) ein. Mädchen mobben meist subtiler, indem sie über Mitschüler Gerüchte verbreiten und sie sozial ausgrenzen.

Mobbing beschränkt sich nicht auf bestimmte Schichten oder Schulen. Es kann jeden treffen, der in eine schwache Position gerät. Bereits Kindergartenkinder drangsalieren Schwächere. Während Jungen schneller zuschlagen (sich oft aber auch schnell wieder versöhnen), verletzen Mädchen eher durch gezieltes Ausgrenzen und Verleumden. Solche Bosheiten sind kein Kinderkram, sondern eine Form seelischer Gewalt, bei der Erzieher und Eltern einschreiten müssen. Solange Konflikte unter Kindern einigermaßen fair zugehen, sollten sich Erwachsene heraushalten. Wird ein Kind aber geschlagen oder gemobbt, braucht es die Unterstützung der Großen.

Im Kindergartenalter tragen Kinder ihr Herz noch auf der Zunge und vertrauen sich meist rechtzeitig den Eltern an. Größere Mobbing-Opfer schämen sich und leiden oft still vor sich hin. In leichteren Fällen, oder wenn man sich mit den Eltern des mobbenden Kindes versteht, kann man das Problem mit vereinten Kräften lösen. Aber auf keinen Fall sollte man eine Mobbing-Situation vor versammelter Runde besprechen. Denn das Perfide am Mobbing ist, dass der Täter sich auf Kosten anderer in eine überlegene Position manövriert. Dieser Mechanismus muss unterbrochen werden. Mahnt ein Lehrer vor der Klasse »Lasst gefälligst den Florian in Ruhe«, murren einige »Wir finden den aber doof« – und alles wird noch schlimmer. Darum: Vor der Gemeinschaft werden die sozialen Regeln geklärt. Das Opfer hingegen wird vor der Gruppe nicht angesprochen, damit klar wird: Das Opfer gehört in den Schutz der Gemeinschaft. Es hat keine Schuld an seiner Situation!

Auch den »Missetätern« ist geholfen, wenn sie zu einem besseren Sozialverhalten erzogen werden. Bei Mobbing geht es bereits unter Kindergartenkindern um Besitzanspruch, Status und Macht. Jedes Kind, das andere mobbt, fühlt sich irgendwo in seinem Umfeld selbst unterdrückt. Wer feststellen muss, dass das eigene Kind andere nicht nur ärgert, um seine Grenzen auszutesten, sondern dass es Schwächere drangsaliert und mobbt, sollte sich Rat, zum Beispiel bei einer Erziehungsberatungsstelle, holen, um herauszufinden, welche Ängste es auf Kosten anderer zu kompensieren versucht.

Klagt ein Kind morgens oft über Magenschmerzen, hat es

Angst vor der Schule oder will plötzlich in die Schule gefahren werden – dann sollte man hellhörig werden. Ebenso, wenn es plötzlich häufig von Albträumen geplagt wird, zu stottern beginnt, sich deutlich zurückzieht oder sein Schulzeug beschädigt nach Hause bringt. Bei Verdacht auf Mobbing sollte man sich den Täter nicht vorschnell »vorknöpfen«, sondern mit dem Klassen- oder Vertrauenslehrer sprechen, gegebenenfalls auch den Elternbeirat oder die Schulleitung informieren und fordern, dass etwas getan wird. In schweren Fällen kann auch das Jugendamt oder eine Erziehungsberatungsstelle hinzugezogen werden.

Das Beispiel des achtjährigen Alex verdeutlicht, wie subtil sich Mobbing zeigen kann und wie Eltern helfen können:

Alex' Mutter hätte wetten können, noch 60 Euro im Portemonnaie zu haben. Doch als sie beim Bäcker bezahlen will, findet sie nur einen 50-Euro-Schein. Als sie beim Abendessen davon erzählt, wird ihr Mann stutzig: Auch ihm fehlen in letzter Zeit oft kleinere Beträge, er ist davon ausgegangen, seine Frau habe Kleingeld gebraucht. Alex ist plötzlich satt und eilt in sein Zimmer. Als der Vater ihn zum Tischabräumen holen will, findet er den Jungen schluchzend auf dem Bett. Er nimmt ihn in den Arm, und mit den Tränen sprudelt endlich aus ihm heraus: Seit einem Monat drangsalieren ihn auf dem Pausenhof zwei Viertklässler. Einmal hatten sie ihn während der großen Pause in einen Spind gesperrt, ein andermal sogar in die Mülltonne gepfercht und sich auf den Deckel gesetzt. In seiner Not hatte Alex den beiden sein Taschengeld angeboten, seither pressen ihm die Jungen täglich Geld ab. »Die können was erleben! Ich geh jetzt zu den Eltern!« Alex' Vater steigt in seine Schuhe – und macht damit die Angst seines Sohnes umso schlimmer. »Wenn rauskommt, dass ich gepetzt habe, prügeln die mich grün und blau«, fürchtet er (▶ Seite 69).

In der Tat wäre überstürztes Handeln unklug: Die Eltern der beide Viertklässler würden ihre Kinder reflexartig verteidigen – und Alex' Position wäre zusätzlich geschwächt. Gegen Mobbing hilft nur planvolles Vorgehen mit kühlem Kopf.

So helfen Sie Ihrem Kind, wenn es gemobbt wird

Lassen Sie es zunächst einfach nur erzählen. Erkennen Sie seine verletzten Gefühle an. Halten Sie sich aber mit Aufforderungen wie »Wehr dich doch!« zurück.

- Notieren Sie den Vorfall in Stichworten und schildern Sie ihn schnellstmöglich einem der zuständigen Pädagogen (Kindergärtnerin, Lehrer, Schulleiter). Vereinbaren Sie mit diesem einen Termin, bei dem folgende Personen dabei sind: Kindergärtnerin beziehungsweise Lehrer oder Schulleiter, das mobbende Kind. Geht Ihr Kind schon zur Schule, treten Sie möglichst als Elternpaar auf. Ihr Kind kann dabei sein, muss aber nicht.

- Falls mehrere Kinder »Täter« sind, werden diese einzeln dazugeholt – und zwar der Anführer zuerst.

- Das Elternteil, das weniger aufgewühlt ist, trägt das Problem vor. Ohne zu schreien, aber auch ohne Toleranz. Sondern sehr ernst.

- Sprechen Sie anschließend – nicht zu lange – direkt mit dem mobbenden Kind, und zwar nach folgendem Schema:

1. Appellieren Sie an das Gute in ihm, indem Sie eine allgemeine Anerkennung aussprechen, wie: »Du bist doch ein mutiger Junge« oder »Du bist doch ein intelligentes Mädchen«. Das Kind hat Schimpfe erwartet und befindet sich in Abwehrhaltung. Darin wird es durch Ihr überraschendes Lob verunsichert und es sieht Sie nun beipflichtend an.
2. Sie haben jetzt Zugang zu ihm und können es mit Ihrem Willen konfrontieren: »Ich verbiete dir, dass du meinem Sohn Geld abpresst, ihn einsperrst oder schlägst!« Das Kind wird versuchen, die Schuld auf andere zu schieben. Sagen Sie zu dem Anführer etwa: »Nein, du bist kein Mitläufer. Du bist ein starker Kerl, der den Ton angibt.« Hüten Sie sich, den Übeltäter zu demütigen, Sie könnten sonst eine neue Eskalationsstufe einleiten. Benutzen Sie dieses Gespräch nicht als Abrechnung – sondern zeigen Sie konstruktive Verhaltensalternativen auf. Meiden Sie daher herablassende Mahnungen wie: »Gibt endlich zu, dass du den Alex einge-

sperrt hast.« Sondern sagen Sie entgegenkommend: »Du hast den Alex eingesperrt. Ich weiß es, und du weißt es.« Zu einem anderen Kind, das »nur« mitgemacht hat, könnten Sie sagen: »Du hast dem Alex das Geld abgenommen, weil du ja selber Angst vor deinem Freund hast.«
3. Das Kind wünscht sich dringend, aus dieser Sache herauszukommen, und wird seine Schuld – zumindest teilweise – einräumen. Sagen Sie, wie der Schaden behoben werden könnte (zum Beispiel Geld zurückbezahlen). Darüber hinaus sollte Ihr Kind entscheiden dürfen, welche Wiedergutmachung es sich wünscht (ein Geschenk, einen Gefallen). Das mobbende Kind ist vermutlich erleichtert, wenn es seinen Fehler wiedergutmachen kann.

- Der Pädagoge entscheidet, welche Maßnahmen er zusätzlich ergreift.

- Alle Beteiligten vereinbaren jetzt schon einen Termin in ein oder zwei Wochen, bei dem überprüft wird, ob das Problem nun beseitigt ist. Bei diesem Gespräch sollte Ihr Kind dann dabei sein.

- Bei der Entschuldigung und Wiedergutmachung reichen sich die Kinder die Hand.

- Ideal ist, wenn die Kinder in Kürze etwas Sinnvolles zusammen tun, wie ein gemeinsames Referat halten oder beim nächsten Schulfest miteinander Lose verkaufen.

In schweren Fällen von Mobbing, vor allem wenn Gefahr in Verzug ist, reichen diese Gesprächsregeln nicht aus. Das Vorgehen sollte dann mit Unterstützung durch Schulpsychologe, Erziehungsberatungsstelle oder auch das Jugendamt abgesprochen werden. Außerdem gibt es im Internet Informationen über Mobbing, Prävention und Austausch von Betroffenen (▶ Anhang 23).

LEKTION 7

Spielen

Wird ein Baby geboren, sind in seinem Gehirn schon alle grauen Zellen vorhanden, die es als Erwachsener benutzen wird. Doch sein Denkorgan dient ihm zunächst vor allem zum Atmen, Trinken, Verdauen, Schreien und Strampeln, also jenen unwillkürlichen Funktionen, die es zum Überleben braucht. Zu bewusstem Handeln ist ein Neugeborenes noch nicht fähig. Das liegt daran, dass seine Hirnzellen noch kaum miteinander vernetzt sind. Damit es seine Umwelt verstehen, über sie nachdenken und planerisch vorgehen kann, ist sein Gehirn mit einem gewaltigen Programmierprozess beschäftigt. Sobald das Baby etwas sieht, hört, schmeckt oder spürt, werden seine Hirnzellen, ähnlich wie bei der Festplatte eines Computers, mit diesen Informationen beladen. Zusätzlich entstehen, sogar während das Kind schläft, zwischen den Hirnzellen Billionen von Verbindungen. Es findet ein ständiger Datenaustausch statt, der bereits Gelerntes mit Neuem vergleicht, Abgespeichertes abruft, aktiviert und aktualisiert.

Lächelt ein Säugling seine Eltern zum ersten Mal an, hat er eine faszinierende Lernarbeit geleistet: Seine Augen haben den Anblick ihrer Gesichter über den Sehnerv ins Gehirn geleitet. Im Sehzentrum wurden diese Eindrücke gespeichert, sortiert, immer wieder aktualisiert und verfeinert: wie in einem Archiv, mit dem das Baby täglich mehr einordnen und verstehen kann. Zugleich werden durch weitere Sinneseindrücke wie Hören, Riechen, Schmecken oder Tasten die dafür zuständigen Gehirnareale programmiert, sodass auch zwischen diesen Zentren Verbindungen wachsen. Man kann sich die unterschiedlichen Gehirnzentren wie Buchstaben vorstellen. Viele ergeben erst in ihrer Kombination einen Sinn. Über so viel geistige Schwerstarbeit würde jeder Erwachsene stöhnen, doch Kinder schaffen diese Leistung spielend – und das im wörtlichen Sinne.

Durch seinen angeborenen Spieltrieb erarbeitet sich das Kind genau jene Fähigkeiten, die sein aktueller Lebensabschnitt erfordert. Im Spiel wiederholt es eine Tätigkeit so lange und in so vielen Variationen, bis in Kopf und Körper all die neuen Nervenverbindungen oder Muskeln entstanden sind, mit denen das Erlernte erfolgreich angewandt werden kann. Sobald das Kind die neu erworbene Fähigkeit beherrscht, wendet es sich neugierig anderen Spielen und damit dem Erforschen neuer Lernfelder zu.

Spielen ist es der Beruf eines jeden Kindes. Es muss spielen, damit es sich emotional, sozial, motorisch und kognitiv entwickeln und selbstständig werden kann. Kinder machen alles, was sie sehen, hören, fühlen und in Händen halten, schnell zum Spiel. Ob sie mit dem Finger ein Muster auf ihr Butterbrot malen, beim Blick in den Spiegel Grimassen ziehen, sich beim Aufräumen mit ihren Kuscheltieren unterhalten oder beim Spaziergang über Gehwegplatten hüpfen. Bis zum vollendeten sechsten Lebensjahr spielen Kinder etwa 15000 Stunden, also durchschnittlich sieben bis acht Stunden am Tag!

In den ersten sieben Lebensjahren findet das Kind durch sein Spiel in seinen Körper hinein. Vom siebten bis zwölften Lebensjahr erobert es die Welt, indem es Dinge durch Vergleiche (höher, weiter, schneller) einordnet und klassifiziert. In der Pubertät lautet dann die wichtigste Frage: Wie werde ich wahrgenommen? Wie komme ich bei anderen an? Damit endet das Spielalter. Jugendliche spielen nur noch gelegentlich. Für sie sind Spiele keine notwendige Entwicklungsaufgabe mehr, sondern dienen hauptsächlich dem Vergnügen.

Den Forscherdrang befriedigen

Ein Baby muss die unterschiedliche Form, Farbe und Beschaffenheit von Gegenständen be-greifen, um den Zusammenhang zwischen seinen Sinneseindrücken und dem, was um es herum vorgeht, zu verstehen.

- Befriedigen Sie seine Neugier, indem Sie ihm verschiedenste Dinge, die es auch gefahrlos in den Mund nehmen kann, reichen.

- Da ihm noch viele neuronale Verbindungen fehlen, hat es naturgemäß noch eine »lange Leitung«. Drücken Sie ihm einen Gegenstand nicht einfach in die Hand, sondern lassen Sie ihm die Zeit, danach zu greifen – und damit die gestellte Aufgabe zu verstehen.

- Der ideale »Arbeitsplatz« eines Babys ist der Schoß eines am Tisch sitzenden Erwachsenen. Hier sitzt es sicher abgestützt, hat die Arme frei und kann seine Forschungsobjekte gründlich untersuchen, indem es sie zwischen beiden Handflächen hält, sie belutscht und zwischendurch damit auf den Tisch schlägt. Geeignet sind auch Kinderhochstuhl, Spieltisch, Krabbeldecke oder, falls nicht zu kalt, der Fußboden, wo es sitzen und spielen kann.

- Lassen Sie Ihr Kind einen Gegenstand möglichst so lange untersuchen, bis es das Interesse daran verliert. Wenn Sie diesen dringend brauchen: Nutzen Sie, um Tränen zu verhindern, seine Unfähigkeit, sich in diesem Alter mit zwei Sachen zugleich zu befassen. Sobald Sie dem Baby zum Tausch etwas anderes anbieten, greift es neugierig danach und lässt automatisch sein bisheriges Spielzeug fallen.

Das Funktionsspiel

Das erste Spielzeug eines Kindes ist die Nabelschnur. Schon ein viermonatiger Fötus greift nach ihr und nuckelt daran. Auf diese Weise lernt er genau das, was er nach der Entbindung können muss: nach der mütterlichen Brust tasten und daran saugen. Dieses erste einfache Funktionsspiel ist für das ganze erste Lebensjahr charakteristisch. In diesem Alter ist die für Mund und Finger zuständige Gehirnregion besonders ausgeprägt. Darum will ein Säugling die Dinge, die ihn interessieren, nicht nur sehen und hören, sondern vor allem anfassen und in den Mund stecken. Zunächst seine Finger, den Bettzipfel, den Schnuller, bald die eigenen Füße, den Breilöffel. Eltern können ein Lied davon singen, wie anstrengend es ist, mit einem Baby auf dem Schoß am Tisch zu sitzen. Salzstreuer, Messer, Blumenvase: Nichts ist vor seinem blitzschnellen Zugriff sicher. Alles würde in den kleinen Fingern, dann im Mund und schließlich auf dem Boden landen.

Zum Funktionsspiel gehört auch das Untersuchen des eigenen Körpers. Im Mutterleib war dieser fest umschlossen und warm umhüllt. Deshalb irritiert es Neugeborene zunächst, nackt auf dem Wickeltisch zu liegen, wo sich ihre Gliedmaßen unkontrolliert bewegen. Beim Spielen und Schmusen sollte man Neugeborene mit den Händen umschließen, damit sie sich geschützt fühlen.

Ab dem zweiten oder dritten Lebensmonat strampelt ein nacktes Baby aber nach Herzenslust, um zu spüren: Wo fängt mein Körper an – wo hört er auf? Wie fühlt es sich an, wenn ich mich selbst berühre – oder berührt werde? Seine Füße werden zum entzückenden Spielzeug, an dem es saugt, sobald man ihm die Socken auszieht. Es bekommt Spaß an Gleichgewichtsübungen, für die es die Füße umfasst und hin- und herwippt. Fühlt es sich ausgeruht, möchte es vielleicht geschaukelt oder gekitzelt werden. Braucht es Ruhe, wird es lieber sanft gewiegt.

Sein Lieblingsspielzeug sind die Eltern. Auf ihnen lässt sich herumhopsen und all die interessanten Dinge erreichen, die das Baby anfassen will. Indem Papa und Mama mit ihm kuscheln, ihm auf den Bauch prusten, etwas vorsingen und es liebkosen, gewinnt es Erfahrungen mit seinem Körper und zugleich die seelische Gewissheit: Ich bin wertvoll und werde geliebt.

Besonders beliebt ist das Spiel, einen Gegenstand zu Boden zu werfen und von den Eltern aufheben zu lassen. Dankbar wird er ergriffen – um ihn erneut fallen zu lassen. Das Baby will seine

Eltern nicht ärgern, sondern vertieft beim Werfen sein Wissen über die unterschiedliche Beschaffenheit von Materialen. Einige Entwicklungspsychologen behaupten sogar, dies geschehe, um unterschiedliche Fallgeschwindigkeiten und Wurfbahnen zu berechnen. Jedenfalls sollte man kleine Wissenschaftlern unterstützen und ihnen einen Gegenstand noch ein paar Mal vom Boden aufheben.

Vorsicht Verletzungsgefahr!

Gesund, gefährlich oder gar giftig: Babys sind bei dem, was sie in den Mund stecken, nicht wählerisch.

- Etwa ab dem dritten Lebensmonat ist das Baby in der Lage, einen Gegenstand festzuhalten. Im vierten Monat greift es mit beiden Händen danach und beginnt, ihn gezielt mit Lippen und Zunge zu untersuchen. Dabei ist es ihm egal, ob es sich um einen Beißring oder einen Zigarettenstummel handelt: Wenn Sie nicht aufpassen, steckt es alles Greifbare in den Mund.

- Behalten Sie im Auge, womit Ihr Kind spielt: Auch an sich harmlose Gegenstände bergen Risiken. So könnte es sich an der scharfen Kante eines leeren Quarkbechers schneiden. Sogar ein Faden kann, wenn er geschluckt wird, ein Stück Darm einschnüren und somit lebensbedrohlich werden. Achten Sie auch darauf, dass Ihr Kind Gegenstände nicht auseinandernehmen und Teile davon verschlucken oder einatmen kann.

- Zum Funktionsspiel gehört, dass ein Baby Dinge zwischendurch wegwirft. Daher müssen die Gegenstände, mit denen es spielt, so leicht sein, dass es sich damit nicht wehtun kann.

- Ab dem siebten Monat kann es Gegenstände von einer Hand in die andere geben. Einen Monat darauf erlernt es den sogenannten Pinzettengriff: Jetzt begeistert es sich für kleine Gegenstände und selbst winzige Krümel, die es mit zwei Fingern aufgreift – und danach in den Mund steckt. Da viele Babys jetzt zu krabbeln beginnen, müssen Eltern besonders auf der Hut sein, damit sie nichts Gefährliches verschlucken. Vorsicht auch bei Pflanzen, viele sind schon in kleinen Mengen giftig.

• Notieren Sie sich für den Notfall die Telefonnummer von Kinderarzt, Krankenwagen, dem nächstgelegenen Krankenhaus und dem Giftnotruf (▶ Anhang 15).

Lernen, was womit zusammenhängt

Lutschend, tastend und nuckelnd hat das Baby im ersten Lebensjahr eine Menge über Formen und Materialien gelernt. Das orale Spielen wird jetzt zunehmend durch Betrachten, Beobachten und Lauschen abgelöst, um Zusammenhänge zu erkennen. Das Kleinkind begreift nun: Wenn ich meinen Schnuller aus dem Hochstuhl werfe, kommt er nicht mehr zurückgeflogen. Wenn ich am Tischtuch ziehe, fällt mein Teller runter. Wenn ich mir meinen Gemüsebrei in die Haare schmiere, wird Mama ärgerlich.

Knipst die kleine Lucy fortwährend den Lichtschalter an und aus, tut sie dies nicht, um ihre Eltern zu ärgern. Sondern weil sie begreifen will, wie das funktioniert: Schalter nach unten kippen – Licht an. Wieder nach oben – Licht aus. Bis sich die Nervenzellen, die diesen Vorgang im Gehirn abspeichern werden, miteinander verschaltet haben, muss Lucy das Licht etwa 50-mal an- und ausknipsen. Wenn sie Glück hat, werden ihre Eltern sie dafür nicht schimpfen, sondern die Tochter lernen lassen. Das ist leider nicht immer möglich. Macht ein Kind im Supermarkt die Kühltruhentür auf und zu, lässt sich Verkäufern schwerlich vermitteln, dass sie das Kleine gewähren lassen sollen, damit sich seine Gehirnzellen vernetzen. Darum kommentiert man: »So ist sie auf und so ist sie zu. Mach's noch einmal, dann ist Schluss.« So begreift das Kind mit der Zeit, wie die Kühltruhentür funktioniert, und erfährt zugleich, dass in einem Supermarkt nicht alles erlaubt ist.

Mit dem Begreifen von Zusammenhängen beginnt ein Kind

bald auch seine Karriere als Baumeister, Maler und Konstrukteur. Es muss kneten und matschen, darum patscht es so gerne in seinem Essen herum. Und es will bauen: Nachdem es bislang den Vorratsschrank nur ausräumte, stapelt es plötzlich die Konservendosen zu Türmen auf.

Beliebt ist ab dem 18. Monat auch das »So-tun-als-ob-Spiel«: Das Kind reicht einen imaginären Keks und freut sich, wenn man so tut, als würde man ihn entgegennehmen. Es bäckt Sandkuchen und sieht zufrieden zu, wie Papa und Mama diesen mit Appetit »verspeisen«. Dieses Spiel beweist: Das Kind ist jetzt in der Lage, sich Handlungsabläufe vorzustellen, sie zu planen und das Ergebnis mit seiner Vorstellung zu vergleichen. Bald erkennt es zeitliche Zusammenhänge: »Wenn es klingelt, gehen Mama und Papa zur Tür.« Es versteht den Unterschied zwischen »jetzt« und »bald« und bekommt einen Sinn für die Vergangenheit. Weil es sich bewusst an manche Dinge erinnern kann, die am Tag zuvor geschehen sind, fühlt es sich nicht mehr ganz so bedroht, wenn sich seine Wünsche nicht sofort erfüllen. So lernt das Kind – ganz allmählich – zu warten.

Spätestens im zweiten Lebensjahr braucht das Baby nicht nur Erwachsene, sondern auch andere Kinder als Spielkameraden. Zwar spielen Kleinkinder zunächst noch nicht mit-, sondern eher nebeneinander, und es sieht aus, als nähmen sie kaum voneinander Notiz. Tatsächlich aber ahmen sie einander nach und schauen sich Ideen voneinander ab. Legt der Spielkamerad seine Sandschäufelchen aus der Hand, wird neugierig danach gegriffen. Füllt das eine Kind sein Förmchen, tut das andere es ihm bald nach. Wenn die Eltern den Kontakt der Kinder pflegen, wird dadurch der Grundstein für erste Freundschaften gelegt (▶ Seite 188, 227).

Kleine Künstler

Mit eineinhalb Jahren machen Kinder die spannende Entdeckung, dass ein in der Faust gehaltener Stift auf der Tapete, den Möbeln (oder auch auf einem Blatt Papier) eine Bewegungsspur hinterlässt. Bald werden daraus Kritzel, Kreuze, Zickzackkurven und schließlich der erste Kreis. Dreiecke gelingen meist erst im Vorschulalter. Gegen Ende des zweiten Lebensjahres versieht das Kind seine Kringel mit wechselnden Bedeutungen. Sie können sowohl für ein Haus, eine Blume, Mama oder Papa als auch für das Kind selbst stehen. Durch Punkt, Punkt, Komma und Strich lässt ein Dreijähriges aus dem Kreis das erste Gesicht entstehen, das im Lauf des vierten Lebensjahres Füße und Arme bekommt und dadurch zum Kopffüßler wird. Etwa Mitte des vierten Lebensjahres kommt der Bauch dazu, und der Kopffüßler wird zum Körperfüßler. Eine Entwicklung, die Kinder aller Kulturen durchlaufen – ob sie ihr erstes Bild mit Wachskreiden auf einen Zeichenblock oder mit einem Stöckchen in den Lehmboden malen.

Rollenspiele, Vergleichs- und Wettkampfspiele

Kinder lernen hauptsächlich durch Nachahmung. Während Kleinkinder zunächst nur das äußere Tun imitieren, ahmen sie ab dem Kindergartenalter auch die emotionalen Vorgänge ihrer Bezugspersonen nach. Im Rollenspiel lernen sie soziale Verhaltensweisen, weshalb Familienthemen wie »Vater, Mutter, Kind« besonders beliebt sind. Interessanterweise sprechen Kinder im Rollenspiel kaum in direkter, sondern meist in indirekter Rede: »Du solltest jetzt das Krokodil sein und Hunger haben.« »Ja, und du solltest die Maus sein und vor dem Krokodil weglaufen.« Mit zunehmendem Alter werden die Spiele handlungsreicher, und die Figuren erhalten vielschichtige Charaktereigenschaften. Aus dem Rollenspiel lassen sich Rückschlüsse auf die Erlebenswelt der Kinder schließen (▶ Seite 227, 285).

Im Schulalter beschäftigt Kinder, wer der Größte, Schnellste und Beste ist. Sie rennen, balancieren und spielen um die Wette und fragen nach Superlativen wie »Was ist der höchste Berg, das gefährlichste Tier, das ekligste Essen?«. Sie ordnen damit nicht mehr nur ihre direkte Umgebung ein, sondern bringen sich mit der noch unbekannten Welt in Zusammenhang. Ein großer Lernschritt bei Wettbewerbsspielen ist auch das Erlangen der Fähigkeit, verlieren zu können (▶ Seite 180).

Bewegung macht klug

Hüpfen, hopsen, herumtollen: Bewegung verlangt ein komplexes Zusammenspiel von Muskeln, Sinnen und Gehirn. Darum wirken Bewegungsspiele als Motor für geistige Leistungen (▶ Seite 243).

- Bereits das Krabbeln ist Krafttraining fürs Gehirn. Die Zellen der rechten Großhirnrinde steuern die linke Körperseite und umgekehrt, denn das Gehirn arbeitet über Kreuz. Krabbeln, sich hochziehen, stehen, laufen und turnen: Mit jeder neuen Muskelbewegung entstehen neue Nervenverbindungen, die das Kind nicht nur körperlich, sondern auch geistig trainieren.

- Eine Studie der Sporthochschule Köln zeigte: Motorisch geübte Schüler können sich besser konzentrieren. Sie trainieren beim Herumturnen das Zusammenspiel zwischen rechter und linker Gehirnhälfte. Und genau das ist nötig, um gut Lesen und Schreiben zu lernen.

Warum Jungen mit Autos und Mädchen mit Puppen spielen

Melissa Hines und Gerianne Alexander hatten im Umgang mit ihrer Rasselbande gewiss keinen Unterschied zwischen Jungen und Mädchen gemacht. Trotzdem stellten sie fest: Die Jungen stürzten sich auf Bälle und Autos, während die Mädchen Puppen herzten. Mütter wird das nicht wundern. Doch die beiden Psychologinnen haben keine Kinder beobachtet, sondern junge Meerkatzen, eine Affenart. Wenn sich Jungen zum Geburtstag ferngesteuerte Autos, Mädchen hingegen Puppen wünschen, ist das nicht nur eine Erziehungsfrage. Die Forscherinnen von der britischen City University of London und der amerikanischen Texas A&M University folgern, dass die Vorliebe angeboren ist. Sie gaben ihren Äffchen verschiedenste Spielsachen zur Auswahl. Doch gleiches Interesse zeigten die Geschlechter lediglich an neutralem Spielzeug wie Bilderbüchern. Die unterschiedlichen Vorlieben scheinen evolutionär bedingt zu sein. Klassischem Jungenspielzeug, so vermuten die Forscherinnen, ist gemeinsam, dass man sich damit durch den Raum bewegt und es eher zu einem raueren Spiel animiert. Auch seien dabei eher Navigations- und Orientierungsfähigkeiten gefordert, die seit Urzeiten bei der Jagd von Vorteil waren. Mädchenspielzeug hingegen knüpfe an die traditionelle Weibchenrolle des Hegens und Pflegens an (▶ Seite 191).

Trotz tendenzieller Vorlieben brauchen Mädchen und Jungen ein umfassendes Angebot an abwechslungsreichem Beschäftigungsmaterial. Womit sie spielen, hängt keineswegs nur vom Geschlecht ab, sondern vor allem von Veranlagung, Erziehung, Spielkameraden und Stimmung. Spielende Kinder schlüpfen in ihrer Fantasie in unterschiedlichste Rollen und entwickeln daraus eine Individualität, die jedes Mädchen und jeden Jungen einzigartig macht (▶ Seite 227).

Verlieren lernen macht selbstbewusst

»Ich spiel nicht mehr mit!« Wütend schmeißt der elfjährige Finn seine Spielfiguren über den Tisch. »Immer helft ihr der Leni!« Eltern und Schwester spielen zwar noch zu Ende, aber der Spaß daran ist vorbei. Der Elfjährige hatte in dem Strategiespiel gute Chancen, doch für die kleine Schwester war es zu schwierig. Ohne Tipps hätte sie haushoch verloren. Die Situation zeigt, was es beim Kauf eines Brettspiels zu beachten gilt: Wer spielt mit wem? Haben alle Mitspieler ähnliche Chancen? Können die Kinder sich auch selbstständig damit beschäftigen? Oder sind sie darauf angewiesen, dass die Eltern Zeit und Lust zum Mitspielen haben?

Mit etwa drei Jahren sind Kinder reif für erste Brettspiele, bei denen meist das Zufallsprinzip, zum Beispiel per Farbwürfel, entscheidet. Im Vorschulalter beginnen sie allmählich auch Spiele zu verstehen, die, zunächst geringe, strategische Komponenten beinhalten. Ein guter Verlierer zu sein will gelernt werden, und bis dahin fließen auch mal Tränen. Trotzdem sollte man Kinder nicht absichtlich gewinnen lassen: Ein offensichtlich unverdienter Sieg kränkt mehr als eine Niederlage. Besser vorher absprechen, wie man die Regeln so anpasst, dass alle Spieler gleiche Gewinnchancen haben.

Lernspiele sind eine gute Sache. »Doch Vorsicht, wenn sie Kindern von vier bis 14 (beziehungsweise den Eltern) alles versprechen«, warnt Spieleexpertin Birgit Nössler von der Jury »Spiel des Jahres«. »Dann ist die Gefahr groß, dass sie für keinen richtig geeignet sind.« Wenn ein Lernspiel hingegen passt, kann sogar trockener Schulstoff zum Kinderspiel werden. Nimmt man ein Rechenspiel mit in die Ferien, sitzt danach das Einmaleins – zumindest meistens.

So finden Sie das richtige Familienspiel

- Die Altersempfehlungen der Spieleverlage sind oft zu knapp bemessen: Addieren Sie, um Überforderung und Frustration zu vermeiden, besser ein paar Monate dazu.

- Kaufen Sie Spiele, die auch Ihnen Spaß machen. Verlassen Sie sich auf Ihr Gefühl: Erscheint Ihnen ein Spiel zu »pädagogisch« und trocken, begeistert sich auch Ihr Kind wahrscheinlich nicht dafür.

- Lesen Sie, um Fehlkäufe zu vermeiden, die Beschreibung auf der Schachtelrückseite genau durch. In Bibliotheken und Ludotheken können Sie Spiele ausprobieren und ausleihen.

- Bei Solitärspielen müssen Sie nicht mitspielen; sie enthalten meist Kontrollmöglichkeiten. Wenn man mehrere Kinder hat, bieten sie den Vorteil, dass die kleinen sie in Ruhe spielen können, ohne von größeren Geschwistern unter Druck gesetzt oder ausgelacht zu werden.

- Die Jury »Spiel des Jahres« vergibt jedes Jahr den renommierten gleichnamigen Kritikerpreis, der als weltweit bedeutendste Spieleauszeichnung gilt, und zeichnet auch das »Kinderspiel des Jahres« aus. Zusätzlich wird alljährlich eine aktuelle Empfehlungsliste veröffentlicht unter: www.spiel-des-jahres.com.

Spielzeugwaffen ja oder nein?

Jedes Kind durchläuft Entwicklungsphasen, in denen Gewalt fasziniert, weil sie scheinbar einfache Lösungen bietet, wie man sich durchsetzen kann. Mit einer Spielzeugwaffe in der Hand fühlen sich kleine Knirpse mächtig und groß und stärken so im Spiel ihr Selbstbewusstsein. Das ist normal, und dafür sollte man ihnen kein schlechtes Gewissen einreden. Aber trotzdem erwähnen, dass man Gewalt und Waffen ablehnt. Bei einem Vierjährigen genügt es, das Gesicht zu verziehen und ihm zu sagen, dass man diese Spiele nicht in der Wohnung duldet. Ein Achtjähriger ist groß genug, um zu verstehen, dass es Kriege und Verbrechen gibt, wo Menschen mit echten Waffen umgebracht werden.

Den besten Schutz gegen den schlechten Einfluss durch Waffenspiele bieten ein gutes Selbstbewusstsein und ein friedliches Vorbild (▶ Seite 230). Erleben Kinder zu Hause Gewaltlosigkeit, Fairness und Gesprächsbereitschaft, sind sie kaum gefährdet, gewalttätig zu werden. Trotzdem ist gerade feinfühligen Eltern mulmig dabei, ihrem Kind Spielzeugpistolen zu schenken. Ist der Wunsch wirklich so groß, könnte man sich auf den Kompromiss einigen, dass das Kind diese Art von Spielzeug vom Taschengeld bezahlen muss. Außerdem: Wenn es um Schießspiele geht, sind Jungen so erfinderisch, dass man meinen könnte, sie kämen mit einem Pistolen-Gen zur Welt. Wo keine Spielzeugwaffe zur Hand ist, »schießen« sie eben mit Stöcken, Haarbürsten oder Kochlöffeln.

Womit auch immer geballert wird, ein paar Regeln sind nötig. Zum Beispiel, dass auch mit harmlos wirkenden Geschossen, wie Pfeilen mit Saugnapf an der Spitze, nicht auf andere gezielt wird; dass spätestens eine Stunde vor dem Schlafengehen Schluss damit ist – und vor allem: dass anderen keine Angst gemacht wird. Werden Spielkameraden gepiesackt, und sei es auch nur mit einer umfunktionierten Banane, ist das nicht in Ordnung, und man muss sich fragen: Wie stehe ich selbst zu Gewalt? Sieht mein Kind Gewalt verherrlichende Filme oder Computerspiele? Oder bekommt es zu wenig Anerkennung und hat das Gefühl, sich unbedingt durchsetzen zu müssen? Besorgniserregend ist auch, wenn Kinder sich nur noch mit Spielzeugpistole in den Kindergarten trauen. Die vermeintliche Schutzmaßnahme könnte ein Hilferuf sein, weil es Angst hat oder sich gemobbt fühlt (▶ Seite 165). Auffällig ist auch, wenn Kinder mit anderen nur über Waffenspiele Kontakt aufnehmen. Dies gilt insbesondere für Computerspiele (▶ Seite 252, Anhang 19).

Ein ernst zu nehmendes Risiko sind auch sogenannte Softair-Pistolen. Diese Spielzeugpistolen und -gewehre sind bei Kindern und Jugendlichen seit einigen Jahren heiß begehrt. Sie verschießen damit Plastikkügelchen, was auf der Haut, je nach Geschossenergie, schmerzt und zu Verletzungen führen kann. Augenärzte warnen, dass dieses Spiel gefährlich ins Auge gehen kann. Das schlimmste Risiko besteht im täuschend echten Aussehen dieser »Spielzeuge«. Sogar für Experten sind sie optisch kaum von echten Waffen unterscheidbar. Wenn Jugendliche sich mit Schutzbrillen und Gesichtsmasken vermummen und mit ihren Soft-Air-Maschinenpistolen durch Hinterhöfe schleichen, über Mauern klettern oder aus Fenstern ballern: Dann sieht das für Außenstehende nicht nach spielenden Kindern aus. In den letzten Jahren häuften sich Großeinsätze der Polizei, weil verschreckte Bürger glaubten, Terroristen oder Gangster beobachtet zu haben. Die Polizei fürchtet tödliche Missverständnisse. Denn im Zweifelsfall müssten Polizisten davon ausgehen, es mit einem scharf bewaffneten Gewaltverbrecher zu tun zu haben, und wären unter Umständen gezwungen, ihrerseits zu schießen. Darum müssen Eltern klarstellen: Wenn ein Spiel gefährlich werden kann – hört der Spaß auf!

Sammelkarten

In der ersten Klasse packt die Jungen das Fieber: Hitzig stecken sie im Pausenhof die Köpfe zusammen und tauschen kleine Karten, in die sie ihr gesamtes Taschengeld investieren. Sie fachsimpeln über fantastische Gestalten und Monster und wie diese einander besiegen. Die Regeln, nach denen diese Wesen gegeneinander kämpfen, lernen Kinder in Fernsehsendungen wie »Pokémon« oder »Yu-Gi-Oh!«. Wer nicht im Bilde ist, gerät schnell ins Abseits. Umgekehrt wird neidisch umringt, wer die begehrtesten Karten besitzt.

Schwarzseher mahnen, es werde der Weg in eine Spielsucht bereitet. Auf der Hand liegt: Kindern wird unverschämt viel Taschengeld für Pappkarten abgeknöpft. Fest steht aber auch, das zeigen Untersuchungen, dass diese Sammelkarten einen Zauber besitzen, der Kinder nicht umsonst fasziniert. Denn sie führen sie in eine komplexe Fantasiewelt, die eigenen Gesetzen folgt und zu der Erwachsene keinen Zutritt haben. Die Figuren auf den Karten sind zum Beispiel Doppelwesen, die sich von niedlichen Kuscheltieren in bestialische Monster verwandeln können und umgekehrt. Dieses Wechselspiel zwischen Gut und Böse beflügelt die Kinder darin, sich immer neue Geschichten auszudenken. Die Regeln, nach denen sie spielen, sind hoch kompliziert und ähnlich schwierig wie Schach. Logisches Denken und Konzentrationsfähigkeit werden gefördert, was die schulischen Leistungen verbessern kann. Das facettenreiche Rollenspiel ist außerdem ein Training für soziale Kompetenzen wie Kooperation und den Umgang mit Niederlagen. Obendrein wird gelernt, wie man beim Tauschen der Karten gut verhandelt und faire Geschäfte macht. Größter Pluspunkt ist aber, wie schnell Kinder mithilfe der Karten Freundschaft schließen. Ob man sich nun daheim, auf dem Schulhof oder im Urlaub am Strand befindet: Man braucht nur seinen Kartenstapel aus der Hosentasche zu ziehen – und schon zückt ein anderes Kind seine Karten und spielt mit.

Damit die Spielleidenschaft nicht übertrieben wird, sollten Eltern Regeln ausmachen, zum Beispiel: Das Kind kauft sie vom Taschengeld und legt offen, wie viel es dafür ausgibt. Auch sollte man im Auge behalten, ob es auch ohne Karten noch ausreichend Kontakte aufbaut. Besorgniserregend wäre auch, wenn es klaut, um neue Karten kaufen zu können (▶ Seite 237, 322). Nicht selten werden jüngere Schüler von älteren unter Androhung von Prügeln erpresst, ihnen besonders begehrte Karten zu beschaffen, indem sie diese (zum Beispiel beim Sport in der Umkleidekabine) von ihren Klassenkameraden stehlen. Hier muss man eingreifen (▶ Seite 165). In der Regel ist das Sammelfieber aber ein soziales Schmiermittel, das seinen Reiz mit Beginn der Pubertät wieder verliert. Sammelkarten gibt es seit Generationen und es wird sie noch Generationen lang geben.

Lob der Langeweile

Drei harmlos klingende Worte aus dem Mund ihrer Kinder können für Eltern zur schlimmsten Drohung werden: »Mir ist langweilig.« Mütter und Väter wissen: Jetzt beginnt ein harter Kampf. Sosehr man sich auf die Zeitungslektüre, eine halbe Stunde Yoga oder die Folge einer spannenden Fernsehserie gefreut hat: Die Chancen darauf stehen schlecht, denn der Gegner ist gnadenlos. Gleich wird er einem Löcher in den Bauch fragen, obwohl ihn die Antwort nicht im Geringsten interessiert. Er wird sich auf dem Boden wälzen, zermürbende Töne ausstoßen oder sich einem zappelnd auf den Schoß setzen, getrieben von einem verdrießlichen Gefühl, dass eine befragte Gruppe Sechs- bis Elfjähriger so beschreibt: »Entweder ist man total schlaff oder man wird vor lauter Langeweile hektisch und blöd und kann sich selber nicht leiden.«

Gelangweilte Kinder wissen genau: Wenn sie ihrer Unlust lange genug Ausdruck verleihen, werden die Eltern irgendwann die Waffen strecken und ergeben mit ihnen Bauklötze stapeln oder Bilderbücher lesen. Die Chancen stehen sogar gut, dass Mutter oder Vater komplett kapituliert und sagt: »Na gut, dann darfst du halt fernsehen.« Erlöst sind die Eltern dadurch allerdings nicht. Denn danach sind die Kinder umso gereizter und griesgrämiger (▶ Seite 246).

Was also tun? Ist es wirklich Elternpflicht, Kinder von Einfallslosigkeit zu befreien? Nein! Wer dauernd für Zerstreuung sorgt, bringt sein Kind um die Chance, sich selbst etwas einfallen zu lassen. Ohne Animation wird es auf sich selbst zurückgeworfen. Das Unterhaltungsvakuum fühlt sich unangenehm an – und genau dieses Unwohlsein zwingt das Kind, etwas dagegen zu unternehmen. Wer erinnert sich nicht an unendlich lange Ferientage, an denen die Freunde verreist waren? Lustlos lungerte man zu Hause auf dem Sofa. Bis einem plötzlich ein faszinierender Einfall kam und man etwas Wunderbares bastelte – in die eigenen Fantasie versunken, voll Eifer und glücklich. Langeweile aus eigener Kraft überwinden zu müssen macht Kinder kreativ. Sie lernen, selbst Ideen zu entwickeln, diese umzusetzen und aus ihrem Schaffen Freude zu schöpfen. Wenn Kinder sich gelegentlich langweilen müssen, können sie sich gar nicht zu Langweilern entwickeln, sondern zu interessanten und ideenreichen Persönlichkeiten.

Mehr Platz für Fantasie

Überfrachten Sie den Wochenplan Ihres Kindes nicht mit Kursen und Aktivitäten. Mindestens drei Nachmittage unter der Woche sollten frei bleiben.

- Die Reizüberflutung durch Fernsehen und Computer legt die eigene Fantasie lahm. Wirksames Gegenmittel: Den Konsum drosseln und einen oder mehrere fernsehfreie Tage pro Woche einführen (▶ Seite 246). Das fördert die Eigeninitiative.

- Klagt Ihr Kind über Langeweile, können Sie antworten: »Dir ist langweilig – das ist gut. Dann ist dein Gehirn gerade damit beschäftigt, sich etwas Interessantes einfallen zu lassen.«

- Ein Kind muss nicht immer etwas offensichtlich Sinnvolles tun. Wenn es in Gedanken versunken vor sich hinträumt oder spielt, halten Sie sich mit Fragen wie »Was machst du denn da?« oder »Dir ist wohl langweilig?« zurück und fördern Sie so das wertvolle Erleben des Augenblicks (▶ Seite 129).

LEKTION 8

Fördern und Motivieren

»Wüchsen die Kinder fort, wie sie sich andeuten, wir hätten lauter Genies«, sagte Goethe in Anspielung auf die kindliche Auffassungsgabe. Heute weiß die Wissenschaft viel über das Potenzial des kindlichen Gehirns, und Eltern lesen über intellektuelle Frühförderung und Entwicklungsfenster, also jene Zeiträume, in denen Kindern sprachliche, musikalische und mathematische Fähigkeiten spielend zufallen. Verunsichert fragen sich Mütter und Väter: Lassen wir aus Ahnungslosigkeit ungeahnte Fähigkeiten verkümmern, die in unserem Kind schlummern? Schließt sich mit jedem Lebensjahr ein weiteres Entwicklungsfenster?

Wissenschaftler sind sich einig: Ein Großteil unserer Intelligenz ist genetisch festgelegt, aber wie sich diese Anlagen entwickeln, hängt tatsächlich davon ab, wie gut Menschen als Kind gefördert werden. Experten nennen dies Genexpression. Welchen Schulabschluss und welche Berufschancen ein Kind bekommt, liegt zum Teil tatsächlich in der Hand seiner Eltern (▶ Seite 333). Doch ebenso wahr ist auch die afrikanische Weisheit: »Das Gras wächst nicht schneller, wenn man daran zieht.« Eltern dürfen sich Frühförderungsprogramme für Babys getrost sparen. Kinder entwickeln sich am besten, wenn Eltern sich in der Erziehung weniger von Ehrgeiz als von ihrem natürlichen Einfühlungsvermögen leiten lassen.

Der Spieltrieb als Wegweiser

Welches Entwicklungsfenster sich gerade öffnet, verrät ein Kind ganz automatisch. Das beginnt gleich nach der Geburt: Jetzt muss es lernen, seine Umwelt wahrzunehmen, um Kontakte aufbauen zu können. Dazu sucht das Neugeborene Körperkontakt, denn seine Haut ist ein feinsinniger Sensor für Berührungen, die es für seine geistige und gesundheitliche Entwicklung dringend braucht. Schon nach wenigen Wochen interessiert es sich auch für Geräusche, Umrisse und Farbunterschiede. Mit ein paar Monaten will es das räumliche Sehen üben und protestiert, wenn es im Kinderwagen nur den langweiligen Baldachin anschauen kann. Dann sollte man die Lehne etwas aufrichten, damit es freie Sicht auf seine Umwelt hat. Vielfältige positive Sinneseindrücke fördern die geistige Entwicklung. Allerdings kann man Babys auch schnell überreizen. Deshalb gilt es feinfühlig zu beobachten, wann es ihnen zu viel wird (▶ Seite 56).

Beim Säugling sind geistige Fortschritte stark an die motorische Entwicklung gekoppelt, denn seine geistige Aktivität besteht hauptsächlich darin, Bewegungen immer besser zu koordinieren. Mit drei Monaten lernt er bewusst zuzugreifen und grapscht nach allem, was er mit den kleinen Fingern erreichen kann. Mit etwa vier Monaten beginnt die Phase der aktiven Erforschung: Das Baby dreht sich vom Rücken auf den Bauch und fordert immer mehr Bewegungsfreiheit. Ab etwa sechs Monaten ist der vordere Bereich seiner Großhirnrinde weit genug entwickelt, um emotionale Informationen zu verarbeiten. Das Baby juchzt vergnügt, wenn es seine Rassel schwingt, und geht zunehmend auf andere ein, etwa indem es ihnen seinen Schnuller anbietet. Bislang fühlte es sich eher instinktiv bei seinen Eltern wohl, weil es bei ihnen alles bekommt, was es braucht. Bald gewinnt dieses Zugehörigkeitsgefühl eine neue Qualität, indem das Baby die Zuneigung seiner Eltern heftig erwidert. Dieses Lieben-Lernen fällt oft mit der Fremdelphase zusammen (▶ Seite 160).

Im ersten Lebensjahr lernt das Kind mehr als im gesamten Rest seines Lebens. Und doch wird es sich später an keine Minute dieser abenteuerlichen Zeit erinnern. Unermüdlich sucht sich sein Lerneifer immer neue Übungsfelder: Es arrangiert seine

Bauklötze, weil es Farben und Formen unterscheiden will. Wenn es größer ist, feilt es diese Fähigkeit aus, indem es das Besteck in der Schublade sortiert, die Garne in Omas Nähkästchen oder die Schrauben im Werkzeugschrank. Irgendwann will es bei jeder Gelegenheit balancieren und trainiert so seinen Gleichgewichtssinn. Auch ohne jemals etwas über Frühförderung gelesen zu haben, unterstützen Eltern die Entwicklung ihres Kindes optimal, wenn sie sich von seiner Neugierde anleiten lassen und ihm die Möglichkeit geben, immer wieder neues Terrain zu erobern.

Zwischen Wollen und Können

• Vor neuen körperlichen oder geistigen Entwicklungsschritten wirken Kinder oft übellaunig und gereizt. So quengeln einige mit etwa acht, neun Monaten auffallend viel. Der Grund: Im Gehirn ist das Bedürfnis gereift, sich krabbelnd fortzubewegen, doch der Körper ist noch nicht so weit. Verärgert liegen sie auf ihrer Krabbeldecke, in einem Zimmer voll interessanter Dinge, die sie alle anfassen möchten. Ist der Entwicklungsschritt ein paar Wochen später geschafft, sind die Kinder wieder zufrieden und erproben stolz die neu errungene Fähigkeit.

• Vielleicht ist das Baby aber auch gereizt, weil ein Milchzahn durchbricht. Meist erscheint der erste Zahn zwischen dem fünften und zehnten Monat. Bei über der Hälfte der Kinder geschieht dies ohne Beschwerden. Doch einige juckt es im Gaumen, die Durchbruchstelle ist geschwollen und der Speichelfluss verstärkt. Das kann quengelig machen und zu etwas weicherem Stuhl und wundem Po führen. Stärkere Beschwerden wie Fieber, Durchfall, Schmerzen, Schreien und Appetitlosigkeit sollte man aber nicht auf das Zahnen schieben. Mit größter Wahrscheinlichkeit steckt mehr dahinter. Wirkt ein Kind krank, gehört es zum Kinderarzt – ob es gerade zahnt oder nicht (▶ Anhang 9).

Das macht fit fürs Leben

- Sinnliche Erfahrungen

Kuscheln, ein Schlaflied hören, in Pfützen springen, durch Herbstlaub rascheln, den Mond anschauen, ein Tier streicheln, den Duft von Blumen und frisch gefallenem Schnee schnuppern: Was die Sinne schult, macht Kinder klug. Ganz wichtig ist das ausgiebige Spiel mit Wasser und Sand.

- Täglich frische Luft

Kinder sollten bei jedem Wetter mindestens ein bis zwei Stunden draußen spielen.

- Bewegung mit der Familie

Gehen Sie zusammen schwimmen, radeln, Inline skaten, Ski fahren, was immer Ihnen und Ihrem Kind Spaß macht.

- Die Welt erkunden

Unternehmen Sie viel zusammen. Befriedigen Sie die Neugier und den Wissensdurst Ihres Kindes. Zeigen und erklären Sie ihm die Welt, in der es lebt.

- Kommunikation

Sprechen, klatschen, singen Sie mit Ihrem Kind und lesen Sie ihm vor (▶ Seite 194, 264).

- Selbstständigkeit

Übertragen Sie Ihrem Kind die Verantwortung, die für sein Alter passend ist (▶ Seite 97).

- Familienrituale

Sorgen Sie für einen geordneten Tagesablauf mit festen Regeln und gemeinsamen Mahlzeiten (▶ Seite 85, 90, 123).

- Exklusive Zeiten

Schenken Sie jedem Kind täglich regelmäßig Ihre ungeteilte Aufmerksamkeit, auch wenn es bloß eine Viertelstunde ist (▶ Seite 129).

- Gelassenheit

Kinder entwickeln sich individuell sehr verschieden. Setzen Sie sie nicht ehrgeizig unter Leistungsdruck. Richten Sie Ihr Augenmerk nicht auf Schwächen – sondern auf Stärken! Lassen Sie ihnen Zeit, diese in ihrem eigenen Tempo zu entfalten (▶ Seite 232).

- Gute Vorbilder

Leben Sie Gesundheitsbewusstsein vor, indem Sie sich selbst gesund ernähren, ausreichend bewegen und erholen. Trinken Sie Alkohol nur in Maßen und rauchen Sie nicht: ein wichtiger Beitrag, um Kinder vor Sucht zu schützen. Falls Sie auf Zigaretten nicht verzichten können, rauchen Sie zumindest nicht in der Wohnung.

- Mit Gleichaltrigen spielen

Auch wenn Sie lange der liebste Spielkamerad für Ihr Kind bleiben werden: Es braucht spätestens im zweiten Lebensjahr Kontakt zu Gleichaltrigen (▶ Seite 303).

- Ein guter Kindergarten

Möglichst in der Nähe: Im Kindergarten lassen sich ideal soziale Netze knüpfen. Oft entstehen hier unter Kindern und Eltern enge Freundschaften, die ein Leben lang halten (▶ Seite 227).

- Soziale Kontakte

Beim Nachbarn spielen, in den Kindergarten gehen, Spielkameraden haben, Besuch bekommen und andere besuchen: Soziale Einbindung macht Kinder – und Eltern – seelisch stabil.

- Ein eigenes kleines Reich

Jeder Mensch braucht sein Revier. Falls für eigene Zimmer kein Platz ist: Trennen Sie für jedes Kind einen persönlichen Bereich ab und geben Sie jedem seinen Schubladenschrank, den es mit niemandem teilen muss (▶ Seite 237).

- Vorsorge

Nehmen Sie stets die kinderärztlichen Vorsorgeuntersuchungen wahr, um die Gesundheit, zum Beispiel durch Impfungen, schützen und eventuelle Entwicklungsverzögerungen rechtzeitig erkennen und korrigieren zu können.

Typisch Mädchen – typisch Junge

Mädchen und Jungen, Frauen und Männer sind gleichwertig, aber deswegen sind sie trotzdem nicht gleich. Mehrere hunderttausend Jahre geschlechtlicher Arbeitsteilung in Jäger- und Sammlergesellschaften haben ihre Spuren hinterlassen. Die Männer der Urzeit brauchten für die Jagd ein gutes räumliches Vorstellungsvermögen, den Frauen (die in der Höhle bei den Kindern blieben) waren hingegen ein guter Beobachtungssinn, soziales Verantwortungsgefühl und gute Sprachfähigkeiten von Vorteil. So brachte die Evolution Geschlechtsunterschiede hervor, die uns bis heute in den Genen liegen. Auch wenn unser Höhlendasein längst Geschichte ist: Evolutionär betrachtet liegt es nur einen Wimpernschlag zurück. An unserer genetischen Veranlagung hat sich seither kaum etwas verändert. Sie ist ein uraltes Erbe, das mit der Geburt jedes Kindes immer wieder neu zur Welt kommt.

Die moderne Medizin beweist: Der große Unterschied zwischen den Geschlechtern befindet sich nicht zwischen den Beinen – sondern zwischen den Ohren. Schon bei der Geburt sind die Gehirne von Jungen und Mädchen verschieden. Man kann sich die graue Masse wie einen Walnusskern vorstellen: In der rechten Hälfte ist das räumlich-visuelle Denken angesiedelt, die linke Hälfte beheimatet die Sprache. Ein Balken, auf dem zahlreiche Nervenbahnen verlaufen, verbindet die beiden Hirnhälften miteinander. Kleine Jungen bilden schon als wenige Wochen alte Embryos in ihren Keimdrüsen männliche Hormone. Wissenschaftler gehen davon aus, dass die linke Gehirnhälfte unter dem Einfluss dieser Hormone langsamer reift, sodass sich die rechte Hälfte entsprechend stärker entwickelt. Bei weiblichen Embryonen hingegen entwickeln sich beide Seiten gleichermaßen. Lernen kleine Mädchen sprechen – und später lesen und schreiben –, benutzen sie dabei beide Hirnhälften, und ihr Sprachzentrum bildet sich auf beiden Seiten aus. Allerdings, so die Vermutung, bleibt dadurch sozusagen weniger Platz für das räumlich-visuelle Denken. So fällt Jungen Geometrie meist leichter, während Mädchen früher sprechen lernen und im Durchschnitt sprachbegabter sind als Jungen.

Dank der Kernspintomografie können Wissenschaftler uns heute beim Denken zusehen und haben festgestellt: Das Klischee, dass Frauen keine Stadtpläne lesen und Männer sich schwer in die Gefühle anderer hineinversetzen können, ist nicht ganz unbegründet. Denn beim Verarbeiten von Sprache benutzen Männer nur die linke, Frauen hingegen beide Gehirnhälften. Und: Männer denken nur mit der Hälfte, die gerade benötigt wird, während bei Frauen beide Seiten munter miteinander kommunizieren. So kommt es, dass Frauen besser über Gefühle sprechen und sich besser in ihr Gegenüber hineinversetzen können (▶ Seite 29).

Doch wo bleibt die Erziehung? *Nature and nurture,* also Natur und Erziehung, sagen Wissenschaftler heute. Zwar wirken Hormone auf den Körper und bilden das Grundgerüst für die menschliche Persönlichkeit, doch Umwelt und Erziehung bestimmen, ob diese Veranlagung noch verstärkt oder abgeschwächt wird. Das bedeutet: Weil kleine Buben so gerne mit Autos und Baukästen spielen, nehmen sich Mütter dafür viel Zeit. So lernt der Nachwuchs, dass dieses Interessengebiet sich lohnt, und baut es aus. Und weil Mädchen so früh plappern, wird mehr mit ihnen geredet. Im Gespräch sehen Eltern ihre Mädchen an, wodurch diese wiederum lernen, aus Gesichtern Gefühle abzulesen. Schon von Geburt an, das beweisen Studien, bekommen Mädchen mehr sprachliche Zuwendung, während Jungen vermehrt in den Arm genommen werden. Bis zum Schuleintritt haben die Kleinen an die 2000 Stunden vor dem Fernseher verbracht und typische Rollenklischees beobachtet. Jungen bekommen eher Konstruktionsspielzeug und ferngesteuerte Autos geschenkt, Mädchen Plüschtiere, Bücher und später Barbiepuppen. Die unterschiedlichen Spiel- und Lernerfahrungen prägen das Gehirn, denn die graue Gallertmasse lässt sich wie ein Muskel trainieren. Wird ein Hirnareal besonders beansprucht, entstehen dort zusätzliche Nervenverbindungen. Und umgekehrt: Werden bestimmte Gehirnzellen über längere Zeit nicht benötigt, geht Potenzial verloren. So zeigen neuropsychologische Forschungen: Wer spätestens bis zum zwölften Lebensjahr ein Musikinstrument lernt, entwickelt durch fleißiges Üben mit 25-prozentiger Wahrscheinlichkeit ein absolutes Gehör. Ohne dieses frühe Training liegt die Chance nur bei fünf Prozent. Ebenso ist das Gehirn eines Musikers anders strukturiert als das eines Sportlers. Auch die Gehirne von Londoner Taxifahrern wurden unter die Lupe genommen: Ihr Orientierungszentrum ist im Vergleich zu dem anderer Engländer deutlich größer ausgebildet.

Forschungen zeigen auch: Wenn sich Jungen, zum Beispiel in Dorfgemeinschaften, um jüngere Kinder oder kleinere Geschwister kümmern müssen, werden sie weniger aggressiv und sozial kompetenter. Umgekehrt können Mädchen durch Üben und Denksport Höchstleistungen in Mathematik erzielen. Dass unsere grauen Zellen so trainierbar sind, bedeutet: Welche Fähigkeiten unsere Töchter und Söhne entwickeln, ist eben doch auch Erziehungssache. Wie – und worin – Mädchen und Jungen erfolgreich sind, liegt weniger am Geschlecht, sondern vor allem daran, auf welchen Gebieten sie gefördert werden und Erfolgserlebnisse haben (▶ Seite 65, 232).

Sprechen lernen

Der 1721 geborene Christian Heineken war ein Wunderkind. Schon mit einem Dreivierteljahr zählte der Junge aus Lübeck verschiedenste Tiere auf. Mit 14 Monaten trug er das Alte Testament auswendig vor, betete bald 80 Psalmen herunter und lernte pro Woche 150 lateinische Vokabeln. Nur wenn der Kleine müde war, so berichtet die Autorin Fenja Mens in der Zeitschrift *GEO Wissen*, besann er sich auf das Natürliche: »Sophie! Gef my doch de Titte!«, zitierte das Baby seine Amme herbei. Der Wunderknabe wurde dem dänischen König vorgestellt. Doch wie es mit ihm weitergegangen wäre, erfuhr niemand. Mit vier Jahren starb er an den Folgen einer Darmerkrankung.

Ein extremes Sprachgenie. Aber warum lernen normale Kinder so viel später und mühsamer sprechen als Christian? Und wieso müssen wir Sprache überhaupt erst lernen? Anstatt sie, wie die Vögel das Singen, einfach vererbt zu bekommen? Bis heute diskutieren Forscher über die Geheimnisse unseres Spracherwerbs, einig sind sie zumindest darin: Neugeborene bringen für den Spracherwerb erstaunliche geistige Anlagen mit und besitzen sogar eine Art Grammatik-Gen. Schon früh gliedern sie das verwirrende Chaos aus Klick-, Zisch- und Brummgeräuschen in wiederkehrende Muster, erschließen sich so Wörter und schließlich auch den Aufbau ihrer Muttersprache.

Der Spracherwerb beginnt bereits im letzten Schwangerschaftsdrittel. Föten nehmen die Sprachmelodie im Mutterleib wahr, und gleich nach der Geburt kann man ihnen ihre Muttersprache bereits anhören: Akustische Analysen zeigen, dass deutsche Neugeborene beim Schreien den Anfang der Lautfolge betonen, während kleine Franzosen eher das Ende akzentuieren. Säuglinge schreien also in einer Betonung, die für ihre Muttersprache typisch ist. Liest man ihnen vier Tage nach der Geburt etwas in unterschiedlichen Sprachen vor, erkennen sie ihre Muttersprache an der Melodie. Das Sprechenlernen erfolgt dann durch Austausch mit der Umwelt. Brabbelt der Säugling »Mamam«, wiederholt die Mutter: »Ja, ich bin deine Mama.« So hilft sie ihrem Baby, das Gehörte zu strukturieren und Sinnvolles von Sinnlosem zu trennen. Dabei lernen Babys das Sprechen nicht durch bloße Nachahmung (sonst müsste ja Babyfernsehen das Sprechen fördern können), der Spracherwerb gelingt nur im zwischenmenschlichen Austausch. Wo dieser fehlt, verkümmert die Sprache.

Sprache ist grundlegend für unser Denken und Lernen. Durch Sprache können wir Gedanken mit anderen teilen, sie ist Nahrung für Geist und Seele. Darum tun Eltern genau das Richtige, wenn sie »Dutzidutzi« und »Eieiei« zu ihren Babys sagen. So fördern sie die Bindung und helfen beim Spracherwerb. Nicht nur Menschen schrauben dabei ihre Tonlage in die Höhe. US-Forscher der University Chicago fanden heraus: Auch Affen verändern ihren Tonfall, wenn sie sich ihren Jungen zuwenden.

Auch wenn wir uns mit unseren Babys noch nicht unterhalten können, sollten wir viel mit ihnen reden und ihr Tun verbal begleiten. Dabei sprechen wir intuitiv langsam, in kurzen Sätzen und wiederholen diese oft. Wenn Kinder sprechen, sollten wir ihre Fehler nicht direkt korrigieren, sondern die Aussage »Dotzen haben« ermutigend in der korrekten Form wiederholen: »Ja genau, du willst deine Socken haben.« Auch reimen, klatschen und singen fördert die Sprachentwicklung.

Unseren Kindern die Welt zu erklären ist eine der schönsten Erziehungsaufgaben. Das Wissen und die Allgemeinbildung, die wir ihnen vermitteln, sind für unsere Kinder ein Kapital, auf das sie ihr Leben lang bauen können.

Wie sich der Sprachschatz entwickelt

Wann Kinder zu sprechen beginnen, ist individuell sehr verschieden. Manche plappern schon mit eineinhalb Jahren wie ein Wasserfall, andere lassen sich bis ins dritte Lebensjahr Zeit. Um den zweiten Geburtstag herum sollten sie sich mit Zweiwortsätzen verständlich machen können.

- Etwa mit drei Monaten ertönen durch zufällige Bewegungen in Mund und Kehlkopf erste vokalische Laute (»Ö«, Ä«, »Rö«).

- Dieser Gurrphase folgt ab etwa sechs bis etwa elf Monaten die Lallphase mit Silbenketten (»Gagaga«, »Wawawa«).

- Mit etwa neun Monaten beginnt das Baby, Doppelsilben zu formen (»Mama«, »Baba«). Durch Lob erkennt es, welche davon Sinn machen: »Ja genau, ich bin die Mama! Und das ist der Papa!«

- Etwa mit einem Jahr entstehen sogenannte Protowörter. Erst nennt das Kind nur einen bestimmten Ball »Balla«, später benennt es alle Bälle so. Jedes Tier ist »Wauwau«.

- Mit etwa eineinhalb Jahren blüht der Wortschatz geradezu auf. Das Kind bildet Zweiwortsätze und kommt ins erste Fragealter: »Auto putt?« »Tee heiß?«

- Das zweite Fragealter beginnt etwa mit drei bis vier Jahren (»Wie?«, »Warum?«, »Wo?«) (▶ Seite 199). Zwischen dem zweiten und fünften Lebensjahr werden grammatikalische Strukturen immer schneller gelernt, was das logische Denken fördert. Mit vier Jahren begreifen die meisten Kinder grammatikalische Grundlagen (▶ Seite 199).

• Etwa mit sechs Jahren können Kinder Reime bilden und Wörter in Silben zerlegen: ideale Voraussetzungen, um lesen und schreiben zu lernen. Hellhörigen Eltern kann sich eine eventuelle Lese-Rechtschreib-Schwäche schon ab etwa viereinhalb Jahre ankündigen. Das Vorschulalter ist die beste Zeit, um mit gezielten Fördermaßnahmen entgegenzuwirken (Anzeichen für Legasthenie und Trainingsprogramme ▶ Seite 274, Anhang 20).

• Unabhängig davon, wann ein Kind zu sprechen beginnt, verläuft die Sprachentwicklung in drei aufeinanderfolgenden Phasen: Zuerst werden Gedanken nur durch ein Wort ausgedrückt: Mit »Eis« sagt das Kleinkind, dass es Eis essen will. In der zweiten Phase fügt es im Telegrammstil zwei Wörter zusammen. Mit »Bagger putt« drückt es aus, dass sein Bagger kaputtgegangen ist. In der letzten Phase stellt es drei und mehr Wörter zu Sätzen zusammen und lernt Verben zu beugen und den Plural zu bilden. Bis zum Erwachsenenalter spricht es, je nach Wortschatz, etwa 20 000 bis 80 000 Begriffe, aus denen es eine fast unendliche Anzahl von Sätzen bilden kann. Allerdings: Wenn Klein- und Kindergartenkinder schon viel vor dem Fernseher sitzen, bleiben sie in ihrer Sprachentwicklung hinter ihren Möglichkeiten zurück, da Sprechen nicht nur durch Zuhören und Zusehen, sondern vor allem im zwischenmenschlichen Austausch erlernt wird.

• Das Bedürfnis zu sprechen liegt in unserer Natur. Gehörlose Babys beginnen im Brabbelalter mit den Händen zu gestikulieren und stellen die Gesten bald zu ganzen Sätzen zusammen. Auch dann, wenn die Eltern ihnen nicht die Gebärdensprache beigebracht haben. Ein gesundes Hörvermögen ist die wichtigste Voraussetzung für eine normale Sprachentwicklung. Darum unbedingt die kinderärztlichen Vorsorgeuntersuchungen wahrnehmen! Kommt die Sprachentwicklung um den zweiten Geburtstag nicht entscheidend voran, sollte das Gehör kontrolliert werden.

• Wachsen Kinder zweisprachig auf, bekommen sie diesen Sprachschatz quasi geschenkt. Ab etwa sieben Jahren fallen ihnen Sprachen nicht mehr einfach zu, dann müssen sie sich diese, wie Erwachsene, erarbeiten. In eine Sprache, die nicht unsere Muttersprache ist, können wir längst nicht so viel Gefühl legen: weil die Muttersprache vom Herzen, erlernte Sprachen hingegen vom Verstand gesteuert werden. Darum möglichst nur dann zweisprachig erziehen, wenn Mutter und Vater tatsächlich verschiedene Muttersprachen haben. Wenden sich beide Elternteile konsequent in ihrer jeweiligen Sprache an das Kind, wird es beide Sprachen muttersprachlich erlernen. Vielleicht verzögert sich seine Sprachentwicklung zunächst ein wenig, aber dafür tun sich zweisprachige Kinder später beim Erlernen weiterer Sprachen leichter.

• Dialekte fördern die Sprachbegabung. Keine Frage: Jedes Schulkind sollte seine Sprache auch in der Hochsprache beherrschen. Das verbessert seine Bildungs- und Berufschancen. Trotzdem sollte es auch seinen Dialekt sprechen dürfen. Nicht nur, weil es damit die Bindung an seine Region kräftigt und authentisch wirkt, sondern auch, weil Dialekte strukturell ebenso komplex wie die Hochsprache sind, mit eigenen Grammatikregeln. Ein Kind, das sowohl die Schriftsprache als auch einen Dialekt beherrscht, ist faktisch zweisprachig. Durch diese Flexibilität tut sich sein Gehirn beim Erlernen von Fremdsprachen leichter.

• Das erste Wort ist bei über der Hälfte der deutschen Kinder »Mama«. Der »Papa« schafft den ersten Platz nur bei 16 Prozent, wie die Münchner Studie »Icon Kids & Youth« zeigt. Vier Prozent der deutschsprachigen Kinder sagen zuerst »Auto«. »Dada«, »Oma«, »Wauwau« und »Hund« belegen die nachfolgenden Plätze.

Die erste Sprache ist das Lachen

Mit etwa acht Wochen lächelt ein Baby alles an, was zwei Augen hat, auch den Teddy im Regal oder das Bild auf der Kinderzimmertapete. Mit etwa zwölf Wochen kichert es und freut sich über Späße, zum Beispiel wenn Papa an seinem Schnuller nuckelt. Erst ab Ende des vierten Monats lacht es laut.

Der Mensch lacht seit über sechs Millionen Jahren, also viel länger, als er sprechen kann. Frühmenschen zeigten durch Lachen, dass sie zum selben Stamm gehörten. Das ist heute nicht anders: Wer mit anderen einen lustigen Film schaut, lacht doppelt so oft als alleine. Kommen Menschen zu einer Gruppe zusammen, lachen sie am ersten Tag besonders häufig und stärken so ihre Bindung. Weil uns Lächeln und Lachen angeboren sind, werden sie von allen Menschen auf der Welt verstanden. 17 Gesichtsmuskeln werden dabei aktiv, und im Gehirn schüttet das limbische System Glückshormone aus. Nach dem Lachen schaltet der Körper auf Entspannung. Dieser Mechanismus funktioniert auch umgekehrt: Wer gezielt die Mundwinkel hebt oder beim Telefonieren bewusst lächelt, bekommt automatisch eine fröhlichere Stimme und bessere Laune.

Worüber wir lachen, wird nicht vererbt, sondern erlernt. Je nachdem, worüber in ihrer Umgebung gelacht wird, entwickeln Kinder ihren Sinn für Humor. Ironie kann ein Kind erst ab acht Jahren verstehen. Vorher nimmt es das, was die Eltern sagen, für bare Münze. Kommentiert man ein umgestoßenes Kakaoglas mit »Na toll!«, glaubt es entweder, man freue sich wirklich. Oder es hört den verärgerten Unterton heraus und wundert sich, warum man absichtlich etwas Falsches sagt (▶ Seite 159).

Kleine Kinder finden Witze besonders komisch, in denen Erwachsenen ein Missgeschick passiert. Oder wenn, wie im Kasperltheater, die Kleinen, Schwachen jemand Großem, Starkem ein Schnippchen schlagen. Spaß an der Schadenfreude erwächst erst im Schulalter. Manfred Holodynski von der Uni Münster ließ Kinder Apfelsaft heimlich gegen Zitronensaft austauschen. Wollte ein Erwachsener trinken, warnten ihn die Vierjährigen. Sechsjährige konnten ihre Vorfreude kaum verbergen. Erst Achtjährige setzten ein Pokerface auf und amüsierten sich köstlich. Mit jedem Lebensjahr verfeinern Kinder ihren »Mutterwitz« und entwickeln großen Ehrgeiz darin, andere zum Lachen zu bringen.

Warum ist die Banane krumm?

Ihre natürliche Neugier macht Kinder wissbegierig. Mit etwa vier Jahren fragen sie einem Löcher in den Bauch: »Bitte wasch dir die Hände!« – »Warum?« – »Weil sie schmutzig sind.« – »Warum sind sie schmutzig?« – »Weil sie voll Schokolade sind.« – »Warum sind sie voll Schokolade?« – »Weil du welche genascht hast.« – »Warum hab ich genascht?«

Das dauernde »Warum« dient der Kategorisierung des Wissensschatzes. Das Gehirn fasst auf diese Weise Informationen nach thematischen und handlungsgebundenen Gruppen zusammen und bildet sozusagen ein Register. Das Kind lernt dadurch, Informationen einzuordnen und bei Bedarf wieder abzurufen.

Ansporn für das dauernde Fragen ist aber nicht nur der kindliche Wissensdurst, sondern auch das Spiel mit elterlichen Grenzen. Dass man mit solch einem einfachen Wort so viel Aufmerksamkeit erregt, macht Spaß. Außerdem ist es ein schönes Gefühl, die Großen auch mal ans Ende ihres Lateins zu bringen. Darum sollten Eltern ihren kleinen Warum-Fragern wertschätzend zurückmelden: »Du bis ein gescheites Kind« oder »Ich freu mich, dass du so viel nachdenkst«. Nervt die Fragerei, nicht schimpfen, sondern die Endlosschleife elegant beenden: »Da muss ich die Mama fragen« oder »Das ist schwierig, das muss ich mir selbst erst überlegen. Dann erklär ich es dir« (▶ Seite 152).

So lange kann sich ein Kind konzentrieren

Eine Faustformel für die durchschnittliche Konzentrationsspanne bei Kindern lautet: Lebensalter mal zwei plus zwei Minuten.

- Danach kann sich ein Einjähriges vier Minuten seinem Kuschelbären widmen, dann wendet es sich einer anderen Tätigkeit zu. Ein Vierjähriges malt etwa zehn Minuten, dann sucht es eine Unterbrechung. Ein neunjähriges Schulkind kann sich etwa 20 Minuten seinen Hausaufgaben widmen. Dann braucht es eine Pause oder sollte sich einem anderen Stoffgebiet zuwenden.

Nicht zu viel erklären

Simon hat seinen Joghurt ausgelöffelt und will den leeren Becher in den Mülleimer werfen. »Nein, in den gelben Sack«, wirft der Vater ein und erklärt seinem Vierjährigen gleich warum: dass man aus altem Plastik neues herstellen kann und darum auch Alu, Papier und Glas trennt. Dass und warum es aber sinnvoller sei, Pfandflaschen zu kaufen. Und dass man für die Rückgabe Geld bekomme, weshalb viele Obdachlose im Glasmüll nach Pfandflaschen suchen. Es sei verrückt, wie viel Müll die Menschheit produziere. Eines Tages werde sie noch darin ersticken.

Simon wird unheimlich: Wie alt wird er sein, wenn er leidvoll im Müll ersticken muss? Wird das wehtun? Oder hat er noch eine Chance, wenn er daheim Plastik und Papier penibel trennt? Bisher dachte er immer, Obdachlose seien zu bedauern. Jetzt wünschte er, es gäbe viel mehr von ihnen, damit sie seine Familie vor dem Ersticken retten. Simon mag gar nicht länger über diese schrecklichen Probleme nachdenken. Darum stellt er, als der Vater seinen Vortrag beendet hat, vorsichtshalber keine weiteren Fragen.

Ausführliche Antworten auf einfache Fragen sind gut gemeint, schließlich sollen Kinder Zusammenhänge lernen. Doch hier wäre weniger mehr. Zu umfassende Erklärungen machen Kindern Angst. Sie können die Vielzahl der Argumente nicht einordnen und bekommen das bedrückende Gefühl, sich in dieser komplizierten Welt niemals zurechtzufinden. Die Welt eines Kindes ist klein. Um sie zu verstehen, braucht es einfache, anschauliche und plausible Erklärungen. Bis zum fünften oder sechsten Lebensjahr nehmen Kinder alles wörtlich, weshalb Simon sich bildhaft im Müll ersticken sieht. Ab dem Schulalter können Kinder Fantasie und Wirklichkeit immer besser unterscheiden. Dadurch verstehen sie, dass die Großen sich oft sinnbildlich ausdrücken und eigentlich etwas anderes damit veranschaulichen wollen. Im Fall des vierjährigen Simon hätte folgende Antwort genügt: »Joghurtbecher sind aus Plastik. Und Plastikverpackungen werfen wir in den gelben Sack.« Wieso das so ist, brauchen Simons Eltern nur zu erklären, wenn ihr Sohn mit eigenen Fragen nachhakt. Dann treffen Erklärungen auch auf offene Ohren.

Sauberkeitserziehung

Niemand käme auf die Idee, sein Kind neben ein Metermaß zu stellen und es zum Wachsen zu überreden. Denn jeder weiß: Wann es wie groß sein wird, ist genetisch vorprogrammiert. Hier etwas erzwingen zu wollen würde es nur verunsichern. Genauso ist es mit der Darm- und Blasenkontrolle. Wann ein Kind dazu in der Lage ist, ist bei der Geburt im Gehirn festgelegt. Zuerst muss eine Nervenschaltung ausreifen, die dem Gehirn signalisiert, dass Darm oder Blase voll sind.

Die Fähigkeit, »sauber« zu werden, entsteht bei den meisten Kindern vor dem Trockenwerden. Die Blase macht zunächst nur sachte auf sich aufmerksam. Das »große Geschäft« hingegen will eindeutig erledigt werden. Auch für die Eltern sind diese Signale leichter erkennbar: Das Kind hält inne, bevor es die Windel füllt, nimmt eine geeignete Körperhaltung ein und zeigt einen typischen Gesichtsausdruck. Trotz dieser Anzeichen schiebt man ihm besser kein Töpfchen unter, sondern lässt das Häufchen noch eine Zeit in der Windel landen. Kleinkinder empfinden ihre Ausscheidung als einen Teil ihrer selbst. Sie wollen das, was sie da mit Mühe aus sich herausgepresst haben, noch ein Weilchen warm in der Windel spüren, es anschließend anschauen und begutachten dürfen, bevor sie sich davon trennen können. Auch verdaut ein Kleinkind nur schwer, wenn die Großen darüber die Nase rümpfen: Warum loben sie es für sein Häufchen, wenn sie es dann ekelig finden? Später lässt diese Identifikation nach, und das Kind geht freiwillig aufs Töpfchen oder zur Toilette. Das fällt ihm umso leichter, wenn man sein Erfolgserlebnis nicht gleich unterm Hintern wegspült, sondern ihm Zeit lässt, es ausgiebig zu betrachten.

Das Trockenwerden ist schwieriger und komplizierter. Die Blase muss viel häufiger und unregelmäßiger entleert werden als der Darm. Dass sie sich entleeren will, merkt das Kind zunächst, wenn es schon passiert. Erst mit der Zeit nimmt es wahr, dass die Blase sich nicht jäh, sondern allmählich füllt. Dieser Reifeprozess klappt am besten ganz ohne Druck. Ruft das Kind »Pipi«, während dieses bereits in die Hose geht, ist das keine Panne, sondern der erste Schritt, der uneingeschränktes Lob verdient: »Ja! Du musstest Pipi! Du hast es gespürt!« Versteckte Kritik wie »Super, und nächstes Mal sagst du es früher« verkneift man sich. Das Kind ist dazu beim besten Willen noch nicht in der Lage.

Zweiter Schritt: Bevor »es« passiert, wirkt das Kind unruhig. Jetzt kann man ihm das Töpfchen anbieten, es aber nicht dazu überreden. Wohin es dann geht, spielt keine Rolle. Hauptsache, das Kind bemerkt den Zusammenhang zwischen Harndrang und Blasenentleerung. Das Interesse am Töpfchen oder der Toilette kommt von selbst und kann unterstützt werden, indem Eltern ihrem Kind Bescheid geben, wenn sie selbst zur Toilette müssen. Falls es sie nicht stört, lassen sie dabei die Toilettentüre offen, damit ihr Kind mitbekommt, wie die Großen das machen.

Schritt drei ist komplizierter. Mit zunehmendem Harndrang muss alles schnell gehen, bevor es zu spät ist. Doch mit jedem vollen Töpfchen, und auch mit jeder kleinen Pfütze, wächst das Gespür fürs Timing. Geht zu Hause schließlich nichts mehr daneben, lernt das Kind bald, wie es sich, zum Beispiel vor Unternehmungen, auch ohne Blasendrang vorsorglich entleeren kann.

Nun fehlen nur noch zwei Schritte bis zum vollständigen Trockenwerden: zu lernen, sich das Pipimachen bei voller Blase noch einen Moment zu »verkneifen«, und nachts rechtzeitig aufzuwachen, wenn der Harndrang zu groß wird. Da nicht überall eine Toilette bereitsteht, übt man das Verkneifen im Alltag ganz automatisch. Damit das Kind nachts trocken bleibt, soll es nicht durstig ins Bett gehen müssen, und man braucht es auch nicht aus dem Schlaf zu reißen, um es aufs Töpfchen zu setzen. Bis auch die Nächte trocken sind, braucht das Kind nichts anderes als Zeit – und einen Stapel Windeln. Bleiben diese über mehrere Wochen jede Nacht trocken, kann man allmählich darauf verzichten. Zur Sicherheit sollte aber noch längere Zeit eine wasserdichte Unterlage unterm Laken liegen. Denn gelegentliche Rückfälle sind normal, sie passieren besonders häufig vor dem Ausbruch einer Infektionskrankheit oder nach größeren Aufregungen.

Ist das Kind schließlich trocken, geht vor allem beim Spielen öfter noch mal was in die Hose. Kindergärtnerinnen kennen dieses Spieleifer-Nässen, sie sehen, wann ein Kind muss, und machen es darauf aufmerksam. So lernt es, dass die Blasengesetze auch mitten im schönsten Spiel gelten. Und dass man trotz Pinkelpause nichts verpasst, sondern danach erleichtert weiterspielen kann.

Töpfchentraining schadet nur

»Du warst schon mit einem Jahr trocken«, brüsten sich Großmütter gerne. Tatsächlich blieben früher die Windeln schneller trocken. Doch mit selbstständiger Blasenkontrolle hatte das wenig zu tun.

• 1950 galten 85 Prozent der Zweijährigen als sauber. Heute brauchen noch 40 Prozent der Dreijährigen und zwei Prozent der Vierjährigen eine Windel. In der Nacht sind im Einschulalter über zehn Prozent der Jungen noch nicht ganz trocken. Was nicht daran liegt, dass Omi es besser machte. Im Gegenteil: Früher verbrachten Kinder viel zu viel Zeit auf dem Topf. Um nicht Berge von Windeln waschen zu müssen, wurden die Kleinen ständig aufs Töpfchen gesetzt, viele kamen beim Spielen auf ein Topfstühlchen, das in der Mitte ein Loch hatte. Dort verbrachten sie am Tag mehrere Stunden – da konnte nicht viel danebengehen. Von selbstständiger Blasen- und Darmkontrolle war das weit entfernt. Die lässt sich durch hartnäckiges Töpfchentraining nicht beschleunigen – allenfalls erschweren.

• Wann ein Kind trocken wird, hängt davon ab, ob sein Gehirn dafür ausgereift ist. Das ist, damals wie heute, durchschnittlich im Alter von 30 Monaten der Fall (tagsüber mit 28 Monaten, nachts mit 33 Monaten). Einigen Kindern gelingt dies erst am Ende des fünften Lebensjahres. Hannsjörg Bachmann, ehemaliger Leiter der Kinder- und Jugendklinik Links der Weser in Bremen, kann Eltern beruhigen: »Sofern keine organischen Krankheiten vorliegen, besteht kein Anlass zur Besorgnis.«

• Ein nützlicher Begleiter ist das Buch der Verhaltensbiologin Gabriele Haug-Schnabel: *Wie Kinder sauber werden können* (▶ Literatur). Es räumt mit Irrtümern rund ums Töpfchen-Training auf und gibt, auch im Umgang mit vermeintlichen und tatsächlichen Bettnässern, wertvolle Tipps.

Kinderkrippen fördern die Sozialkompetenz

Möchte ein Elternteil zu Hause bleiben, um sich seinem Kind bis zum Kindergartenalter uneingeschränkt widmen zu können, kann er ihm im häuslichen Umfeld durchaus alles bieten, was es in diesem Alter zu seiner Förderung braucht. Andererseits brauchen Eltern aber auch kein schlechtes Gewissen zu haben, wenn sie ihr Kind in eine gut geführte Kinderkrippe oder zu einer guten Tagesmutter geben. Denn Untersuchungen zeigen, dass Kleinkinder davon durchaus profitieren.

Miteinander oder nebeneinanderher spielen, andere Kinder beobachten, sich an ihnen orientieren, gegen sie durchsetzen, aber auch mal zurückstecken: Das sind natürliche Lernfelder, wie man sie in afrikanischen Dorfgemeinschaften oder Großfamilien findet. Und die wir unseren Kindern zu Hause nicht mehr bieten können. Auch gesundheitlich bringt der frühe Kontakt zu Gleichaltrigen Vorteile: Zwar stecken kleine Rotznasen einander oft mit Schnupfen und Husten an, weil das aber ihr Immunsystem trainiert, reduziert sich ihr Allergierisiko.

Viele Mütter und Väter, die ihr Kind zum Beispiel aus beruflichen Gründen schon früh in eine Krippe geben müssen, fragen sich: Kann eine Erzieherin oder Tagesmutter unser Kleines so gut verstehen wie wir? Nein, kann sie nicht – und auch das ist gut so: Dass es mit »Dotzen« seine Socken und mit »Nanan« seinen Schnuller meint, wissen nur Mama und Papa. In einer Kindergruppe muss es sich sprachlich mehr anstrengen, was ihm, das zeigt die PISA-Studie, schulisch zugute kommt. Bereits im Kindergarten fallen Kinder aus Krippen oder größerer Tagesmutterarrangements außerdem als besonders kooperationsbereit und sozial kompetent auf.

Wie sieht eine gute Krippe aus?

Wichtigste Grundvoraussetzung, damit ein Kind von einer Krippe oder einem Tagesmutterarrangement profitieren kann, ist eine liebevolle und feinfühlige Eingewöhnung (▶ Seite 334). Lassen Sie sich bei der Auswahl außerdem von folgenden Kriterien leiten:

- Interessiert sich das Personal für Ihre Erziehungs- und Ernährungsvorstellungen? Empfinden Sie es als feinfühlig, engagiert und sensibel? Sie sollten das Bauchgefühl haben: Unsere Erzieherin ist besonders lieb – mit ihr haben wir Glück.

- Der Betreuungsschlüssel in einer Kinderkrippe sollte bei drei bis vier Kindern pro Fachkraft liegen. Hat Ihr Kind stets vertraute Bezugspersonen um sich?

- Bietet die Einrichtung eine feste Struktur, an der sich Ihr Kind orientieren kann? Ist sie zugleich flexibel genug, um Ihren individuellen Betreuungsbedarf zu berücksichtigen? Können die Erzieherinnen Ihrem Kind genug Zeit zum Wickeln, Anziehen und Trösten widmen? Sprechen Sie viel mit den Kindern und gehen Sie einfühlsam auf jedes einzelne ein?

- Gibt es eigene Bereiche für die Pflege, zum Essen, Entspannen und Schlafen, zum Spielen und Toben? Überzeugt Sie das Angebot an sinnlich anregenden Spielmaterialien? Stehen diese auch in Augenhöhe der Kinder? Besteht viel Zeit für freies Spiel? Dürfen sich die Kinder austoben? Gibt es einen sicheren Außenbereich, wo an der frischen Luft und mit Wasser und Sand gespielt werden kann?

- Erhalten Sie schriftliche Informationen über Angebote und Erziehungskonzept der Einrichtung? Können Sie bei Ausflügen und Festen oder durch Hospitieren Einblick in die pädagogische Arbeit bekommen? Werden Ereignisse und Entwicklungsschritte für die Eltern dokumentiert, zum Beispiel in einer Mappe? (▶ Anhang 16)

Ein guter Kindergarten

Ein gut geführter Kindergarten mit feinfühligem und engagiertem Personal ist eine der besten Möglichkeiten, um Kinder zu fördern. Dabei kommt es weniger auf die Vielfalt des Spielzeugangebots an als auf die Anregungen, die Kinder hier erhalten. In Waldkindergärten beispielsweise wird das Spielzeug aus einfachen Materialien selbst gebastelt und muss in ein paar Kisten in den Wohnwagen passen. Entscheidend ist der Kontakt zu Gleichaltrigen: gemeinsam die neuen Anregungen ausprobieren, sich eingliedern lernen und zugleich entfalten dürfen.

Der Kindergarten sollte möglichst nahe gelegen sein. Wenn man den Spielkameraden, die man aus dem Kindergarten kennt, auch auf der Straße, beim Einkaufen oder auf gemeinsamen Spielplätzen begegnet, werden Kinder in ihr soziales Umfeld eingebunden.

Die meisten Kinder kommen mit drei Jahren in den Kindergarten, was etwa dem durchschnittlichen Altersabstand zwischen Geschwistern entspricht. Der Kindergarteneintritt fällt also für viele mit der Geburt eines Geschwisters zusammen (▶ Seite 39). Einerseits tut das neue Terrain gut und lenkt von der Eifersucht auf den Neuankömmling ab. Andererseits argwöhnen manche, sie würden wegen des Babys in diese Einrichtung abgeschoben. Darum möglichst den Kindergarteneintritt mindestens zwei Monate vor den Geburtstermin des Geschwisters legen, damit das Kind diese beiden Lebenseinschnitte nicht miteinander in Verbindung bringt. Bei der Eingewöhnung kann man sich an den Regeln für die Kinderkrippen-Eingewöhnung orientieren (▶ Seite 334). Meist klappt die Eingewöhnung im Kindergartenalter einfacher und schneller. Besonders schön ist es, wenn das Kind zusammen mit einem Freund oder einer Freundin in den Kindergarten kommt. Einen guten Kindergarten erkennt man an ähnlichen Kriterien wie jenen für die Kinderkrippe (▶ Seite 205, Anhang 16). Besonders wichtig ist auch, dass dort den Kindern viel Zeit für freies, ungebundenes Spiel eingeräumt wird.

Mit Lob sparen

Lob stärkt und ermutigt. Aber nur, solange man es richtig dosiert. Zu viel Lob behindert den natürlichen Ansporn, etwas selbst zu tun, und fixiert Kinder in ihrem Tun auf den anschließenden Beifall.

Ehrgeizig müht sich die dreijährige Leonie ab, ohne Hilfe ihre Strumpfhose anzuziehen. Immer wieder bleibt ein Zeh darin hängen, und Leonies angestrengtes Gesicht verrät, wie intensiv sie mit ihrem Vorhaben verbunden ist. Dass sie es schließlich schafft, ist der schönste Lohn. Nichts stärkt das Selbstbewusstsein mehr als die Freude über etwas Gelungenes und das Gefühl, nützlich zu sein. Erhielte Leonie nun überschwängliches Lob, würde ihr Erfolgserlebnis vom Gefühl »Ich hab's geschafft« auf den elterlichen Applaus verlagert.

Natürlich tut Lob Kindern gut und bestärkt sie in ihren guten Absichten. Viel wirkungsvoller als ein dahingesagtes »Super« oder »Toll« ist aber ein Lob, bei dem Kinder unsere Anerkennung nicht nur hören, sondern spüren, dass wir uns mit ihrer Leistung auseinandersetzen. »Wie geschickt du in die enge Ferse geschlüpft bist« – solch eine Kombination von Aufmerksamkeit und Lob drückt Liebe aus und fördert optimal das kindliche Bestreben, etwas Sinnvolles zu tun. Auch einfach »Das war aber schwer« zu hören macht Kinder stolz. Besonders motivierend wirkt Anerkennung in Form von Gesten: Ein gehobener Daumen, ein zustimmendes Schnalzen oder auch nur ein Augenzwinkern sind viel glaubhafter und wirkungsvoller als überschwängliche Lobpreisungen. Heischt ein Kind für jeden zweiten Handgriff nach Anerkennung, vermisst es Zuwendung. Nicht in Form von Lob, sondern von exklusiven Zeiten, Kuscheln und gemeinsamen Erlebnissen (▶ Seite 88, 129).

Belohnen

Lob und Belohnungen gehören zu den wirksamsten Mitteln, Kinder zu etwas zu motivieren. Doch auch das Belohnen will wohldosiert sein. Man könnte sogar sagen: Zu häufiges Belohnen ist ebenso unnütz und schädlich wie Bestrafen. Denn beides zeigt eine Herablassung des »überlegenen« Erwachsenen gegenüber dem »unterlegenen« Kind. Damit Kinder sich als gleichwertige Familienmitglieder erleben, sollten Eltern von ihnen erwarten, dass sie ihrem Alter entsprechend etwas zum Alltag beitragen. Ein Dreijähriges verdient kein Stück Schokolade, weil es beim Tischabräumen hilft. Ein Schulkind braucht man nicht mit dem Pfandgeld zu ködern, damit es die leeren Flaschen zum Getränkeladen bringt. Es ist der tiefe Wunsch eines Kindes, mitzumachen und dazuzugehören. Dieser Teamgeist wird geschwächt, wenn man es zu oft unangemessen belohnt. Dann lernt es Materialismus und Selbstbezogenheit, und man braucht sich nicht zu wundern, wenn bald für jeden Handgriff nach einer Belohnung geschielt wird. Für besondere Leitungen, die nicht zu ihren Pflichten gehören (wie die Beaufsichtigung eines jüngeren Geschwisters, denn das ist eigentlich Elternaufgabe), verdienen Kinder aber durchaus einen Taschengeldzuschuss.

Das Bonussystem

Gerade wenn Ihr Kind Schwierigkeiten macht, sollten Sie es reichlich belohnen. Das Belohnen nach einem Bonussystem wirkt anfangs wahre Wunder und hilft, Kinder wieder auf den rechten Weg zu bringen. Denn das Augenmerk wird vom Problem auf dessen Lösung gelenkt.

• Beispiel: Ein Schulkind weigert sich, Vokabeln zu lernen. Spätestens wenn die Versetzung gefährdet ist, haben Eltern die Verantwortung, ihren Schützling zu unterstützen. Sie können mit ihm einen Vertrag schließen: Jedes Mal, wenn er zehn neue Vokabeln beherrscht, gibt es einen Aufkleber. Auf ein Blatt Papier werden zehn Kästchen gemalt. Sind alle Kästchen beklebt, wird ein vereinbarter Wunsch erfüllt oder ein bestimmter Geldbetrag ausbezahlt. Wichtig: Belohnen Sie nicht erst die gute Note (sie ist ohnehin die beste Belohnung), sondern das vorangehende Lernen.

- Natürlich können Sie die Anzahl der Kästchen variieren, diese ebenso gut ausmalen lassen oder Fleißbildchen verteilen – Ihrer Fantasie sind keine Grenzen gesetzt. Entscheidend ist: Ihr Kind bekommt die Belohnung nicht sofort, sondern muss sie sich mühsam erarbeiten. Auf diese Weise gewöhnt es sich an das Wohlverhalten, das durch die anschließende Belohnung noch einmal gefestigt wird (▶ Seite 132). Erzielt es in der Schule dauerhaft Erfolgserlebnisse, wird es sich so darüber freuen, dass sich weitere Bonusrunden erübrigen.

- Je jünger Kinder sind, desto kürzer sollten sie auf die Belohnung hinarbeiten müssen. Für Kleinkinder ist das Bonussystem noch zu abstrakt, sie wären damit überfordert. Fünfjährige sollten anstatt mit abstrakten Punkten gleich mit etwas Konkretem belohnt werden, zum Beispiel einem Gummibärchen. Sie sind aber auch schon stolz, wenn sie zur Belohnung feierlich ein Fleißbildchen ausmalen oder eine lachende Sonne in ihren Bonuskalender eintragen dürfen. Nach drei kleinen Belohnungen gibt es dann unangekündigt noch einen Überraschungsbonus dazu. Ein Geldbonus empfiehlt sich erst ab dem Schulalter, ab sieben bis acht Jahren verstehen Kinder das Bonussystem gut genug, um schon eine Woche gezielt auf den Bonus hinarbeiten zu können.

- Diese Methode macht auch Zahnputzmuffel oder morgendliche Schlafmützen kooperationsbereit. Größere Kindergartenkinder gewöhnen sich damit oftmals das Daumenlutschen ab. Es kann auch dabei helfen, das Nägelknabbern zu beenden. Ist das Bonusheftchen voll, genügt es meist, das Kind mit Anerkennung zu belohnen. Falls Jugendliche in der Pubertät zu rauchen beginnen, ist es einen Versuch wert, sie per Bonussystem davon abzubringen.

Taschengeld

Es gibt keinen Rechtsanspruch auf Taschengeld. Trotzdem sollten Kinder nicht um Geld betteln müssen. Durch einen festen Etat fühlen sie sich unabhängiger und lernen mit Geld umzugehen. Auch üben sie sich so in Großzügigkeit und darin, anderen eine Freude zu machen. Taschengeldentzug würde den Lerneffekt torpedieren, darum machen »Geldstrafen« nur Sinn, wenn Kinder wiederholt oder mit Absicht etwas kaputt machen und etwas zur Schadensbegrenzung beisteuern sollen (▶ Seite 142). Umgekehrt können auch Zuschüsse das Verhältnis zum Geld durchkreuzen: Bekommen Kinder ständig etwas zugesteckt, machen sie die Erfahrung, dass sich sparen und arbeiten nicht lohnen, denn von irgendwoher kommt immer ein Geldsegen. Auch Taschengeldvorschüsse bewirken nichts Gutes; sie suggerieren, dass Schulden machen sich auszahlt. Besser, man bietet dem Kind die Möglichkeit, sich etwas dazuzuverdienen. Oder man polstert das Budget durch das Bonussystem auf. Da der Bonus nicht unverhofft, sondern vorhersehbar eintritt, kann das Kind damit kalkulieren (▶ Seite 208).

Taschengeld sollte möglichst großzügig bemessen sein. Wird ein Kind allzu knapp gehalten, bringt ihm das Sparen kein Erfolgserlebnis. Darum ist es besser, anstelle von Extras außer der Reihe das Taschengeld aufzustocken. So ist das Kind gezwungen, das Geld für feste Ausgaben wie Zeitschriften oder Handy rechtzeitig zurückzulegen. Die beste Hilfe im Umgang mit Geld ist ein richtiges Vorbild: Beim gemeinsamen Einkaufen besprechen, wie man Sonderangebote nutzt und Preise vergleicht. Wofür das Taschengeld ausgegeben wird, sollen Kinder frei entscheiden dürfen. Keinesfalls sollte man ihnen vorschreiben, einen Teil ihres Geldes zu sparen. Fehlkäufe gehören dazu, um richtiges Konsumverhalten zu lernen. Notwendigen Ausgaben wie Fahrgeld, Pausenbrot, Körperpflege, Bekleidung, Klassenfahrten oder Schulsachen sollten sie nicht vom Taschengeld bezahlen müssen, denn dies sind keine freiwilligen Geldentscheidungen.

Wie viel Geld in welchem Alter?

Die im Folgenden aufgeführten Beträge orientieren sich daran, was Jugendämter in Deutschland empfehlen. Sie sind lediglich als Anhaltspunkt gedacht. Entscheidend ist, was davon bezahlt werden soll, und vor allem die wirtschaftliche Situation der Familie.

Vorschulalter:	1 Euro wöchentlich
6 bis 7 Jahre:	2 Euro wöchentlich
8 bis 9 Jahre:	3 Euro wöchentlich
10 Jahre:	14 Euro monatlich
11 Jahre:	16 Euro monatlich
12 Jahre:	20 Euro monatlich
13 Jahre:	23 Euro monatlich
14 Jahre:	25 Euro monatlich
15 Jahre:	30 Euro monatlich
16 Jahre:	35 Euro monatlich
17 Jahre:	45 Euro monatlich
18 Jahre:	70 Euro monatlich

Die Angaben ab 16 Jahren sind für Jugendliche gedacht, die wirtschaftlich noch völlig von den Eltern abhängig sind (Schüler, arbeitslose Jugendliche). Kleineren Kindern sollte man das Taschengeld wöchentlich, größeren 14-tägig oder monatlich auszahlen – und vor allem immer pünktlich. Teenagern kann man ein Taschengeldkonto einrichten und das Geld per Dauerauftrag darauf überweisen. Davon können sie auch per Karte abheben und lernen, dass Geldautomaten die Scheine nicht einfach ausspucken, sondern nur hergeben, was vorher einbezahlt wurde.

Wünsche schützen vor Sucht

Wenn Erwachsene in Kindheitserinnerungen schwelgen, denken sie oft an Momente zurück, als ein lang ersehnter Wunsch in Erfüllung ging. An das Weihnachtsfest, als tatsächlich eine Carrera-Rennbahn unterm Christbaum stand. An den Sommer, in dem der Vater sich zum Bau eines Baumhauses erweichen ließ. Die Erinnerung an Wünsche erfüllt uns selbst dann mit Glück, wenn diese gar nicht in Erfüllung gingen. Das Verlangen nach einem Kettcar, der jahrelange Traum vom eigenen Pferd: Erinnerte Sehnsucht ist wertvoll, denn sie lässt uns Glück empfinden.

Das Rad der Zeit lässt sich nicht mehr zurückdrehen. Fast-Food-Tüten und Zeitschriften liegen Gimmicks in der Größenordnung damaliger Geburtstagsgeschenke bei. Eltern haben heute andere finanzielle Möglichkeiten, und es wäre unfair, Kinder so knapp wie früher zu halten. Heute wünschen sich Kinder nun mal kostspielige Barbiehäuser, Mountainbikes, Markenklamotten oder Handys. Liegen diese dann auf dem Gabentisch, macht sie das durchaus glücklich. Umso mehr, wenn ihr Wunsch danach reifen durfte (▶ Seite 243).

Liest man Kindern ihre Wünsche hingegen von den Augen ab oder überhäuft man sie mit Geschenken, nimmt man ihrer Kindheit einen Teil ihres Zaubers. Darum ist es nicht gut, wenn Kinder ihr erstes Fahrrad bekommen, obwohl sie noch gar nicht fahren können. Mussten sie sich hingegen eine Zeit lang nach etwas sehnen, schenkt man ihnen nicht nur kurze Freude, sondern bleibende Erinnerungen. Abwarten lernen, auf die Erfüllung eines Wunsches hinarbeiten: Das lehrt auch, schnellen Verlockungen und übereilten Befriedigungen zu widerstehen. Durch diese Fähigkeit sind Kinder in der Pubertät viel besser vor gefährlichen Versuchungen wie Alkohol, Zigaretten oder Drogen geschützt (▶ Seite 317).

Geschenke: Weniger ist mehr

Natürlich dürfen Sie Ihr Kind mit Mitbringseln überraschen. Seien Sie aber sparsam damit. Geben Sie ihm die Chance, sich auf etwas zu freuen.

- Lassen Sie Wünsche reifen. Je größer Kinder sind, desto länger können sie warten. Einem Kleinkind darf man den begehrten Teddybären schon nach einem oder wenigen Tagen mitbringen, denn nach ein paar Wochen hätte es ihn vergessen. Ab dem Kindergartenalter kann es bis zum nächsten größeren Anlass, wie Weihnachten oder Geburtstag, warten.

- Verraten Sie Geschenke nicht: Geht ein lang ersehnter Wunsch plötzlich in Erfüllung, macht das Herz einen Sprung. Der Grund: Der Überraschungseffekt bewirkt im Gehirn die Ausschüttung von Glückshormonen.

• Am glücklichsten machen Geschenke, welche die Seele berühren: An einer selbst gebauten Puppenküche oder einem gestrickten Pullover hängt das Herz besonders. Drücken Sie Liebe weniger mit Investitionen aus, sondern schenken Sie Ihrem Kind Zeit: Zeit, ihm etwas selbst Gemachtes zu schenken. Vor allem Zeit für gemeinsame Erlebnisse: einen Kuchen backen, ein Vogelhäuschen zimmern, am Wochenende zelten gehen (▶ Anhang 25).

• Omas, Tanten und Gäste überhäufen die lieben Kleinen mit Geschenken. Da braucht man den Mut, »Nein danke« zu sagen. Erklären Sie Freunden und Bekannten: »Wir wissen, wie lieb ihr das meint. Aber wir wollen das Kinderzimmer überschaubar halten.« Bitten Sie Ihre Gäste: »Bringt lieber etwas Zeit mit, um ein Weilchen mit unserem Kind zu spielen. Wir finden es viel schöner, wenn es nicht darauf schielt, was ihr dabeihabt, sondern sich wirklich auf *euch* freut.« Großeltern sind eingeschnappt, wenn man ihre Gaben zurückweist. Ein Kompromiss ist ein Geschenke-Sparbuch, wo man vermerkt, wer zu welchem Anlass welchen Betrag einbezahlt hat. Erstaunlich, welche Summen da zusammenkommen. Damit lassen sich Wünsche erfüllen, die sonst finanziell nicht machbar wären: eine neue Kinderzimmereinrichtung, ein Reitkurs oder ein Schüleraustausch in die USA.

• Verschenken Sie niemals spontan ein Haustier.

Haustiere

Kaum eine Familie kommt um das Thema Haustier herum. Rationale Argumente sprechen eindeutig gegen eine solche Anschaffung: Heimtiere machen Arbeit, können beißen, kratzen und Allergien auslösen. Sie sind ein hygienisches Risiko – und die Kinder sind ein Risiko für Tiere. Denn die Liebe beruht nicht unbedingt auf Gegenseitigkeit. Man stelle sich vor, man lebt in einem Käfig, und ab und zu kommt King Kong, um einen zu packen und zu knuddeln. Genauso leiden Millionen von Haustieren in Kinderhänden, werden (freilich in liebevoller

Absicht) in Puppenkleider gezwängt, in ferngesteuerten Autos herumkutschiert oder zum Kuscheln unter Bettdecken gepfercht.

Man muss sich klarmachen, dass es sich um ein Lebewesen handelt, dessen Wohlergehen sichergestellt sein muss. Dafür hat nicht das Kind, sondern schlussendlich ein Erwachsener die Verantwortung zu tragen. Auch wenn Kinder noch so sehr beteuern, immer den Käfig zu putzen und sich zu kümmern: Hat sich die Begeisterung gelegt, bleibt es doch an den Eltern hängen. Darum gebe sein »Ja-Wort« zum Vierbeiner nur, wer selbst Lust darauf hat. Gegen kindlichen Überschwang helfen bloß elterliche Konsequenz und geduldige Anleitung, weshalb sich alle Familienmitglieder gründlich mit der Anschaffung auseinandersetzen sollten. Die Vorbereitung auf ein Haustier kann ein spannendes Wissensspiel für die ganze Familie sein, und in jedem tierbegeisterten Kind steckt eine kleine Jane Goodall. Ausflüge in Tierparks, Besuche bei Freunden mit Haustieren, gemeinsames Surfen im Internet, Bücher und Broschüren und vor allem eine lange Bedenkzeit sollten der Anschaffung unbedingt vorangehen.

Hat man all das hinter sich, weiß man, dass das Vorhaben eigentlich unvernünftig ist. Und doch: Nichts lässt ein Kinderherz höher schlagen, als ein eigenes Haustier zu bekommen. Tiere können Freunde sein. Einem Tier kann man sein Herz ausschütten, ohne eine pädagogische Lektion erteilt zu bekommen. Tiere sind gute Erzieher, weil sie instinktiv vermitteln, dass man Rücksicht nehmen muss. Kinder können lernen, was in einem Tier vorgeht, wenn es knurrt, kratzt oder sich versteckt. Vorausgesetzt, ihre Eltern sind gut informiert und haben Geduld und Zeit, es ihnen zu erklären. Auch sollten Kinder mindestens im Schulalter sein, bevor man ihnen ein Tier schenkt. Sonst ist die Enttäuschung groß, weil der vierbeinige Liebling wegen der kindlichen Ungeduld nicht richtig zutraulich wird.

In der Pubertät lässt das Interesse am Haustier meist nach. Trotzdem können jetzt vor allem Hunde und Katzen das Familienleben bereichern und den Zugang zu verstockten Jugendlichen erleichtern. Ein Tier liefert stets unverfänglichen Gesprächsstoff, weil man ausmachen muss, wer sich gerade kümmert. Oder wenn man sich nach einem Krach erzählt, was das Tier wieder angestellt hat. Dann lacht man gemeinsam darüber und ist wieder versöhnt. Jugendliche möchten nur noch selten Körperkontakt. Dann schaffen Vierbeiner Vertrautheit und Nähe, weil man sich automatisch immer wieder zusammensetzt, um sie gemeinsam zu streicheln (▶ Seite 325, 340).

LEKTION 9

Selbstbewusstsein und Persönlichkeit

Selbstwertgefühl ist der Schlüssel zum Potenzial eines Menschen. So wie ein Baum alle Nährstoffe durch seinen Stamm nach oben transportiert, ist für kleine und große Menschen ein stabiles Selbstbewusstsein der Grundstock, um Begabungen und Beziehungen entfalten zu können. Der Anfang dazu wird gemacht, wenn Eltern zu ihrem Säugling eine sichere Bindung aufbauen, damit er spürt: Andere sind immer für mich da, sie sind es gerne, also bin ich wertvoll (▶ Seite 45). Dieses Selbstwertgefühl ist die Wurzel, aus der im zweiten Lebensjahr das Selbstbewusstsein wächst. Vorher allerdings ist sich das Baby seiner selbst noch gar nicht bewusst, denn es empfindet sich noch als Einheit mit seiner Mutter. Bevor sich dies ändern kann, muss das Kind erst die sogenannte psychische Geburt durchlaufen.

Die psychische Geburt

Beim Blick in den Spiegel freut sich ein Baby über »das andere Kind«, das es da sieht. Auch wenn es mit seinem eigenen Körper spielt und diesen beobachtet, ist ihm noch nicht bewusst, dass dieses Fühlen nur in ihm selbst stattfindet. Im zweiten Lebensjahr kommt es dann zur psychischen Geburt. Sie können beobachten, wie Ihrem Kind jetzt bewusst wird, dass es eine eigenständige Person ist.

• Putzen Sie ihm beim Blick in den Spiegel die Nase und tupfen dabei unauffällig mit Creme einen Punkt auf seine Nase. Sobald es nicht in den Spiegel, sondern an seine Nase greift, um den Klecks anzufassen, hat es verstanden: Das Kind im Spiegel bin ich selbst.

• Dem Kleinkind wird bewusst, dass es einen eigenen Körper und eigenes Empfinden hat. Sah es bislang andere lachen oder weinen, weinte es mit, weil es sich davon anstecken ließ. Nach der psychischen Geburt bekommt diese Gefühlsansteckung zunehmend eine neue Qualität. Sie ist der Grundstein für Mitgefühl und Empathie, und das Kind bemüht sich, andere zu trösten und ihnen zu helfen.

Trotzalter: Das Ich erwacht

Merles Eltern fühlen sich wie am Pranger. Eineinhalb Kilometer sind es vom Park bis nach Hause. Eineinhalb Kilometer lang starren die Passanten sie an. Entsetzt (»Was haben Sie dem Kind angetan?«), besorgt (»Sollen wir einen Krankenwagen rufen?«) oder anmaßend (»Der Schreihals braucht eins hinten drauf«). Wie wohl tut da das Augenzwinkern einer jungen Mutter (»Ich weiß, was Sie mitmachen«).

Ja, man macht etwas mit, wenn Kinder um den zweiten Geburtstag herum ins Trotzalter kommen. Gestern waren ihre Lieblingsworte noch »Mama« und »Papa«, heute lauten sie »Selber!«, »Nein!« oder »Will aber!«. Merle brüllt »Mein Blatt!« und malträtiert ihren Papa mit Fäusten und Fußtritten, während dieser sie über der Schulter tragen muss: eineinhalb Kilometer lang! Der Grund: Das Mädchen hatte im Park ein herbstlich gefärbtes Blatt aufgelesen, es dann aber verloren. Die Eltern suchten, konnten es nicht mehr finden, boten unzähliges Laubwerk als Ersatz – aber Merle wollte nur eins: »Mein Blatt!«

Der Begriff »Trotzalter« ist unglücklich gewählt, weil er bewussten Widerstand unterstellt. Engländer reden passender von »the terrible twos«, worin anklingt, dass diese Zeit unweigerlich kommt – und wieder vergeht. Diese anstrengende und für das Kind schmerzhafte Phase ist einer der wichtigsten Meilensteine in seiner Entwicklung. Es geht nicht um Trotz oder Ungehorsam, sondern um Ablösung und Selbstständigwerden (▶ Seite 327). Zwar äußerte das Kind schon mit zehn bis zwölf Monaten Ärger, wenn es etwas, das es anfassen wollte, nicht bekam. Doch es war schnell zu beruhigen, weil es sich noch ganz im Einklang mit seinen Eltern fühlte. Aus dieser Verschmelzung löst es sich jetzt.

Die Zornesausbrüche geschehen nicht absichtlich, sondern sind Panikreaktionen auf die eigene Unzulänglichkeit. Für ein Zweijähriges gerät die Welt aus den Fugen. Voller Stolz, selbstständig laufen und immer besser sprechen zu können, ist seine Abenteuerlust grenzenlos. Es fühlt sich wie ein kleiner Gott, der mithilfe seiner allmächtigen Eltern alles erreicht, was er nur will. Diese Illusion wird nun erbarmungslos zerstört: von der Realität und, was noch viel schmerzhafter ist, ausgerechnet von seinen Eltern, mit denen es sich bislang doch als Einheit empfand. Plötzlich erlebt es Mama und Papa als »böse«, weil sie ihm ausgerechnet bei den schönsten Abenteuern einen Strich durch die Rechnung machen. Da ist es doch gerade so wunderbar damit beschäftigt, eine Dose Penatencreme auf dem Teppich zu verschmieren. Und noch bevor es sein Werk vollenden kann, blickt die Mama finster drein und verbietet das herrliche Spiel. Gefühle von Ohnmacht und Entsetzen brechen aus ihm heraus wie ein Vulkan.

Passiert so ein Anfall in der Öffentlichkeit, ist es schwierig, standhaft zu bleiben. Trotzdem muss man sich vor Augen halten, dass das Kind gerade jetzt Klarheit braucht. Setzt man vernünftige Grenzen außer Kraft, nur um es ein paar pikierten Passanten recht zu machen, zahlt man demnächst mit Machtkämpfen den Preis dafür. Noch schlechter sind Klapse, um das tobende Kind »zur Vernunft« zu bringen (▶ Seite 138). Platzt einem bei solch einem Zornesausbruch der Kragen und schreit man mal zurück, ist das zwar keine pädagogische Meisterleistung. Solange es eine Ausnahme bleibt, wird das Kind aber kaum Schaden daran nehmen. Verletzender sind enttäuschte Eltern, die sich traurig abwenden: »Wenn du so böse bist, hat Mama dich nicht mehr lieb.« Auch ist es sinnlos und schädlich, ein trotzendes Kleinkind zu bestrafen. Es leidet selbst unter seinem Anfall.

Dafür auch noch ausgeschimpft zu werden verstärkt sein Gefühl verzweifelter Hilflosigkeit nur noch.

So beeindruckend solch ein Wutanfall sein kann: Nach spätestens 15 Minuten ist das Gewitter fast immer vorüber. So lange gilt es, Nerven und Ruhe zu bewahren, damit das Kind lernt: Was mir da gerade widerfährt, ist normal, damit muss ich leben. Im Fall der kleinen Merle also: Das verlorene Herbstblatt lässt sich nicht mehr finden – und trotzdem wird alles wieder gut. Gerieten Merles Eltern aus der Fassung, sähe sich das Kind in seiner Verzweiflung bestätigt: »Dass ich das Blatt nicht finde, ist so entsetzlich, dass sogar Mama und Papa durchdrehen und mich jetzt nicht mehr lieb haben.« Ebenso falsch wäre es, sich von der Wut des Kindes erpressen zu lassen. Dann kann es an der Trotzphase nicht reifen, sondern fühlt sich in seinen naiven Allmachtsfantasien bestärkt: »Mein Wille hat zu geschehen. Mama und Papa sehen das ein, wenn ich nur genug tobe.«

Ein wirkungsvolles Erziehungswerkzeug während eines Trotzanfalls ist die Auszeit: Man nimmt das Kind für kurze Zeit (maximal eine Minute pro Lebensjahr) aus der Situation heraus, damit es sich wieder sammeln kann. Dazu setzt man es kurz in ein anderes Zimmer. Notfalls könnte man sogar die Tür zuhalten. Besser ist aber ein Türgitter, damit das Kind seine Eltern sehen oder hören kann. Die Auszeit zeigt aber auch schon Wirkung, wenn man das Kind von der augenblicklichen Tätigkeit ausschließt und es nicht beachtet. Oberste Spielregel: Das Kind muss sich in dem Zimmer geborgen fühlen, und es muss sichergestellt sein, dass es sich nicht verletzen kann. Außerdem: Vorher zweimal deutlich warnen! Und nach der Auszeit sofort ein Friedensangebot machen: »Jetzt ist wieder gut.« Ist eine Auszeit aus Sicherheitsgründen nicht möglich (wie bei Merle, die nach der Dämmerung im Park wegrennen wollte, um ihr Blatt zu suchen), kann man das Kind auch schützend festhalten. Zwar wird es sich dagegen wehren, doch wenn der Koller vorüber ist, braucht es Nähe und Trost. Kleinkinder bekommen Angst vor der Wucht ihrer Gefühle und sind danach besonders schutzbedürftig und anschmiegsam. Darum sollte man ihnen Trotzanfälle keinesfalls nachtragen, sondern sie in den Arm nehmen, kurz in Ruhe darüber reden, dann zu einem schönen Thema wechseln – und wenn man selbst überreagiert hat, sich dafür beim Kind entschuldigen!

Bei manchen Kindern verläuft das Trotzalter unspektakulär. Ein paar scheinen keine Trotzphase zu durchlaufen und holen diese beim Schuleintritt nach. Während der Pubertät wird dann eine zweite und noch wesentlich schwierigere Trotzphase durchlebt. Ein trotzendes Kleinkind muss lernen: Ich bin eine eigene Person. Ein rebellierender Jugendlicher kämpft mit seinen Eltern, weil er lernt: Ich bin eine eigene Persönlichkeit (▶ Seite 296, 328).

Trotzanfälle: So nehmen Sie die Luft raus

Gegen die Trotzphase lässt sich nichts tun: Sie und Ihr Kind müssen da durch. Folgende Anregungen können aber helfen, die Häufigkeit der Trotzanfälle einzuschränken:

- Eine Entscheidungshilfe geben

Pudding, Eis, Kekse oder Fruchtjoghurt zum Nachtisch? Von so viel Auswahl sind Kleinkinder überfordert. Zwei Alternativen genügen. Ist die Laune am Kippen, nur eine Vorgabe: »Jetzt gibt's leckeren Joghurt, hm!« (▶ Seite 222)

- Zeit lassen

Kündigen Sie es rechtzeitig und bildhaft an, wenn Ihr Kind sein Spiel beenden muss: Sagen Sie etwa zehn Minuten vorher: »Wenn der Zeiger oben steht, müssen wir los.« Erinnern Sie fünf Minuten vorher erneut: »Gleich ist der Zeiger oben, dann ziehen wir unsere Schuhe an.«

- Risikosituationen vermeiden

Muss Ihr Kind wirklich beim Friseur dabei sein? Reduzieren Sie Situationen, in denen Ärger vorprogrammiert ist.

- Machtkämpfe vermeiden

Haben Sie bereits »Nein« gesagt, ziehen Sie es möglichst durch, um glaubwürdig zu bleiben. Doch bevor Sie reflexhaft verbieten:

Überlegen Sie, auf welche Verbote Sie verzichten könnten. Ist es wirklich so schlimm, wenn Ihr Kind die Sockenschublade oder den Papierkorb ausräumt? Bleiben Sie fest, wenn sich ein Koller ankündigt. Ganz zu Anfang können Sie ihn vielleicht noch abwenden, zum Beispiel: »Ich verstehe, dass du eine Banane willst. Die schmeckt gut. Schade, dass gerade keine Banane mehr da. Aber jetzt schreiben wir zusammen einen Einkaufszettel und kaufen nachher welche.« (▶ Seite 330)

• Freiräume und Grenzen abstecken
Kindlichen Forscherdrang so weit wie möglich zulassen. Notwendige Grenzen aber in ruhigen Momenten erklären – und dann auch konsequent durchsetzen (▶ Seiten 138, 162).

• Zusätzliche Stressfaktoren wie die Geburt eines Geschwisters, Umzug oder eine Ehekrise können die Probleme während der Trotzphase verschärfen. Wenn Sie sich damit überfordert fühlen, holen Sie sich im Freundes- und Verwandtenkreis oder bei einer Erziehungsberatungsstelle rechtzeitig Entlastung, Rat und Hilfe.

Ist die Trotzphase, meist um den dritten Geburtstag herum, endlich überstanden, hat das Kind daraus gelernt:

- Ich kann meine Wünsche sagen – aber ich bekomme sie nicht immer erfüllt.
- Andere, sogar meine geliebten Eltern, haben andere Bedürfnisse als ich.
- Darum muss ich Rücksicht nehmen und Kompromisse schließen.
- Ich bin nicht allmächtig, aber damit lässt sich leben.
- Wenn ich meinen Willen nicht bekomme, halte ich das aus. Ich muss mich nicht auf den Boden werfen, sondern kann auch mal nachgeben.
- Auch wenn ich um mich schlage und tobe: Meine Eltern haben mich immer lieb.
- Nach einem Streit ist alles wieder gut.

Drittes Lebensjahr: Wechselbad der Gefühle

Weil sich das Kind langsam ein eigenes Bild von der Welt macht, gerät es jetzt oft in Konflikte: »Was denke und will ich – und was denken und wollen die anderen?« Mitten im Trotzalter leidet es oft unter der »Qual der Wahl«: Die Entscheidung, jetzt Laufrad zu fahren, schließt die Möglichkeit aus, zugleich auf der Schaukel zu sitzen. Diese Zerrissenheit plagt es nun oft, und weil es erst lernen muss, wie man mit inneren Konflikten umgeht, wirkt es häufig angespannt, planlos und destruktiv. Seine Empfindungen schwanken zwischen den Extremen »Ich bin groß und allmächtig« und »Ich bin klein und hilflos«. In dieser turbulenten Phase sind Kinder vorübergehend sehr unflexibel und pochen pedantisch auf ihre Gewohnheiten: In den Frühstückskakao kommen exakt zwei Löffel Pulver, die werden mit dem gelben Löffel umgerührt und wehe, wenn Papa ihn in der falschen Tasse serviert.

Balsam für die Kinderseele

Sagen Sie Ihrem Kind, wie sehr Sie es lieben. Insbesondere wenn es Spannungen gibt, ist diese Wertschätzung Balsam für Ihr Kind und Ihre Beziehung zueinander.

• Können Sie sich erinnern, dass Ihre Eltern Ihnen gesagt haben, wie sehr sie Sie lieben? Nein? Dann kommen Ihnen wahrscheinlich Komplimente und Liebesgeständnisse ebenfalls schwer über die Lippen. Doch gerade wenn es Ihnen nicht leichtfällt, hat eine Liebeserklärung eine besonders befreiende Wirkung. Für Ihr Kind – und für Sie.

• Sagen Sie, ohne viele Worte, in einfachen Sätzen: »Schön, dass du unser Kind bist.« »Du bist genau richtig.« Das sind heilsame Botschaften für die Kinderseele. Weil das Kind spürt: Ich bin wertvoll, denn ich werde um meiner selbst willen geliebt.

• Ist die Situation gerade zu verkrampft für eine Liebeserklärung? Auch fürs schlafende Kind sind heilsame Botschaften besonders wertvoll. Wenn es noch jünger ist, berühren Sie es sanft – ab der Pubertät nur leise sprechen, ohne Berührung. Nennen Sie nicht seinen Namen, das wäre ein Aufwachreiz. Sagen Sie: »Schön, dass es dich gibt.« – »Mama (oder Papa) hat dich lieb.« – »Du bist sicher und geborgen.« Diese Nähe und die heilsame Botschaft sinken ins kindliche Unterbewusstsein ein. Auch Sie werden sich leichter fühlen und Ihrem Kind am anderen Morgen gelöst und warmherzig gegenübertreten. Bald können Sie ihm offen sagen, wie lieb Sie es haben. Womöglich wird es dann antworten: »Ich dich auch.«

• Geben Sie Ihrem Kind den Vorrang. Ein Beispiel: Es gibt Streit im Sandkasten. Fragen Sie erst Ihr eigenes Kind, worum es geht, dann erst seinen Streitpartner. Ergreifen Sie nicht aus falsch verstandener Höflichkeit Partei für das fremde Kind. Ungeachtet dessen sollen Kinder natürlich lernen, dass sie aus Gründen der Höflichkeit auch mal an zweiter Stelle kommen: »Aus Gastfreundschaft wird zuerst dem Besucherkind serviert – und dann bekommen wir unsere Portion« (▶ Seite 135, 230).

Ein Wir-Gefühl gibt Halt

Der Wunsch dazuzugehören ist ein elementares Grundbedürfnis. Menschen sind soziale Wesen, die ihren Platz finden wollen: in der Familie, dem Freundeskreis, am Wohnort, am Arbeitsplatz, in der Gesellschaft. Die Gewissheit »Hier gehöre ich hin, hier werde ich gebraucht« vermittelt dem Tun einen Sinn. Familien sollten daher Wir-Gefühl und Teamgeist großschreiben: Das sind unsere Regeln; jeder von uns wird gebraucht; wir helfen alle zu Hause mit, schon der Kleinste faltet beim Tischdecken die Servietten; wir streiten zwar öfter, aber wir halten zusammen; wir unternehmen gemeinsam etwas Interessantes. Wenn es Probleme gibt, setzen wir uns alle zusammen, hören einander zu und finden gemeinsam eine Lösung. Familiengeist macht Kinder stolz auf ihre Herkunft und gibt Halt. Eltern sollten unterstützen, dass ihr Kind den Kreis derer, zu denen es gehört, zunehmend erweitert: auf die Nachbarschaft, den Kindergarten, die Schule, den Turnverein, die Clique. Je älter es wird, desto mehr bestimmt es selbst, wo es dazugehören will – und wo nicht (▶ Seite 190, 227).

Das macht Kinder stark

Spuren hinterlassen, die Welt ein Stück verändern, sich etwas zutrauen und selbst etwas bewirken dürfen: Das ist es, was Menschen stark und selbstbewusst macht.

• Zeigen Sie Ihrem Kind, dass es gebraucht wird. Spannen Sie es von klein auf bei Aufgaben ein, die seinem Alter entsprechen (▶ Seite 97). Wer Kindern zu viel abnimmt, hilft ihnen nicht, sondern schwächt sie. Alleine Brötchen holen, ohne Hilfe das Waschbecken putzen – das macht selbstsicher. Lassen Sie Ihr Kind basteln und bauen. Ein Puppenbett aus Pappe, ein Lampion aus Käseschachteln, ein selbst gebackener Kuchen: Das sind kleine Großtaten, die stolz und selbstsicher machen.

• Stärken Sie das familiäre Zugehörigkeitsgefühl Ihres Kindes. Erzählen Sie ihm von seinen Vorfahren, zeichnen Sie einen Stammbaum auf, zeigen Sie ihm Bilder seiner Ahnen, berichten Sie aus Ihrem Leben und dem seiner Großeltern. Pflegen Sie familiäre Rituale und Traditionen und schaffen Sie ein gutes Familienklima (▶ Seite 88). Bringen Sie sich bei Veranstaltungen in Kindergarten und Schule ein, damit Ihr Kind lernt: Wir sind Teil einer Gemeinschaft. Öffnen Sie Ihr Haus für Ihre Freunde und die Ihrer Kinder (▶ Seite 227, 303).

• Sie sind der Chef. Sie wissen, was für Ihr Kind gut ist, und müssen dies auch gegen kindlichen Widerstand ruhig und selbstbewusst vertreten. Respektieren Sie aber außer den Grundbedürfnissen auch die Signale Ihres Kindes: Es ist seine Sache, wann es satt ist – drängen Sie es nicht, sein Fläschchen auszutrinken oder den Teller leer zu essen. Es muss nicht im Sand spielen – sondern darf auf dem Spielplatz auch einfach nur herumsitzen.

• Respektieren Sie das Nein Ihres Kindes. Sich abgrenzen dürfen und den eigenen Gefühlen trauen können macht selbstbewusst und schützt vor schlechten Erfahrungen (▶ Seite 288).

• Lassen Sie Ihr Kind beim Einkaufen entscheiden: Nehmen wir Äpfel oder Orangen? Welche Äpfel sehen gut aus, welche nehmen wir lieber nicht? Überfordern Sie es aber nicht durch zu viele Wahlmöglichkeiten. Die Reife, sich im riesigen Angebot eines Kaufhauses etwas Passendes für sich selbst auszusuchen, entsteht erst in der Pubertät.

• Locken Sie Ihr Kind weg von Fernseher, Playstation und Gameboy. Kinder sind voller Forscherdrang und Abenteuerlust. Doch wer verrät ihnen heute, wie man Steine ditscht, eine Kastanienschleuder oder ein Baumhaus baut, die Himmelsrichtungen ohne Kompass bestimmt oder essbare Wildpflanzen findet? Eine wunderbare Fundgrube voll aufregender Aktionen, Spielideen, Bauanleitungen und Informationen ist das Buch *The dangerous book for boys. Das einzig wahre Handbuch für Väter und ihre Söhne* (ab zehn Jahre) (▶ Literatur). Bei solchen Aktivitäten können natürlich nicht nur Jungen und Väter, sondern auch Mädchen und Mütter wertvolle Erfahrungen machen und ihre Bindung verstärken.

• Kinder haben ein Recht auf aufgeschlagene Knie. Um ihren Körper einschätzen und in ihn vertrauen zu können müssen sie ihn trainieren und dabei auch mal auf die Nase fallen dürfen. Untersuchungen zeigen: Allzu behütete Kinder verletzen sich nicht weniger – sondern mehr. Weil sie ihre motorischen Fähigkeiten nicht ausreichend einüben können. Trauen Sie Ihrem Kind etwas zu. Pushen Sie es aber nicht, wenn es vor etwas zurückschreckt.

• Unterstützen Sie Ihr Kind, wenn es sich sozial oder ehrenamtlich engagiert, im Verein, als Klassensprecher oder bei der Organisation einer Ferienfreizeit. Diese frühe Verantwortung macht stolz – und fit für die Zukunft (▶ Seite 323).

Ist Ihr Kind selbstbewusst?

Kinder mit starkem Selbstwertgefühl:

• handeln selbstständig (»Ich habe mich selber angezogen«) und sind stolz darauf (»Schau, was ich gebastelt habe«).

• wollen Verantwortung übernehmen (»Darf ich die Katze füttern?«) und bei anderen etwas bewirken (»Ich zeig dir, wie das geht«).

• bleiben zuversichtlich (»Klappt gerade nicht, aber ich schaff's noch«) und sind neugierig auf neue Aufgaben (»Ich freu mich auf die Schule«).

• können ihre Gefühle zeigen oder ausdrücken (»Ich bin traurig, weil Mama geschimpft hat«).

• geben beim Spielen gerne den Ton an (»Jetzt spielen wir fangen«) und genießen bei Gleichaltrigen Respekt.

Kinder mit schwachem Selbstwertgefühl:

• meiden Herausforderungen (»Ich will bei der Kindergartenaufführung nicht mitsingen«) und drücken sich vor Neuem mit Ausreden (»Interessiert mich nicht, keine Lust«).

• empfinden sich als Versager (»Das schaffe ich nie ...«).

• schieben Fehler auf andere ab (»Ich weiß die Hausaufgaben nicht, weil meine Tischnachbarin geschwätzt hat«) und lassen sich leicht beeinflussen (»Die anderen haben mich dazu angestiftet«).

• können schwer ihre Gefühle ausdrücken (»Ist mir egal«).

Eltern, die ihrem Kind die Botschaft »Du bist richtig, wie du bist« mit auf den Weg geben, haben für gewöhnlich altersgemäß selbstbewusste Kinder. Dass das Selbstwertgefühl ab und an ins Schwanken gerät, ist normal. Niemand ist perfekt. Jeder fühlt und verhält sich in verschiedenen Situationen immer wieder mal unsicher. Zumal außergewöhnliche Ereignisse wie Krankheit, Umzug oder Trennungen oft vorübergehend zu Entwicklungskrisen oder -rückschritten führen. Scheint ein Kind aber davon überzeugt, dumm, schlecht, ungeliebt oder unfähig zu sein, wird es dieses negative Selbstbild umsetzen. Welche Defizite sich wie äußern und was dagegen hilft, steht eingehender beschrieben in *Selbstbewusste Kinder* von Harris Clemes und Reynold Bean (▶ Literatur, dort finden Sie noch weitere Buchtipps zum Thema). Falls Sie sich Sorgen machen, weil Ihr Kind unter zu wenig Selbstbewusstsein leidet, holen Sie bitte Rat ein, zum Beispiel bei einer Erziehungsberatungsstelle. Bei Problemen und außergewöhnlichen Entwicklungsaufgaben verdienen Familien beraterische oder therapeutische Unterstützung! (▶ Anhang 1, 2, 3, 8, 22)

Freundschaft

Schon Babys profitieren von Spielkameraden. Sie beschäftigen sich zwar noch nicht miteinander, aber sie stecken sich in ihrem Spieleifer an und schauen sich vieles voneinander ab. Im Kindergartenalter wird Freundschaft großgeschrieben. Allerdings wird sie recht schnell geschlossen – und auch wieder gelöst. Einmal begegnet und schön zusammen Ball gespielt, schon heißt es »Mein bester Freund«. Jahrelang bei derselben Tagesmutter, und schon kurz nach einem Streit um ein paar Gummibärchen wird geschimpft: »Ich bin nie mehr deine Freundin!« Die Möglichkeiten, wie Menschen miteinander umgehen können, trainieren Kinder jetzt in ihrem neuen Lieblingsspiel: dem Rollenspiel. Für Mädchen sind dabei die Beziehungen wichtiger als das Spiel selbst. Gibt es Streit, steigt ein Mädchen meist aus dem Spiel aus. Ein Junge wird eher sagen: »Hör auf zu heulen, wir müssen weiterspielen« (▶ Seite 191). Noch bei der Einschulung hat für Jungen das Spiel eine größere Bedeutung als die Beziehung zum Spielpartner. Erst- und Zweitklässler setzen Spielkameraden mit Freunden gleich. Im Lauf der Grundschulzeit sollten Kinder den Unterschied zwischen Bekannten und echten Freunden aber verstehen. Freunde stehen einander treu zur Seite, sie tauschen sich nicht nur über Sachthemen, sondern auch über Gefühle aus. Wie nah sie Freunde an sich heranlassen, schauen sich Kindern von den Eltern ab. Neun von zehn Müttern haben eine beste Freundin. Neun von zehn Vätern haben keinen besten Freund. Männer fühlen sich durch Beruf oder Hobbys verbunden, sprechen aber selten über Gefühle. Wenn Väter ihren Söhnen von sich und ihren Freundschaften erzählen, ermutigen sie diese, sich später nicht nur ihren Partnerinnen, sondern auch guten Freunden zu öffnen.

Ab der Pubertät sind Jungen und Mädchen besonders freundschaftsbedürftig. Dienten bislang die Eltern als Spiegel ihrer Seele, grenzen sie sich jetzt von diesen ab und spiegeln sich in Gleichaltrigen. Dieses Abgrenzen ist der Grund, warum Teenager sich oft ausgerechnet mit Freunden umgeben, die den Eltern ein Dorn im Auge sind. Das zu verbieten und über den »schlechten Umgang« herzuziehen, entfremdet nur zusätzlich. Eher sollte man zusammen Pizza essen gehen, um in diesem neutralen Rahmen zu besprechen, dass und warum man beunruhigt ist (▶ Seite 303).

Zu welchen Freunden sich Kinder hingezogen fühlen, haben Eltern nicht in der Hand. Bis Ende des Grundschulalters haben sie aber noch viel Einfluss darauf, mit wem sich ihr Kind trifft. Darum ist es ideal, wenn sich Eltern mit anderen Eltern befreunden und diese Freundschaften pflegen. Das schmiedet dann auch die Kinder zusammen. Solche familiären Sandkastenfreundschaften sind für Eltern und Kinder ein seelischer Reichtum und halten oft ein Leben lang.

ADS und Hyperaktivität

Ob ein Kind nur ein quirliger Individualist oder tatsächlich hyperaktiv ist, können nur Fachleute beurteilen, denn die Übergänge von normalem Verhalten zu ADHS sind fließend. Nach heutigem Wissensstand sind verschiedene Gene an diesem Syndrom beteiligt, die zum Teil vererbt werden. Wenn man in der Familie nachfragt, stellt sich oft heraus, dass ein Eltern- oder Großelternteil als Kind hyperaktiv war.

Heute sind Hyperaktivität und ADS Modebegriffe, mit denen unruhige oder unangepasste Kinder von Laien oft vorschnell abgestempelt werden. Das ist anmaßend, denn bei ADHS (Aufmerksamkeitsdefizitsyndrom mit Hyperaktivität) handelt es sich um eine ernsthafte Störung mit klinischem Krankheitsbild, das Experten erst anhand einer Reihe komplexer Untersuchungen feststellen können. Vor dem Kindergartenalter ist eine sichere Diagnose noch nicht möglich, meist stellt sich ADHS erst im Schulalter heraus. Zwischen sechs und 16 Jahren wird bei etwa zwei bis fünf Prozent der Kinder eines Jahrgangs ADS beziehungsweise ADHS diagnostiziert, in etwa 80 Prozent der Fälle sind es Jungen. Manchmal tritt die Aufmerksamkeitsstörung (insbesondere bei Mädchen) auch ohne Hyperaktivität auf, dann spricht man nur von ADS. Diese Kinder können sich ebenfalls nicht konzentrieren, wirken aber nicht hektisch, sondern eher träge und besonders verträumt.

Typische ADHS-Kinder erscheinen ziellos, desinteressiert, vergesslich und chaotisch. Viele Sinneseindrücke, die andere problemlos sortieren und verarbeiten, stürmen wie ein Gewitter auf sie ein. Sie reagieren auf diese nervliche Überforderung mit Unruhe und Zappeligkeit, ein Teil leidet zusätzlich unter einer Tic-Störung. Weil sie schlecht still sitzen können, halten sie sich in Kindergarten und Schule oft nicht an die Regeln und geraten leicht in die Rolle des »schwarzen Schafs« oder »Klassenclowns«.

Jungen und Mädchen mit ADHS tun sich mit engen Freundschaften meist nicht leicht. Weil sie äußere Reize schwerer verarbeiten, handeln sie oft so spontan, dass andere nicht in seelischem Gleichklang mitschwingen können. Umgekehrt haben auch ADHS-Kinder Mühe, sich in die Gefühle anderer hineinzuversetzen (▶ Seite 49).

Die Störung ist eine schwere Last für das Kind und die ganze Familie. Die Eltern schwanken zwischen Überforderung und Selbstvorwürfen, was sie in der Erziehung wohl falsch machen. Fällt nach ärztlichen Untersuchungen dann tatsächlich die Diagnose »ADHS«, ist dies oft wie eine Befreiung. Endlich weiß man, dass das Kind nicht etwa vorlaut und ungezogen ist, sondern dass es einfach nicht anders kann. Jetzt tritt man auch Erziehern und Lehrern gegenüber viel selbstbewusster auf.

Nach Abschluss der eingehenden Untersuchungen muss ein individueller, langfristiger Behandlungsplan erstellt werden. Das Kind sollte möglichst jahrelang unterstützt, die Familie beraten und die Lehrer aufgeklärt werden. Neben verhaltenstherapeutischen Maßnahmen können Medikamente helfen. Auch wenn diese stark umstritten sind, sollten Eltern sich darüber informieren. Eine ärztlich gut überwachte Medikation kann das Leben vieler Betroffener so stark verbessern, dass man es als unterlassene Hilfeleistung betrachten könnte, diese Möglichkeit von vornherein kategorisch auszuschließen.

Eigentlich wäre es besser, anstatt von ADHS vom »Michel-von-Lönneberga-Syndrom« zu sprechen. Denn der semmelblonde Lausbub aus Astrid Lindgrens Kinderroman steht stellvertretend für den vielen Ärger, den kleine Zappelphilippe bekommen. Aber auch für ihre vielen positiven Eigenschaften: Die meisten ADHS-Kinder sind sehr neugierig, wissensdurstig, voller Energie, Witz und Kreativität. Sie sind oft sehr spontan, hilfsbereit und intelligent.

Wird den Kindern geholfen, mit ihrem Aufmerksamkeitsdefizit umzugehen, geht es mit dem angeschlagenen Selbstbewusstsein und den schulischen Problemen wieder bergauf. Außerdem lassen die Symptome mit zunehmendem Alter deutlich nach und verwachsen sich bis zum Erwachsenenalter meist so sehr, dass man sie kaum noch bemerkt. Dann erweisen sich ehemalige ADHS-Kinder meist als Macher und Improvisationskünstler.

Gewissen und Moral

Interessiert beobachtet Lara, wie Wanja seine Bauklötze zu einem Turm stapelt. Als der letzte Klotz aufgeschichtet ist, schubst sie den Turm um. Wanja schlägt Lara, Lara beißt zurück, Entsetzen auf beiden Seiten. Wie Wanja sich wohl fühlt, wenn jemand seinen Turm umstößt? Das kann sich Lara erst fragen, nachdem sie den Turm umgeworfen hat. Und Wanja muss wohl oder übel lernen, wie man mit solch einer Frustrationen umgehen kann. Da beide Beteiligten an diesen Erfahrungen wachsen, sollten Eltern solche kleinen Auseinandersetzungen – es sei denn, jemand könnte sich verletzen – nicht dramatisieren und sich nicht unnötig einmischen. Ruft ein Kind, oder andere Eltern, einen aber hinzu, ist Trost für das Opfer ebenso wichtig wie die unaufgeregte Botschaft: »Türme zerstören ist nicht in Ordnung.« Einschreiten muss man auch, wenn das eigene Kind allzu oft Kontakt aufnimmt, indem es andere ärgert. Außerdem sollten Erwachsene verhindern, dass immer der Schwächere das Nachsehen hat (▶ Seite 137).

Einfühlungsvermögen und Gerechtigkeitssinn lernen Kinder vor allem am Beispiel der Eltern. Darum birgt jeder Konflikt auch eine Chance zur Gewissensbildung. Denn es geht darin nicht nur um unterschiedliche Interessen, sondern auch um Werte. Anstelle einer Moralpredigt fasst man die unterschiedlichen Interessen der Beteiligten altersgerecht in Worte. »Ja, das macht dich wütend, dass Lara deinen schönen Turm umgestoßen hat.« Oder: »Aha, Ayla will in der Schule nicht mehr neben dir sitzen. Wie fühlst du dich dabei? Und was bewegt sie wohl dazu?« Indem das Kind lernt, über unangenehme Empfindungen wie Wut, Traurigkeit und Hilflosigkeit zu sprechen, verlieren diese ihre Macht, und es bekommt seine Gefühle unter Kontrolle.

Auch Vorlesegeschichten, insbesondere Märchen, aber auch Filme oder gemeinsam erlebte Konflikte bieten wertvollen Gesprächsstoff: Wer hat sich wie gefühlt? Warum hat wer was gemacht? Was war richtig? Wie hätte man das Problem anders lösen können? Außerdem sollten Eltern im Alltag, aber auch beim gemeinsamen Fernsehen, ihr Mitgefühl für Unterlegene zeigen. So verfeinern sie das Gewissen ihres Kindes, weil sie damit seine Aufmerksamkeit von der Aggression zum Nachdenken über deren Folgen umlenken. Solche Erfahrungen schulen den Gerechtigkeitssinn, und mit zwölf bis 14 Jahren haben Kinder schon ein erstaunlich gefestigtes Wertesystem. Während der Pubertät machen sich Mädchen und Jungen besonders viele Gedanken über Moral und Gerechtigkeit (▶ Seite 181, 321, 330).

Auf Schatzsuche gehen

Kinder erfüllen die Erwartungen, die wir an sie stellen. Wenn wir sie für ungeschickt halten, verinnerlichen sie diese Erwartung und verhalten sich ungeschickt. Wird ein Kind zu oft ermahnt, lernt es sich vor seinen Fehlern zu fürchten. Es wird verkrampft versuchen, diese zu verhindern, und dann geht es erst recht wieder schief. Richten wir unser Augenmerk hingegen auf die Vorzüge und Stärken unseres Kindes, fühlt es, dass wir ihm etwas zutrauen, und wird angespornt (▶ Seite 65).

Darum sollten wir nicht die Fehler unserer Kinder herausstellen, sondern bei ihnen auf Schatzsuche gehen: Was kann mein Kind besonders gut? Ist es freundlich und hilfsbereit? Kann es gut basteln, farbenfrohe Bilder malen oder rechnen? Selbstverständlich soll man Kinder motivieren, sich auch mal an Felder heranzutrauen, die ihnen nicht so leichtfallen: Manchmal ermöglicht das besondere Leistungssprünge: »Das hättest du dir selbst nicht zugetraut, stimmt's?« Keinesfalls sollte man es an den Leistungen anderer messen, sondern nur seine eigenen Fortschritte vergleichen. »Letzte Woche hast du es noch nicht geschafft – das war auch schwer – und heute kannst du es schon ein bisschen – toll!«

Wenn wir nicht die Schwächen, sondern die Stärken unserer Kinder betonen, machen wir sie selbstbewusst und erreichen viel mehr als mit Kritik (▶ Seite 207).

Üben Sie sich in Fehlerfreundlichkeit

Niemand kann alles richtig machen – erst recht nicht ein Kind. Kinder sind unerfahren, schätzen viele Situationen noch nicht richtig ein, haben ein enges Blickfeld und sind motorisch ungeschickt. Täglich müssen sie Misserfolge einstecken und ärgern sich darüber schon genug. Wenn man sie obendrein dafür kritisiert, kränkt man sie unnötig.

- Listen Sie, wenn Ihr Kind bereits schläft, auf einem Zettel seine Schwächen und problematischen Eigenschaften auf. Notieren Sie auf einem anderen Papier seine Stärken und liebenswerten Seiten. Zerknüllen Sie am nächsten Tag das erste Blatt, nehmen Sie Ihr Kind fest in den Arm und erzählen Sie ihm, was auf dem zweiten Zettel steht (▶ Seite 329).

- Trennen Sie bei Fehltritten immer die Tat vom Täter. Nennen Sie ein Kind niemals »Lügner«, »Heulsuse«, »Schlamper« oder gar »Dummkopf«! Solche Bezeichnungen stempeln ab. Kinder identifizieren sich mit solchen Brandmarkungen. Auch Unkenrufe wie »Du bist eben ungeschickt« oder »Das schaffst du eh nicht« können sich zu regelrechten Bannbotschaften entwickeln. Rutscht Ihnen solch eine Beleidigung heraus, entschuldigen Sie sich dafür!

- Loben Sie Ihr Kind vor anderen. Aber kritisieren Sie es möglichst nur unter vier Augen. Beschämen Sie es niemals vor anderen. »Erzähl mal der Oma, was du dir bei dem Unfug gedacht hast.« Solche Bloßstellungen sind Gift fürs Selbstbewusstsein.

- Kritisieren Sie nicht destruktiv und hart, sondern konstruktiv und liebevoll: »Ich weiß es, und du weißt es: Du kannst das besser« (▶ Seite 44, 136, 156, 159).

- Vergleichen Sie Ihr Kind nicht mit anderen. »Die Marie rechnet den Zehnerübergang schon längst« – das beschämt und verletzt. Vergleichen Sie Kinder stets nur mit sich selbst. Dann wirkt Kritik auch mal als Ansporn: »Gestern hast du es geschafft – dann gelingt dir das auch heute.«

- Nehmen Sie Probleme nicht zu ernst und lachen Sie viel mit Ihrem Kind. Humor ist eine der besten Zutaten für eine glückliche Kindheit.

Sich erproben können

Hinter Andreas Zuhause lag der »Billing«, eine Wiese mit Bach und angrenzendem Waldstück. Manchmal sauste Andrea mit einer Horde Kinder Richtung Billing, um dort wie die Indianer durchs Gestrüpp zu schleichen, Bandenkriege auszufechten oder einen Staudamm zu bauen. Manchmal aber lief die Siebenjährige auch ganz alleine ans Bachufer oder später hoch bis zum Waldrand. Dorthin, wo das Moos in dicken, kuscheligen Polstern wuchs. Darauf streckte sie sich aus und notierte in ein kleines Büchlein ihre Beobachtungen über Buntspechte, Eichhörnchen und Käfer. Im Gedächtnis der heute über 40-Jährigen sind diese unbeobachteten Stunden in goldenes Licht getaucht. Sie gehören zu den Kostbarkeiten ihres Erinnerungsschatzes.

Ähnliche Erfüllung empfand der kleine Hans, wenn er mit dem Fahrrad über Feldwege strampelte und in einem immer größer werdenden Radius die Umgebung eroberte. Nach dem Regen flitzten er und seine Freunde auf den Rädern durch die Pfützen und spritzten einander pitschnass. Mit zwölf durfte Hans erstmals ganz alleine zur Oma radeln. Zehn Kilometer immer den Feldweg an den Bahngleisen entlang: noch 40 Jahre später ein unvergessenes Abenteuer.

Wie viel farbloser erinnert man sich da an Szenen auf dem Spielplatz, wo man immer unter den wachsamen Augen der Mütter stand. Innerhalb weniger Jahrzehnte ist der unbeaufsichtigte Aktionsradius von Kindern auf etwa ein Fünftel geschrumpft. Ohne Aufsicht draußen zu spielen ist keine Selbstverständlichkeit mehr. Immer mehr Kinder werden von ihren Eltern via GPS überwacht, damit diese metergenau orten können, wo der Nachwuchs gerade steckt. Manche Handys melden sogar automatisch per SMS an die Eltern, wenn der einprogrammierte Freiraum überschritten wird. Andererseits: Gerade das Handy verschafft Kindern neuen Freiraum (▶ Seite 257). Viele Eltern erlauben dadurch wieder mehr, weil es sie beruhigt, wenn das Kind jederzeit zu erreichen ist. Solche Freiheiten sind für die Persönlichkeitsentwicklung überaus wichtig. Denn die prägendsten Erfahrungen machen Kinder im freien Erkunden, Entdecken und Erproben ihrer Umwelt.

Kinder, die in der Lage sind, sich mit sich selbst zu beschäftigen, erlangen eine größere Selbstzufriedenheit.

• Natürlich dürfen – und sollen – Sie mit Ihrem Kind spielen. Aber achten Sie die Momente der versunkenen Selbstvergessenheit: Sie sind für Ihr Kind Augenblicke des Glücks und ein wertvoller Schritt zur Selbstständigkeit. Wenn Ihr Baby zufrieden mit seinen Händchen spielt und fröhlich gluckst: Fördern Sie diese Momente, indem Sie es nur still beobachten oder mit einem behaglichen »Hm« kommentieren. Bringen Sie sich jetzt nicht in sein Spiel ein. Sonst lernt es: Beim Spielen gehören immer Mama oder Papa dazu. Spielen Sie erst wieder mit, wenn Ihr Kind nach Ihnen verlangt.

• Viele Eltern machen die Erfahrung, dass sich ihre Zweit- und Drittgeborenen im Vergleich zum Erstgeborenen besser allein beschäftigen können, zufriedener und weniger fordernd wirken. Die Ursache: Dem Erstling steht die ungeteilte Aufmerksamkeit seiner Eltern zur Verfügung, sein Spiel wird oft von ihnen vereinnahmt. Jüngere Geschwister hingegen müssen schon früh lernen, dass sie nicht immer im Mittelpunkt stehen und sich öfter selbst genügen müssen.

• Wenn Ihr Kind größer wird: Muten Sie ihm zu, Langeweile auszuhalten. Sie ist der beste Motor für kindliche Kreativität (▶ Seite 184).

Kinder nicht mit den eigenen Sorgen überfordern

Kinder können gar nicht anders, als ihre Eltern zu lieben. Sie sind von ihnen abhängig und ihnen durch diese Bindungsliebe ausgeliefert. Darum fügt sich ein Kind in die Rolle, die seine Eltern ihm zuweisen. Das ist normalerweise richtig, denn in dieser Rolle bekommt es Sicherheit und Geborgenheit (▶ Seite 33, 45). In dem Bestreben, seinen Eltern zu gefallen, wird ein

Kind auch jene Anforderungen zu meistern versuchen, denen es noch nicht gewachsen ist.

Es ist wichtig, dass Eltern Schwächen zugeben und Kindern auch mal ihr Herz ausschütten können. Eltern müssen nicht als Übermenschen dastehen. Sie sollen ihren Kindern keine heile Welt vorgaukeln. Probleme unter den Teppich zu kehren kann sogar schädlich sein, denn Kinder besitzen feine Antennen, wie es den Eltern geht. Darum sollten sie von Problemen erfahren, und es ist auch in Ordnung, wenn man dabei ab und zu mal vor ihnen weinen muss. Aber selbst im tiefsten Tränental sollte man ihnen immer versichern: »Mach dir keine Sorgen. Ich bin gerade zwar traurig, aber ich bin stark und finde eine Lösung. Ich kann immer gut auf dich aufpassen. Du bist immer sicher und geborgen.« Und vor allem: »Du bist nicht an meinem Kummer schuld!«

Kinder können wunderbar trösten und sind froh, wenn sie einen unterstützen dürfen: zum Beispiel, indem sie die traurige Mama besonders fest drücken oder dem niedergeschlagenen Papa eine Badewanne einlassen. Oder ausnahmsweise auf ihre Gutenachtgeschichte verzichten, weil gleich eine Freundin vorbeikommt, mit der man sich aussprechen will. Ihre Belastungsgrenze wird aber überschritten, wenn sie das Gefühl bekommen, ihren Eltern eine seelische Last abnehmen zu müssen, sie beraten zu sollen, für ihren Trost, ihr Befinden oder gar ihre Sicherheit zuständig zu sein. Auch wenn ein Kind noch so sehr versuchen wird, solche Anforderungen zu bewältigen: Es ist damit ganz und gar überfordert. Kinder und Jugendliche sind unglücklich, wenn sie sich stärker als ihre Eltern wähnen. Dann vermissen sie, obwohl sie dies zu verbergen versuchen, Geborgenheit. Ist dieses beklemmende Gefühl keine Ausnahme, sondern erleben Kinder ihre Eltern regelmäßig als schwach, geben sie sich bald pseudoerwachsen, altklug und für ihr Alter auffallend verständig. Innerlich sind sie aber verunsichert und bedrückt. Solch eine Dauerüberforderung kann zum Beispiel auftreten, wenn die Eltern unter einer Sucht- oder Gemütserkrankung leiden oder wenn Kinder fortgesetzt mit Eheproblemen oder finanziellen Existenzängsten belastet werden. Mit der Zeit entwickeln viele dieser Kinder Ängste, Aggressionen oder Verhaltensstörungen. Einige spielen als Erwachsene die Rolle weiter, in die sie als Kind gedrängt wurden: die des Kummerkastens und Helfers in der Not, der immer da ist, um andere zu stützen und aufzurichten. Vielen fällt es schwer, sich beim Partner oder bei Freunden auch selbst einmal anzulehnen.

Manchmal gibt es im Leben Phasen, wo die eigene Kraft nicht mehr reicht, um stark zu sein. Eltern brauchen deswegen kein schlechtes Gewissen zu haben. Doch auch wenn man am Boden ist, kann man Kindern Stärke und Kompetenz beweisen: indem man sich Hilfe holt! Wenn es einem schlecht geht, hat man Unterstützung und Hilfe verdient. Dann soll das Kind wissen: »Mir geht es mies. Doch zum Glück gibt es für jedes Problem Leute, die genau wissen, was jetzt hilft. Diesen Beistand hole ich mir.« Ob man sich mit dem Problem erst mal nur an gute Freunde oder besser an eine Beratungsstelle, einen Arzt oder Psychologen wendet: Das Kind erlebt einen als stark. Es ist entlastet und blickt zuversichtlich in seine Zukunft, weil es spürt, dass es wieder bergauf geht (▶ Seite 70, Anhang 1, 2, 3, 5, 7, 8).

Wenn Kinder klauen

Idas Eltern freuten sich, wie beliebt ihre Tochter offenbar war. Dauernd brachte sie Geschenke von der Schule heim, mal Glitzerstifte, mal Lipgloss oder kleine Kuscheltieranhänger. Dann bestellte die Lehrerin die Eltern ein. Was sie erfuhren, war ein Schlag ins Gesicht: Mehrere Kinder hätten sich beklagt, dass Ida sie beklauen würde. Ida, eine Diebin? Ausgerechnet ihre Tochter, die sie so bewusst zu Freigiebigkeit erzogen hatten? Die mit dem jüngeren Bruder bereitwillig Zimmer und Spielsachen teilte?

Vermutlich war genau das der Grund. Damit ein Kind den Unterschied zwischen »mein« und »dein« begreift, muss es zunächst die Erfahrung machen können, dass niemand ohne Erlaubnis auf seinem Dreirad fahren oder von seinen Keksen nehmen darf. Dass es sein gutes Recht ist, »Nein!« und »Das ist meins!« zu sagen. Und dass die Eltern hinter ihm stehen, wenn es seine Besitztümer verteidigen will.

Typische Spielplatzszene: Der zweijährige Luca wirft sein Schäufelchen weg. Mia, eineinhalb, schnappt es sich und löst damit bittere Empörung aus. Beide Kinder zerren an der Schaufel und kreischen: »Meins!« Die Mütter eilen herbei, Mias Mutter will schlichten, doch Lucas Mutter ist der Geiz ihres Sohnes peinlich. Sie erklärt ihm, dass er das Schäufelchen doch gerade nicht brauche, tröstet ihn mit Keksen, gibt auch Mia einen ab. Luca beruhigt sich, und Mia gräbt glücklich im Sand. Lucas Mutter ist stolz auf ihren Sohn, der schlussendlich teilte. Doch dafür war es zu früh. Was Luca aus dieser Szene gelernt hat, ist lediglich: Wer seine Sachen nicht hergibt, hat unrecht. Und wenn jemand etwas haben will, darf er es sich nehmen.

So muss es auch Ida gegangen sein. Hinzu kam, dass bald ein Brüderchen geboren und in ihr Zimmer einquartiert wurde. Ab dem Krabbelalter eroberte es alles, was bisher der großen Schwester gehört hatte. Kein Wunder, dass Ida nicht lernte, den Besitz anderer zu respektieren. Gefiel ihr der Glitzerstift der Tischnachbarin allzu gut, ahnte sie zwar, dass es nicht in Ordnung war, ihn zu nehmen, stibitzte ihn heimlich aber trotzdem in der stillen Hoffnung: Wer etwas unbedingt haben will, ist im Recht.

Wenn Kinder im Kindergarten- oder Grundschalter klauen, ist das Problem oft behoben, wenn sie die entgangenen Erfahrungen nachholen dürfen. Natürlich muss man ihnen erklären, dass Stehlen unrecht ist. Viel dringender als eine Strafe brauchen die kleinen Diebe aber Besitztümer, die nur ihnen gehören. Dadurch holen sie die Erfahrung nach: Was meins ist, gehört mir alleine. Und lernen daraus: Was anderen gehört, darf ich nur nehmen, wenn sie es mir ausdrücklich erlauben.

Stehlenden Kindern mangelt es meist auch an Abenteuern. Vielleicht ist ihre Entgleisung für die Familie ja ein Anlass, den nächsten Urlaub nicht am Strand zu gammeln, sondern mit dem Kanu durch die Mecklenburger Seenplatte zu touren, mit Eseln durch die Provence zu wandern oder auf einem Hausboot durch Irland zu schippern. Oder einfach am Samstagabend keinen Film zu gucken, sondern eine Nachtwanderung durch den Wald zu unternehmen. Verhaltensauffällige Kinder sollten wenig fernsehen und in ihrer Freizeit aktiv sein (▶ Seite 248, 321, 322).

Kleine Diebe beschenken statt bestrafen

Im Lauf des dritten Lebensjahres findet die »Das ist meins-Phase« ihren Abschluss, und Kinder können den Besitz anderer respektieren.

- Kleinkinder geben das, was ihnen gehört, zwar gerne mit einem gönnerhaften »Da« her. Lässt der Beschenkte das hergegebene Brezelstück aber tatsächlich im Mund verschwinden, ertönt empörtes Geschrei. Geben Sie es lieber zurück und sagen Sie: »Das ist deins.« Oder knabbern Sie nur einen winzigen Bissen ab und bedanken Sie sich dafür.

- Geben Sie Ihrem Kleinkind recht, wenn es seine Habseligkeiten verteidigt: »Ja, diese Reiswaffeln sind deine. Gibst du dem Viktor eine davon ab?« Falls nein, erklären Sie dies dem anderen Kind bedauernd – aber verständnisvoll.

- Verleihen Sie Spielzeug nicht über seinen Kopf hinweg. Sondern fragen Sie es, ob es dieses freiwillig hergibt oder vorübergehend eintauscht. Kommentieren Sie: »Das Sandförmchen ist deins, das gibst du jetzt dem Viktor. Und der Bagger gehört dem Viktor, damit darfst du jetzt spielen.« Loben Sie Ihr Kind, wenn es etwas teilt oder verschenkt. Aber zwingen Sie es nicht dazu.

- Reservieren Sie Ihrem Kleinkind eine eigene Tasse, aus der niemand außer ihm trinken darf.

- Machen Sie ihm klar, dass auch zu Hause nicht alles ihm gehört. Erklären Sie ihm: »Nein, das Armband ist meins. Aber diese Schnullerkette ist deine.« Oder tauschen Sie und kommentieren Sie, was wem gehört. Am Schluss sollte jeder wieder seine eigenen Sachen haben.

- Beanspruchen Sie auch für sich eigene Bereiche. Erklären Sie Ihrem Kind, dass es fragen muss, bevor es sich aus Ihrem Schreibtisch Papier zum Malen holt. Oder dass es nicht einfach in Ihrer Handtasche nach Bonbons kramen darf. Führen Sie ein, dass man anklopft, bevor man Bad, WC oder ein geschlossenes Zimmer betritt.

- Geben Sie Ihrem Kind regelmäßig Taschengeld (▶ Seite 209). Richten Sie ihm ein eigenes Zimmer oder zumindest einen eigenen, abgetrennten Bereich ein. Ist dies aus räumlichen Gründen nicht möglich, genügt notfalls auch ein Schränkchen, wo seine Habseligkeiten vor unerlaubtem Zugriff geschützt sind. Schenken Sie ihm eine Schatzkiste mit Schlüssel und Schloss.

- Haben Ihre Kinder dieselbe Konfektionsgröße, sollte trotzdem jedes seine eigenen Kleidungsstücke besitzen. Wird etwas an Geschwister vererbt, stellen Sie klar: Weil der ältere Bruder eine neue Jacke bekommt, gehört jetzt die alte ganz alleine der kleinen Schwester.

- In der Pubertät ist das Klauen sehr verbreitet, hat dann aber meist ganz andere Ursachen (▶ Seite 321).

Kinder mit Behinderungen

Menschen sind sehr verschieden, und so müssen Eltern die Erziehung individuell auf ihr Kind abstimmen. Das gilt insbesondere für Kinder mit Behinderungen. Von einem Kind, das im Rollstuhl sitzt, kann man nicht erwarten, dass es sich ebenso schnell und eigenständig anzieht wie ein gleichaltriges Kind mit gesunden Beinen. Vielleicht hat es aber gelernt, sich für sein Alter schon ausnehmend gut zu organisieren, indem es sich seine Sachen besonders ordentlich und griffbereit zurechtlegt. Dann darf man von ihm, was Ordnung betrifft, unter Umständen mehr erwarten als von anderen Gleichaltrigen. Ein gehörloses Kind hat wahrscheinlich eine ausgeprägte Beobachtungsgabe entwickelt, sodass es andere Menschen schon erstaunlich gut einschätzen kann. Bei einem Kind mit Downsyndrom kann man nicht voraussetzen, dass es ebenso schnell sprechen, lesen und schreiben lernt wie Gleichaltrige ohne Handicap. Es wird dazu wesentlich länger brauchen. Doch wenn es ums Musizieren geht: Da ist es vielleicht den anderen weit voraus.

Was Selbstständigkeit, Förderung und Anforderungen betrifft, benötigen Kinder mit Behinderungen selbstverständlich andere Maßstäbe. Doch jedes Kind, ob es im Rollstuhl sitzt, blind oder gehörlos ist oder eine geistige Behinderung hat, sollte sich auf seine eigene, ihm mögliche Weise entfalten dürfen. Dazu braucht es Liebe, aber auch Grenzen. Das Beste, was seine Eltern – aber auch seine Umgebung – ihm geben können, ist eine ganz normale Erziehung. Kinder brauchen wegen einer Behinderung weder Bevorzugung noch Mitleid – sondern einen natürlichen Umgang miteinander. Das wünschen sich auch ihre Eltern.

Als die kleine Juliana mit Downsyndrom geboren wurde, drückte eine Bekannte der Mutter Conny Wenk (▶ Literatur) ihr Mitgefühl aus, indem sie sagte: »Wenn ich an Sie denke, muss ich immer weinen.« Doch damit hat sie die junge Mutter nicht etwa getröstet – sondern verletzt. Mit etwas Abstand wurde Conny Wenk klar: »Die Bekannte wusste es einfach nicht besser. Genauso wenig, wie wir wussten, als wir bei Julianas Geburt von der Diagnose erfuhren. Der Schock war natürlich groß, und die Freude über ihre Geburt erst mal getrübt. Für uns ist damals eine Welt zusammengebrochen. Wir waren überzeugt davon, nie mehr glücklich sein zu können.« Doch im Zusammenleben mit ihrem Kind erfuhr Conny Wenk, dass es stimmt, was Familien, denen das Gleiche widerfahren ist, berichten: Diese außergewöhnlichen Kinder sind auch eine außergewöhnliche Chance, das Leben aus einem anderen und bereichernden Blickwinkel zu betrachten. Viele sind auf ihr außergewöhnliches Kind sogar besonders stolz. Weil es, vielleicht auch durch seine Situation, außergewöhnlich tapfer, fleißig, feinfühlig, vorurteilsfrei, hilfsbereit – oder auch außergewöhnlich charmant ist.

Integration: Ein Mix fürs Leben

Sich angenommen fühlen und dazugehören: Das ist es, was Menschen glücklich macht. Ob ein Kind 46 oder 47 Chromosomen besitzt, ob es ein Handicap hat oder nicht: Es gehört mitten ins

Leben und braucht seinen Platz dort, wo seine Familie zu Hause ist.

• Kinder mit Behinderungen benötigen oft spezielle Unterstützung. Vielen Familien ist es eine große Hilfe, wenn ihr Kind eine Einrichtung besucht, in der es speziell gefördert wird. Wo immer möglich, sollten aber auch Kinder mit geistigen Behinderungen dort in den Kindergarten oder zur Schule gehen, wo auch die anderen Kinder aus ihrem Umfeld sind.

• Kinder lernen am Vorbild. Darum brauchen behinderte Kinder Gleichaltrige ohne Behinderung, bei denen sie sich etwas abschauen können. Integrative Einrichtungen, wo Kinder mit und ohne Behinderung gemeinsam spielen und lernen, bieten eine gute Möglichkeit dazu.

• Auch wenn Ihr Kind keine Behinderung hat, profitiert es vom Besuch eines integrativen Kindergartens oder einer Integrationsschule. Die Erfahrung zeigt: Negative Auswirkungen auf die Schulleistungen gibt es praktisch nicht, positive dafür umso mehr. Die soziale Kompetenz steigt wie auch die Fähigkeit, sich selbst einzuschätzen. Der Lärmpegel in Integrationsschulen ist meist niedriger, weil Kinder automatisch lernen, einander zuzuhören und ausreden zu lassen, auch wenn sich einer mit dem Sprechen schwertut. So entwickeln sich menschliche Stärken wie Einfühlungsvermögen, Geduld und Toleranz ganz automatisch.

• Kinder mit Downsyndrom zum Beispiel lernen mühsamer und brauchen zum Lernen mehr Zeit. Trotzdem können sie sich an Regeln halten und etwas leisten – sofern ihr Umfeld diese Anforderung an sie stellt. Neueste Forschungen zeigen: Kinder mit Downsyndrom haben ein gutes Sprachverständnis. Ihre Fähigkeit zu sprechen setzt aber vergleichsweise spät ein. Eine Erkenntnis, die Integrationsschulen bestätigen: Mit der Zeit können diese Kinder durchaus flüssig sprechen sowie lesen und schreiben lernen. Voraussetzung ist ein Umfeld, das diese Anforderung an sie stellt und ihnen zutraut, dass sie es schaffen.

• Wenn man behinderten Kindern nicht genug zutraut, bleiben sie unter ihren Leistungsmöglichkeiten.

Verwöhnen macht unzufrieden

An dem Sprichwort, dass wir unseres Glückes Schmied seien, ist tatsächlich etwas dran: Wer etwas leistet, verschafft sich Zufriedenheit. Denn die Natur belohnt körperliche oder geistige Anstrengung mit der Ausschüttung von Endorphinen. Diese Glückshormone lassen uns erschöpft, aber befriedigt seufzen, wenn wir eine Skitour, einen Hausputz oder ein Arbeitsprojekt hinter uns gebracht haben. Gehen wir abends noch mal um den Block oder lesen ein Buch, schlafen wir zufriedener ein als nach einem untätigen Fernsehabend. Wenn unsere Kinder nach einem gelungenen Bastelwerk oder einer erfolgreichen Schulaufgabe die Früchte ihrer Mühen ernten, schwelgen sie in Zufriedenheit. Paart sich ein körperlicher Kraftakt mit seelischem Engagement, werden Menschen von Endorphinen nur so überflutet: ein Grund, warum Mütter nach den Anstrengungen einer Geburt so überwältigende Glücksgefühle erleben.

Doch leider funktioniert das auch umgekehrt: Wer sich zu sehr schont (oder geschont wird), bekommt schlechte Laune. Aus diesem Grund sind verwöhnte Kinder nicht etwa glücklich, sondern besonders unzufrieden. Weil sie sich nicht anstrengen müssen, sind sie nicht wirklich stolz auf sich. Experten sprechen von Wohlstandsverwahrlosung, wenn Kindern alle Pflichten abgenommen, alle Unbequemlichkeiten aus dem Wege geräumt und sie obendrein mit Geschenken überhäuft werden. Wohlstandsverwahrlosung gehört, nach Misshandlung und Verwahrlosung, mit zum Schädlichsten, was man Kindern antun kann. Sie werden dadurch unselbstständig und entwickeln ein schlechtes Selbstwertgefühl. Ein Kind muss aber lernen, Frustrationen aus eigener Kraft zu überwinden. Darum braucht es vernünftige Regeln, altersgerechte Pflichten und Eltern, die nicht bei jedem Mucks springen (▶ Seite 211).

Ein weiteres Muss für Zufriedenheit ist Bewegung. Kein Kind

ist von Anfang an faul und bequem, im Gegenteil: Kinder kommen mit einem instinktiven Aktivitätsdrang zur Welt. Dass sie alles erforschen und selber machen, dass sie hüpfen, springen und klettern wollen, ist nicht zuletzt das Geheimnis, warum Kinder von Natur aus so fröhlich sind (▶ Seite 96, 211).

LEKTION 10

Medien

Täglich begegnen wir den Gefahren des Straßenverkehrs. Darum führen wir unsere Kinder Schritt für Schritt an Ampeln, Zebrastreifen und Fahrradwege heran. Niemand käme auf die Idee, Kinder unvorbereitet auf die Straße zu schicken. Oder ihnen umgekehrt zu verbieten: »Geht ja nicht aus dem Haus, sonst werdet ihr womöglich überfahren.«

Obwohl auch die Medien aus unserer Gesellschaft nicht wegzudenken sind, wird der Umgang mit Fernsehen und Computer häufig aber genau so gehandhabt. Viele Eltern entlassen ihre Kinder zu sorglos in die Medienwelt. Nach einer Erhebung des Zentralinstituts für das Jugend- und Bildungsfernsehen sitzen bereits 20 Prozent der Einjährigen regelmäßig vor dem Bildschirm, von den Dreijährigen sogar fast 90 Prozent. Dem Bildungsbürgertum hingegen gilt ein weitreichendes Verbot als Indikator für einen gewissenhaften Erziehungsstil. Doch Verbote lassen Fernsehen umso begehrlicher erscheinen, spätestens im Jugendalter wird der Gruppendruck so stark, dass eben heimlich ferngesehen wird.

Die Furcht vor Medien ist alt: Vor 200 Jahren wurde dem Lesen ein schädlicher Einfluss insbesondere auf die weibliche Psyche zugeschrieben, und Romane galten als Rauschmittel. Zu Kinderzeiten des Kinos wähnten Kulturpessimisten in den bewegten Bildern den Verderb der Menschheit. In den Sechzigerjahren galten Comics als Gefahr für das Kulturniveau. Heute seufzt man »Mein Kind ist fernsehsüchtig«. Doch Kinder, die zu viel fernsehen, haben kein medizinisches Suchtproblem. Es fehlt ihnen lediglich an Anregungen und Alternativen, wie sie sich sinnvoller beschäftigen können. Und schon im Vorschulalter können Kinder von pädagogisch wertvollen, altersgerechten Lernsendungen profitieren. Vierjährige, die regelmäßig »Sesamstraße« anschauten, so die Wissenschaftszeitschrift *Gehirn & Geist*, konnten besser bis 20 zählen, Farben und Buchstaben erkennen und Geschichten erzählen als andere Gleichaltrige. Studien belegen sogar, dass Lernsendungen das Lesen nicht verdrängen, sondern fördern.

Unsere Kinder wachsen nun einmal in einer schnelllebigen Medienwelt auf. Um fit für die Zukunft zu sein, müssen sie lernen, mit den vielen Angeboten, Chancen und Risiken umzugehen. Diese Medienkompetenz bekommen sie von Eltern, die sie aufmerksam an Fernsehen, Computer und Internet heranführen. Medium Nummer eins ist der Fernseher, weil er Langeweile vertreibt, zu spannenden Tierexpeditionen und in märchenhafte Welten entführt. Aber er ist auch ein Zeiträuber, der davon abhält, selbst etwas zu erleben. Der Angst macht, weil er oft Dinge zeigt, die man noch nicht versteht. Der einfallslos und einsam macht, wenn man zu viel davon konsumiert.

Fernsehen

Ihre ersten Medienerfahrungen machen Kinder schon im Mutterleib. Der irische Verhaltensforscher Peter G. Hepper von der Queens University in Belfast beobachtete, dass sich Säuglinge beruhigten, wenn die Filmmelodie einer Fernsehserie ertönte, die ihre Mutter während der Schwangerschaft gesehen hatte. Halbjährige Babys bestaunen die Farben und Bewegungen, die sie im Fernseher sehen, verstehen das Gesehene aber noch nicht. »Welche mentale Leistung das Verstehen von Fernsehen fordert, wird deutlich, wenn man neun Monate alte Babys dabei beobachtet, wie sie nach einem Gegenstand in der Mattscheibe greifen«, erklärt der Philosoph Alexander Grau. »Sie haben noch keine Vorstellung davon, dass ein Bild nur etwas ›repräsentiert‹.« Erst im zweiten Lebensjahr beginnen Kinder zu ahnen, dass das Sandmännchen nicht im Fernseher wohnt. Aber erst im Schulalter können Kinder zwischen Fiktion und Realität unterscheiden. Und selbst noch viele Achtjährige glauben, dass das Leben ihrer TV-Helden auch bei ausgeschaltetem Fernseher wie im Film weitergeht. Auf filmische Mittel wie Zeitsprünge und -raffer, Orts-, Perspektiv- und Szenenwechsel können sich die meisten erst gegen Ende des Grundschulalters einen Reim machen und allmählich im Handlungsablauf einen »roten Faden« erkennen. Trotzdem nehmen sie Filmszenen noch sehr selektiv wahr: Beängstigende Filmabschnitte werden nicht durch entlastende Szene aufgefangen, weiß Helga Theunert, Direktorin des Münchner Instituts für Medienpädagogik in Forschung und Praxis. Was Angst macht, hängt ebenfalls vom Entwicklungsstand ab. Kleinkinder fürchten sich vor hässlichen Figuren – da mag das Filmmonster noch so lieb sein. Entzückende Zeichentrickfilme wie »Bambi« können noch bei Grundschulkindern Albträume auslösen: Sie identifizieren sich mit dem niedlichen Hirschkitz, und wenn dessen Mutter stirbt, ist das für sie eine Katastrophe.

Etwa mit zehn Jahren können Kinder »formal« denken, abstrahieren, dramaturgische Stilmittel verstehen und filmische Handlungsebenen miteinander verknüpfen. Das befähigt sie, sich vom Filmgeschehen etwas zu distanzieren – was aber nicht heißt, dass Fernsehen sie nicht mehr verängstigen könnte. Trotzdem dürfen sie sich auch mal gruseln. Solange sie sich nicht ängstigen, sondern eine prickelnde Angstlust verspüren, kann diese sogar helfen, mit Furcht umzugehen. Eltern sollten aber darauf achten, dass die Filme altersgemäß sind, und die Handlung mit den Kindern besprechen. Auch sollten spannende Filme klar zwischen Gut und Böse unterscheiden, nicht an gerade aktuelle Ängste appellieren und mit einem Happy End ausgehen. Wo dieses, wie bei Mehrteilern, fehlt, bauen Kinder die erlebte Anspannung nur schwer ab.

Viele Jugendliche testen mit Splattermovies aus, wie viel Horror sie aushalten. »Genießt« ein Jugendlicher solche Fernsehkost vereinzelt, gehört das zur normalen Entwicklung. Gefahr besteht aber, wenn Kinder schon vor der Pubertät mit aggressiven Verhaltensweisen auffallen. Negative mediale Vorbilder verstärken dann die hohe Aggressionsbereitschaft meist über die Pubertätsphase hinaus. Gefährdete Jugendliche finden ihre schlechten Vorbilder aber auch schon in schlichten Actionfilmen, wo das Faustrecht herrscht.

Was, wann und wie viel?

Durchschnittlich sehen Kinder etwa eineinhalb Stunden täglich fern – Erwachsene sogar drei bis vier Stunden am Tag. Eindeutig zu viel! (▶ Anhang 1, Literatur)

- Null bis drei Jahre

Babys können auch mit speziellem Baby-TV nichts anfangen: Sie begreifen ihre Umwelt, indem sie Dinge anfassen und untersuchen. Darum sollten sie ihre Zeit nicht vor dem Fernseher vergeuden.

- Vier bis fünf Jahre

Vorschulkinder lieben Trickfilmsendungen, wo »Groß und Klein« oder »Gut und Böse« aufeinandertreffen und sie sich mit den kleinen, vorwitzigen Helden identifizieren können. Sie nehmen Filme nicht als Ganzes wahr, sondern picken sich Einzelheiten heraus. Um die vielen Eindrücke zu verstehen, brauchen sie Eltern, die mit ihnen fernsehen. Am besten ruhig gestaltete Magazinsendungen wie »Die Sendung mit der Maus« oder »Bob der Baumeister« mit kindgerechten, kurzen Geschichten und Berichten. Oder Filme wie »Petterson und Findus« oder »Winnie Puh«, die kurze, lustige Abenteuer aneinanderreihen. Maximal 30 Minuten am Tag sind genug!

- Sechs bis neun Jahre

Grundschulkinder bevorzugen spannende Zeichentrickfilme mit komplexeren Handlungen wie »Spongebob Schwammkopf« oder »Kim Possible«. Außerdem Spieleshows wie »Tigerenten Club« oder erklärende Formate wie »Wissen macht Ah«. Sie lieben Spielfilme mit fantastischen Elementen und zeigen Interesse für Vorabendserien wie »Gute Zeiten, schlechte Zeiten«, die eigentlich für Jugendliche und Erwachsene gemacht sind. Die Vorlieben von

Mädchen und Jungen trennen sich. Sie entwickeln jetzt klare Rollenbilder und identifizieren sich mit geschlechtstypischen Figuren. Fünf TV-Stunden pro Woche reichen.

- Ab zehn Jahre

Größere Kinder entwickeln ein Programmprofil, das sich an den Sehgewohnheiten der Freunde orientiert. Groß im Rennen sind Castingshows. Aber auch Rate- oder Quizshows wie »Wer wird Millionär« oder »Wetten dass?«, außerdem Comedyformate und ironische Zeichentricksendungen wie »Die Simpsons«. Eine Stunde am Tag ist in Ordnung, und natürlich darf man für einen Wochenendspielfilm auch mal eine Ausnahme machen.

- Ab der Pubertät

Jetzt dient Fernsehen auch zur Abgrenzung von der Erwachsenenwelt. Viele Jungen und Mädchen übertreiben in diesem Alter ihren TV-Konsum – auch um ihre Eltern zu provozieren. Maßloses Fernsehen kann eine vorübergehende Trotzphase sein, die nicht gleich besorgniserregend sein muss. Möglichst keinen eigenen Fernseher im Jugendzimmer, im Gespräch über die Sendungen und deren Inhalte bleiben. Ab 13 Jahren darf es auch mal unter der Woche ein längerer Film oder eine längere Sendung sein. TV-Plan machen, wer wann was sehen will, dabei auf Grenzen und Altersfreigabe achten. Am besten, Jugendliche sehen nicht allein, sondern mit der Familie oder Freunden fern. Kurz vor dem Einschlafen sollte nichts Aufregendes mehr angeschaut werden. Dann lieber den Film aufzeichnen und am nächsten Nachmittag anschauen (▶ Anhang 1, 19, Literatur).

Fernsehregeln

Der Fernseher ist ein spannender Geschichtenerzähler. Doch fernsehen ist eine emotional sehr anstrengende Tätigkeit. Zu viel davon schadet.

- Parken Sie Ihr Kind nicht vor dem Fernseher. Kleinkinder sollten noch nicht – und keinesfalls alleine – fernsehen. Schauen Sie mit

Vor- und Grundschulkindern gemeinsam oder behalten Sie sie zumindest im Blick, um erklären, darüber reden und auch mal trösten zu können. Lassen Sie aus diesem Grund auch ältere Kinder mit aufregenden Sendungen nicht allein. Ist Ihr Kind durch den Ausgang einer Sendung verunsichert, fantasieren Sie mit ihm gemeinsam, wie die Geschichte doch noch ein gutes Ende finden könnte.

• Bleiben Sie im Bilde über das, was Ihr Kind sieht. Lassen Sie es nicht zappen, sondern sprechen Sie anhand eines Fernsehprogramms ab, was es wann sehen darf. Achten Sie auf Altersfreigabe und Sendezeiten. Und darauf, dass es nachmittags keine spannungsgeladenen Trailer für das Abendprogramm mitbekommt, da diese Filmhäppchen oft drastische Gewaltszenen enthalten. Problematisch sind auch Boulevardmagazine, wo Tragödien aus der Realität nachgestellt werden, Gerichtsshows und Talkshows, wo drastische und aggressive Unfreundlichkeiten zum Konzept gehören, sowie nicht altersgerechte Actionfilme und Krimis. Informieren Sie sich über Altersempfehlungen und Eignung (▶ Anhang 1, 19).

• Beobachten Sie Ihr Kind: Hält es sich die Augen zu, sucht es Schutz bei Ihnen, zieht Kissen oder Kuscheltiere an sich oder geht vom TV-Gerät weg? Schalten Sie aus und sprechen Sie mit ihm über seine Ängste! Die schlimmsten Angstmacher laufen im Erwachsenenprogramm. Bei zu viel oder schwer verdaulicher Fernsehkost drohen Unzufriedenheit, Schlafstörungen, Konzentrationsschwäche, Aggressivität und Übergewicht (▶ Anhang 1, 19).

• Kinder müssen Werbung vom normalen Programm unterscheiden lernen und verstehen, dass Werbung gezielt Wünsche wecken und Produkte verkaufen soll. Machen Sie ein Ratespiel: Wie viele Werbespots wurden gesendet? Was stimmt – und was ist wahrscheinlich falsch? Was wollen die Werbeleute damit bezwecken? Denken Sie sich mit Ihren Kindern zum Spaß Werbespots aus.

• Weil ihnen die sprachliche Auseinandersetzung noch schwerfällt, verarbeiten jüngere Kinder ihre Eindrücke über Zeichnungen oder Rollenspiele. Auch wenn es dabei wild zugeht: Lassen Sie sie als wilde »Power Ranger« oder »Mona der Vampir« durch die Wohnung toben, damit sie ihr Fernseherlebnis verarbeiten können.

- Ermahnen Sie Ihr Kind nicht zum Stillsitzen. Es muss sich bewegen, um Stress abzubauen.

- Kindern (und auch Erwachsenen) tut es nicht gut, Filme im Schlaf zu verarbeiten. Schalten Sie den Fernseher eine Stunde vor dem Zubettgehen aus, damit Ihr Kind innerlich »abschalten« kann.

- Setzen Sie Fernsehen nicht als Mittel zur Belohnung oder Strafe ein: Sonst gewinnt es umso mehr an Bedeutung.

- Diskutieren Sie nicht nur über TV-Begrenzungen und problematische Sendungen, sondern auch über schöne Medienerlebnisse.

- Fernsehen darf nicht die Hauptsache dessen sein, was die Familie gemeinsam erlebt. Lassen Sie Ihren Tagesablauf nicht von der Flimmerkiste diktieren: Zeichnen Sie Sendungen auf. Vereinbaren Sie wöchentlich mindestens einen fernsehfreien Tag.

- Sieht Ihr Kind wiederholt über zwei Stunden am Tag fern, suchen Sie nach Alternativen (Lesen, Haustier, Sport, Malen, Basteln, Freunde einladen, Kurse besuchen). Läuft sein Konsum aus dem Ruder oder ist es aufs Fernsehen fixiert, schaffen Sie das Gerät vorübergehend ab und führen danach feste Zeiten ein.

- Locken Sie Ihr Kind vom Bildschirm weg und animieren Sie es, an die Luft zu gehen. Die KIM-Studie 2008 zur Mediennutzung von Kindern beweist: Fernsehen, Computer und Spielkonsolen sind nicht so gefragt, wie oft angenommen. Am liebsten treffen sich Sechs- bis 13-Jährige mit Freunden und spielen draußen.

Computer und Internet

Ein Leben ohne Computer ist kaum noch denkbar. Das Internet ist ein faszinierender Spielplatz, wo man sich treffen, austauschen, lernen und spielen kann. 95 Prozent der Zwölf- bis 19-Jährigen haben zu Hause einen Internetzugang, jedes zweite acht- oder neunjährige Kind ist gelegentlich online, bei den Zehnjährigen sind es schon drei Viertel. Ohne die neuen Medien geraten Jugendliche ins soziale Abseits, da Freundschaften heute auch stark per Internet gepflegt werden. Doch die Ausflüge ins weltweite Netz bergen auch Gefahren. Diese erscheinen geringer, weil Kinder dabei zu Hause sitzen, doch sie sind da in Form von perfider Werbung, Viren, Pornografie- und Gewaltdarstellungen sowie Chaträumen, in denen sie von Erwachsenen belästigt werden können.

Computerspiele faszinieren, weil Kinder sich davon in ihren Grundbedürfnissen befriedigt fühlen: Für gelöste Aufgaben bekommen sie sofort Anerkennung. Sie können in fremde Rollen schlüpfen und sich stark und mächtig fühlen. Spannend – aber gefährlich! Müssen Computer- und Onlinespiele für Bedürfnisse herhalten, die im realen Leben nicht gestillt werden, können sie süchtig machen. Auch wirkt sich eine Überdosis aufs Gehirn aus und verändert das Denken. Der richtige Umgang mit Computer und Internet ist eine Gratwanderung. Kinder brauchen hierzu Eltern, die sie Schritt für Schritt in die virtuelle Welt begleiten.

Bei Kindern bis zur zweiten Klasse stehen Spiele im Vordergrund. Mit elterlicher Begleitung können Bilder zum Malen und Ausmalen heruntergeladen werden, Memorys, Puzzles, Such- und Mausübungsspiele. Wer lesen kann, besorgt sich hier Informationen für die Schule und die eigene Lebenswelt und findet schöne Spiele für Konzentration, Kreativität und zum Lernen.

Viele Kinder machen ihre ersten Internet-Schritte anhand von Suchmaschinen und benutzen bekannte Adressen wie »Google« oder »Yahoo«. Doch sie formulieren ihre Suchanfragen oft noch umgangssprachlich oder mit Schreibfehlern, am liebsten tippen sie ihre Suchbegriffe direkt in die Adressleiste. So landen sie nicht selten auf problematischen Seiten. Eine Alternative bieten spezielle Suchmaschinen für Kinder, die automatisch kindgerechte Ergebnisse liefern. Erst nachdem sie dort nicht fündig wurden, sollten sie mithilfe der Eltern und auf höchster Sicherheitsstufe googeln dürfen. Gute Übungsfelder sind Familienunternehmungen wie Besuche im Kino, Museum, Zoo oder Freizeitpark, bei denen man gemeinsam online Öffnungszeiten, Adressen und Fahrpläne herausfindet.

Chatten ist eine Art virtueller Kaffeeklatsch, wo man plaudern, scherzen und flirten kann. Leider kommt es in Chats immer wieder zu Beleidigungen und Belästigungen Minderjähriger. Chats, die von Kindern genutzt werden, sind für Pädokriminelle eine begehrte Kontaktbörse. In einer Online-Umfrage bei der Kinderseite »Blinde Kuh« berichteten über drei Viertel der befragten Kinder von sexuellen Belästigungen. Aus Scham oder Angst, nicht mehr chatten zu dürfen, verschweigen viele diese unangenehmen Chat-Erfahrungen vor den Eltern. Um die Mitteilsamkeit ihres Kindes zu wahren, sollten Eltern es ermuntern, von seinen Begegnungen im Internet zu erzählen. Berichtet es von einer Belästigung, sollten sie nicht über seine Internetaktivitäten schimpfen, sondern es für seine Offenheit loben und besonnen nach gemeinsamen Lösungen suchen.

»Hilfe, ich kapiere Mathe nicht!«, »Wie pflege ich meinen Hamster?«, »Wo finde ich die neuesten Games?«. Antwort auf solche Fragen suchen Kinder und Jugendliche gerne in Foren. Es gibt freundliche Diskussionsplattformen, die sich für Kinder eignen. Vorsicht aber vor großen Diskussionsportalen, wo Sexualität oft in detaillierter, drastischer Form beschrieben wird. Manchmal werden Internetforen auch missbraucht, um extremistisches Gedankengut und andere problematische Inhalte zu verbreiten. Eine sehr gefährliche Entwicklung sind auch Foren, die Essstörungen oder gar Suizid verklären. Ideal sind daher Foren- und Chat-Angebote von guten Kinderseiten (siehe Kästen), wo sich Gleichaltrige unterhalten können und erwachsene Moderatoren problematische Beiträge löschen, um vor Beleidigungen und Belästigungen zu schützen.

Computerregeln

Mit viel Unterstützung können schon Dreijährige am Computer herumspielen. Warten Sie damit aber besser, bis Ihr Kind wirklich neugierig darauf ist.

- Empfohlene Spieldauer:
4 bis 6 Jahre: In Begleitung der Eltern 20 bis 30 Minuten pro Tag
7 bis 10 Jahre: 45 Minuten am Tag
11 bis 13 Jahre: 60 Minuten pro Tag
Lassen Sie kleine Kinder nicht alleine am Computer spielen. Wiederholen Sie oft dieselben Spiele und Arbeitsschritte.
Ins Kinderzimmer gehört ein Computer frühestens, wenn das Kind 12 Jahre alt ist.

- Achten Sie auf Ausgleich durch Freunde treffen und draußen spielen.

- Beachten Sie bei Computerspielen die Altersfreigabe. Kaufen Sie niemals Spiele ohne USK-Kennzeichnung (Unterhaltungssoftware Selbstkontrolle, www.usk.de). Nur weil ein Spiel nicht schadet, ist es nicht automatisch gut. Orientieren Sie sich auch an pädagogischen Empfehlungen, zum Beispiel unter www.bundespruefstelle.de; www.spieleratgeber-nrw.de; http://snp.bpb.de. Irgendwann kauft sich Ihr Kind selbst Spiele. Erklären Sie ihm rechtzeitig, worauf es achten muss, woran es Qualität erkennt und auch, dass Raubkopien aus dem Internet verboten sind.

- Sitzt Ihr Kind stundenlang vor dem Computer, vernachlässigt es Freunde und Hobbys? Dann braucht es Hilfe! Zeigen Sie Interesse und versuchen Sie zu verstehen, was es an der virtuellen Welt so fasziniert. Meist zieht es sich aus Frust dahin zurück. Bieten Sie ihm Ausgleich im realen Leben an. Holen Sie sich Rat, wie Sie ihm aus seiner Abhängigkeit heraushelfen (▶ Anhang 19, Literatur).

- Gestalten Sie den PC sicherer. Unter www.klick-tipps.net/sicher finden Sie aktuelle Tipps, welche Maßnahmen Sie ohne großen Aufwand ergreifen können. Wie Sie Spielkonsolen kindersicher machen, erfahren Sie unter www.klicksafe.de/plaudern/spiele konsolen.php. Die Studien »Kinder und Medien« des Medienpädagogischen Forschungsverbundes Südwest finden Sie unter www.mpfs.de.

• Beugen Sie Schäden durch langes Sitzen am Computer vor: Nur Bildschirme mit Augen schonender Frequenz (ab 70 Hertz) sind geeignet. Etwa 60 Zentimeter Augenabstand zum Display halten, rückenfreundlicher Stuhl, großer Tisch, auf dem die Hände vor der Tastatur Platz haben. Kinder sollten eine kleinere Maus benutzen.

• Das Bundesministerium für Familie, Senioren, Frauen und Jugend bietet gute Broschüren rund ums Thema an (▶ Anhang 1, 19).

Sicher surfen

Wunderbar, wenn Ihr Kind sich im Internet auskennt. Doch ganz auf sich gestellt, birgt die Anonymität Risiken.

• Lassen Sie Ihr Kind erst nach dem 5. Geburtstag im Internet surfen. Gehen Sie anfangs nur gemeinsam auf diese Reise, beschränken Sie sich auf wenige Seiten. Vorschulkinder sollten, stets in Begleitung, höchstens 2 bis 3 Stunden pro Woche surfen, 7- bis 10-Jährige maximal 6 Stunden pro Woche. Die Zeit mit der TV-Zeit verrechnen, damit der Medienkonsum im Rahmen bleibt. Link-Tipps für erste Ausflüge ins Netz: www.internet-seepferdchen.de, www. internet-abc.de, www.seitenstark.de.

• Infos für ältere Kinder und Jugendliche: www.tagesschau.de/kinder.

• Für den Start eignen sich Homepages mit vielen Klickmöglichkeiten und Spielen. Richten Sie als Suchmaschine eine Kinderseite ein. Surftipps: www.kindercampus.de (ab 4 Jahren); www.kidsville.de (ab 6 Jahren); www.blinde-kuh.de (ab 8 Jahren); www.klick-tipps.net ; www.tivi.de; www.checkeins.de; www.fragFINN.de.

• Warnen Sie vor illegalen Downloads! Wie Sie Webseiten gezielt für Ihr Kind begrenzen, erfahren Sie unter www.klicksafe.de.

• Wenn Sie problematische Seiten entdecken, wenden Sie sich an www.jugendschutz.net oder www.bundespruefstelle.de.

E-Mail und Chat

Mit etwa zehn Jahren wächst bei Kindern das Interesse an E-Mail und Chat.

• Lassen Sie Ihr Kind nicht von der Mail-Adresse großer Internetportale mailen, sondern richten Sie seine bei guten Kinderseiten ein, wie www.mail4kidz.de oder www.grundschulpost.de. Am besten gleich zwei Adressen: Eine für Freunde und eine zur Nutzung im Internet. Bekommt es zu viel Spam, eröffnen Sie ein neues Postfach.

• So hält Ihr Kind seine Mail-Adresse sauber: keine persönlichen Daten weitergeben! Private Mail-Adresse ausschließlich an Freunden weiterreichen! Keine Kettenbriefe weiterleiten! Spam-Mails nie beantworten (auch nicht, um sich zu beschweren)! Mails von unbekannten Absendern löschen! Anhänge unbekannter Absender nicht öffnen!

• Kinder sollten sich nicht in Erwachsenen-Chats aufhalten, es eignen sich nur von erwachsenen Moderatoren beaufsichtigte Chatrooms, in der Regel also Kinderseiten. Vereinbaren Sie: Keine persönlichen Angaben machen oder private Fotos versenden! Nicknames oder Benutzernamen sollen nichts über die Identität verraten! Niemals alleine und ohne Ihr Wissen neue Chat-Freunde außerhalb des Internets treffen! Chat sofort abbrechen, wenn man ein merkwürdiges Gefühl bekommt, und immer die Eltern informieren! Sichere Chats fürs Kinder sind zum Beispiel: www.seitenstark.de, www.kindernetz.de, www.tivi.de (alle ab acht Jahren). Ältere Kinder möchten vielleicht nicht mehr in Kinderchats, sondern in die beliebten Chats ihres Freundeskreises. Dann ist elterliche Aufmerksamkeit gefragt, um das Kind vor negativen Erfahrungen zu schützen.

• Zeigen Sie Interesse dafür, mit wem Ihr Kind chattet! Legen Sie mit ihm einen Chatraum fest! Erklären Sie ihm Sicherheitsregeln: Keine Weitergabe persönlicher Daten! Der Chat-Partner ist oft nicht der, für den er sich ausgibt! Niemals mit unbekannten Chat-Partnern treffen! Link-Tipp: www.chatten-ohne-risiko.net. Bewahren Sie sich die Offenheit Ihres Kindes: Unterstützen Sie es nicht als Oberaufsichtsperson, sondern wohlwollend und bedacht.

• Kinder lieben Foren. Begleiten Sie Ihr Kind bei der Suche nach sicheren Diskussionsportalen. Bleiben Sie auf dem Laufenden, welche Foren es besucht! Schärfen Sie ihm auch hier ein: Keine Weitergabe persönlicher Daten! Link-Tipps: www.mellvil.de und www.kindernetz.de für jüngere Kinder. Schulkinder können bei www.scoolz.de diskutieren.

Handy

»Aber alle anderen haben auch eins!«, quengeln Kinder spätestens in der fünften Klasse. Damit haben sie recht: Jeder zweite Zehnjährige hat heute ein Handy. Das Mobiltelefon ist zum Bestandteil der Jugendkultur und zum Statussymbol avanciert. Mit Handy sind Kinder immer erreichbar. Was auch für Eltern im Alltag praktisch ist und Sicherheit gibt, wenn man sich Sorgen macht (▶ Seite 147). Allerdings sorgen sich viele Mütter und Väter, Handystrahlung sei schädlich. Ein Beweis dafür konnte trotz zahlreicher Studien nicht erbracht werden. Solange es wissenschaftlich aber auch nicht ausgeschlossen ist, empfiehlt es sich, die Strahlenbelastung gering zu halten. Das heißt: Bei der Anschaffung auf niedrigen Sar-Wert (Spezifische Absorptionsrate) achten. Nur kurz und bei gutem Empfang telefonieren. Handy nicht am Körper tragen und erst ans Ohr halten, wenn es beim anderen schon klingelt.

Mit speziellen Kinderhandys können Kinder nur vorher festgelegte Nummern anrufen. Das kann für Notfälle sinnvoll sein. Eltern sollten möglichst mit Kontrollanrufen sparen. Vor allem ältere Kinder entziehen sich sonst, indem sie nicht abheben oder lästige Anrufe wegdrücken. Vor horrenden Rechnungen bewahren Prepaid-Karten, wo nur ein vorher eingezahltes Guthaben vertelefoniert werden kann. Es gibt auch Mobilkarten, wo Kinder immer noch zu Hause anrufen können, auch wenn ihr Guthaben aufgebraucht ist (▶ Anhang 1).

LEKTION 11

Schule

Stolz schreiten die Sechsjährigen mit ihren Schultüten unterm Arm und den viel zu großen Ranzen durchs Schultor. Ein neues Kapitel der Kindheit beginnt. Mit dem Aufbruch ins Land des Wissens geht für die ganze Familie ein Stück Unbeschwertheit verloren. Den Tag mit gemütlichem Kuscheln im Elternbett und ausgiebigem Frühstück beginnen und Hand in Hand zum Kindergarten schlendern: für immer vorbei. Ebenso wie die günstigen Fernreisen in der Nebensaison. Von nun an zahlt man Höchstpreise, um sich zwischen Juni und August mit den eigenen Landsleuten an überfüllten Mittelmeerstränden zu drängeln.

Wie sich der »Ernst des Lebens« auswirkt, ermittelte das ZDF in einer großen Studie über das Glücksempfinden deutscher Kinder zwischen vier und 13 Jahren: Quer durch alle sozialen Schichten empfinden Kinder in Deutschland in ihren Familien ein hohes Maß an Glück und Geborgenheit. Die Schule hingegen wird mit zunehmendem Alter als belastende Gegenwelt, als »Glückskiller Nummer eins« erlebt. Doch gegen diese traurige Aussicht sind Familien nicht machtlos. Denn Mütter und Väter können viel dazu beitragen, damit ihr Kind im Schulalltag gut zurechtkommt.

Ist Ihr Kind schulreif?

Die Einschulung erfordert bestimmte Fähig- und Fertigkeiten. Je mehr Fragen Sie mit »Ja« beantworten, desto leichter fällt der Schulstart.

- Körper und Motorik
  - Ist Ihr Kind körperlich gesund und dem Alter entsprechend entwickelt?
  - Kann es auf einem Bein hüpfen, balancieren, rückwärts laufen, einen Ball werfen und fangen? Sich selbstständig an- und ausziehen, Schleifen binden, Knöpfe öffnen und schließen? Einfache Formen ausschneiden und Bilder ausmalen?

- Geistige Entwicklung
  - Spricht es deutlich, erzählt es Geschichten mit vier bis fünf Gedankensträngen? Ist es in der Lage, konkrete Begriffe (wie Bett, Eimer, Leiter) zu erklären sowie aus drei Stichwörtern (Futter, Katze, Schüssel – Schuhe, Mantel, Einkaufstasche) richtige Sätze zu bilden?
  - Unterscheidet es Farben, ähnliche Begriffe (Faden, Schnur, Seil) und Materialien (Holz, Leder, Plastik, Metall, Gummi, Stoff)?
  - Merkt es sich schon drei Aufträge und wiederholt vier bis fünf vorgesprochene Zahlen oder Wörter in richtiger Reihenfolge?
  - Löst es einfache Rätsel (was ist rot und schmeckt gut), beantwortet Warum-Fragen sinngemäß und kann Oberbegriffe (grün – rot, Hund – Pferd, Tee – Saft) bilden? Beherrscht es Spiele wie Puzzle, Memory, Suchbilder?
  - Zählt es mindestens bis zehn und kann Gegenstände nach Form und Größe ordnen? Baut oder malt es mit Bausteinen oder Stift einfache Vorlagen oder Muster nach?
  - Hört es kleinen Vorlesegeschichten bis zum Schluss zu? Kann es warten, bis andere ausgeredet haben, und, wenn es selbst redet, beim Thema bleiben? Klatscht es einfache Rhythmen nach?

- Soziale Entwicklung
  - Hält es Regeln ein und kann sich in eine Gruppe einfügen? Nimmt es selbst Kontakt mit anderen auf und hat Freunde? Äußert es seine Bedürfnisse und kann sich durchsetzen? Traut es sich an neue Situationen heran und kann sich von zu Hause trennen? Wird es mit kleineren Frustrationen oder Verletzungen auch ohne elterlichen Trost fertig?

Beantworten Sie noch viele Fragen mit »Nein«, ist es für die Einschulung wahrscheinlich zu früh. Vorzeitig eingeschulte Kinder tun sich oft die gesamte Schullaufbahn über schwer, vor allem in der sozialen Anerkennung: Wer jünger und unreifer ist als die anderen, interessiert sich für andere Spiele, lacht über andere Dinge und wird in der Pubertät vom anderen Geschlecht länger übersehen. Schulen Sie Ihr Kind nicht ein, nur weil seine Kindergartenfreunde in die Schule kommen. Ziehen Sie die Erzieherinnen und den Kinderarzt zurate bei der Frage, ob Sie ihm besser noch ein Jahr im Kindergarten (oder auch einem speziellen Vorschulkindergarten) gönnen sollten.

Der Schulweg

Ein guter Start in die Schule beginnt beim Schulweg. Wer zu Fuß geht, kann sich besser konzentrieren als der, der mit dem Auto gebracht wird. Pluspunkt ist nicht nur die Bewegung an der frischen Luft, auch aufeinander warten, miteinander plappern oder auch nur nebenherschlendern fördert das Zusammengehörigkeitsgefühl. Wer von Papa oder Mama kutschiert wird, verpasst diese Gelegenheit und muss den Unterricht nutzen, um Neuigkeiten auszutauschen.

Weil viele Eltern ihre Sprösslinge für die kurze Fahrt unangeschnallt auf den Beifahrersitz lassen, bringen sie diese unnötig in Gefahr. Abgesehen davon produziert dieser Chauffeurdienst unnötigen Verkehr und gefährdet damit auch den Schulweg anderer. Schulverkehrsexperten sehen es am liebsten, wenn Kinder in größeren Gruppen zur Schule gehen. Sie machen dabei zwar mehr Quatsch und achten weniger auf den Verkehr, als wenn sie alleine oder zu zweit gehen. Dennoch sind sie besser geschützt, da eine größere Gruppe von Autofahrern kaum übersehen werden kann. Trotz diesem Sicherheitsvorsprung sollten Schulanfänger so lange von einem Erwachsenen begleitet werden, bis jeder einzelne die Sicherheitsregeln im Straßenverkehr beherrscht. Einige Eltern fühlen sich wohler, wenn sie ihre Erstklässler, zumal es im Winter morgens stockfinster ist, bis zum Frühjahr begleiten. Manchen Kindern ist das peinlich und sie wollen sofort selbstständig zur Schule gehen. Mindestens drei Wochen sollte man sie aber begleiten und danach ausmachen, dass man sie noch ein paar Tage mit Abstand beobachtet, ob sie den Straßenverkehr umsichtig beachten.

Nicht zu viel beim Lernen helfen

Die prallvolle Schultüte, der schmucke Ranzen, mit Verwandten und Paten schick Essen gehen – dieser Initiationsritus zeigt dem Kind: Jetzt beginnt ein neuer Lebensabschnitt.

- Ein selbstbewusstes und schulreifes Kind begegnet dieser Aufgabe freudig und ernsthaft zugleich. Es freut sich auf den neuen Status, auf neue Freundschaften und das Spielen im Pausenhof – aber auch auf die neuen Herausforderungen (▶ Seite 226).

- Diesen Impuls zur Autonomie sollten Sie unterstützen, indem Sie sagen: »Zur Schule gehen und lernen ist jetzt dein Beruf. Du schaffst das! Und frag uns, wenn du etwas nicht verstehst. Dann helfen wir dir.«

- Tun Sie nicht des Guten zu viel: Viele Eltern sitzen bei den Hausaufgaben daneben, reden von »unserer Lehrerin« und stöhnen: »Wir kapieren Mathe nicht.« Diese Identifikation ist nicht mehr altersgerecht und macht das Kind lernfaul. Bald gibt es die Verantwortung an die Eltern ab, und diese müssen immer mehr Druck ausüben, damit es seine Pflichten erledigt.

Den Alltag neu strukturieren

Der Kampf beginnt schon beim Aufstehen. Die ersten Tage springen Schulanfänger noch erwartungsfroh aus dem Bett. Ist der Reiz des Neuen vorbei, sträuben sie sich dagegen aufzustehen. Das erspart man sich, wenn man in die Schultüte auch einen Wecker packt und mit feierlicher Mine verkündet: »Nun ist es deine Aufgabe, uns morgens zu wecken.« Klingelt beim Kind der Wecker, schlüpft es noch für ein paar Schmuseminuten zu den Eltern unter die Decke, dann stehen alle zusammen auf. Diese Verantwortung macht es stolz und lässt den Tag harmonisch beginnen (▶ Seite 82). Allerdings: Einige Kinder, insbesondere viele ADHS-Kinder, kommen morgens wirklich kaum in die Gänge. Döst ein Kind trotz ausreichend Schlaf nach dem Wecken immer wieder ein, kann man es mit einer ans Bett gebrachten Tasse Kakao versuchen. Der darin enthaltene Traubenzucker liefert dem Gehirn einen Energieschub und hilft vielen Kindern aus den Federn (▶ Seite 228).

Das Erfolgskonzept für erfolgreiches Lernen ist Regelmäßigkeit. Muss ein Kind täglich neu entscheiden, wann es seine Aufgaben erledigt, schiebt es sie vor sich her. Theoretisch ist der beste Zeitpunkt für die Hausaufgaben zwischen 16 und 18 Uhr, da haben die meisten Menschen ein Leistungshoch. Nach dem Mittagessen geht es mit der Konzentration erst mal bergab, dann sollte man Kinder nicht zum Lernen zwingen. Nach einem Stündchen an der frischen Luft oder einer Entspannungspause im Zimmer klappt es wieder besser. Eine Faustformel gibt es aber nicht, dazu sind Biorhythmen und familiäre Tagesabläufe zu verschieden. Viele Kinder wollen ihre Aufgaben schnellstmöglich hinter sich bringen, damit der Nachmittag zum Spielen frei bleibt. Oder weil sie nur mittags ungestört lernen können, da bald das jüngere Geschwister aus dem Kindergarten kommt. Wichtiger als die Uhrzeit ist die Motivation. Darum gemeinsam einen geeigneten Hausaufgabenbeginn überlegen, an den das Kind sich dann auch wirklich, außer bei wichtigen Ausnahmen wie Arztterminen oder Geburtstagseinladungen, halten muss.

Dass Erst- und Zweitklässler ihre Hausaufgaben am liebsten am Küchentisch erledigen, hat einen guten Grund: Sie brauchen noch den emotionalen Rückhalt durch die Eltern. Gelegentlicher Blickkontakt oder ein Küsschen aufs Haar ermuntern beim Lernen und geben dem Kind Gelegenheit, Fragen zu stellen. Besonders das Lesenlernen sollte in körperliche Zuwendung eingebettet sein. An den angestrengten Gesichtern kleiner Leseanfänger lässt sich deutlich ablesen: Im Vergleich zum Schreibenlernen ist das Entschlüsseln der Buchstabenfolgen der weit größere Kraftakt. Auf dem Schoß oder im Arm der Eltern spüren sie dabei seelischen Rückhalt und verbinden das Lesen mit Gemütlichkeit und Wohlgefühl.

Mit Liebe lesen lernen

Viele Eltern hören in der zweiten Klasse mit dem Vorlesen auf, damit das Kind zu lesen beginnt. Das ist schade! Nur drei von sieben Kindern erschließen sich das Lesen selbst. Die anderen sind mit ihren Büchern überfordert und »lesen« lieber Comics. Auch finden viele die simplen Geschichten der Leselernbücher schlicht zu langweilig.

- Lesen Sie Ihrem Kind so lange vor, bis es selbst die Lust daran verliert. Wenn Sie schon vorher damit aufhören, bestrafen Sie es im Grunde dafür, dass es so fleißig lesen lernt. Anstatt gemütlich angekuschelt eine Gutenachtgeschichte zu hören, soll es sich jetzt vor dem Einschlafen einsam mit einer Leselerngeschichte begnügen? Welch enttäuschender Lohn dafür, dass es so mühevoll lesen gelernt hat. Wechseln Sie sich ab. Lesen Sie mit Ihrem Kind auch weiterhin interessante Geschichten: Sie lesen den Großteil vor und Ihr Kind kleinere Absätze. Je nach Lesefähigkeit und -lust wird Ihr Anteil nach und nach weniger.

- Lesen ist dem Autofahren vergleichbar. Ein Fahrschüler kann bald ein Auto steuern, doch den Straßenverkehr überblickt er erst mit ausreichend Übung. Ebenso beansprucht das Entziffern der Worte die Konzentration eines Schulanfängers derart, dass er schwerlich den Inhalt des Gelesenen überblicken kann.

• Wirkliches Lesevergnügen entsteht erst, wenn die häufigsten Worte so geläufig sind, dass nicht Buchstabe für Buchstabe, sondern das Wort als Ganzes erfasst wird. Das Gehirn geht zu einem assoziativen Verfahren über, wodurch man Worte nur noch kurz anzuschauen muss, um sie zu erfassen. Das funktioniert so: Gmäeß eneir Sutide der elgnihcesn Uvinisterät Cradigmbe ist es nchit witichg, in wlecehr Rhneflogheie die Bestachuebn in eneim Wort snid. Hautpsahce ist, dsas der estre und der leztte Bstabchue an der ritihcegn Pstoiion snid. Der Rset knan ttoaelr Bsinöldn sien – tedztorm knan man ihn lseen. Zmliecih gniael, oedr?

• Wer gerne liest, tut sich in allen Schulfächern leichter. Die verbreitete Annahme, Lesemuffel seien dafür besser in Naturwissenschaften, stimmt nicht. Im Gegenteil: Auf solch einen hohen Korrelationsfaktor wie zwischen Leselust und Matheleistungen trifft die Forschung selten. Die Gründe: Lesen hilft dem Gehirn, sich zu entwickeln, und fördert die Konzentrationsfähigkeit. Bildungsrelevantes Wissen wird größtenteils durch Lesen erworben. Aufgabenstellungen werden von geübten Lesern schneller und besser verstanden. Wer viel liest, kann schnell seine gesamten Schulleistungen verbessern.

Die vier Lerntypen

Worauf wir uns am besten konzentrieren können, ist individuell verschieden. Wenn Sie wissen, zu welchem Lerntyp Ihr Kind zählt, können Sie es beim Lernen gezielt unterstützen. Zwischen den Typen gibt es oft Mischformen.

• Visueller Typ
Das Kind lernt am leichtesten über die Augen. Bilder bleiben in seinem Gedächtnis besser haften als Worte. Ideal ist das Lernen mit Lernpostern, Karteien, bunten Stiften, Grafiken und Filmmaterial. Auch Mathematik versteht es besser, wenn es Formeln nicht nur hört, sondern als Schaubilder aufgezeichnet bekommt.

• Auditiver Typ

Während es Bilder nur oberflächlich verarbeitet, speichert das Kind Gehörtes gut ab. Ideale Lernhilfen sind CDs, MP3-Player und Diktiergeräte, um den Lernstoff aufzusprechen und abzuhören. Auch Rhythmen wie Klatschen und Trommeln können dabei helfen, Zahlen und Vokabeln zu verinnerlichen.

• Motorischer Typ

Das Stillsitzen fällt schwer, diese Schüler brauchen Bewegung, um Lerninhalte abzuspeichern. Ihnen hilft es, beim Rechnen und Überlegen im Zimmer umherzugehen. Auf einem Gymnastikball sitzend konzentrieren sie sich besser als auf einem Stuhl. Praktische Aufgaben mögen sie am liebsten.

• Kommunikativer Typ

Diese Lerntypen begreifen am besten im Austausch mit anderen und schwätzen darum gern mit dem Nebensitzer. Hausaufgaben erledigen sie am liebsten am Küchentisch oder in der schulischen Hausaufgabenbetreuung. Gruppenarbeit, freies Vortragen und Diskussionen machen am meisten Spaß.

Für langfristigen Lernerfolg sollten Schüler aller Lerntypen auch üben, sich Lerninhalte visuell einzuprägen. Auf einem Bild lassen sich mehr Inhalte zugleich abspeichern, der Lerngewinn ist größer.

So klappen die Hausaufgaben

Hausaufgaben sind lästig. Trotzdem sind sie die beste Möglichkeit, den Unterrichtsstoff zu vertiefen, Lernlücken zu erkennen und rechtzeitig nachzufragen. Vor allem lernen Kinder dadurch das Lernen. Wie schnell ein Mensch versteht und begreift, liegt nicht nur an seiner Intelligenz, sondern ebenso am Selbstwertgefühl. Je jünger ein Kind ist, desto mehr hängt sein Selbstwertgefühl davon ab, wie die Großen es einschätzen (▶ Seite 216).

Ein Kind lernt besser und leichter, wenn Eltern und Lehrer

nicht fehlerzentriert zu ihm sprechen, sondern erfolgszentriert mit ihm umgehen. Anstatt »Hast du deine Hausaufgaben schon gemacht?« fragt man besser »Welche Hausaufgaben hast du heute schon geschafft?«. Anstelle von »Warum hast du zehn Fehler im Diktat?« fragt man: »Welche schwierigen Wörter hast du denn richtig? Welche Fehlerart war die häufigste? Dann wissen wir, wie du dich verbessern kannst.« Kritik anstatt mit »Immer trödelst du mit den Hausaufgaben herum« motivierend ausdrücken: »Erinnerst du dich, wie gut du dich gefühlt hast, als du gestern deine Hausaufgaben geschafft hast?« (▶ Seite 156)

Wie Kinder am leichtesten lernen und worauf sie sich am besten konzentrieren können, hängt davon ab, welcher Lerntyp sie sind. Am seltensten ist bei Kindern der auditive Lerntyp. Lange Vorträge, bei denen Schüler den Lernstoff durch konzentriertes Zuhören verstehen müssen, sind also die am wenigsten kindgerechte Methode. Ausgerechnet dieser Unterrichtsstil herrscht leider an unseren Schulen vor. Alle Lerntypen lernen am besten, wenn mehrere Wahrnehmungsbereiche angesprochen werden, sodass sie verschiedene Sinnesbereiche verknüpfen können. Auf die Unterrichtsmethoden der Lehrer haben Eltern zwar kaum Einfluss, aber sie können dafür sorgen, dass ihr Kind den Lernstoff zu Hause mit allen Sinnen vertiefen und begreifen kann. Das beginnt schon beim Heimkommen. Anstatt das Kind lediglich zu fragen (auditiv), wie es war, nimmt man es zusätzlich in den Arm: »Schön, dass du da bist« (motorisch). Eine gute Arbeit kann man als Fotokopie über seinen Schreibtisch hängen (visuell). Vielleicht mag das Kind vor dem Lernen eine Hand- oder Kopfmassage (motorisch).

Fantasievoll den Ehrgeiz wecken

Konzentration ist harte Arbeit. Der stärkste Motor ist eine gute Motivation. Mit folgenden Übungen machen Sie Ihrem Kind das Lernen schmackhaft und motivieren es. Wenn es sich noch dazu daran gewöhnt, regelmäßig zu üben, kommt eine anhaltende Erfolgsspirale in Gang.

• Mit den leichtesten Aufgaben beginnen. Das wärmt das Gehirn auf und schafft ein gutes Gefühl, weil schnell schon was erledigt ist.

• Stets im selben (möglichst aufgeräumten) Zimmer zu lernen stellt eine gute Arbeitsatmosphäre her. Das Kind muss nicht immer am Schreibtisch sitzen. Insbesondere motorische Lerntypen wechseln auch gerne auf den Boden.

• Kinder sollten ihre Sitzposition verändern können. Ideal ist ein Sitzball oder ein höhenverstell- und kippbarer Stuhl mit einer Mulde in der Sitzfläche und verstellbarer Rückenlehne. Die richtige Sitzhöhe: Kind vor den Stuhl stellen, die Stuhlvorderkante sollte auf die Unterkante der Kniescheibe zeigen. Beim Schreibtisch stimmt die Höhe, wenn der Unterarm exakt rechtwinklig zum Oberarm auf der Tischplatte liegt. Rücken Sie den Schreibtisch ins rechte Licht: Der klassische Standort unterm Fenster strengt die Augen an, weil das Licht vom weißen Papier reflektiert wird. Schreibtisch besser im rechten Winkel vors Fenster stellen. Und zwar so, dass die schreibende Hand keinen störenden Schatten auf das Papier wirft. Bei Rechtshändern sollte also die linke und bei Linkshändern die rechte Körperhälfte Richtung Fenster zeigen.

• Durch ein Laufdiktat sitzen Rechtschreibung und Vokabeln viel schneller: Auf zwei Tischen liegt jeweils ein Blatt Papier. Nach einem geschriebenen Wort oder Satz läuft das Kind zum nächsten Tisch und schreibt dort weiter. Die Bewegung prägt das Gelernte ins Gehirn ein.

• Ihr Kind schmuggelt einen Fehler ins Übungsdiktat, und Sie raten, welchen Fehler es absichtlich gemacht hat.

• Schreibt Ihr Kind immer wieder dasselbe Wort falsch? Lassen Sie es die Buchstaben kneten, aus Papier ausschneiden oder das Wort schreiben, indem es eine lange Schnur zum lesbaren Schriftzug legt. Durch dieses Be-greifen prägt sich die richtige Schreibweise ein.

• Hingucken verboten: Ein Kind schreibt alle schwierigen Worte auf ein Plakat. Hängen Sie dieses an die Zimmertür oder über die Toilette. Verbieten Sie ihm, hinzuschauen, oder erlauben Sie es nur zu bestimmten Zeiten. Hochwirksam ist die Arbeit mit Lernplakaten auch bei älteren Schülern zur Prüfungsvorbereitung: Das ganze Wissen zum Fachgebiet auf ein großes Plakat schreiben und zeichnen.

• Tut es sich mit einer Aufgabenstellung schwer, lösen Sie sie auf einem eigenen Blatt: Aber bitte dabei ausführlich und laut denken! So kann es den Gedankenweg nachvollziehen. Drehen Sie dann das Blatt um, und Ihr Kind rechnet die Aufgabe nach. Wenn es nicht weiter weiß, darf es spicken. Das macht die Sache interessanter. Damit der Rechenweg sitzt, sollte es die Aufgabe später auch mit anderen Zahlen selbst durchrechnen.

• Fordern Sie Ihr Kind auf, beim Rechnen seine Hände zu benutzen. Untersuchungen zeigen, dass Kinder dadurch schneller auf die Lösung kommen. An den Fingern abzählen, beim Denken gestikulieren, mit dem Finger im Heft unter der Aufgabe entlangfahren: So können Kinder Mathematik buchstäblich begreifen. Hilfreich ist auch eine russische Rechenmaschine oder ein Abakus.

• Dreht Ihr Kind beim Lernen Musik auf? Erlauben Sie es. Das Erinnerungsvermögen ist stark an Gefühle gekoppelt. Darum können als angenehm empfundene Rhythmen Vokabeln, Formeln und Fakten ins Gedächtnis einhämmern. Wichtig: Kindern keine Musik »verordnen«, sie sollen selbst aussuchen, was sie hören mögen (allerdings kein Radio, wo Werbung oder Nachrichten ablenken). Absolut tabu sind TV und Computer.

• Störfaktor Nummer eins ist das Telefon. Vor allem größere Schüler bekommen ständig Anrufe. Darum die Regel einführen: Während der Hausaufgaben wird nicht ans Telefon gegangen, und das Handy bleibt aus!

• Keine Computerspiele direkt nach dem Üben. Die eben so mühsam geübten Vokabeln oder Formeln werden von der Datenflut sozusagen überschrieben. Auch vor Tests abends keine Computerspiele, damit das Gehirn den Lernstoff abspeichern kann.

• Vor Tests abends noch einen Blick auf den Lernstoff werfen. Dann dringt er im Schlaf tief ins Gedächtnis ein. Am nächsten Morgen zehn Minuten früher aufstehen und das Gelernte aktivieren. Unmittelbar vor der Prüfung aber nicht mehr üben, das macht nur nervös.

• Am besten lernen Kinder von anderen Kindern – und jeder profitiert: Der schwächere Schüler kann etwas lernen, der stärkere vertieft sein Wissen, weil Erklären die beste Übung ist. Vorsicht allerdings bei Geschwistern: Rivalisierende Brüder oder Schwestern sind die schlechtesten Nachhilfelehrer.

Gute Lehrer, schlechte Lehrer

Der Antrieb, warum Schulanfänger so fleißig lernen, ist der Wunsch, ihren Eltern und ihrer Lehrerin eine Freude zu machen. Darum brauchen sie eine einfühlsame Klassenlehrerin (oder einen Klassenlehrer, aber leider mangelt es in Grundschulen an Männern), die nicht nur Wissen vermittelt, sondern auch ihr Herz für die Kinder öffnet. Die ihren kleinen Schülern auch mal aufmunternd übers Haar streicht oder sie in den Arm nimmt, wenn einer weint. Eltern sollten sich bei der Schuleinschreibung nicht scheuen, einen Lehrerwunsch anzugeben. Schulleitungen sehen das zwar nicht gerne, nehmen aber trotzdem oft Rücksicht darauf.

Früher hatte der Lehrer immer recht, heute neigen Eltern dazu, jedes Schulproblem auf den Lehrer abzuschieben. Doch wer vor seinem Kind über das »miese Schulsystem« und die »unfähigen Lehrer« herzieht, braucht sich nicht zu wundern, wenn es ungern zur Schule geht und den Lehrern auf dem Kopf herumtanzt. Eltern sollten, alleine schon ihrem Kind zuliebe, integer bleiben: »Ich verstehe, was dich stört. Ich glaube aber, dass deine Lehrerin es im Grunde gut meint. Darum gehe ich in ihre Sprechstunde, um mit ihr zu diskutieren, wie wir das Problem lösen.«

Mit uninspirierten und unfairen Lehrern hat jeder Schüler mal zu kämpfen. Diese unschöne Erfahrung ist, insofern Kinder nicht von Lehrern gemobbt werden, in gewissem Maße ein Übungsfeld fürs Berufsleben, wo man sich seine Vorgesetzten auch nicht aussuchen kann. Dann ist es gut, wenn man weiß, wie man trotzdem miteinander klarkommt und wie man seine Interessen vertritt. Allerdings sollte diese unangenehme Lektion kleinen Schulanfängern noch erspart bleiben.

So lassen Lehrer mit sich reden

Wenn Sie es zeitlich irgendwie einrichten können: Bringen Sie sich in der Schule ehrenamtlich ein, im Elternbeirat oder als Elternsprecher. Sie erzielen dadurch Wertschätzung und Mitspracherecht, was auch Ihrem Kind zugute kommt.

- Pflegen Sie einen guten Kontakt zu Schule und Lehrern. Macht ein Schüler Probleme, vermuten Lehrer reflexartig die Schuld im Elternhaus. Versuchen Sie daher von vornherein, in eine faire und respektvolle Beziehung zu kommen. Gehen Sie in die Lehrersprechstunden. Das bringt viel mehr als der offizielle Sprechtag, wo Eltern wie am Fließband abgefertigt werden müssen. Nehmen Sie nicht nur Klagen zum Anlass, gehen Sie auch mal zum Lehrer, um für etwas zu danken. Wer aus Berufsgründen keine Zeit findet: Stellen Sie durch ein paar freundliche Zeilen im Elternheft oder einen kleinen Brief Kontakt her.

- Bei Problemen mit dem Lehrer gehen am besten beide Eltern ohne Kind zu ihm. Tragen Sie das Problem möglichst unaufgeregt vor. Bitten Sie den Lehrer, die Not Ihres Kindes ernst zu nehmen, und lassen Sie nicht zu, dass es als überempfindlich abgetan wird. Überlegen Sie gemeinsam mit dem Lehrer ruhige und versöhnliche Handlungsimpulse.

• Leider gibt es immer wieder Lehrer, die, möglicherweise auch unbeabsichtigt, einzelne Schüler oder ganze Klassen mobben. Eltern halten oft den Mund, weil sie fürchten, der Lehrer nehme sich ihr Kind dann erst recht vor. Lassen Sie das nicht zu: Versuchen Sie das Problem mit der Lehrkraft zu klären! Blockiert diese, wenden Sie sich an den Elternbeirat und unter Umständen auch an die Schulleitung – und teilen sie dies auch dem Lehrer mit. Vielleicht kann Sie auch ein Elternbeirat zu einem Lehrergespräch begleiten. Protokollieren Sie dieses Gespräch und lassen Sie es den Lehrer wissen, falls dieses Protokoll auch an die Schulleitung geht.

• Bei Lernschwierigkeiten bewährt sich folgendes Vorgehen:
1. Gehen Sie möglichst mit Ihrem Kind in die Lehrersprechstunde. Findet diese in der Schulzeit statt, befreien Sie es hierzu kurz vom Unterricht.
2. Loben Sie zuerst, was Ihnen am Unterricht gefällt. Tragen Sie dann das Anliegen Ihres Kindes freundlich und möglichst unaufgeregt vor.
3. Hören Sie sich auch die Meinung des Lehrers genau an. Bitten Sie um Vorschläge, wie sich die Situation verbessern ließe.
4. Fragen Sie dann Ihr Kind, was es dazu beitragen kann.
5. Schlagen Sie vor, was Sie tun könnten.
6. Bringen Sie diese Einigung als eine Art Vertrag zu Papier, indem Sie während des Gesprächs Notizen machen.
7. Vereinbaren Sie, sich in einem Monat erneut zusammenzusetzen, um zu besprechen, inwieweit die Maßnahmen Erfolg zeigen.
8. Bedanken Sie sich für das Gespräch.

• Gehen Sie ähnlich vor, wenn Sie Elternsprecher sind und das Problem die ganze Klasse betrifft. Protokollieren Sie die Vereinbarung und verteilen Sie diese an die anderen Eltern und den Lehrer. Durch diese Transparenz werden alle Beteiligten fair behandelt, zugleich entsteht Druck, das Problem zu lösen.

Lese-Rechtschreib-Schwäche

Verzweifelt saß John wieder mal an seinen Hausaufgaben. Mühsam setzte er die Buchstaben zusammen und machte Fehler um Fehler. John kam in Sprachtherapie und zum Schulpsychologen. Alle standen vor einem Rätsel: Der Junge war intelligent und hatte stets fleißig die Schule besucht. Damals, in den späten Fünfziger- und frühen Sechzigerjahren, gab es die Diagnose »Legasthenie« noch nicht.

Heute weiß man: Etwa fünf Prozent der Schüler sind davon betroffen. Wenn sich Erstklässler erwartungsfroh ins Schulleben stürzen, steht in jeder Klasse ein bis zwei Kindern eine bittere Enttäuschung bevor. Das Lesen und Schreiben macht ihnen massive Probleme. Während sich die Klassenkameraden zum Spielen treffen, werden sie zu Hause über ihren Heften sitzen und trotzdem dauernd Tadel ernten. Leider werden die meisten Legastheniefälle erst in der dritten und vierten Klasse erkannt. Steht die Diagnose endlich fest, fällt den Betroffenen und ihren Eltern ein Stein vom Herzen. Endlich weiß man: Das Kind ist kein »Schulversager«, sondern braucht spezielle Förderung. Diese Erkenntnis bestärkt Eltern darin, in der Schule Verständnis für die speziellen Schwierigkeiten ihres Kindes zu erkämpfen. Und elterlicher Beistand ist für den Schulerfolg von größter Bedeutung! Denn in Deutschland gelten je nach Bundesland unterschiedliche Bestimmungen. Nicht überall müssen Lehrer eine bestätigte Legasthenie bei der Benotung berücksichtigen. Der Schulerfolg hängt also auch davon ab, wie selbstbewusst Eltern die Interessen ihres Kindes vertreten. Der lange Leidensweg vieler Grundschüler müsste nicht sein. Zwar können die Tests für den definitiven Befund erst mit Schulkindern gemacht werden, doch die Tendenz zur Legasthenie lässt sich schon im Kindergartenalter erkennen. Das zu erkennen ist wichtig, denn die wertvollste Zeit, um die Störung auszugleichen, ist in den Vor- und frühen Grundschuljahren. Zwar lohnt sich die Förderung auch bei größeren Kindern, doch die Kleinen tun sich in einigen Lernbereichen, zum Beispiel dem Hören, mit Abstand am leichtesten. Sie hier gezielt zu fördern ist das ideale Rüstzeug, um ihre Vorbelastung auszubalancieren. Viele erreichen dann erstaunlich gute Ergebnisse im Schreiben und vor allem im Lesen.

Für diese Frühförderung arbeiten viele Logopäden nach dem sogenannten Würzburger Trainingskonzept (▶ Anhang 20). Dieses Trainingsprogramm dient einer besseren Wahrnehmung und kann auch zu Hause von den Eltern umgesetzt werden. Lassen die Erzieherinnen es außerdem in das Kindergartenprogramm einfließen, machen sie damit nicht nur entsprechend vorbelastete, sondern alle Vorschulkinder fit für die Schule. Übrigens: Der kleine John, von dem Eingangs die Rede war, heißt mit Nachnamen Irving. Trotz seiner Legasthenie wurde aus ihm einer der heute weltweit erfolgreichsten Romanautoren.

Risiko-Check für Legasthenie

Achten Sie schon im Vorschulalter auf folgende Signale. Ist Ihr Kind erst kürzlich vier Jahre alt geworden, brauchen Sie sich keine Sorgen zu machen, wenn es mit diesen Anforderungen noch nicht klarkommt. Sollten ihm aber noch mit viereinhalb oder fünf Jahren nicht nur einer, sondern gleich mehrere dieser Punkte Probleme bereiten, könnte dies auf eine Legasthenie hinweisen. Gleiches gilt, falls ein Kind in einem der Punkte stark aus dem Rahmen fällt, zum Beispiel indem ihm andauernd Wörter entfallen. Ziehen Sie dann vorsichtshalber den Kinderarzt zurate. Er kann den Kurzzeitspeicher Ihres Kindes testen und Sie – falls der Verdacht sich erhärtet – an eine Frühdiagnosestelle oder Frühförderstelle verweisen.

- Wurde bereits bei einem Elternteil oder bei einem Geschwister eine Lese-Rechtschreib-Schwäche festgestellt?

- Kann Ihr Kind einfache Reime bilden?

- Gelingt es ihm, Worte in Silben zu zerlegen? Zum Beispiel durch Klatschen: Ba-na-ne, Schnee-mann, Re-gen-wurm.

• Wie gut ist sein Kurzzeitspeicher: Ist es in der Lage, spontan unbekannte Wörter nachzusprechen? Zum Beispiel einen Namen, den es noch nicht kennt? Oder auch mehrsilbige Quatschwörter wie Rikodilo, Sinoraka oder Komiparimi? Merkt es sich kleine Aufträge wie »Mach die Trinkflasche zu und stecke sie in deinen Rucksack«?

• Werden Begriffe aus dem Langzeitspeicher ohne größere Probleme abgerufen? Oder fällt Ihnen auf, dass Ihr Kind immer wieder Wortfindungsschwierigkeiten hat? Dass ihm zum Beispiel auf die Frage »Welche Farbe hat der Himmel?« die Antwort »Blau« einfach nicht einfallen will?

• Wie gut ist seine visuelle Wahrnehmung? Erkennt es einfache Formen wie Kreis, Rechteck, Dreieck, Quadrat?

Übungen nach dem Würzburger Trainingskonzept helfen, eine Legasthenie auszubalancieren. Das Training ist besonders effektiv, wenn man bereits im Vorschulalter damit beginnt (▸ Anhang 20, Literatur).

SOS bei schlechten Noten

Aus Schaden kann man klug werden. Lässt ein Kind sein Pausenbrot zu Hause liegen, knurrt ihm eben mal der Magen, und anderntags denkt es daran, es einzupacken. Logische Konsequenzen sind eines der wirksamsten Erziehungsmittel (▸ Seite 142). Allerdings hat diese Methode Grenzen, sobald ein Kind beim »Auslöffeln« der Suppe, die es sich eingebrockt hat, Schaden nehmen kann. Solch ein Fall ist die Schule: Ein schlechter Schulabschluss schadet der beruflichen Zukunft und kann den ganzen Lebenslauf des Kindes beeinträchtigen. Ist das Klassenziel gefährdet, müssen Eltern sich einmischen.

Unsere Aufgabe im Leben unserer Kinder ähnelt der Wasserwacht: Wir müssen sie versuchen lassen, selbst zu schwimmen, sobald sie aber ins Trudeln geraten, müssen wir ihnen rechtzeitig unter die Arme greifen. In Sachen Schule heißt das: Schüler müssen selbst an ihre Hausaufgaben denken und sich zu den vereinbarten Lernzeiten hinsetzen. Bahnen sich aber Schulprobleme an, dürfen Eltern nicht beim Scheitern zusehen. Drohungen wie »Dann fliegst du eben von der Schule« wären unterlassene Hilfeleistung. Hier müssen Eltern beizeiten einspringen, um ihr Kind bei der Stange zu halten. Rettungsstufe Nummer eins ist ein Gespräch mit den Lehrern (▶ Seite 271). Dazu kommt ein Lernplan, auf dessen Einhaltung jetzt auch die Eltern achten. Außerdem gibt es Lob und Belohnungen. Nicht erst für gute Zensuren, sondern alleine schon dafür, dass das Kind sich jetzt bemüht. Besonders wirkungsvoll lassen sich Schüler mit dem Bonussystem motivieren (▶ Seite 208). Bei lernschwachen Teenagern kann man das Bonussystem auch über einen längeren Zeitraum einsetzen. So zum Beispiel lassen die meisten Acht- und Neuntklässler pubertätsbedingt in der Schule nach. Rettet man sie durch dieses Leistungstief, verbessern sich die meisten ab der zehnten Klasse wieder aus eigenem Antrieb. Bekommt ein Kind schon in der Grundschule immer wieder Ärger, weil es sich nicht konzentrieren kann und aus der Reihe tanzt, könnte sich dahinter ein Aufmerksamkeitsdefizitsyndrom verbergen (▶ Seite 228).

Das schützt vor Prüfungsangst

Herzklopfen an der Tafel, schwitzige Hände bei der Klassenarbeit? Das ist in Ordnung. Denn Stress setzt Adrenalin frei und erhöht die Leistungsfähigkeit. Geht die Aufregung aber über ein mittleres Angstniveau hinaus, kann es zum Blackout kommen. Folgende Übungen helfen, das Angstniveau unter dieser Schwelle zu halten.

- Ernstfall spielen

Ermutigen Sie bereits kleine Kinder, ihr Können zu präsentieren. Spielen Sie Ratespiele, wo sie schauspielerisch Tiere und Personen imitieren. Machen Sie ihnen Mut, dem Nikolaus ein Gedicht aufzusagen, sich mit Freunden eine Zirkus- oder Zaubervorstellung für die Eltern auszudenken, bei Kindergarten- und Schulfeiern etwas vorzutragen. Üben Sie auch mit Ihrem größeren Kind den

Ernstfall, indem Sie die Prüfung simulieren und gemeinsam »Glatteis«-Fragen und deren Beantwortung überlegen.

• Lernen strukturieren
Folgende Tipps gelten ebenso für erwachsene Prüflinge: frühzeitig mit dem Lernen beginnen, rechtzeitig einen Lernplan erstellen, abhaken, was man schon beherrscht, aktualisieren, was noch zu üben ist. Wiederholungsphasen und Pausen einplanen. Nicht auswendig lernen, sondern Stichpunkte notieren und den Inhalt in eigenen Worten wiedergeben. Abiturienten sollten idealerweise schon ein halbes Jahr vorher mit dem Wiederholen des Stoffs beginnen. Dabei Schwerpunkte setzen, welcher Stoff wirklich wichtig ist.

• Graue Zellen füttern
Kohlenhydrate sind Nahrung fürs Gehirn. Darum naschen Kinder beim Lernen so gerne. Doch Vorsicht: Zucker wird vom Körper rasch abgebaut, zehn bis 20 Minuten nach dem Genuss fällt der Blutzucker steil ab – und damit auch die Konzentration. Komplexe Kohlenhydrate hingegen werden langsam abgebaut. Darum halten Kartoffeln, Nudeln, Müsli, Haferflocken oder auch eine Banane länger vor. Auch Obst gibt dem Gehirn Kraftreserven, noch besser wirkt grünes Gemüse. Fette Fleischmahlzeiten machen bis zu sechs Stunden lang geistig träge. Omega-Fettsäuren aus Fisch hingegen regen geistig an. Auch Raps- und Leinöl schmieren das Gedächtnis.

• Ausgleich schaffen
Bewegung, Spiel, frische Luft und leckeres Essen lockern auf und fördern die Konzentrationsfähigkeit. Gewohnheiten wie feste Mahlzeiten und Abendrituale besonders klar einhalten. Der Abend vor ganz großen Examen (wie dem Aufnahmetest für Gymnasium oder Realschule, Abitur, Gesellen- oder Führerscheinprüfung) sollte lernfrei sein.

• Daumen drücken
Nehmen Sie Ihr Kind in den Arm, lassen Sie es die Augen schließen und sich sagen: » Das schaffe ich! Ich zeige, was ich kann

und wie gut ich geübt habe.« Vereinbaren Sie mit ihm, dass Sie in Gedanken während der Prüfung fest bei ihm sind, die Daumen drücken, sein Kuscheltier ins Fenster setzen oder sein Lieblingslied abspielen.

- Erfolg feiern

Loben Sie nicht erst die gute Note, sondern bereits die überstandene Prüfung. Belohnen Sie Ihr Kind mit einer besonderen Unternehmung, seiner Lieblingsspeise, einer Einladung ins Kino. Dadurch entsteht nach der Anspannung ein Gefühl der Befriedigung, das für weitere Prüfungen wappnet.

LEKTION 12

Sexualität

Die Zeiten, als Eltern ihre Kinder mit ernster Mine zur Seite nahmen, um sie am Beispiel von Bienen und Blumen aufzuklären, sind vorbei. Mütter und Väter können heute frei über Sexualität sprechen. Um dabei feinfühlig vorzugehen, warten die meisten ab, bis ihr Kind sie danach fragt – und so signalisiert, wann es was wissen will. Kinder spüren aber schon sehr früh, dass Lust und Liebe sensible Themen sind, und scheuen sich, diese »peinlichen« Fragen zu stellen. So kommt es, dass nach wie vor die meisten Jungen und Mädchen zu wenig und zu spät aufgeklärt werden.

Bis zur Einschulung sollte ein Kind in Grundzügen über Sexualität Bescheid wissen. Alleine schon, um zu verhindern, dass es durch Gleichaltrige »aufgeklärt« wird. Ein Erstklässler sollte wissen, was Geschlechtsverkehr ist. Und dass dieser nicht nur geschieht, um ein Baby zu zeugen, sondern auch, weil erwachsene Liebespaare dabei besondere Nähe und schöne Gefühle empfinden. Vor allem aber brauchen Kinder Worte, um das, was sie fragen und sagen wollen, ausdrücken zu können. »Keine Sexualerziehung« gibt es nicht. Wo das Thema ausgespart wird, entstehen verwirrende Bilder. Unbenanntes erzeugt Fantasien, die lähmend sein können. Darum sollten Eltern nicht schweigen, wenn ihr Kind keine Fragen stellt. Sondern es feinfühlig dazu ermuntern, damit es rechtzeitig die altersgerechten Antworten kennt (▶ Seite 294, 302, 309).

Bücher helfen aufzuklären

Für jede Altersstufe gibt es gute Aufklärungsbücher. Indem Sie gemeinsam in einem Bilderbuch blättern, ermuntern Sie Ihr Kind, Fragen zu stellen. Die Illustrationen sind eine nützliche Hilfe, um Ihre Antworten zu veranschaulichen. Pubertierende Kinder tun so, als wüssten sie schon alles. Legt man ihnen aber ein ihrem Alter entsprechendes Buch ins Zimmer, wird die Lektüre wissbegierig verschlungen. Hier eine Auswahl für unterschiedliche Altersstufen:

- Ab zwei Jahre

Zita Newcome: *Mein Körper von A bis Zeh.* Wien 2001

- Ab vier Jahre

Doris Rübel: *Wir entdecken unseren Körper.* Ravensburg 2007
Doris Rübel: *Woher die kleinen Kinder kommen.* Ravensburg 2001
Holde Kreul, Dagmar Geisler: *Mein erstes Aufklärungsbuch.* Bindlach 2003

- Ab fünf Jahre

Grethe Fagerström, Gunilla Hansson: *Peter, Ida und Minimum. Familie Lindström bekommt ein Baby.* Ravensburg 2009
Dagmar Geisler: *Mein Körper gehört mir! Ein Aufklärungsbuch der Pro Familia.* Bindlach 2002

- Ab sechs Jahre

Dagmar Geisler: *Das bin ich – von Kopf bis Fuß. Selbstvertrauen und Aufklärung für Kinder.* Bindlach 2003

- Ab acht Jahre

Sabine Thor-Wiedemann, Birgit Rieger: *Wachsen und erwachsen werden. Aufklärungsbuch für Kinder.* Ravensburg 2007

- Ab zehn Jahre

Wolfgang Hensel: *Was Mädchen wissen wollen. Das Mädchenfragebuch.* Ravensburg 2009
Elisabeth Raith-Paula: *Was ist los in meinem Körper? Alles über Zyklus, Tage, Fruchtbarkeit.* München 2008

• Ab zwölf Jahre
Trude Ausfelder: *Alles, was Mädchen wissen wollen. Infos & Tipps für die aufregendsten Jahre im Leben.* Hamburg 2004
Trude Ausfelder: *Alles, was Jungen wissen wollen. Infos & Tipps für die aufregendsten Jahre im Leben.* Hamburg 2004
Sabine Thor-Wiedemann: *Liebe, Sex & Co. Das Aufklärungsbuch für Jugendliche.* Ravensburg 2008
Manne Forssberg: *For Boys Only. Alles über Sex und Liebe.* Landsberg 2008

• Unter www.loveline.de finden Jugendliche altersgerechte Aufklärung und Informationen zum Thema Verhütung.

Aufklärung: Je früher, desto einfacher

Gute Sexualaufklärung besteht nicht in einem einmaligen Vortrag, sondern ist ein fortlaufender Prozess, der bereits im Säuglingsalter beginnt. Berührungen fördern das Körpergefühl und die Liebesfähigkeit. Milch saugen, einem Schlaflied lauschen, ein Streicheln auf dem Rücken spüren, gewaschen und eingecremt werden: Alles, was sich wohlig anfühlt, erlebt ein Baby als sinnlich und lustvoll. Indem es von den Eltern beschmust, geküsst und geherzt wird, lernt es: Mein Körper fühlt sich schön an, er ist anziehend und wertvoll.

Mit etwa zwei Jahren wird ihm allmählich bewusst, dass es nicht nur ein Kind, sondern ein Mädchen beziehungsweise ein Junge ist. Voller Stolz zeigen Kinder dann ihre Geschlechtsteile und fassen diese an – auch in ganz unpassenden Situationen. Gerade weil sich das so angenehm anfühlt, können sie nicht verstehen, wenn sie »Das macht man nicht!« geschimpft werden. Je lockerer Eltern mit dieser Zeige-Phase umgehen, desto schneller geht sie vorüber. Fasst sich das Kind auf offener Straße in die Hose, lenkt man es am besten kommentarlos ab, indem man seine Hand nimmt oder ihm etwas reicht, um es anderweitig zu beschäftigen. Zu Hause sollte man den Ball aber hin und wieder auffangen, indem man die Geschlechtsteile benennt und für gut befindet: »Ja, das ist deine Scheide (oder dein Penis). Da kannst du wirklich stolz drauf sein.« Schließlich lobt man es ja auch für seine Nase oder seinen Bauchnabel. Kleine Töchter sollte man darauf hinweisen, dass ihre Geschlechtsorgane zwar versteckter und teils im Körperinneren liegen, aber trotzdem genauso toll sind wie die der Jungen. Außer »Schau mal« fordern Kleinkinder auch »Zeig mal« und werden dabei vielleicht sogar handgreiflich. Hier müssen Eltern ihre eigene Schamgrenze beachten. Es spricht nichts dagegen, dass ein Kleinkind ausnahmsweise kurz mal die Geschlechtsorgane seiner Eltern berühren darf (▶ Seite 287). Fühlen sich die Eltern von dieser Neugier aber unangenehm berührt, sollten sie es auf ihre Schamgrenze hinweisen: »Das möchte ich nicht! Lass das.« Das Kleinkind hat dann zwar seine Neugier nicht befriedigt, aber trotzdem eine wertvolle Erfahrung gemacht: dass Menschen eine Intimität haben, die sie schützen wollen. Man kann diese Situation nutzen, um es im Wahrnehmen seiner Grenzen zu stärken: »Wenn du irgendwo nicht berührt werden willst – wo ist das bei dir?«

Bis ins Kindergartenalter fragen Kinder noch direkt »Wie kommen Babys in den Bauch?« oder »Warum haben Mädchen keinen Pimmel?«. Dieses unbefangene Alter ist ideal, um mit aufklärenden Gesprächen zu beginnen. Ein Vierjähriges darf schon wissen, dass Babys entstehen, wenn die Eltern besonders eng kuscheln, und dass sie sich dazu nackt ausziehen. Es darf auch erfahren, dass Eltern sich dabei am ganzen Körper, also auch an den Geschlechtsteilen, streicheln. Dass die Frau dabei den, in Kinderaugen sehr großen, Penis in ihre Scheide aufnimmt, fände es in diesem Alter noch irritierend. Aber wenn es hört, dass dieses intensive Kuscheln, wie es nur Erwachsene miteinander tun, den Partnern kribbelige und sehr angenehme Gefühle bereitet, wird es genauere Informationen darüber ein oder zwei Jahre später nicht mehr befremdlich finden.

Je selbstverständlicher Sexualaufklärung in die Kindererziehung einfließt, desto besser ist die Chance, dass Kinder sich mit ihren Fragen an die Eltern wenden. Über Selbstbefriedigung, den ersten Samenerguss, die erste Menstruation und Empfängnisverhütung müssen Jungen und Mädchen Bescheid wissen, bevor es so weit ist. In der Pubertät können Eltern versäumte

Gespräche nur schwer nachholen. Dann spielt Sexualität in der Gedankenwelt der Jugendlichen eine zentrale Rolle, und sie grenzen sich gerade hier stark gegen die Eltern ab. Klammerten diese Sexualität bislang als Gesprächsthema aus, wollen ihre Kinder zu diesem späten Zeitpunkt wahrscheinlich nicht mehr mit ihnen darüber reden.

Die Sorge, eine frühe Aufklärung bringe auf »dumme Gedanken« und zu frühreifem Verhalten, ist unbegründet. Das Gegenteil stimmt: Schlecht aufgeklärte Jugendliche lassen sich durch einen fordernden Partner, durch die Medien oder den Gruppendruck der Clique viel leichter in Zugzwang bringen. Fühlen sie sich hingegen gut informiert, gehen sie selbstbewusster mit ihrer Sexualität um und haben den Mut, »Nein« zu sagen. Außerdem ist eine rechtzeitige Aufklärung immer noch das beste Mittel gegen unerwünschte Schwangerschaften.

Wie sag ich's meinem Kinde?

Gestalten Sie Sexualerziehung wie ein Puzzle: Fügen Sie, wenn sich die Gelegenheit bietet, immer wieder ein neues Stück dazu, damit sich die Informationen zu einem stimmigen Bild zusammenfügen.

- Sexualität ist ein besonderes Thema. Nicht jeder kann frei darüber reden. Lockern Sie die Situation auf, indem Sie Ihre Befangenheit thematisieren: »Es fällt mir gar nicht leicht, darüber zu reden, weil es etwas sehr Persönliches ist. Aber weil du mein Kind bist, versuche ich es trotzdem.«

- Falls Sie mit Ihrem Kind nicht über Sexualität sprechen möchten, suchen Sie einen Gesprächspaten: »Ich werde rot, wenn ich darüber sprechen soll. Aber die Mama vom Philip kann das gut. Darum habe ich mit ihr ausgemacht, dass sie es dir erklärt.«

- Zeigt Ihr Kind kein Interesse, warten Sie nicht ab, bis es Fragen stellt, sondern bauen Sie ihm Brücken. Eine schwangere Frau oder das Betrachten von Schwangerschaftsbildern ist ein guter

Gesprächseinstieg. Ein Vierjähriges sollte wissen, wie ein Baby aus dem Bauch herauskommt. Hat es mit fünf bis sechs Jahren noch nicht gefragt, wie es in den Bauch hineinkommt, wird es langsam Zeit, dass Eltern die Initiative ergreifen, dies zu erklären. Wenn Kinder noch nicht dazu bereit sind, schalten sie auf Durchzug. Dann wartet man noch ab und versucht es in ein paar Wochen oder Monaten erneut. Kinder verpacken ihre Neugier oft erstaunlich diskret. Hinter der Frage »Papa, wie hast du eigentlich die Mama kennengelernt?« versteckt sich der Wunsch nach Aufklärung.

• Im Vorschulalter kraftmeiern Kinder gerne mit »schmutzigen« Ausdrücken. Das macht ihnen Spaß, weil sie damit bei den empörten Erwachsenen große Wirkung erzielen. Am besten, man regt sich nicht darüber auf. Oder man schickt sie in ein »Schimpfzimmer«, wo sie ihre Schmuddelworte nach Herzenslust loswerden können. Zugleich sind diese Kraftausdrücke aber auch die unbeholfene Anfrage nach Aufklärung darüber, was »wichsen« und »ficken« eigentlich bedeutet.

• In der Pubertät sprechen Kinder lieber mit Gleichaltrigen über Sexualität. Mädchen sind meist noch offener als Jungen und befragen ihre Mütter vielleicht zur Menstruationshygiene oder Empfängnisverhütung. An Jungen ist nur noch schwer heranzukommen. Signalisieren Sie Gesprächsbereitschaft – aber zeigen Sie viel Feingefühl. Achten Sie die Privatsphäre Ihres Kindes: Machen Sie kein Thema daraus, wenn Sie Flecken im Bett Ihres Sohnes entdecken. Räumen Sie nicht in seinen Schubladen auf. Klopfen Sie vor jedem Eintreten an (▶ Seite 309).

• Wenn Sie frei über Sexualität reden können, wird Ihr Kind diese Unverkrampftheit übernehmen. Die Chancen stehen gut, dass es sich noch in der Pubertät gelegentlich mit Fragen an Sie wendet. So schön ein offenes Verhältnis zueinander ist: Intimitäten aus dem Liebesleben der Eltern wollen Jugendliche nicht hören. Natürlich dürfen sie wissen, dass die Eltern »es« tun. Aber sie wollen nicht ins Vertrauen gezogen oder gar in Probleme eingeweiht werden. Respektieren Sie auch, dass Sexualität ein Terrain ist, das

Jugendliche außerhalb des elterlichen Blickfelds erobern wollen. Sie tun Ihrem Teenager keinen Gefallen, wenn Sie Kondome auf sein Nachtkästchen legen. Er könnte dies als Aufforderung missverstehen, Sie fänden es an der Zeit, dass er mit jemandem schläft. Natürlich sollte Ihr Sohn bis dahin schon mal einen Kondom ausprobiert haben, um zu wissen, wie man sie verwendet. Wahrscheinlich besorgt er sich diese selbst. Sie können auch diskret eine Packung ins Badezimmerregal legen: So fühlt er sich nicht aufgefordert, kann aber von dem Vorrat Gebrauch machen (▶ Seite 309).

• Geben Sie Ihrem jugendlichen Kind drei Grundsätze an die Hand:
1. Verhindere die Zeugung eines ungewollten Kindes.
2. Missbrauche nicht die Gefühle eines anderen, nur um sexuelle Erfahrungen zu machen.
3. Tu nichts, nur weil der andere das möchte.

Regel Nummer 2 gilt nicht nur für Jungen. Auch Mädchen testen gerne ihre Wirkung aufs andere Geschlecht aus, indem sie Interesse bei Jungen wecken, obwohl sie nichts von ihnen wollen. Erklären Sie Ihrem Kind: Flirten und kokettieren ist noch kein Versprechen. Aber Zärtlichkeit führt zu Bindung. Schaffen Sie Sensibilität dafür, dass es unfair ist, diese Nähe herzustellen, wenn man nicht verliebt ist. Ganz besonders wichtig ist diese Regel natürlich umgekehrt: »Tu nichts, nur weil der andere das möchte. Höre auf deine eigenen Bedürfnisse und sage unbedingt Nein, wenn du zu etwas (noch) nicht bereit bist!« Sagen Sie auch: »Ich wünsche mir, dass du dir mit der Liebe Zeit lässt, bis du genau spürst, dass du es wirklich willst.« (Die gesetzlichen Bestimmungen zu Liebe und Sexualität ▶ Seite 302.)

Doktorspiele

Wenn die Mütter von Mona und Julian einander besuchen, können sich die Frauen in letzter Zeit ungewohnt ungestört unterhalten. Die Knirpse verschwinden im Zimmer und sind mucksmäuschenstill. »Nicht reinkommen!«, ordnen sie vorher an, rücken einen Stuhl vor die Tür – dann herrscht verdächtige Ruhe. Wenn sie wieder herauskommen, haben sie rote Bäckchen, verstrubbelte Haare und wirken sehr geheimnisvoll. Die Mütter ahnen: Der Doktorkoffer war wieder im Einsatz. Und offene Hosenknöpfe verraten: Nachdem Kopf, Hals und Bauch für gesund befunden wurden, musste gründlich untersucht werden, ob auch »unten herum« alles in Ordnung ist.

Häufig beginnen solche Spiele schon im frühen Kindergartenalter. Ähnlich wie Erwachsene, die beim Liebesspiel ungestört sein wollen, dulden auch die Kleinen bei ihren körperlichen Entdeckungsreisen keine Zuschauer. Durch gegenseitiges Untersuchen entdecken sie, wie die Genitalien des anderen und des eigenen Geschlechts aussehen. Dabei stellen sie zum Beispiel durch Eincremen mit »medizinischen Salben« fest, welche schönen Gefühle das Berühren von Scheide, Penis oder auch der Analregion auslöst. Oder sie spielen »Geburt«, wobei durchaus auch der Junge eine Puppe oder ein Stofftier »gebären« kann. Auch kommt vor, dass Kinder »Mann und Frau« spielen, indem sie nachahmen, wovon sie gehört oder was sie zufällig im Fernsehen gesehen haben. In der Regel sind Doktorspiele eine natürliche und gesunde Form des Rollenspiels, das man nicht verbieten sollte (▶ Seite 177).

Unbedingt eingreifen muss man aber, wenn sich ein Kind durch ein anderes belästigt oder ausgenutzt fühlen könnte! Will ein zehnjähriges Kind die Geschlechtsteile eines fünfjährigen anfassen oder selbst angefasst werden, muss man das verbieten! Zwischen Doktor spielenden Kindern darf kein wesentlicher Altersunterschied bestehen. Auch sollte man Gefahren vorbeugen, indem man aufklärt: »Keine Ahnung, was ihr nachher vorhabt. Aber falls ihr Doktor spielen wollt, ist ganz wichtig, dass ihr nur tut, was jedem von euch Spaß macht. Jeder sagt sofort ›Stopp!‹, wenn er nicht mehr will. Dann muss man sofort aufhören!« Weitere Grundregeln: Beim Untersuchen darf nichts wehtun, also keine spitzen Gegenstände benutzen! Und auf keinen Fall etwas in die Scheide oder den Popo, Mund, Nase oder Ohren stecken! Wird das beachtet, geschieht unter Gleichaltrigen normalerweise nichts, was ihnen schaden könnte. Im Gegenteil:

Wenn sie ihren Körper spielerisch kennenlernen dürfen, ist das eine schöne Erfahrung auf dem Weg zu ihrer künftigen Rolle als Mann oder Frau, Mutter oder Vater.

Die neue Verkrampftheit

Viele Eltern, vor allem Väter, sind heute im Umgang mit Nacktheit nicht aufgrund ihrer Schamgefühle verkrampft, sondern weil sie befürchten, ihrem Kind versehentlich zu nahe zu treten. Die öffentliche Sensibilisierung für das Thema »sexueller Missbrauch« ist wichtig und positiv. Doch manchmal nimmt sie inzwischen auch fast hysterische Formen an. Viele Väter fragen sich, ob es in Ordnung ist, mit ihrem kleinen Kind zu baden. Die Sorge ist groß, ein freier Umgang mit Körperlichkeit könnte dazu führen, dass das Kind etwas Missverständliches weitererzählt, was von Außenstehenden als Missbrauch ausgelegt werden könnte. Durch die Berichterstattung in den Medien fürchten Eltern, sie könnten versehentlich eine Grenze überschreiten. Es wäre schade, wenn diese Verunsicherung dazu führen würde, dass Eltern sich nicht mehr trauen, unverkrampft und natürlich mit ihren Kindern umzugehen.

Es gibt einfache Regeln, ob und inwieweit Körperkontakt in Ordnung ist: Der Erwachsene muss die volle Verantwortung für die Art des Körperkontakts übernehmen und darf nur Berührungen zulassen, die zweifellos den natürlichen Bedürfnissen des Kindes entsprechen. Wenn man sein Kind berührt, weil es ganz offensichtlich Freude daran empfindet, wenn es zum Beispiel von sich aus eindeutig signalisiert, dass es toben will oder dass es das gemeinsame Baden wünscht und genießt: Dann ist das in Ordnung. Wer hingegen ein Kind berühren – oder es auch nur ansehen – will, weil dieses Gefühl ihn erregt, muss dieses Verhalten unbedingt unterlassen!

Auch sollten sich Eltern stets zurückziehen, wenn zwischen ihnen ein erotisches Knistern entsteht, das sie gerne steigern wollen. Spüren die Partner beim Kuscheln im Familienbett plötzlich Verlangen aufeinander, müssen sie sich entscheiden: Wechseln wir in ein unbeobachtetes Zimmer? Oder bleiben wir beim Kind und verkneifen uns unsere Lust? Bereits ein Baby empfindet es als irritierend, wenn sexuelle Spannung in der Luft liegt. Auf Kinder wirkt eine erotisch aufgeladene Atmosphäre befremdlich und beklemmend. Darum müssen Erwachsene die Gegenwart eines Kindes immer respektieren und sich für erotische Berührungen und Liebesspiele zurückziehen. Auch dann, wenn ihr Kind noch ein unwissender Säugling ist, der neben dem Ehebett im Tiefschlaf in seiner Wiege liegt. Fast jedem Elternpaar passiert es mal, dass ihr Kind mitten im Liebesspiel aus Versehen ins Zimmer platzt. Das ist nicht schlimm: Es darf wissen, dass seine Eltern einander lieben und dass erwachsene Paare auf besondere Weise zärtlich sind. Allerdings soll es auch erfahren, dass sie dabei ungestört sein wollen.

Dein Körper gehört dir!

Kinder brauchen die Erfahrung, dass sie ihren eigenen Gefühlen und Widerständen vertrauen können. Und dass sich niemand über diese Grenzen hinwegsetzen darf.

• Das Gefühl für die eigenen Grenzen entsteht schon im Säuglingsalter. Wendet ein Baby sein Gesicht ab, zeigt es: Ich habe genug. Also sollte man mit dem Kitzeln, Toben oder Küssen aufhören! Dreht es beim Füttern den Kopf zur Seite, zeigt es: Ich bin satt. Ihm trotzdem noch ein paar weitere Löffelchen aufzuzwingen wäre eine Grenzüberschreitung. Traut sich ein Kind auf dem Spielplatz nicht auf die Rutsche, sollte man es nicht überreden, damit es lernt: »Wenn ich ›Nein‹ fühle, soll ich auch ›Nein‹ sagen.«

• Etwa ab dem Kindergartenalter können Kinder heftige Schamgefühle entwickeln. Im Schwimmbad wird dann umständlich mit dem Badehandtuch hantiert, damit ihnen ja niemand etwas »weggucken« kann. Viele wollen auch von den Eltern nicht mehr nackt gesehen werden. Diese übertriebene Geniertheit wirkt amüsant, trotzdem muss man das Schamgefühl respektieren! Das Kind hat entdeckt, dass es eine Intimsphäre hat, und braucht unbedingt die Erfahrung, dass andere diese achten müssen. Aus Sicherheitsgründen sollten Kinder nicht abschließen. Man kann aber ein Schild an die Tür hängen oder vereinbaren, dass alle Familienmitglieder an geschlossenen Türen anklopfen und erst nach ausdrücklichem »Herein« eintreten. Mit Beginn der Pubertät bekommen fast alle Kinder Schamgefühle, auch wenn in der Familie mit Nacktheit bislang freizügig umgegangen wurde.

- Malen Sie mit Ihrem Kind: Jeder zeichnet seinen Körper. Benennen Sie die Körperteile. Geschlechtsorgane müssen nicht gemalt, aber zumindest benannt werden. Sprechen Sie darüber, welche Berührungen schön sind: Von Mama, Papa oder der Tagesmutter in den Arm genommen und auf den Kopf geküsst werden – das findet Carlo schön. Ins Gesicht sollen aber nur Mama und Papa küssen. Und der garstigen Hausmeisterin – der will man nicht mal die Hand geben. Sich den Nacken und Rücken massieren – das lieben Papa, Mama und Carlo. An Penis oder Scheide anfassen: Das darf jeder bei sich selbst. Mama und Papa gefällt es, sich dort gegenseitig zu streicheln. Aber nicht immer, sondern nur, wenn beide ganz ungestört zu zweit kuscheln wollen. An den Füßen kraulen: Das finden Carlo und Mama schön, aber der Papa ist so kitzelig, dass er das nicht will.

- Sexualorgane benennen zu können und Worte für Sexualität zu haben ist ein wichtiger Schutz gegen sexuellen Missbrauch. Wo hingegen Sprachlosigkeit herrscht, haben Missbraucher leichteres Spiel.

- Zuneigung, Dankbarkeit und Höflichkeit sollte ein Kind nicht körperlich ausdrücken müssen. Wenn es Oma oder Tante nicht küssen (oder von ihr geküsst werden) will: Überreden Sie es nicht dazu. Sonst würde es lernen, dass sein inneres »Nein« nicht zählt.

- Vermitteln Sie Ihrem Kind: Wenn ich bei Blicken, Bemerkungen oder Berührungen ein ungutes Gefühl bekomme, sage ich »Nein!«. Ein gesundes Gespür für die eigenen Grenzen ist eine der besten Präventionsmöglichkeiten gegen sexuellen Missbrauch. Denn die meisten Missbraucher schleichen sich perfide in die Seele eines Kindes ein. Darum ist es wichtig, dass es erste Annäherungsversuche sofort abblockt und den Eltern davon berichtet (▶ Seite 70). Die Chancen dazu stehen sehr viel besser, wenn es gelernt hat, dass sein innerer Widerstand Achtung verdient.

Homosexualität

Einige Jugendliche machen ihre ersten sexuellen Erfahrungen nicht mit einem Liebespartner anderen Geschlechts, sondern mit einem Freund oder einer Freundin ihres Geschlechts. Den anderen Körper mit dem eigenen vergleichen, Küssen und Fummeln: Das ist beim eigenen Geschlecht weniger fremd. Für die meisten ist dies nur eine Experimentierphase auf dem Weg, sich dann schließlich an das andere Geschlecht heranzutrauen. Homosexuell sind nur etwa drei bis fünf Prozent der Männer, ebenso viele sind bisexuell; bei Frauen gibt die Statistik etwas geringere Zahlen an.

Homosexualität ist keineswegs eine »unnatürliche« Besonderheit des Menschen. Sie ist auch in der gesamten Tierwelt weitverbreitet. Anthropologen, wie der Göttinger Verhaltensforscher Volker Sommer, wissen: Quer durchs Tierreich tun sich bei den verschiedensten Arten gleichgeschlechtliche Partner zusammen und bilden – je nach Verhaltensweise der betreffenden Art – ebenso stabile Lebensgemeinschaften wie ihre heterosexuellen Artgenossen.

Warum wir Menschen hetero, schwul oder lesbisch werden, ist bis heute nicht vollständig erforscht. Das Geheimnis erotischer Anziehung hängt von einem ganzen Feuerwerk verschiedener Faktoren ab und formt sich nicht auf einem simplen Weg. Begründungen wie eine ungewöhnlich starke Mutterbindung, ein »Schwulen-Gen« oder hormonelle Anstöße lassen sich nicht halten. Einig sind sich die Forscher aber darin: Unsere sexuelle Ausrichtung steht schon lange vor der Pubertät fest. Die aktuelle Forschung geht davon aus, dass sich Homosexualität in der frühen Kindheit herausbildet und bereits im Alter von fünf Jahren fest in den betreffenden Kindern verankert ist.

Die meisten Homosexuellen sind etwa 15 bis 20 Jahre alt, wenn ihnen klar wird, dass ihre Neigung keine vorübergehende Verwirrung, sondern eine unumstößliche Tatsache ist. Diese Erkenntnis, das sogenannte Coming-out, ist in ihrem Leben ein wichtiger Meilenstein, um sich selbst akzeptieren zu können. Fast jeder hat die Begriffe »schwul« und »lesbisch« in Kindergarten oder Schule als Schimpfworte kennengelernt. Bis sie ihre sexuelle Orientierung eingestehen, haben die Betroffenen meist schon einen langen inneren Kampf hinter sich. Entsprechend hoch sind die Befürchtungen – aber auch die Erwartungen –, wenn sie sich schließlich vor ihren Eltern outen. Vielleicht hat man es schon geahnt, trotzdem tun sich auch noch so freie Eltern mit dieser Nachricht nicht leicht. Vermutlich hatte man sich für das Kind eine klassische Familie gewünscht; vermutlich hätte man gerne einmal Enkel gehabt; vielleicht fragt man sich, was man falsch gemacht hat. Da hilft es, sich vor Augen zu halten, dass die Veranlagung zur Homosexualität nicht durch den eigenen Willen – und schon gar nicht durch die Erziehung – »umgepolt« werden kann. Die Erziehung entscheidet lediglich darüber, ob und inwieweit das Kind später mit unnötigen Scham- oder Schuldgefühlen zu kämpfen hat, bis es seine Homosexualität akzeptieren und unbeschwert ausleben kann.

Coming-out

Wenn das – oft schon erwachsene – Kind seine Homosexualität outet, müssen auch tolerante Eltern erst einmal schlucken.

• Die meisten jungen Männer und Frauen informieren ihre Eltern erst, wenn sie sich ihrer Orientierung sicher fühlen. In der Regel haben sie schon die Unterstützung von Freunden und hoffen jetzt auch auf den Rückhalt der Eltern. Manche Jugendliche sind auf Streit gefasst, weil sie ihre Eltern gut kennen. Klar ist ihnen aber auch: Um glücklich zu werden, müssen sie ihr Anders-Sein leben – und dafür notfalls das gute Verhältnis zu den Eltern opfern. Bei ihrem Outing sind Homosexuelle oft schon stabiler als ihre Eltern und haben mit Freunden bereits viel über ihre Neigung diskutiert.

• Eine enttäuschte Kurzschlussreaktion sollte man baldmöglichst zurücknehmen und sich klarmachen: Das Kind will einen nicht verletzen. Im Gegenteil: Es beendet sein Doppelleben auch, weil es sich Nähe und Offenheit zu den Eltern wünscht. Schließlich ist es dasselbe Kind, das seine Eltern weiter liebt – und geliebt werden will. Diese stehen nun vor der Entscheidung, was ihnen wichtiger ist: Die eigenen Idealbilder? Oder ein gutes Verhältnis zu ihrem Kind und die Chance, es in seiner Besonderheit anzunehmen und zufrieden leben zu lassen?

• Eltern sollten ihr – vielleicht schon erwachsenes – Kind in seinem Coming-out unterstützen. Je offener und solidarischer sie seine Orientierung begleiten, desto weniger müssen sie »Gerede« fürchten. Immer mehr Politiker und TV-Stars outen ihre Homosexualität. Zeit, dass auch Eltern selbstbewusst bekennen: »Mein Kind ist schwul – na und?«

• Hilfreich ist auch das Gespräch mit anderen betroffenen Eltern. Falls sich im Freundeskreis niemand findet, gibt es in den meisten Städten über Beratungsstellen wie pro familia e. V. Gesprächspartner oder auch Kontakt zu Selbsthilfegruppen. In vielen größeren Städten bieten Schwulen- und Lesbenzentren auch Beratung und Informationen für Eltern an. Ebenso der Bundesverband der Eltern, Freunde und Angehörigen von Homosexuellen e. V. (BEFAH), www.befah.de, info@befah.de (▶ Anhang 5).

LEKTION 13

Pubertät

Hat ihr Kind die Grundschule hinter sich, würden Eltern am liebsten die Zeit anhalten: Es ist nun mehr oder weniger selbstständig und trotzdem noch anhänglich. Es zieht mit den Eltern an einem Strang – so mühelos war Erziehung noch nie. Und plötzlich verändert es sich. Zuerst sind es nur zarte Anzeichen: Beim Spaziergang hüpft der Sohn einem nicht mehr vor den Füßen herum, sondern schlurft stumm hinterher. Die Tochter tuscht sich die Wimpern und klagt über ihre Frisur. Bald werden sie erstmals den Gutenachtkuss vergessen. Und spätestens mit dem Satz »Ihr versteht mich nicht!« fällt das Damoklesschwert: Die schwierigen Jahre haben begonnen. Für die Kinder, die sich körperlich und seelisch dramatisch verändern werden. Und für ihre Eltern, die diese Umwandlung viele Nerven kosten wird.

Bei Hanni begann das seltsame Alter mit zwölf. Als ihre Mutter sie von der Schule abholen wollte, um für Hanni ein Snowboard zu kaufen, bat die Tochter allen Ernstes: »Lass uns uns woanders treffen, wo uns meine Freunde nicht sehen. Du hast so uncoole Klamotten an.« Felix und Maurice waren nach einer Party wie verwandelt. Nach dem ersten Rausch, gemeinsam gerauchten Zigaretten, jeweils im Arm eines Mädchens, meinten die 14-jährigen Sandkastenfreunde auf einmal, erwachsen zu sein. Für die 13-jährige Leila endete die Kindheit in einem Feriencamp: Sie stieg als umgängliches Kind in den Zug und kam als störrische Jugendliche zurück. Das Mädchen hatte sich verliebt, eng umschlungen am Lagerfeuer gesessen und erstmals gespürt, dass sie auch ohne ihre Familie glücklich sein konnte.

Für Leila eine wunderbare, für die Eltern hingegen eine wehmütige Erkenntnis. Eben war man seinem Kind noch der liebste Mensch, jetzt findet es einen »total fies« und »voll peinlich«. Söhne rasten aus, weil sie nicht bis Mitternacht wegbleiben dürfen, oder ziehen sich hinter ihren Computer zurück. Töchter zicken herum und richten überheblich die Augen zur Decke. Und im nächsten Moment brauchen sie dann wieder ganz viel Nähe und Zuspruch. Eltern fragen sich ratlos: War all unsere Erziehungsmühe etwa umsonst? Was haben wir falsch gemacht, dass unser geliebtes Kind so unerreichbar und abweisend wird?

Die Antwort ist beruhigend und bedrohlich zugleich: Damit sich Jugendliche zu selbstsicheren Erwachsenen entwickeln, müssen sie sich von den Eltern emanzipieren (▶ Seite 308). Gerade wenn das Verhältnis bisher harmonisch war, benötigen sie harte Geschütze, um diese starken Bande zu sprengen.

So verändert sich der Körper

Vor 150 Jahren bekamen Mädchen ihre Tage erst mit fast 17. Seither ist die Pubertät um annähernd fünf Jahre vorgerückt. Ursachen sind vor allem bessere Ernährung, Hygiene und Medizin.

- Schon zwischen dem sechsten und achten Lebensjahr werden verstärkt Hormone ausgeschüttet. Das bewirkt einen Wachstumsschub und lässt mitunter auch schon vor der Pubertät erste Schamhaare sprießen.

- Es folgt die Gonadarche: Der kindliche Körper bildet vermehrt die Sexualhormone Östrogen und Testosteron. Auf das Verhalten hat dies kaum Einfluss, aber es prägen sich primäre und sekundäre Geschlechtsmerkmale aus.

- Erst wenn sich erste körperliche Veränderungen zeigen, setzt die eigentliche Pubertät ein. Die dafür typischen Stimmungsschwankungen und Aggressionen hängen mit massiven Umbauprozessen im Gehirn zusammen.

• Die erste Menstruation (Menarche) setzt im Schnitt mit 12,4 Jahren ein. Jungen pubertieren zwei Jahre später. Die Menarche lässt auf sich warten, bis Mädchen einen Körperfettanteil von etwa 17 Prozent erreichen. Erst dann hätte ihr Organismus Reserven für eine Schwangerschaft. Was nicht bedeutet, dass übergewichtige Kinder automatisch früh pubertieren. Dabei spielen weitere Faktoren mit, wie Veranlagung oder das Stresshormon Cortisol. Ist der Spiegel hoch (zum Beispiel durch eine belastende Familiensituation), kann die Regelblutung verfrüht einsetzen.

• Mit acht bis 14 Jahren entwickeln sich bei Mädchen Brust und Schambehaarung. Mit 15 ist die Brustentwicklung oft schon abgeschlossen. Achselhaare und die erste Blutung kommen in der Regel zwischen zehn und 16 Jahren. Zwischen zehn und 14 Jahren wachsen Mädchen bis zu neun Zentimeter im Jahr. An Hüfte, Oberschenkeln und Bauch lagert sich Fett ein, das Becken wird breiter. Mit 16 bis 17 Jahren sind die meisten Mädchen ausgewachsen.

• Bei Jungen vergrößern sich mit etwa neun bis 13 Jahren zunächst die Hoden, ein Jahr später wächst der Penis verstärkt. Zugleich sprießt die Scham- und etwa zwei Jahre später auch die Achselbehaarung. Auf Barthaare müssen viele Jungen länger warten. Ihren ersten Samenerguss erleben die meisten zwischen elf und 15 Jahren, manche im Schlaf, die meisten durch Masturbation. Mit etwa zwölf bis 15 Jahren gelangen Jungen in den Stimmbruch. Zwischen zwölf und 16 Jahren schießen sie bis zu zehn Zentimeter pro Jahr in die Höhe. Die Schultern verbreitern sich, die Anzahl der Muskelzellen verdoppelt sich, und die Körperkraft nimmt stark zu. Mit 17 bis 19 Jahren haben die meisten Jungen ihre endgültige Körpergröße erreicht.

Pubertätsbeginn und -ablauf sind individuell sehr verschieden, darum können nur ungefähre Altersangaben gemacht werden. Denken Sie an die Vorsorgeuntersuchung beim Kinder- und Jugendarzt, die zwischen zwölf und 14 Jahren stattfinden sollte; sie ist ein wichtiger Check der körperlichen und seelischen Gesundheit Ihres Kindes.

Baustelle im Kopf

Wenn Zweijährige Fäuste trommelnd »Ich will aber!« schreien, erkennen sie schmerzlich: Ich bin nicht ein Teil meiner Eltern, sondern eine eigene Person (▶ Seite 217). Wenn 13-Jährige Türen schlagend »Ihr versteht mich nicht!« brüllen, wird ihnen bewusst: Ich bin nicht nur eine eigene Person, sondern auch eine eigene Persönlichkeit, mit eigenen Ansichten und Lebensvorstellungen. Ist diese zweite Trotzphase überstanden, steht der Auszug aus dem Elternhaus bevor.

Dass bei Halbwüchsigen über Nacht eine Sturm- und Drangzeit beginnt, wurde bislang mit dem Ausbruch der Sexualhormone erklärt. Noch bis Mitte der Neunzigerjahre glaubte die Wissenschaft, das Gehirn sei mit zwölf Jahren praktisch fertig entwickelt. Seit aber Hirnscans Einblicke in Denkprozesse ermöglichen, wurde das Verständnis von Pubertät revolutioniert.

Wo die Forscher ein fertig ausgebildetes Organ mutmaßten, entdeckte der amerikanische Kinderpsychiater und Radiologe Jay Giedd bei Teenagern eine betriebsame Baustelle. Vor allem im Frontalhirnbereich, wo wir unsere Impulse steuern und die Leitzentrale unserer Persönlichkeit sitzt, findet eine massive Umstrukturierung von Nervenverzweigungen statt. Kernspinuntersuchungen zeigen: In den Jahren vor der Pubertät erfährt die graue Masse einen Wachstumsschub, der zwischen den Nervenzellen ein Überangebot an neuen Verschaltungen entstehen lässt. Ähnlich wie nach der Geburt gehen manche davon wieder verloren, und das Gehirn ordnet sich neu. Oft genutzte Nervenverbindungen werden ausgearbeitet, brachliegende gekappt. Das ausgereifte, erwachsene Gehirn besitzt weniger Nervenverschaltungen, die dann jedoch umso schneller und effizienter arbeiten.

Das kann man sich wie ein Straßennetz vorstellen: Dem Gehirn eines Zehnjährigen stehen unzählige Gassen und Feldwege zur Verfügung, über die seine Nervenimpulse passieren können. Im jugendlichen Gehirn hingegen rasen Gedanken und Gefühle manchmal über einen Highway, dann landen sie wieder in Sackgassen und auf Holzwegen. Eine Art Radarsystem erfasst all diese Erfahrungen und streicht erfolglose Wege von der Landkarte. Jede Sekunde verschwinden im jugendlichen

Gehirn etwa 30 000 Verknüpfungen! Das ist kein Verlust, sondern eine sinnvolle Auswahl. Denn gleichzeitig werden alle nützlichen Pfade zu Schnellstraßen ausgebaut, die viel flotter und besser zum Ziel führen. Um beim Bild »Straßenverkehr« zu bleiben: Biologisch sind Jugendliche einem Pkw vergleichbar, der innen und außen komplett umgebaut und getunt wird. Da der Verkehr (sprich: soziale und schulische Verpflichtungen) trotzdem weiterläuft, müssen alle Mechanikerarbeiten in voller Fahrt stattfinden. Kein Wunder, wenn das fahrende Auto jetzt öfter stockt, ins Schleudern gerät und es manchmal sogar zu Unfällen kommt. Und dies leider nicht nur im übertragenen Sinne. In keinem anderen Alter ist das Verletzungsrisiko so groß wie in der Pubertät. Die Sterblichkeit liegt bei europäischen Jugendlichen zwei- bis dreimal höher als bei Kindern. Ursache sind meist Fehleinschätzungen, falsches Verhalten oder extreme Emotionen. Trotzdem sind Komasaufen, Spritztouren ohne Führerschein oder Magersucht nicht nur eine Folge der körperlichen Veränderungen. Wie sich Jugendliche entwickeln, hängt stark von der Veranlagung und der Erziehung ab. Und davon, womit Jugendliche jetzt gute oder schlechte Erfahrungen machen (▶ Seite 65, 131, 317).

Wenn plötzlich der Verstand aussetzt

Als Kiras Mutter ihre 13-Jährige zum Frühstück weckte, bekam sie zu hören: »Mama, wenn du morgens reinkommst, hast du mir schon den Tag versaut.« Pascals Vater sprach seinen 14-Jährigen auf die besorgniserregenden Schulnoten an und bekam zur Antwort: »Heul doch!«

Solche Grobheiten erfordern zwar einen Denkzettel, persönlich nehmen sollte man sie aber nicht. Wissenschaftlich betrachtet setzt bei Jugendlichen in der Pubertät einfach ab und zu der Verstand aus. Während an einigen Stellen im Gehirn schon heftig Synapsen abgebaut wurden, hat andernorts die Renovierung kaum begonnen. Zusätzlich geht die schützende Myelinschicht, welche die Nervenfasern umhüllt, teilweise verloren. Das macht

Jugendliche reizbar, und vorübergehend funktionieren erlernte Verhaltensregeln nicht mehr richtig. Auch motorisch büßen Jungen und Mädchen temporär an Geschicklichkeit ein und ärgern sich über ihre eigene Tollpatschigkeit. Kernspinuntersuchungen zeigen, dass in dieser Zeit insbesondere das Einfühlungsvermögen leidet: Wenn Erwachsene über die Gefühle anderer nachdenken, schaltet sich der präfrontale Kortex ein. Das jugendliche Gehirn hingegen benutzt hierzu hauptsächlich den sogenannten Mandelkern, wo normalerweise Instinktreaktionen wie Flucht oder Angst entstehen. Das könnte erklären, warum Teenager einerseits so rücksichtslos, andererseits aber so überempfindlich sind und sich bei jedem falschen Wort gleich angegriffen fühlen.

Die für den Tag-Nacht-Rhythmus zuständige Zirbeldrüse produziert das müde machende Schlafhormon Melatonin in der Pubertät mit Verspätung. Darum schlafen Jugendliche so spät ein und kommen morgens so schwer aus dem Bett (▶ Seite 119). Das Glückshormon Serotonin wird spärlicher freigesetzt, und auch das Belohnungszentrum arbeitet träger als sonst. Um Befriedigung zu verspüren, braucht diese Hirnregion stärkere Impulse. Während Kinder und Erwachsene sich am Duft einer Blume erfreuen können, lechzen Jugendliche nach Nervenkitzel, rasen mit Skateboards über Bordsteinkanten oder spielen nächtelang am Computer. Jugendliche Unvernunft hat also tatsächlich auch hirnphysiologische Gründe. Doch Eltern dürfen sich trösten: In zwei, drei Jahren kann man über diese anstrengende Zeit kopfschüttelnd schmunzeln (weißt du noch, wie du mit 14 Jahren …) und sich gegenseitig besser verstehen.

Auch Tiere pubertieren

Nicht nur der Mensch wird in der Pubertät aufmüpfig. Wale machen sich in ihrer Herde durch halbstarkes Verhalten unbeliebt. Löwenmännchen zeigen ihrem Rudelführer die Zähne. Junge Paviane führen sich so rüpelhaft auf, dass ihre Sippschaft sie mit Gezeter verscheucht. Fernab der familiären Geborgenheit schließen sich die Halbwüchsigen vieler Arten zu Jungtierbanden zusammen. Andere müssen sich ganz alleine durchschlagen, bis sie einen Partner oder Anschluss an eine neue Gruppe finden. Junge Schimpansinnen beispielsweise tasten sich vorsichtig an Nachbarfamilien heran, wo man sie zunächst nur als bescheidene Randfiguren duldet. Zu Hause waren sie eben noch frech und flegelhaft, doch in der Fremde beweisen sie jene guten Manieren, die ihre Mütter ihnen beigebracht haben. Dadurch machen sie sich beliebt und werden von der Gruppe aufgenommen. Bald werden sie sich paaren und im Schutz der neuen Familie ihre Jungen aufziehen.

Warum der ganze Stress? Weshalb müssen sich Säugetiere in der Fremde durchschlagen, obwohl sie es daheim viel bequemer hätten? Ganz einfach: Damit sie gesunden Nachwuchs bekommen, müssen sich die Vierbeiner nicht verwandte Partner suchen. Aus diesem Grund hat Mutter Natur es eingerichtet, dass es Jungtiere und auch Menschen in die Welt hinauszieht, sobald ihre Sexualhormone zu toben beginnen.

Bei unseren menschlichen Vorfahren ging die Geschlechtsreife mit einem Generationswechsel einher. Wurden die Urmenschen vor vier Millionen Jahren erwachsen, waren ihre Eltern gebrechlich und starben bald. Die Jungen übernahmen das Ruder. Wären sie dabei stets nur in den Fußstapfen ihrer Eltern geblieben, hätte es wenig Fortschritt gegeben. Die wilden Jahre haben einen evolutionären Sinn. Denn dank ihrer pubertären Experimentierfreude beschritt die Spezies Mensch immer neue Wege. So gesehen sind Jugendkulturen, so bizarr sie manchmal wirken, ein Motor, der unsere Gesellschaft vor dem Stillstand bewahrt.

Jugendliche brauchen Streit

Schon Sokrates (470–399 v. Chr.) beklagte das Pubertätsgebaren: »Die Jugend liebt heute den Luxus. Sie hat schlechte Manieren, verachtet die Autorität, hat keinen Respekt mehr vor älteren Leuten und diskutiert, wo sie arbeiten sollte. Die Jugend steht nicht mehr auf, wenn Ältere das Zimmer betreten. Sie widersprechen ihren Eltern und tyrannisieren die Lehrer.« Der Spruch des griechischen Philosophen ist ein weiterer Beweis: Eltern hatten es früher auch nicht leicht. Was wir in der Pubertät durchmachen müssen, ist normal und natürlich.

Jugendliche brauchen die Konfrontation. Ihr Abnabelungsprozess geht nicht im Schmusekurs. Sich abgrenzen, anecken, auf Widerstand stoßen: Das fördert ihren Ehrgeiz und stärkt ihr Selbstbewusstsein. Papa teilt den Musikgeschmack seiner Sprösslinge? Wie langweilig! Mama findet die neue Frisur schick? Wie ärgerlich! Und umgekehrt: Die Eltern regen sich auf, weil man im Winter mit löchrigen Turnschuhen herumläuft? Na wunderbar! Sie mokieren sich über Töchterchens Push-up-BH und über Sohnemanns fusseliges Ziegenbärtchen? Dann erst recht! Jugendliche sind (auch wenn sie sich dies nicht anmerken lassen) dankbar, wenn Eltern Gegenposition beziehen. Sie brauchen diesen Widerstand, um ihre Kräfte zu messen. Denn sie müssen spüren: Ich bin anders! Ich bin mutiger, moderner, fortschrittlicher als meine Eltern! Das ist schwierig, wenn die Generationsgrenze verschwimmt. Zerschlissene Jeans, schrilles Make-up und wilde Mähnen waren früher Insignien der Jugend. Heute tragen Manager Pferdeschwänze und Ohrringe und fast jede zweite Mittvierzigerin ein Piercing oder Tattoo. Jugendliche benötigen aber eine eigene Kultur, um eine eigene Persönlichkeit zu entwickeln. Kein Wunder, wenn sie immer extremere Erfahrungen suchen, um sich von ihren Eltern abzuheben.

Nun brauchen sich Eltern natürlich nicht extra altmodisch zu kleiden und sich künstlich über den Musikgeschmack ihrer Kinder aufzuregen. Aber sie sollten sich auch nicht betont lässig geben, sondern sinnvolle Verbote durchsetzen und getrost als altmodisch dastehen, wenn ihnen etwas gegen den Strich geht. Ein Beispiel: Niklas will mit seinen Freunden in der Küche rauchen? Nein! Oder zumindest auf dem Balkon, weil der Besuch der Eltern das schließlich auch darf? Sorry, diese Ausnahme machen die Eltern nur bei ihren Gästen. Weil die Wohnung Papa und Mama gehört und sie das Rauchen nicht gutheißen, muss Niklas' Clique hier auf Zigaretten verzichten (▶ Seite 312, 317).

Erstaunlicherweise nehmen sich Jugendliche aber gerade diese »peinlichen Alten« auf lange Sicht zum Vorbild. Denn diese Eltern handeln erwachsen und zeigen Profil. Wirklich peinlich finden Teenager nämlich ausgerechnet jene Erwachsenen, die betont auf locker und jugendlich machen. Wenn Eltern in ihrer Rolle bleiben, müssen sie sich zwar in dieser Zeit viel Protest anhören, doch ihre Kinder kommen deutlich besser und schneller durch die Pubertät und belohnen das erwachsene Stehvermögen ihrer Eltern dann mit Wertschätzung und Dankbarkeit (▶ Seite 155).

Wie viel Freiheit darf sein?

»Andere Eltern sind nicht so streng!« »Alle anderen dürfen viel mehr als ich!« Eines ist gewiss: Alle anderen Eltern bekommen genau dieselben Argumente zu hören! Jugendliche sind sehr unterschiedlich weit entwickelt, und Familien sind sehr verschieden. Was Sie erlauben – und verbieten –, müssen Sie mit Ihrem Kind aushandeln und dann entscheiden. Dabei ist das Jugendschutzgesetz eine gute Richtschnur. Hier sind in Deutschland geltende Regelungen erwähnt, andere Länder haben zum Teil andere Bestimmungen.

- Ausgehen

Unter 14 Jahren dürfen Kinder bis 20 Uhr ohne eine erziehungsbeauftragte Person ins Kino gehen, ab 14 dann bis 22 Uhr, vorausgesetzt, der Film ist für ihr Alter freigegeben. Unter 16 dürfen sich Jugendliche (außer in Begleitung eines erziehungsbeauftragten Erwachsenen) nicht in Discos aufhalten. Ab 16 Jahren sind Kino, der Besuch einer Gaststätte oder Diskothek bis 24 Uhr erlaubt. Ausnahme sind Tanzveranstaltungen von Trägern der anerkannten Jugendhilfe (wie Partys in öffentlichen Jugendzentren, eigene Auftritte von Schulbands, Vereinsfeste anerkannter Jugendbildungsträger). Hier dürfen unter 14-Jährige bis 22 Uhr alleine teilnehmen, 14- bis 16-Jährige bis 24 Uhr.
Diese Uhrzeiten sind gesetzliche Obergrenzen, was Eltern erlauben können – aber nicht müssen. Abgesehen von den gesetzlichen

Regelungen können sich Eltern an dieser Empfehlung orientieren: Ab 14 Jahren darf das Kind bis 22 Uhr wegbleiben, ab 16 Jahren dann bis 24 Uhr. Außer unter der Woche: Da geht die Schule vor! Hält es sich zuverlässig an Absprachen, kann man auf privaten Partys bei Freunden auch mal großzügiger sein.

• Sex
Ab dem 14. Geburtstag dürfen Jugendliche Sex haben, vorausgesetzt, beide Partner wollen es und keiner wird dazu gedrängt. Das Gesetz verbietet sexuelle Handlungen mit Kindern unter 14 Jahren. Dieses Gesetz wurde gemacht, um Kinder vor sexuellen Übergriffen und Ausbeutung zu schützen, und nicht, um erste Zärtlichkeiten unter Gleichaltrigen zu verhindern. Für alle sexuellen Handlungen – egal in welchem Alter – ist Freiwilligkeit oberstes Gebot! Sind Jugendliche 14 oder 15, darf der Sexualpartner höchstens 20 Jahre sein, um die fehlende sexuelle Selbstbestimmung des Jugendlichen nicht auszunutzen. Es sei denn, es handelt sich um eine echte, vom Jugendlichen wirklich erwünschte Liebesbeziehung. Ab 16 Jahren gelten keine Einschränkungen mehr. (Mit Ausnahme von Lehrern, Pädagogen, Ausbildern, Trainern. Sie würden sich bei Minderjährigen durch sexuelle Handlungen an Schutzbefohlenen strafbar machen.) Wenn Eltern befürchten, dass eine Liebesbeziehung ihrer Tochter oder ihrem Sohn nicht guttut, können sie diese Beziehung theoretisch bis zur Volljährigkeit verbieten. Ab wann ein Mädchen rezeptpflichtige Verhütungsmittel (wie Pille oder Vaginalring) bekommt, ist im Wesentlichen die Entscheidung des Arztes. Gibt es keine gesundheitlichen Bedenken, kann er (wenn er das Mädchen für reif genug befindet) schon einer 14-Jährigen dieses Rezept ausstellen. Ohne Zustimmung der Patientin darf er den Eltern nichts davon erzählen. Ab 16 Jahren wird die Pille normalerweise anstandslos verschrieben.

• Alkohol und Zigaretten
Erst Volljährige dürfen in der Öffentlichkeit rauchen und Tabakwaren kaufen. Unter 14 Jahren dürfen Kinder keinen Alkohol trinken oder kaufen. Ab 14 Jahren ist es in Begleitung eines Personensorgeberechtigten erlaubt, Bier, Wein und Sekt zu sich zu nehmen. Ab 16 Jahren dürfen Jugendliche diese (solange sie nicht erkenn-

bar betrunken sind) auch ohne Begleitung kaufen und trinken. Hochprozentiges (auch Alcopops, Cocktails, Longdrinks) ist bis zur Volljährigkeit verboten (▶ Seite 314).

Freunde statt Familie

Jugendliche wollen sich nicht mehr in ihren Eltern spiegeln. Denn in diesem Spiegelbild sehen sie sich als Kind. Auch die jüngeren Geschwister sind nicht mehr das Gegenüber, das sie suchen: Verkörpern die doch jene Kindlichkeit, die sie so dringend hinter sich lassen wollen. Darum kritisieren und erziehen sie an ihnen herum (Eltern sollten das unterbinden und müssen den Kleinen jetzt öfter beispringen). Zum Glück hört diese Phase gegen Ende der Pubertät wieder auf.

Im Widerschein Gleichaltriger hingegen gefallen sich Jugendliche gut. Obwohl sie, genau genommen, ausgerechnet in ihrer Peergroup am wenigsten Freiheit genießen. Denn hier müssen Jugendliche einen eisernen Verhaltenskodex beachten, was gerade als angesagt und cool gilt. In der Clique herrschen meist strenge Normen, wie man sich geben, welche Musik man kennen, welche Erfahrungen man vorweisen und wie man sich kleiden muss. Im Vergleich dazu ist das bisschen Zimmeraufräumen, das die Familie von einem verlangt, ein Witz. Trotzdem werden Eltern als »Unterdrücker«, die Clique hingegen als Hort der Freiheit erlebt. Über diese Ungerechtigkeit und Undankbarkeit sollten sich Eltern nicht ärgern – sie ist in diesem Alter völlig normal (▶ Seite 228).

Die Peergroup dient Jugendlichen als Spielfeld, auf dem sie soziale Muster und den Übergang ins Erwachsenenleben trainieren. Darüber hinaus gilt die Clique, oder der beste Freund oder die beste Freundin, unter Gleichaltrigen als Image- und Statussymbol. In der Peergroup einen guten Platz zu erobern ist in dieser Zeit eine der wichtigsten Entwicklungsaufgaben. Der soziale Erfolg, den Jugendliche unter Gleichaltrigen erzielen, ist für ihren Lebenslauf genauso entscheidend wie ihre schulischen Leistungen. Es ist nicht so schlimm, wenn die Noten gerade besser sein könnten. Sind Sohn oder Tochter guter Dinge, unternehmen sie viel mit Freunden, und es klingelt für sie oft das Telefon: Dann ist das für Eltern zwar anstrengend – aber trotzdem Anlass zur Freude. Dass ihr Sprössling so beliebt ist, ist ein dicker Pluspunkt für seine Zukunft. Übrigens: Stundenlanges Telefonieren und Chatten sind alterstypisch. Denn im Schutz des Nicht-gesehen-Werdens trauen sich Jugendliche, offener über Gefühle zu sprechen. Besitzt der Jugendliche unter seinen Freunden gar eine Vorbildfunktion, ist dies ein gutes Indiz, was Gefahren durch Drogen und Alkohol betrifft. Denn erfolgreiche und selbstbewusste Jugendliche lassen sich normalerweise nicht so leicht in Zugzwang bringen. Hat man hingegen den Eindruck, Sohn oder Tochter eifern einer Clique als Mitläufer hinterher, sollten Eltern das Selbstbewusstsein ihres Kindes stärken (▶ Seite 216). Und zugleich im Blick behalten, was in dieser Gruppe angesagt ist. Denn das hat jetzt enormen Einfluss darauf, womit ihr Kind sich beschäftigt und welchen Gefahren es vielleicht ausgesetzt ist. Den Kontakt zu verbieten macht Freunde meist umso interessanter. Besser offen sagen: »Ich habe gehört, der Marcel schwänzt die Schule. Ist da was dran? Du brauchst das nicht zu petzen. Aber ich mache mir Sorgen, dass du da mitmachst. Ich bin für dich da, wenn du darüber sprechen möchtest« (▶ Seite 68). Außerdem sollten Eltern nachhaken, mit wem ihr Kind seine Zeit verbringt. Das passt ihm zwar nicht, wenn es aber hört, dass es einem dabei um seine Sicherheit geht, spürt es die wohlwollende Absicht (▶ Seite 147). Eltern bleiben über den Umgang ihrer Kinder im Bilde, wenn sie ihn willkommen heißen. Ganz schön anstrengend, wenn fortwährend Freunde mit am Tisch sitzen. Doch dieser Trubel macht ja auch Spaß, und es ist doch schön, wenn sich alle bei einem wohlfühlen (▶ Seite 227).

Studien aus den USA zeigen: Wer mit den Eltern auskommt und reden kann, hat auch die richtigen Freunde. Gute Neuigkeiten ergeben auch repräsentative Befragungen in Deutschland: Jugendlichen ist kein anderer Lebensbereich (weder Arbeit noch Freundeskreis oder Freizeit) so wichtig wie ihre Familie. Für 81 Prozent ist die Familie »sehr wichtig«, für weitere 15 Prozent »wichtig«. 74 Prozent der West- und 76 Prozent der Ostdeutschen erklären die Familie zu ihrem wichtigsten Rückhalt.

• Reden erleichtert. Zeigen Sie Gesprächsbereitschaft, ohne zu drängen. Machen Sie Ihre Hilfsbereitschaft zunächst unterschwellig deutlich: Lieblingspudding kochen, Wärmeflasche ins Bett legen, schönes Buch mitbringen. Behalten Sie im Blick, ob Ihr Kind sich bei Freunden ausspricht. Zieht es sich tagelang zurück, machen Sie Angebote, die es in den Familienalltag einbinden: gemeinsam einen Film ansehen, etwas Leckeres kochen, ein Wellnesstag in einem Erlebnisbad, zusammen zur Kosmetikerin oder zum Angeln gehen. Versichern Sie Ihrem Kind: »Auf unsere Liebe kannst du immer zählen. Deine Familie verlierst du nie.«

• Trösten Sie: »Dass du jetzt so traurig bist, beweist, wie tief du lieben kannst. Diese Fähigkeit ist ein Reichtum. Deine Trauer wird mit der Zeit vergehen, aber deine Liebesfähigkeit bleibt dir erhalten. Aus meiner Lebenserfahrung kann ich dir versprechen: Weil du lieben kannst, springt demnächst bei einem anderen Mädchen oder Jungen wieder der Funke über und entzündet eine neue Liebe.« Hilfreich ist auch: »Das Ende dieser Beziehung öffnet dich für einen Partner, der besser zu dir passt. Ich dachte damals auch, die Welt geht unter. Und dann war ich so froh, weil ich mich erst dadurch in deinen Papa/deine Mama verlieben konnte.«

• Trösten Sie auch sich selbst: Ihr Kind ist inmitten seines Liebeskummers wahrscheinlich wieder ganz bei sich selbst. Wer verlassen wird, durchläuft eine Art innerer Inventur. Dieser Prozess ist das beste Beziehungstraining: Er hilft, eigene Erwartungen an die Liebe zu korrigieren. Ihr Kind wird gestärkt daraus hervorgehen und besser erkennen, auf welche Werte und Kompromisse es ihm in einer Partnerschaft ankommt.

• Sie können Ihrem Kind seinen Liebeskummer nicht abnehmen. Aber ihm sagen, dass es psychologische Strategien gibt, die nachgewiesenermaßen helfen, schneller damit fertig zu werden.
- Eine Liste mit negativen Erinnerungen an den Ex-Partner schreiben.
- Erinnerungsstücke in eine Schachtel packen. Diese auf den Speicher verbannen oder (noch besser) vergraben.

- Kontaktsperre: keine Telefonate, SMS oder E-Mails, sonst kommt die alte Vertrautheit wieder auf.
- Gemeinsame Plätze eine Zeit lang meiden, um nicht Erinnerungen zu wecken.
- Glückshormone ankurbeln: frische Luft, Sport, Meditation, etwas mit Freunden unternehmen. Aktivität muntert auf.
- Sich einen lang ersehnten Traum erfüllen, zum Beispiel eine Reise.
- An eine zukünftige Fantasiebeziehung denken. Das schafft Distanz und öffnet das Herz für eine neue Liebe.

Schutz vor schädlichen Erfahrungen

Wie genervt war man als Jugendlicher, wenn die Mutter im Nachthemd dastand und nicht schlafen konnte, bevor man zu Hause war. Heute steht man selbst am Fenster und leistet im Stillen Abbitte. Die Sorge um Jugendliche ist leider nicht unberechtigt: Sie strotzen vor Erlebnishunger, haben aber wenig Erfahrung im Einschätzen von Gefahren. Darum brauchen Jugendliche einen guten Schutzengel – und Eltern brauchen eine gute Portion Gottvertrauen. Die Gratwanderung zwischen ihnen etwas zutrauen und sie beschützen wird in der Pubertät zum schwierigen Kunststück.

Zwölfjährige richten sich noch nach elterlichen Verboten, doch ältere Kinder stehen immer mehr unter Imagedruck durch Gleichaltrige. Jetzt benötigt das erzieherische Erfolgsrezept aus sanfter und standfester Liebe eine weitere Zutat: diplomatisches Geschick. Um Teenager zu beschützen, muss man sich manchmal freiwillig zum Sündenbock machen, sodass sich das Kind hinter seinen »strengen Eltern« verstecken kann. Dazu müssen Eltern die lästigen Glucken zu spielen. Ein Beispiel:

Die 14-jährige Tochter und deren Freundin haben sich mit zwei Abiturienten verabredet. Auch wenn die Mädchen protestieren: Ihr Vater sollte sich durchsetzen und die Mädchen zum Treffpunkt fahren, um vor den jungen Männern zu betonen: »Ich bin Maries Vater. Ihr wisst ja, dass die Mädchen 14 sind.

Ich mache mir Sorgen, weil ihr so viel älter seid. Aber Marie sagt, ihr seid nur verabredet, um Musik zu hören. Das erleichtert mich, denn die beiden sind ja« – noch mal unterstreichen! – »gerade erst 14 geworden! Darum versteht ihr sicher, dass ich die Mädchen Punkt zehn wieder abhole.« So gibt der Vater zwar den nervigen Biedermann ab, aber die Tochter bewahrt ihr Gesicht. Und die Jungen sind gewarnt, nicht zu weit zu gehen.

Im Balanceakt zwischen Haltgeben und Loslassen bleibt man so standhaft wie nötig – und so tolerant wie möglich. Zu viel Gemeckere macht »muttertaub«, allzu rigide und zahlreiche Verbote verleiten zu Unehrlichkeiten. Müssen Jugendliche sich kompromisslos unterordnen, fühlen sie sich zum Kind degradiert und in ihrer Persönlichkeit entwertet. Das nehmen sie Eltern sehr übel, und im Extremfall sehen manche keinen anderen Ausweg, als von zu Hause auszureißen.

Am stärksten können Jugendliche über ihren Körper bestimmen, das nutzen viele aus, um zu demonstrieren: »Schaut her, das könnt ihr mir nicht verbieten!« Wenn Jugendliche partout rauchen wollen, sind Eltern meist machtlos, aber zumindest können sie das Rauchen in den eigenen vier Wänden verhindern (▶ Seite 208, 300). Wenn es um Sicherheit, Gesundheit und Zukunft geht, müssen Eltern alles daransetzen, um Schaden von den Teenagern abzuwenden! Darum sollten sie zu Piercings, Tattoos (auch wenn man selbst welche hat) oder allzu gefährlichen Sportarten ihre Zustimmung verweigern.

Geschmacksfragen wie Outfit oder Frisur hingegen sieht man möglichst locker. Auf der Suche nach ihrem »eigenen Style«, über den sich Jugendliche so sehr den Kopf zerbrechen, ist es nur eine Frage der Zeit, bis sich alles wieder völlig verändert. Allerdings animiert die Modeindustrie junge Mädchen zu einem aufreizenden Stil, der sie eigentlich überfordert. Wenn sich Zwölfjährige wie Pin-up-Girls schminken und 13-Jährigen der Stringtanga aus der Jeans hervorblitzt, wollen sie nicht verführen, sondern bloß spielerisch erkunden, wie sich ihre zukünftige Rolle als Frau anfühlt. Das zu verbieten bringt wenig, dann malen sich Mädchen eben heimlich an. Am wirkungsvollsten lassen sich Bedenken über Ich-Botschaften vermitteln: »Was drückst du mit deiner Kleidung oder deinem Make-up aus?

Willst du das wirklich? Ich habe Sorge, dass Jungen und Männer das missverstehen. Ich fürchte, dass dein Outfit so wirkt, als wärst du ein Mädchen, das ganz leicht zu haben ist – dabei bist du ja gar nicht so.«

Was tun beim ersten Rausch?

Kommt das Kind zum ersten Mal betrunken nach Hause, sind Eltern wie vor den Kopf gestoßen.

• Vorausgesetzt, ärztliche Hilfe ist nicht nötig: einen kühlen Kopf bewahren. Jetzt sind erst einmal Brechschüssel und Waschlappen angesagt. Debatten auf morgen verschieben.

• Ist der Rausch ausgeschlafen, in Ich-Botschaften mitteilen, dass dieser einem Angst macht. »So wie du gestern heimgekommen bist, plagt mich die Angst, dass du im Straßenverkehr überfahren werden könntest.« »Ich mache mir Sorgen, weil dein Gehirn noch nicht ausgereift ist und Alkohol in deinem Alter wichtige Zellen zerstört.« Gegebenenfalls auch von schlimmen Erfahrungen berichten: »Ein Freund von mir fiel im Suff in den Fluss und wäre um ein Haar ertrunken.«

• Von den Risiken berichten. Auch, dass betrunkene Mädchen viel gefährdeter für sexuelle Übergriffe sind und angetrunkene Jungen leicht in Schlägereien geraten.

• Wie nach einem Unfall nach den fünf Ws fragen: »Wo, was, wie viel, mit wem und warum hast du getrunken?«

• Klar sagen, wie sehr man diese Grenzüberschreitung missbilligt.

• Eltern der »Saufkumpane« informieren.

• Erklären, dass man diesen Fehltritt nach dem Motto »Einmal ist keinmal« behandelt. Beim nächsten Mal gibt es aber Taschengeldentzug, wenn davon Alkohol gekauft wird – und Ausgehverbot.

• Diesen Schrecken als Chance betrachten, die Beziehung zum Kind zu überdenken. Der erste Rausch ist kein Weltuntergang, sondern ein Aufbruchsignal: Der kleine Fratz wird erwachsen und braucht neue Selbstverantwortung, Rechte und Pflichten.

• Am wirkungsvollsten lernen Jugendliche den richtigen Umgang mit Alkohol am elterlichen Vorbild. Wer aber zum abendlichen Entspannen ein Bier braucht oder sich nach Ärgernissen erst mal einen Schnaps eingießt, lebt schlechtes Trinkverhalten vor.

• Eltern müssen Kindern Alkoholkonsum nicht »beibringen«: Je später das erste Glas getrunken wird, desto besser. Darum an die gesetzlichen Bestimmungen halten (▶ Seite 302). Zwar trinken Teenager dann vorher schon mal heimlich, aber immerhin in dem Bewusstsein: Eigentlich ist das nicht okay.

Vom Umgang mit den eigenen Jugendsünden

Was tun, wenn man früher selbst ziemlich über die Stränge schlug? Soll man Jugendlichen wirklich gestehen, dass man mal gekifft, geklaut und die Schule geschwänzt hat? Muss man nicht gerade jetzt ein gutes Vorbild abgeben? Auf beide Fragen lautet die Antwort: Ja! Ja, man sollte jetzt ein gutes Vorbild sein. Und ja, man sollte die Wahrheit sagen. Wenn Kinder erfahren, dass Eltern keine Übermenschen sind, wird sie das nicht enttäuschen – im Gegenteil: Wer Fehler eingesteht, vermittelt die Mut machende Botschaft: Auch wenn man zwischendurch Mist baut, kann man seinen Weg machen.

Allerdings verlangt das viel Fingerspitzengefühl, damit Jugendliche die Erlebnisse der Eltern nicht als Freibrief für ihr eigenes Verhalten verstehen. Regel Nummer eins: Erst beichten, wenn die Kinder einen konkret nach bestimmten Jugendsünden fragen. Weiß man nicht, wie man antworten soll, verschiebt man es besser (»Darüber wollte ich schon länger mal mit dir reden. Lass uns das nach dem Abendessen besprechen.«). Regel Nummer zwei: Sich nie mit Lastern brüsten (»Mann, war das riskant, als ich durch Portugal getrampt bin«, »Früher hab ich alle unter den Tisch gesoffen«). Das wäre gefährlich. Schwingt der Unterton »Wow, war ich mutig« mit, lädt man zum Nachahmen ein. Damit das Kind aus den Fehltritten seiner Eltern eine Lehre ziehen kann, sollte man diese in einen Zusammenhang stellen. Das ist nicht einfach, deshalb zwei ausführlichere Beispiele:

»In meiner Clique kamen alle anderen aus reichem Haus. Ich hab mich geschämt, weil nur ich immer Discounter-Sachen getragen habe. Da fing ich an, Kleidung zu klauen. Einerseits gefiel ich mir in den Sachen, andererseits musste ich jeden anlügen, der gefragt hat, woher ich sie hatte, und das hat mich innerlich einsam gemacht. Eines Tages erwischte mich ein Ladendetektiv. War das peinlich, als meine Eltern mich bei der Polizei abholen mussten! Von dem Tag an hab ich mit dem Klauen aufgehört – und war plötzlich erleichtert! Ich fing dann an, mir selbst was zu nähen, und wurde jetzt in der Clique für meinen individuellen Kleidungsstil bewundert.«

Sehr heikel ist das Thema Drogen, da wird allen Eltern mulmig. Trotzdem darf das Kind wissen, wenn man Erfahrung damit hat. Eine sinnvolle Beichte handelt erstens von der Versuchung, zweitens von dem Preis, den sie gekostet hat, und drittens von dem Ausweg, den man schließlich fand.

»Mit 15 verliebte ich mich in einen Jungen aus der elften Klasse. War ich glücklich, als wir uns zum ersten Mal geküsst haben! Ich erfuhr, dass er kiffte, und war beunruhigt, aber zugleich auch neugierig. Als er auf einer Party einen Joint baute, rauchte ich mit und gehörte jetzt zu seiner Clique. Doch ein andermal bekam ich vom Kiffen schreckliche Angstzustände. Ab da ließ ich die Finger davon, und plötzlich hat es mich genervt, wenn er zugedröhnt war. Er hing dann nur lasch herum und lachte so albern. Ich verliebte mich bald in einen anderen. Mein neuer Freund nahm zum Glück keine Drogen. Wir unternahmen dauernd was und hatten viel mehr Spaß. Mein Ex hörte später auch mit dem Kiffen auf, aber ein paar aus der alten Clique schafften den Absprung nicht. Ein Mädchen blieb auf einem LSD-Trip hängen und kam für Monate in die Psychiatrie. Ein Junge fing an, Heroin zu spritzen, und starb später an Aids. Das macht mich traurig: Hätten wir alle nie mit dem Kiffen angefangen, würde er noch leben. Auch du kommst bestimmt bald mal in die Situation, wo auf einer Party ein Joint herumgeht. Ich wäre sehr stolz auf dich, wenn du dann so stark bist, ›Nein‹ zu sagen.«

Vorsicht Suchtgefahr!

Fast jeder Jugendliche probiert Zigaretten und Alkohol aus, auch Cannabis ist sehr verbreitet. Knapp ein Drittel der Jugendlichen kifft einmal oder auch wiederholt. Je jünger Jugendliche Suchtstoffe konsumieren, desto größer ist die Gefahr einer späteren Abhängigkeit: Weil ihr Körper das Gift schwerer abbaut – und das Suchtgedächtnis in jungen Jahren besonders lernbereit ist. Erfahrungen wie »Durch Alkohol fühle ich mich lockerer« oder »Alkohol und eine gute Party gehören zusammen« vermerkt ein jugendliches Gehirn rascher und wirkungsvoller als das eines Erwachsenen, sodass junge Menschen viel schneller in eine Alkoholsucht abrutschen. Ist hingegen beim ersten Rausch der Kater stärker als der Belohnungseffekt, kann das eine abschreckende Wirkung haben.

Ein besonders tückisches Gift ist das Nikotin. Es wirkt anregend und entspannend zugleich: eine verführerische Mischung, die nicht selten schon nach der zweiten Zigarette abhängig macht. Wer früh zu rauchen beginnt, entwickelt oft eine besonders starke Nikotinsucht. Wer hingegen bis zum 18. Geburtstag die Finger von Zigaretten lässt, hat gute Chancen, niemals süchtig zu werden. Neue Daten über die Langzeitfolgen des frühen Rauchens sind sehr alarmierend: Wer schon mit 14 oder 15 damit beginnt, verkürzt seine Lebenserwartung möglicherweise um über 20 Jahre! Außerdem sind rauchende Jugendliche anfälliger für andere Drogen. Ein Grund mehr, auch das Shisha-Rauchen nicht zu dulden, das Rauchen von getrockneten Fruchtmischungen in Wasserpfeifen. Diese Fruchttabake gibt es im Tabakladen zu kaufen; sie enthalten einen geringen Tabakanteil. So gemütlich das gemeinsame Rauchen in vertrauter Runde sein mag: Auch Shisha-Tabak ist gesundheitsschädlich! Und wer am Inhalieren erst mal Gefallen gefunden hat, steigt oft auf Zigaretten um.

Viele Eltern haben früher selbst gekifft und unterschätzen die Gefahr von Cannabis. Doch die THC-Konzentration heutiger Zuchten ist um ein Vielfaches höher als früher und die Wirkung entsprechend gefährlicher. Das Risiko von Angstzuständen und Psychosen ist dramatisch gestiegen. Bei Dauerkonsum leiden Gedächtnis- und Reaktionsleistung. Leider helfen Standpauken wenig. Besser macht man seinem Kind klar, dass Cannabis nachweislich die Gehirnzellen schädigt: »Du bist ein kluger Kopf. Mit jedem Joint wirst du aber ein bisschen dümmer.« Bekifft sein können Eltern übrigens an geröteten Augen und verschwommener Sprache erkennen. Sobald sie sich Sorgen machen, sollten sie sich gründlich informieren. Spätestens wenn ihnen zudem auffällt, dass ihr Kind emotional instabil oder antriebloser als sonst wirkt, ist es Zeit, sich professionellen Rat zu holen.

Gleiches gilt, wenn sich schon Jugendliche unter 16 Jahren häufiger betrinken, wenn ältere kaum noch ohne Alkohol feiern, auch Hochprozentiges geschluckt und der Rausch zur Regel wird (▶ Seite 300). Eine Faustformel, ab wann riskantes Verhalten ernsthaft gefährlich wird, gibt es nicht. Hier ist ein gutes Gespür gefragt: Eltern sollten einerseits nicht hysterisch die Flöhe husten hören – andererseits rechtzeitig Rat einholen und keinesfalls die Augen verschließen. Wer begründeten Verdacht hat oder sogar fürchtet, dass stärkere Drogen im Spiel sind, sollte nicht zögern, eine Drogenberatungsstelle anzurufen oder mit dem drogenbeauftragten Lehrer an der Schule zu sprechen.

Zu viel Kontrolle verleitet Jugendliche zum Lügen. Aber sie wissen es zu schätzen, wenn man sie liebevoll im Augenwinkel behält. Zwar murren sie darüber, trotzdem spüren sie, wie wichtig sie einem sind. Wenn der 15-Jährige nachts nach Hause kommt, kann man ja noch in der Küche einen Tee zusammen trinken oder zumindest kurz plaudern. Wirkt er betrunken oder gar bekifft, hält man die lange Leine wieder kürzer. Kann man ihm vertrauen, reicht es, wenn er mit 16 nur noch kurz »Hallo« sagt, damit die Eltern wissen, dass er gut heimgekommen ist.

Eine ernst zu nehmende Gefahr stellen auch Essstörungen dar. Zehn Prozent der Magersüchtigen sterben an den Folgen ihrer Sucht! Das Problem ist anders gelagert als bei Drogenproblemen. Hier geht es nicht um den Wunsch nach Kontrollverlust, sondern umgekehrt um die Suche nach Kontrolle. Magersucht betrifft vorwiegend Mädchen. Jungen bejahen ihre körperlichen Veränderungen, schließlich bringen breitere Schultern und wachsende Muskeln sie dem männlichen Schönheitsideal näher. Das Schlankheitsbild spindeldürrer Models hingegen liegt von einer normalen weiblichen Figur weit entfernt, dadurch sind Mädchen die wachsenden Rundungen an Bauch, Po und Hüften nicht geheuer. Jede zweite Schülerin zwischen elf und 13 Jahren hat bereits Diäterfahrungen! Darum ist es ganz wichtig, dass Eltern ihren Kindern von klein auf gesundes Essverhalten mit Genuss vorleben und nicht zu viel Theater ums Essen (und auch nicht um eigene Diäten) machen (▶ Seite 89). Faktoren, die eine Magersucht begünstigen, sind oft Angst vor dem Erwachsenwerden sowie eine belastende Familienkonstellation. Magersucht wird oft erst erkannt, wenn sie sich schon verfestigt hat. Die Betroffenen sind meist sehr uneinsichtig. Denn zur Krankheit gehört ein gestörtes Selbstbild: Selbst wenn sie nur noch Haut und Knochen sind, sehen sich Magersüchtige beim Blick in den Spiegel als zu dick. Viele treiben (um Kalorien zu verbrennen) eisern Sport und tun extrem viel für die Schule, sodass ihre schulischen Leistungen meist auffallend gut sind. Dieses Übermaß an Disziplin und ein verbissener Wunsch nach Selbstkontrolle sind bei Magersüchtigen Teil des Krankheitsbildes. Andere Essstörungen wie Fresssucht oder Ess-Brech-Sucht (Bulimie) zeigen hingegen einen Disziplinmangel. Bulimikerinnen verfallen in unkontrollierte Fressanfälle, danach schämen sie sich dafür und erbrechen sich. Oft wechselt die Sucht auch von einer Magersucht in eine Bulimie – und umgekehrt. Fast immer wird das gestörte Essverhalten verheimlicht. Mit krankhaften Essstörungen sind Familien überfordert. Um das Kind von seiner gefährlichen Sucht zu befreien, verdient die ganze Familie Hilfe.

Zunehmend verbreitet ist auch die Sucht, sich mit scharfen Gegenständen zu ritzen. Ritzen zeigt, dass Jugendliche (meist sind es Mädchen) sich nicht richtig spüren. Stellt eine Mädchen lediglich mal einen kleinen Kratzer am Arm offen zur Schau, kann dies ein vorübergehender Ausrutscher sein, der signalisiert: Ich mag nicht, wie mein Körper sich gerade verändert, ich fühle mich hässlich. Fügt sie sich aber von der Kleidung verdeckte Ritzer zu, ritzt sie wiederholt oder tief, drücken sich darin Selbsthass und tiefe seelische Verletztheit aus. Dieser extreme Hilferuf verdient professionelle Hilfe. Eltern sind emotional meist zu nah dran, um ausreichend helfen zu können. Experten besitzen die nötige Distanz und kommen dadurch besser an das Kind heran.

Suchterlebnisse heben den Dopaminspiegel an. Chemisch betrachtet beschert uns jedes Erlebnis, das wir schön finden, einen Dopaminausstoß. Darum macht uns Küssen, Umarmen, Essen, Anerkennung und Lob zufrieden. Wollen Jugendliche mit Alkohol und Cannabis nicht nur ihre Neugier, sondern ihre Seele befriedigen, sind das traurige Ersatzhandlungen. Daher sind Selbstwirksamkeit und Selbstbewusstsein der beste Schutz vor Drogen. Auch Sport kann schützen: Er trainiert das Körpergefühl und somit das Gespür dafür, was einem guttut und was nicht. Da die meisten Jugendlichen in der Pubertät zur Antriebslosigkeit neigen, wollen viele ihren Sport aufgeben. Dann lohnt sich der Versuch, sie mithilfe des Bonussystems zum Weitermachen zu motivieren (▶ Seite 70, 71, 122, 211, 254, 288, Anhang 2, 5, 8, 19).

Darf man heimlich das Zimmer durchsuchen?

Nein. Das würde Vertrauen zerstören. Respektieren Sie die Privatsphäre Ihres Kindes. Spionieren Sie es nicht aus, lesen Sie nicht seine SMS oder E-Mails. Wo Sie aber den begründeten Verdacht haben, dass seine gesunde Entwicklung gefährdet ist, müssen Heimlichkeiten ans Tageslicht. Rauchen, Alkoholkonsum, Schuleschwänzen, ungeschützter Sex oder Drogen sind Themen, die Eltern etwas angehen. Ob es dem Kind passt oder nicht.

• Anstelle von Verboten, Drohungen und Strafen brauchen Jugendliche vor allem die Sicherheit: Meine Eltern haben nicht aus Neugier ein Auge auf mich, sondern weil ich ihnen wichtig bin. Beim Thema Schuleschwänzen sollten Eltern möglichst die Schulleitung aus dem Spiel lassen. Und wegen Drogenkonsum nicht mit der Polizei drohen. Das würde Vertrauen zerstören und das Kind kriminalisieren. Lieber an Adressen wenden, wo man auf Schweigepflicht und Diskretion vertrauen kann (Vertrauenslehrer, Beratungsstellen, Arzt).

- Gemeinsam Lösungen suchen: Zum Vertrauenslehrer, einer Drogen- oder Erziehungsberatungsstelle gehen (falls das Kind sich weigert, erst mal alleine hingehen). Informationsbroschüren bestellen oder aus dem Internet laden, ein Bonusheft fürs Nicht-Rauchen anlegen (▶ Seite 208, Anhang 1, 5).

- Mädchen und Jungen öffnen sich umso eher, wenn sie die Erfahrung gemacht haben, dass die Eltern ihren privaten Bereich anerkennen (▶ Seite 68).

Denn sie wissen nicht, was sie tun

Es gehört zur gesunden Entwicklung von Jugendlichen, sich gegen elterliche und gesellschaftliche Normen aufzulehnen. Da ist es eine Gratwanderung, auch mal die Grenzen der Legalität zu überschreiten. Häufig sehen Jugendliche sogar das moralische Recht auf ihrer Seite, wenn sie einen Kaufhauskonzern (der in ihren Augen für ein kapitalistisches Ausbeutungssystem steht) um Kleinigkeiten schädigen. Gerade unter Söhnen und Töchtern wohlhabender Eltern, denen es eigentlich an nichts mangeln dürfte, gilt es oft sogar als schick, mittels Diebstahl gegen eine profitorientierte Gesellschaft zu protestieren.

Dieses Robin-Hood-Gefühl gleicht das alterstypische Gefühl der Machtlosigkeit aus. Aus »moralischem Protest« zu klauen ist zwar verboten – aber nicht wirklich verwerflich. Dulden dürfen Eltern es natürlich nicht. Sie müssen klarstellen, dass unsere gesetzlichen Vorschriften kein »Staatsterror« sind, sondern wohlbegründete Regeln, ohne die eine demokratische Gesellschaft nicht funktionieren kann. Spätestens nachdem ein Kind beim Diebstahl erwischt wurde, sollte es diese Lektion begriffen haben.

Auch wenn es widersprüchlich klingt: Stehlen ist, wie das Lügen, zu Beginn der Pubertät ein normaler Teil der Moralentwicklung. Indem Jungen und Mädchen die Grenzen austesten, lernen sie einzuordnen, was in Ordnung ist – und was nicht. Darum brauchen sie Eltern, die ihnen Normen und Werte vorleben und klare Ansagen machen: »Stehlen ist unfair.« »Sag die Wahrheit, denn ich will dir glauben dürfen.«

Bleibt Klauen keine flüchtige Phase, sondern wird zum längerfristigen Problem, verbirgt sich dahinter seelische Not. Was und wie Schüler stehlen, verrät oft, was ihnen fehlt: Manche stibitzen bei ihren Eltern Geld, um sich damit Süßigkeiten, Alkohol oder Zigaretten zu kaufen. Oder sie stehlen teure Elektronikartikel, um vor Gleichaltrigen mit ihrer Waghalsigkeit Eindruck zu schinden. Andere klauen Anziehsachen, weil sie sich für ihre Garderobe schämen. Und manche nehmen Gleichaltrigen etwas weg in dem stillen Wunsch, sich durch den Besitz eines Gegenstandes so beliebt zu fühlen wie derjenige, dem er gehört (▶ Seite 237).

Mit dem Gesetz in Konflikt

Über ein Drittel aller Jugendlichen wird im Laufe der Pubertät straffällig. Meist sind es nur relativ harmlose Delikte wie Süßigkeiten oder Kosmetika klauen, Marihuana ausprobieren oder Graffiti sprühen. Fast immer ist diese gesetzeswidrige Phase nur eine kurze Durchgangsstation. Lediglich fünf Prozent dieser Jugendlichen sind als Erwachsene kriminell: Meist jene jungen Männer und Frauen, die schon in Kindergarten oder Grundschule besorgniserregend auffielen (▶ Seite 147).

Spuren hinterlassen

Menschen brauchen das Gefühl, Spuren zu hinterlassen. Durch frisch gefallenen Schnee stapfen, seine Initialen in einen Baum ritzen, einen Webblog erstellen, einen Verein gründen, einen befriedigenden Beruf finden, Kinder bekommen: All das macht uns glücklich, weil wir die Welt damit ein kleines Stück verändern. Dadurch spüren wir in unserem Dasein einen Sinn.

Diesem elementaren Bedürfnis nach Selbstwirksamkeit läuft der Schulalltag leider ziemlich zuwider. Im Unterricht sind Schüler zum Stillsitzen und Zuhören verdammt. Nachmittags sitzen sie dann an den Hausaufgaben und lassen sich zur Entspannung vom Fernseher berieseln. Dieses dauernde Aufnehmen vorgefertigter Informationen ist ein Risikofaktor, der zu Unfug verleitet. Wo Mädchen und Jungen stets nur passive Zuhörer und Zuseher sein dürfen, braucht man sich nicht zu wundern, wenn sich ihr Drang nach Selbstwirksamkeit Bahn bricht. In bekritzelten Schulbänken, verschmierten Toiletten und besprühten Hauswänden, Diebstahl, Zigaretten, Alkohol und Drogen. Darum brauchen sie Gestaltungsmöglichkeiten und Verantwortung, das Gefühl, gebraucht zu werden und etwas bewirken zu können. Eine Musikband gründen, im Volleyball die Mannschaft der D-Jugend leiten, sich im Tutorenteam an der Schule engagieren, einmal in der Woche zu Hause das Mittagessen kochen oder mit Freunden eine Fahrradtour organisieren: Wenn Jugendliche ihre Fähigkeiten konstruktiv unter Beweis stellen dürfen, haben sie zerstörungswütige Ersatzhandlungen nicht nötig (▶ Seite 224).

Humor hilft

Während der Pubertät befindet sich die ganze Familie im Ausnahmezustand. Denn alle sind innerlich zerrissen: Jugendliche drängt es nach Freiheit und Ausbruch – zugleich fürchten sie sich davor, das vertraute Nest zu verlassen. Eltern möchten die aufmüpfige Brut unter den schützenden Flügeln behalten – und sie andererseits ziehen lassen, damit sie das Fliegen lernt. Auch die Geschwisterkinder haben es schwer: Dass der große Bruder oder die Schwester plötzlich nicht mehr ihnen spielen will, sondern ständig an ihnen herumstichelt, ist bitter (▶ Seite 303).

Diese Zerrissenheit verunsichert. Drängt das Kind nach Autonomie, macht das den Eltern Angst, und sie halten es umso fester. Und umgekehrt: Lassen Eltern die Zügel zu locker, fürchten Jugendliche insgeheim, ihnen wenig zu bedeuten. Auch wenn sie alles tun, um es zu verbergen: Sie brauchen ihre Eltern auch in dieser Zeit dringend. Denn Coolness und Rebellion sind nur die eine Seite der Pubertät, die andere sind Selbstzweifel, Pickel und Liebeskummer.

Wo so viele widersprüchliche Gefühle im Spiel sind, gibt es keine Patentlösungen. Jugendliche haben wenig Verständnis für die guten Absichten der Eltern. Und sie wollen von ihren Eltern nicht nur Verständnis, sondern suchen oft regelrecht Streit. Selbst die liebevollsten Eltern werden jetzt mit Hass konfrontiert. Selbst den langmütigsten Eltern wird der Geduldsfaden reißen. Auch die konsequentesten Eltern kommen ans Ende ihres Lateins. Und selbst die vorsichtigsten Eltern können nicht jede Gefahr von ihrem Schützling abwenden. Sich das vor Augen zu halten hilft, sich ein dickeres Fell zuzulegen und sich zu trösten: »Es ist zwar anstrengend, aber es vergeht auch wieder. Da müssen wir nun mal durch.« Sobald Jugendliche eines Tages wieder freiwillig früher zu Bett gehen, darf man aufatmen: Dann ist die schwierigste Pubertätsphase vorbei, und die Erziehung wird wieder leichter. Dann sind Sohn und Tochter reif genug, etwas bleiben zu lassen, *obwohl* die Eltern dagegen sind. Und etwas richtig zu finden, *obwohl* die Eltern derselben Meinung sind (▶ Seite 328).

Entspannt in die Zukunft zu sehen und gelassen zu bleiben fällt vor allem den Müttern nicht leicht. Sie neigen dazu – das ist ganz natürlich –, sich zu viele Sorgen zu machen. Hier ist Unterstützung durch die Väter gefragt, denn sie sind meist etwas gelassener (▶ Seite 34). Das tut den Jugendlichen gut und erleichtert den Müttern das Loslassen. Wie früher im Neugeborenenalter sollten Eltern vereinbaren, wer wann die Nachtschicht übernimmt. Vom Partner zu hören »Schlaf ruhig, ich kümmere mich drum, wann unser Großer nach der Disco heimkommt« erleichtert Mütter enorm, entspannt die Beziehung zu den Kindern und auch zwischen den Eltern.

Auch sollte man sich, insbesondere wenn man alleinerziehend ist, mit anderen Eltern besprechen. Bestimmt wollen Sohn oder Tochter jetzt öfter bei Freunden übernachten. Dann beruhigt es zu wissen, dass man sich auf die anderen Eltern verlassen kann. Auch sollte man nachfragen, was die anderen Eltern erlauben und verbieten. Denn Jugendliche sind sehr geschickt darin, Freiheiten durchzuboxen, indem sie Erwachsene gegeneinander ausspielen. Wenn Eltern aber miteinander reden, stellt sich oft heraus, dass alle froh sind, wenn man mit vereinten Kräften vernünftige Uhrzeiten durchsetzt, zu denen die Jugendlichen gemeinsam heimkommen sollen.

Loyalität ist vor allem unter Elternpaaren vonnöten. Die Partner dürfen sich beim Erziehen nicht in den Rücken fallen, sonst könnte diese familiäre Umbruchzeit ernsthafte Ehekrisen auslösen (▶ Seite 160). Vor allem die Mütter haben Rückendeckung verdient, denn sie tragen in dieser Zeit die meisten Kämpfe aus. Der Grund: In der Regel erleben Kinder ihre Mutter als besonders bindungssicher (▶ Seite 45). Und der bindungssicherste Elternteil bekommt es in der Pubertät am heftigsten ab. Mütter müssen sich von ihren Söhnen um die Ohren hauen lassen, wie »peinlich« und »gemein« sie sind. Von Töchtern werden sie mit zickiger Überheblichkeit behandelt und bekommen absurdeste Bosheit unterstellt. Wie etwa »Du gönnst mir keinen Spaß«, »Dass du mir die teure Jacke nicht kaufst, liegt bloß daran, dass du besser aussehen willst als ich« oder »Das verbietest du bloß, damit ich bald keine Freunde mehr habe«. Um mehr Respekt zu bitten würde schwach und hilflos wirken (▶ Seite 151). Hier müssen die Väter, oder andere Vertrauenspersonen, beispringen und ihr Missfallen ausdrücken. Aber keinesfalls nach dem Motto: »Tu das der armen Mama nicht an.« Sondern mit echter Empörung: »Bäh, ekelhaft, wie du redest! Du hast doch so einen guten Gerechtigkeitssinn. Dann bleib fair! Ich will, dass du dich bei deiner Mama entschuldigst« (▶ Seite 136).

Viele bis dahin bewährte Erziehungswerkzeuge greifen jetzt nicht mehr und müssen durch neue ersetzt werden (▶ Seite 133). Waren Nähe und Körperkontakt bisher Balsam für die Kinderseele, so wollen Töchter und Söhne nun Distanz. Am besten geht man jetzt mit Worten auf sie zu. Will man sie in den Arm nehmen, fragt man vorher, ob man sie umarmen darf. Die allabendlichen Bettkantengespräche könnte man durch ein nachmittägliches Kaffeetrinken ersetzen (aber bitte viel Milch und kaum Kaffee, da Jugendliche den noch schlecht vertragen) (▶ Seite 86). Anstelle von ständigen Kämpfen um Ordnung, Outfit und das nächtliche Zubettgehen sollte man jetzt öfter mal ein Auge zudrücken und Diskussionen und Verbote auf das beschränken, was für die Sicherheit und Gesundheit des Kindes notwendig ist. Wo bisher klare Grenzen genügten, werden zunehmend Kompromisse nötig. Jugendliche benötigen noch Schutz, doch am liebsten aus der Distanz. Als liebevolles »Pass auf dich auf« und als Versprechen: »Wenn du mal Mist gebaut hast – ruf uns an, und wir kommen.«

Jugendliche wirken oft lieblos. Aber sie lieben uns dafür, dass wir das aushalten. Dass wir ihnen erlauben, von uns wegzugehen: »Es ist normal, dass wir dir jetzt nicht mehr so wichtig sind. Aber du bleibst uns unser Leben lang immer gleich wichtig. Wenn du unterwegs bist, denkst du nicht an uns. Aber wir denken an dich.« Diese Botschaft erhöht das Selbstwertgefühl und erleichtert den Kindern das Heimkommen. Auch dann, wenn sie eines Tages von zu Hause ausgezogen sind.

LEKTION 14

Loslassen

Das Einjährige rennt schelmisch lachend davon. Das Kindergartenkind verkündet, dass es jetzt seine Erzieherin und nicht mehr die Mama heiraten will. Das Schulkind lässt verschämt Papas Hand los, als seine Freunde des Weges kommen. In der Kinderzimmertür dreht sich erstmals der Schlüssel, und damit verschließt der Jugendliche auch ein Stück weit sein Herz. Unsere Kinder sind dazu bestimmt, sich vom Augenblick ihrer Geburt an von uns zu lösen. Unsere Liebe zu ihnen hingegen vertieft sich mit jedem Tag mehr, und manchmal möchten wir sie am liebsten festhalten. Wenn wir uns aber die Trennungsschübe bewusst machen, wachsen wir mit unseren Kindern in die neuen Lebensabschnitte hinein. Das Gefühl, dass sich das Kind genau jetzt im schönsten Alter befindet, wird dann zu einer wunderbaren Konstante, die ihren Zauber behält – ob unser Kind fünf Tage, fünf Wochen, fünf Monate, fünf oder 15 Jahre alt ist.

Kleine Abschiede

Alles wird einfacher, wenn die Kleinen »aus dem Gröbsten heraus« sind. Doch jeder Entwicklungsschritt ist ein kleiner Abschied, und nach der Pubertät spielen Eltern keine so große Rolle mehr für ihr Kind. Wehmütig blickt man auf die viel zu schnell vergangene Zeit zurück.

Auch den Kindern fällt die Abnabelung schwer. Ob klein oder groß: Sie erleben ihre Autonomiephasen als irritierend und durchlaufen sie nach einem bestimmten Muster: Erst entdecken sie vorwitzig eine neue Fähigkeit, überschätzen sich dabei und fallen erst mal – manchmal im wahren Sinn des Wortes – auf die Nase. Jetzt bekommen die kleinen Helden Angst vor ihrem Mut und schlüpfen unter die schützenden Flügel der Eltern. In der Psychologie spricht man von Wiederannäherung. Babys durchleben kurz vor dem Krabbeln die Fremdelphase, wo sie sich auf dem Arm der Eltern festklammern (▶ Seite 60). Vorschulkinder schwingen große Reden und werden beim Schuleintritt plötzlich kleinlaut und anhänglich. Zu Beginn der Pubertät beteuern Kinder ihren Eltern täglich: »Hab dich lieb!« All dies sind Wiederannäherungen, durch die sich Kinder während einer Ablösungsphase rückversichern müssen: »Meine Eltern sind immer für mich da, egal, ob ich mich klein oder groß fühle.« Diese Sicherheit zu bekommen ist für sie notwendig, denn sie gibt ihnen Mut, es erneut zu versuchen. Bald wird ihnen diese Nähe, die sie eben noch suchten, auf einmal zu eng, sie lehnen sich widerspenstig dagegen auf – und jetzt gelingt ihnen der Entwicklungsschritt. Die errungene Selbstständigkeit pendelt sich ein, und die Wogen glätten sich – bis zum nächsten Entwicklungsschub (▶ Seite 217).

Erste Hilfe beim Loslassen

Ob im Kleinkindalter oder beim Auszug der erwachsenen Kinder: Loslassen ist schwer. Wer in diesen Erste-Hilfe-Kasten greift, tut sich leichter.

- Jedes Kind bereichert seine Eltern auf seine Weise. Die Zerbrechlichkeit eines Säuglings macht uns zart, wir singen Kinderlieder und kuscheln stundenlang. Mit einem Kindergartenkind buddeln wir ausgelassen im Sand, sehen die »Sendung mit der Maus« und fühlen uns manchmal wieder selbst so unbeschwert wie ein Kind. Unser Teenager zeigt uns auf YouTube witzige Videos und verstrickt uns in spannende Diskussionen über Musik. In jedem Alter bringen Kinder in uns neue Saiten zum Schwingen. Machen Sie sich diesen Reichtum bewusst und genießen Sie die Besonderheit Ihres Kindes in jeder Entwicklungsphase.

• Wenn es Probleme gibt: Schreiben Sie mindestens vier Pluspunkte auf, durch die Sie Ihr Kind trotzdem besonders erfreut. Vier Punkte deshalb, weil unser Gehirn alle Zahlen über drei als »viele« registriert. Dadurch relativieren sich Ihre Sorgen, und Sie kommen in eine versöhnliche Stimmung. Notieren Sie jeden Pluspunkt auf einem kleinen Zettel und bewahren Sie diese positiven Erinnerungen in einer Schatzkiste auf.

• Gerade besonders engagierte Eltern zweifeln immer wieder, ob sie genug für ihre Kinder tun. Solche Zweifel zeigen, dass Sie feinfühlig und gewissenhaft sind. Vertrauen Sie in Ihre Kinder und darin, dass sie sich gut entwickeln (▶ Seite 232). Sie können nicht alles lenken. Lassen Sie los und verzeihen Sie sich Fehler. Sagen Sie sich: »Auch wenn ich nicht alles richtig mache, bin ich doch eine gute Mutter/ein guter Vater.«

• Scheitern ist sogar erwünscht! Denn Loslassen heißt auch: Befreien Sie sich von überhöhten Ansprüchen an sich selbst. Der alltägliche Kampf um Regeln und Grenzen ist mühsam, und manchmal gibt man sich vor den Kindern geschlagen. Das ist nicht schlimm. Es genügt, wenn sich Eltern in drei von vier Fällen durchsetzen. Ansonsten dürfen Sie ruhig mal ein Auge zudrücken (▶ Seite 162). Perfektion macht unzufrieden – und unbeliebt. Menschen werden nicht nur für ihre Stärken, sondern auch für ihre Schwächen geliebt. Fehler bekennen und auch mal nachgeben: Das macht Eltern zum sympathischen Vorbild, mit dem Kinder sich gerne identifizieren. Wenn man so vieles noch nicht richtig kann und so vieles noch lernen muss, erleichtert es sehr zu wissen, dass auch die Großen Fehler machen (▶ Seite 236).

• Schreiben Sie in schwierigen Phasen gelegentlich einen Brief an sich selbst. Über die Erschöpfung, weil das Baby viel schreit. Über die Sorge, weil es sich im Kindergarten so schwer eingewöhnt. Über die gefährdete Klassenversetzung oder seine aufsässigen

Widerworte. Öffnen Sie ab und zu die alten Briefe: In der Rückschau wirken Probleme kleiner, und Sie bekommen die Zuversicht, dass auch die aktuellen Schwierigkeiten bald Vergangenheit sind und alles gut ausgehen wird.

• Seien Sie ehrlich: Verschweigen Sie familiäre Schwierigkeiten und Tragödien nicht, denn dunkle Geheimnisse überschatten das Familienglück. Wenn der Vater schon zweimal verheiratet war, die Oma Alkoholikerin ist oder der Patenonkel sich das Leben genommen hat: Sobald das Kind reif ist, um davon zu erfahren, müssen sie ans Licht. Stellt es Fragen, beantworten Sie ihm diese offen in altersgemäßer Form.

• Perspektivwechsel bringen neue Impulse. Wechseln Sie die Perspektive durch Veränderung von Ort, Zeit oder Person.

- Ortswechsel: Nehmen Sie bei Spannungen kurz Abstand. Treten Sie einen Schritt zurück und verlassen Sie kurz den Raum. So atmen Sie durch, verhindern Kurzschlussreaktionen und lösen das Problem mit freierem Kopf. Falls Sie den Raum nicht verlassen können, zoomen Sie sich gedanklich auf einen hohen Aussichtsturm, einen Berggipfel oder eine Raumstation: Wie würde sich die Situation aus großer Entfernung anfühlen?
- Zeitsprung: Denken Sie kurz in die Zukunft. Wenn Ihr Kind groß ist: Was wird wichtig gewesen sein? Dass sein Zimmer gerade wie Kraut und Rüben aussieht? Oder dass es gerne Klavier spielt und viel Humor hat?
- Personenwechsel: Nehmen Sie gedanklich Abstand, indem Sie überlegen: Was würde meine Großmutter zu dem Thema sagen? Würde sich mein Nachbar, der fünf Kinder großgezogen hat, auch so darüber aufregen?

• Kleiden Sie die Gefühle Ihres Gegenübers in Worte. Sagen Sie Ihrem Kind nicht einfach »Stell dich nicht so an«, sondern erkennen Sie seine Gefühle an: »Ja, das ärgert dich, dass wir jetzt vom Spielplatz heimgehen müssen.« »Jetzt hast du einen Kloß im Hals, weil du nicht auf die Geburtstagsparty eingeladen wurdest.« »Da ist einem aber auch zum Heulen, wenn der Frisör einem so die Haare verschnitten hat.« Verstanden zu werden beruhigt die

Seele (▶ Seite 231). Nicht nur die eines Kindes, sondern auch die der Freunde und des Partners. Dann treffen Lösungsvorschläge und auch eventuelle Kritik auf offenere Ohren.

• Noch ein Trostpflaster für Eltern, deren Jugendliche bald aus dem Haus gehen: Wenn die Kinder aus dem Haus sind, profitiert die Partnerschaft. Eine Langzeitstudie von der University of California in Berkeley zeigt: Nach dem Auszug der Kinder entfällt der Streit um die Erziehung, und die Partner begegnen sich im »leeren Nest« entspannter. Vor allem die Frauen sind dann mit ihrem Eheleben zufriedener als zuvor. Auch Alleinerziehende nutzen die neuen Freiräume und kümmern sich wieder mehr um die eigenen Interessen. Und: Wer Kinder großgezogen hat, wird älter. Weil Eltern gesünder, vorsichtiger – und daher länger – leben.

Abstillen

Die Weltgesundheitsorganisation WHO empfiehlt, Säuglinge sechs Monate voll und danach im Rahmen einer Mischkost mindestens bis zum zweiten Geburtstag weiter zu stillen. In westlichen Ländern ist schon viel gewonnen, wenn eine Mutter ihr Baby sechs Monate stillt. Danach bekommt nur noch etwa jeder zehnte Säugling die Brust. Die Handvoll Mütter, die sich hierzulande an die WHO-Empfehlung halten, müssen sich nicht selten als »Mutterkühe« oder »Glucken« aburteilen lassen. Dabei würde kaum ein Säugling schon im ersten Lebensjahr freiwillig die Brust aufgeben. Auch wenn es für viele Ohren befremdlich klingt: Das biologische Abstillalter beträgt etwa drei Jahre. Dass es in Deutschland nur etwas über 27 Wochen liegt, ist im Grunde unnatürlich.

Auch hierzulande wurde noch Anfang des letzten Jahrhunderts bis ins zweite und dritte Lebensjahr gestillt. Doch wer in den Sechzigerjahren geboren wurde, hatte schlechte Chancen, überhaupt noch die Brust zu bekommen. Klappte es mit dem Stillen nicht auf Anhieb, winkte die Hebamme mit dem Fläschchen, zumal es hieß, mit künstlicher Nahrung würden Babys satter, runder und zufriedener. Dieser Irrglaube ist zum Glück Vergangenheit. Geblieben sind aber das verfrühte Abstillen und eine tiefe Verunsicherung. Die SuSe-Studie (Stillen und Säuglingsernährung) beweist, dass praktisch alle Mütter ihr Baby stillen wollen. Doch schon zwei Wochen nach der Geburt bekommen nur noch 85 Prozent der Kinder Muttermilch, und nach drei Monaten wird kaum ein Drittel voll gestillt. Rückblickend bedauern über die Hälfte der befragten Mütter, so früh abgestillt zu haben. Der Grund ist vor allem die Sorge, das Baby werde an der Brust nicht satt. Schade, denn das Risiko, dass eine Mutter tatsächlich zu wenig Milch hat, ist äußerst gering: 95 bis 98 Prozent aller Mütter sind körperlich in der Lage, ihr Baby im ersten Lebenshalbjahr voll zu stillen.

Häufig zu hören ist auch das Argument, Muttermilch enthalte heutzutage durch die Umweltverschmutzung zu viele Schadstoffe, weshalb nach einem halben Jahr abgestillt werden solle. Das darf man getrost als Ammenmärchen abtun. Die Milch deutscher Mütter wird seit Jahrzehnten regelmäßig untersucht und ist heute im Vergleich zu den Sechzigerjahren nur noch mit einem Zehntel (!) der damaligen Schadstoffmenge belastet. Ob und wie lange eine Mutter ihr Baby stillen will oder nicht, ist ihre persönliche Entscheidung, die – wie auch immer sie ausfällt – Respekt verdient. Die Nachteile von Flaschennahrung sind heute weit geringer als früher. Säuglingsersatznahrungen sind inzwischen von sehr guter Qualität, und Babys gedeihen damit auch prächtig. Doch die natürlichste und beste Babymilch ist nach wie vor Muttermilch. Sie enthält wertvolle Immunstoffe, außerdem stellt sich die Brustdrüse exakt auf die Bedürfnisse des Kindes ein und passt die Milchzusammensetzung perfekt an sein Lebensalter an (▶ Seite 46, 48, 74).

Zurück in den Beruf

Obwohl in den Köpfen von Männern und Frauen das Rollenmodell »Frau an den Herd« längst Geschichte ist, hat sich an der Rollenverteilung wenig geändert. Nur etwa die Hälfte aller Mütter mit Kindern unter 16 Jahren ist in den alten Bundesländern erwerbstätig – in den USA sind es rund drei Viertel. Insbesondere wenn die Kinder noch jung sind, fürchten deutsche Mütter, Berufstätigkeit gehe auf Kosten der Kleinen. Dabei beweisen zahllose Studien, dass der Nachwuchs von einer qualitativ hochwertigen Fremdbetreuung sogar profitiert.

Berufstätige Mütter empfinden ihre Arbeit als wohltuenden Freiraum, und Statistiken zeigen: Sie machen ihre Abwesenheit wieder wett, indem sie sich nach Büroschluss mit ihren Kindern besonders ausgiebig und exklusiv beschäftigen. Untersuchung machen deutlich, dass berufstätige Mütter ihren Kindern heute im Durchschnitt mehr Zeit widmen als nicht berufstätige Mütter Anfang der Achtzigerjahre.

Wie gut und glücklich sich ein Kind entwickelt, steht und fällt damit, wie sicher es zu Hause gebunden ist (▶ Seite 51). Forschungen der Entwicklungspsychologin Lieselotte Ahnert ergaben: Eine gute Mutter-Kind-Bindung hängt nicht davon ab, ob das Kind immer zu Hause ist oder eine Einrichtung besucht. Bleiben Mütter, oder auch Väter, frohen Herzens daheim, ist auch ihr Kind rundum zufrieden. Wollen beide hingegen nicht auf Karriere verzichten, wird ihr Baby von einer guten Krippe mit einfühlsamem Personal profitieren: Vorausgesetzt, die Mutter hat eine sichere Bindung zu ihm aufgebaut. Umgekehrt würde ein unsicher gebundenes Kind von einer schlechten, lieblosen Fremdbetreuung zusätzlichen Schaden nehmen. Durch eine gute Fremdbetreuung hingegen würde die schlechte Bindung zumindest teilweise kompensiert. Meist ist es aber so, dass feinfühlige Eltern eine hochwertige Fremdbetreuung aussuchen. Ihre Kinder haben ideale Bildungschancen, weil sowohl die Familienerziehung als auch die Tagespflege qualitativ hoch sind und die Eltern später höchstwahrscheinlich auch die Schulleistungen fördern. Entsprechend mehrfach benachteiligt ist ein Kind, das nachlässig erzogen wird, eine schlechte Fremdbetreuung bekommt und wenig Unterstützung für die Schule erhält.

Nicht nur Berufstätige dürfen ihren Nachwuchs guten Gewissens in die Krippe oder zu einer engagierten Tagesmutter geben. Auch Hausfrauen und -männer haben dafür gute Gründe: Einkaufen und Haushalt sind schneller erledigt, wenn einem nicht dauernd ein Kind vor den Füßen herumläuft. Warum sollte es derweil nicht mit Gleichaltrigen basteln, singen, spazieren oder im Sand buddeln? Das Personal in einer Krippe kann sich voll und ganz auf die Kleinen konzentrieren und hat dabei eine vielfältige Auswahl an Fördermaterialien zur Verfügung. Und wenn die Eltern auch mal Zeit für sich selbst haben, können sie sich ihrem Kind anschließend umso inniger widmen (▶ Seite 204).

Eingewöhnung in die Kinderkrippe

Wenn Sie mit der Rückkehr ins Berufsleben hadern, spürt Ihr Kind die Zerrissenheit, wird klammern und sich schwer eingewöhnen. Geben Sie es nur in fremde Hände, wenn Sie wirklich bereit sind, es loszulassen. Und wenn Sie der betreuenden Einrichtung voll und ganz vertrauen. Woran Sie eine gute Kinderkrippe oder ein gutes Tagesmutterarrangement erkennen, steht auf Seite 205.

- Im ersten Lebensjahr tun sich Eltern und Kind mit einer familiären Betreuungshilfe, zum Beispiel durch die Großeltern, wahrscheinlich leichter. Denn im ersten Lebenshalbjahr akzeptiert ein Säugling so viel Unvertrautes nur schwer, im zweiten Lebenshalbjahr beginnt er sogar zu fremdeln. Der Übergang von der häuslichen Betreuung in eine Krippe erfordert darum im ersten Lebensjahr besonders viel Zeit für eine sanfte, allmähliche Eingewöhnung.

- Aber auch ein Kleinkind kann vom Angebot einer Krippe nur profitieren, wenn es sich nach einer sanften Eingewöhnung sicher und geborgen fühlt. Wird diese mit Ihnen geplant? Darf sie nötigenfalls auch mehrere Wochen dauern? Ihr Kind braucht die Gewissheit: Meine Erzieherin kann mich so gut beschützen und fast so liebevoll trösten wie Mama oder Papa. Diese Erfahrung muss es im Beisein der Eltern machen. Auch braucht es das Vertrauen: Mama oder Papa kommen bestimmt wieder zurück. Darum sollten die Trennungszeiten zunächst kurz sein. Je mehr das Kind seine Erzieherin als Sicherheitsbasis sieht, desto länger können Eltern es in der Krippe lassen.

• Bietet der Tagesablauf eine feste Struktur, an der sich die Kleinen gut orientieren können? Ist die Einrichtung dennoch flexibel genug, um Ihren individuellen Betreuungsbedarf zu berücksichtigen? Nehmen sich die Erzieherinnen ausreichend Zeit zum Wickeln, Anziehen, Trösten? Gehen sie individuell und einfühlsam auf die Kinder ein und sprechen sie viel mit ihnen?

• Weil es an guten Betreuungseinrichtungen für Kinder unter drei Jahren mangelt, nehmen einige Kindergärten schon Zweijährige auf. Doch Kleinkinder haben andere Bedürfnisse als Drei- bis Sechsjährige. Prüfen Sie, ob genug Platz, Spiel- und Rückzugsmöglichkeiten, Personal und Schonraum speziell für die Kleinen da sind. Die Kita-Gruppe sollte maximal 15 Kinder haben, darunter nicht mehr als fünf Kinder unter drei Jahren (▶ Anhang 16).

Daumenlutschen

Im Mutterleib lutschen Ungeborene schon an den Fingern und üben das Saugen an der Brust. Auch nach der Geburt suchen viele ihren Daumen, wenn sie nervös oder müde sind. Viele Babys nehmen zudem dankbar einen Schnuller an. Da anatomisch geformte Schnuller besser für den Kiefer sind, ist es einen Versuch wert, Säuglinge darauf umzugewöhnen. Einige Säuglinge beharren aber auf ihrem vertrauten Daumen. Da sie diesen immer zur Hand haben, haben ihre Eltern meist ruhigere Nächte. Denn sie müssen nachts nicht dauernd ans Bettchen rennen, um ihrem Baby den Nuckel zu reichen. Doch genau diese Selbstständigkeit macht es später so schwierig, Kindern das Daumenlutschen wieder abzugewöhnen: Anders als den künstlichen Ersatz kann man ihn nicht einfach bei der Schnullerfee gegen ein Geschenk tauschen.

Im zweiten Lebensjahr lässt das Saugbedürfnis nach, und bis zum dritten Geburtstag geben manche Kinder das Daumenlutschen auf. Entstandene Zahnfehlstellungen können sich bis zu diesem Alter noch von selbst regulieren. Allerdings sollten alle Abgewöhnungsversuche vor dem Schuleintritt spielerisch bleiben. Würde der Daumen zum anstrengenden Dauerthema, käme das Kind umso schwerer von der beruhigenden Gewohnheit los. Lutscht es noch im Kindergartenalter, spricht man bei Gelegenheit über die möglichen seelischen Ursachen mit dem Kinderarzt. Er kann auch beurteilen, ob der Kiefer schon so verformt ist, dass eine logopädische Behandlung angebracht ist. Oft überreichen Fachleute wie Arzt, Zahnarzt, Kieferorthopäde oder Logopäde ihren kleinen Patienten spezielle »Entwöhnungskalender«, wo das Kind daumenfreie Nächte aufzeichnet. Diese einfache Motivationsmethode zeigt, wie das Bonusprinzip, oft erstaunliche Wirkung (▶ Seite 208). Lutscht ein Kind noch über den Schuleintritt hinaus, sollte man das Thema trotzdem nicht zum Machtkampf machen. Mit zehn bis elf Jahren bekommt ein Großteil der Kinder, ob Daumenlutscher oder nicht, sowieso eine Zahnspange. Damit kann der Kieferorthopäde selbst stark verformte Kiefer wieder zurechtrücken. Spätestens dann hat das Nuckeln ein Ende, denn der Daumen hat durch die Zahnspange im Mund keinen Platz mehr.

Wenn sich die Eltern trennen

Eine Trennung oder Scheidung ist immer ein tiefer Lebenseinschnitt. Für die Partner zerbricht der Traum von einer heilen Familie, die Kinder fühlen sich in ihrem Sicherheitsbedürfnis erschüttert und erleben den Auszug eines Elternteils als schweren Verlust. Auf lange Sicht aber hinterlässt diese Belastung meist weniger Schäden als gemeinhin angenommen. Die Langzeitstudie der Psychologieprofessorin E. Mavis Hetherington von der University of Virginia in Charlottesville zeigt: Die meisten Scheidungskinder verkraften die Trennung überraschend gut. Auch wenn diese kurzfristig eine starke Belastung ist, die vor allem in den ersten zwei Jahren oft zu Verhaltensauffälligkeiten führt, so fühlen sich 70 Prozent der Scheidungskinder nach zwei Jahren wohl.

Babys wirken nach der Scheidung oft ängstlich. Sie lassen Mama oder Papa kaum noch aus den Augen und fürchten, sie oder er könnte auch noch weggehen. Kleinkinder machen oft kurzfristig Rückschritte, nässen erneut ein oder verlangen wieder nach dem Schnuller. Typisch für das Kindergartenalter ist, dass Kinder sich, beflügelt durch ihre Fantasie, alles zutrauen. Daher geben sie sich in dieser Altersphase oft an der Trennung der Eltern die Schuld. Grundschüler bringen zwar schon ein gewisses Verständnis für die Eltern auf, fühlen sich aber wütend und hilflos. Häufig leiden ihre schulischen Leistungen und der Umgang mit Freunden. Ältere Schulkinder übernehmen zu Hause oft Verantwortung für Dinge, die sie noch überfordern. Jugendliche zeigen sich einfühlsam für die elterlichen Probleme, viele fühlen sich aber unter Druck, nun sehr schnell erwachsen zu werden. Der überstürzte Ablösungsversuch bewirkt aber eher das Gegenteil und macht die Jugendlichen emotional zu abhängig von den Eltern.

Viele Kinder zeigen die klassischen Scheidungssymptome aber nicht nach, sondern vor der Trennung. Ist eine Ehe zu stark belastet, tut man den Kindern keinen Gefallen, wenn man nur noch ihretwegen zusammenbleibt. Im Gegenteil: Wird unter die Streitigkeiten ein Schlussstrich gezogen und kehrt zu Hause endlich Harmonie ein, geht es den Kindern bald meist wesentlich besser. Die größte Gefahr bei einer Scheidung liegt nicht darin, dass Eltern auseinandergehen – sondern wie sie dies tun. Hetheringtons Studie zufolge gelingt es nur einem Viertel der Scheidungspaare, in der Erziehung weiterhin an einem Strang zu ziehen. Einige machen sich noch viele Jahre nach der Trennung das Leben schwer, reden schlecht übereinander oder versuchen, das Kind auf ihre Seite zu ziehen. Sich häufig streitende geschiedene Eltern sind für Kinder aber eine noch größere Belastung als streitende Ehepaare. Darum sollten Eltern ihrem Kind zuliebe nichts unversucht lassen, um wieder fair miteinander umzugehen. Das gemeinsame Sorgerecht hat sich unter anderem deswegen als das beste Modell bewährt, weil es die Eltern dazu bringt, auch nach der Scheidung in Fragen der Erziehung gemeinsame Lösungen abzusprechen. Denn jedes Kind empfindet seine Eltern als einen Teil seiner eigenen Persönlichkeit. Fühlt es, dass Mutter oder Vater den anderen Elternteil ablehnt, empfindet es dies immer als Ablehnung seiner selbst –

auch wenn man ihm noch so beteuert, wie sehr man es liebt. Man tut ihm damit weh, und wenn es größer ist, wird es sein Herz verschließen und sich immer stärker nach der Liebe des anderen Elternteils sehnen. Wer es hingegen schafft, dem geschiedenen Partner gegenüber integer zu sein, wird mit der ungetrübten Liebe seines Kindes belohnt. Es ist eine Wohltat für die Kinderseele, wenn man es in den Arm nimmt und ihm sagt: »Ich bin sehr froh, dass ich mit dem Papa zusammen war. Denn dadurch habe ich jetzt dich. Und dafür bin ich ihm für immer dankbar« (▶ Seite 37, 160).

Wie sagt man Kindern, dass es vorbei ist?

Geheimniskrämerei macht Angst. Wenn Sie sich wirklich zur Trennung entschlossen haben, müssen Sie es Ihrem Kind sagen.

- Beantworten Sie gemeinsam alle seine Fragen offen und altersgerecht. Erklären Sie, was sich ändert – und betonen Sie besonders, was so bleibt wie gewohnt.

- Das Kind wird Ihnen von seinen Ängsten und Wünschen erzählen. Hören Sie ihm zu, nehmen Sie sich – möglichst auch gemeinsam – dafür Zeit. Versichern Sie ihm, dass es keinerlei Schuld an der Trennung hat und dass der Grund alleine bei beiden Eltern liegt. Erklären Sie ihm, dass die Liebe zwischen Erwachsenen anders ist als die zu einem Kind: dass bei Erwachsenen die Liebe manchmal aufhören kann. Dass Elternliebe aber nie aufhört. Dass es sich immer darauf verlassen kann, dass Sie beide es immer genauso lieb behalten werden.

- Auch wenn Sie als Liebespaar auseinandergehen, bleiben Sie Ihr Leben lang ein Elternpaar. Tun Sie alles, um Ihren Frieden miteinander zu finden. Vermutlich begegnen Sie einander zunächst mit Misstrauen und reden aneinander vorbei. Lassen Sie sich von einem Mediator helfen: Er vermittelt als neutraler Dritter und hilft auch bei Fragen zum Sorgerecht, Umgang und Unterhalt. Beim Jugendamt oder in freien Beratungsstellen erfahren Sie, wo Sie einen Mediator finden. Falls Sie keinen Mediator wollen: Holen Sie sich nicht nur Beistand bei Freundinnen und Freunden, sondern auch professionellen Rat, zum Beispiel bei einer Familienberatungsstelle. Untersuchungen zeigen: Elternpaare, die es schaffen, trotz Enttäuschung im Umgang miteinander loyal und in der Erziehung miteinander solidarisch zu bleiben, ersparen ihrem Kind viel Kummer und haben die besten Chancen, mit etwas Abstand gute Freunde zu werden.

• Betrachten Sie vorübergehende Verhaltensauffälligkeiten Ihres Kindes nicht gleich als Störung. Es ringt darum, die problematische Situation zu verarbeiten. Verbringen Sie viel exklusive Zeit mit ihm und lassen Sie Ihrem Kind und sich selbst Zeit, mit der Trennung fertig zu werden. Wenn Sie sich Sorgen machen, holen Sie sich und Ihrem Kind Unterstützung, zum Beispiel bei einer Beratungsstelle (▶ Anhang 1, 2, 8, 22).

• Wohnt Ihr Kind bei Ihrem Ex-Partner, müssen Sie sich klarmachen: Sogar wenn es sich gut mit Ihrer neuen Lebensgefährtin (oder Ihrem Lebensgefährten) versteht, kommt es trotzdem nicht zu Ihnen, weil es Ihren neuen Anhang besuchen will. Sondern weil es Sie vermisst! Und weil es sich notgedrungen damit arrangieren muss, dass Sie wieder gebunden sind. Es braucht die Gewissheit, dass Sie es trotz der Scheidung unvermindert lieben. Zeigen Sie Ihrem Kind, dass es nicht um seinen Stellenwert zu fürchten braucht. Viele Konflikte lassen sich vermeiden, indem Sie es sich zur Gewohnheit machen, während der ersten Stunde seines Besuchs immer ausschließlich für Ihr Kind da zu sein. Auch dann, wenn Sie inzwischen ein weiteres Kind oder Stiefkinder haben. Diese regelmäßige und exklusive Aufwärmzeit gibt Ihrem Kind Sicherheit und erleichtert es ihm, sich in Ihre neue Beziehung – oder in die neue Familie – zu integrieren (▶ Seite 37, Anhang 22).

Gedanken über den Tod

Alle Kinder haben immer wieder Phasen, wo sie sich Gedanken über Sterben und Tod machen. Dann hilft es, sich mit ihnen an das Thema heranzutasten. Beim Anblick eines toten Tieres bleibt man davor stehen: Warum könnte es gestorben sein? Woran erkennt man, dass es nicht nur schläft, sondern tot ist? Oder man spaziert gemeinsam über den Friedhof. Wer liegt hier begraben? Was steht auf den Grabsteinen? Was bedeuten das Kreuz oder die abgeknickte Ähre?

Manchmal werden Kinder auch direkt mit dem Thema konfrontiert, falls ein Haustier stirbt, ein Nachbar oder gar ein Familienmitglied. Ihre Reaktionen reichen von Neugier, Faszination und Albernheit bis zu tiefer Verzweiflung. Manche spielen bei der Nachricht vom Tod eines geliebten Menschen gleich weiter – Kinder haben starke Verdrängungsmechanismen, um übermächtige Gefühle auszuhalten. Ausflüchte wie »Papa weint nicht, er hat nur was ins Auge bekommen« oder »Opa schläft nur« machen ihre Vorstellung von Sterben und Tod umso bedrohlicher, denn sie spüren, dass es nicht stimmt. Besser geben Erwachsene offen zu, dass auch sie sich schwer damit tun.

Stirbt ein Haustier, sollte man dieses mit einem Trauerritual verabschieden. Der Verlust eines Hamsters ist für ein Kind tragisch, und man hilft ihm, wenn man dieser Trauer durch eine Zeremonie eine Form gibt. Dann wird sein Kummer nicht verdrängt, sondern es kann ihn bewältigen. Diese Erfahrung wird ihm helfen, wenn es irgendwann in seinem Leben den Tod eines geliebten Menschen erleiden muss.

Werden Sterben und Tod nicht totgeschwiegen, fällt von Kindern eine Last. Denn sie selbst haben zu dem bedrückenden Thema ein wohltuend unverkrampftes Verhältnis, das im Trauerfall ein starker Trost sein kann. Wenn es um Trauer geht, dürfen sich Eltern ausnahmsweise getrost bei ihrem Kind anlehnen (▶ Seite 235). Detaillierte Leidensberichte würden es aber überfordern. Der Weg in wirkliche Trauer führt durch einfache Dinge. Kleine Bitten wie »Ein Glas Wasser würde mir jetzt guttun« oder »Drück mal meine Hand« führen in die Tiefe, und das Kind wird in Sachen Trost ein starker Gefährte sein. Um Kinder nicht zu verstören, werden sie leider oft von Beerdigungen und Trauerfeiern ausgeklammert. Doch Abschiedszeremonien helfen beim Trauern. Darum sollten Kinder, insofern die Kräfte der trauernden Erwachsenen es zulassen, hier und möglichst auch schon am Sterbebett einen Platz bekommen. Die verbreitete Ansicht, man solle Tote nicht mehr ansehen, macht den Abschied für die Hinterbliebenen umso schwieriger, weil sie so den Verlust lange nicht akzeptieren können. Erlauben es die Umstände, sollte man Kindern anbieten – aber sie keinesfalls drängen –, verstorbene Angehörige noch ein letztes Mal zu sehen. Meist haben sie das Bedürfnis, sich zu verabschieden. Eine Kerze anzünden, ein Lied singen, etwas Liebevolles flüstern, den Toten noch einmal streicheln: Ein trauerndes Kind wird sein ganz persönliches Abschiedsritual erfinden. Hat es dieses für sich abgeschlossen, wird es wie aus heiterem Himmel fernsehen oder etwas spielen wollen. Kinder sind eben Lebenskünstler.

Wenn sich Kinder mit dem Thema Tod auseinandersetzen, stellen sie auch Fragen über den Glauben. Zu hören, dass der geliebte Opa jetzt im Himmelreich ist, dort über seine Lieben wacht und diese ihn eines Tages wiedersehen werden – solche Gedanken trösten. Wenn Eltern an ein Leben nach dem Tode glauben, wird das ihre Kinder erleichtern. Trotzdem braucht man nicht etwas zu erzählen, was man selbst nicht glaubt. Welche Antworten Eltern geben wollen, müssen sie ihren religiösen oder weltanschaulichen Überzeugungen nach selbst entscheiden. Doch keinesfalls sollte man sagen: »Dann ist alles vorbei, und irgendwann bleibt nur ein Häuflein Humus übrig« – das ist Kindern kaum zuzumuten. Eine kindgerechte Erklärung könnte hier lauten: »Alle Menschen und alle Tiere werden geboren, um zu leben. Das Leben ist ein Geschenk, darum feiern wir Geburtstage. Und eines Tages stirbt jeder Mensch und jedes Tier. Dann ist sein Körper nur noch eine Hülle, die er nicht mehr braucht. Sterben müssen ist genauso natürlich wie geboren werden. Darum vertraue ich fest darin, dass wir alle auch nach dem Tode beschützt und geborgen sind. Trotzdem sind wir sehr traurig, wenn jemand stirbt, den wir lieb hatten, weil wir ihn stark vermissen. Solange sich andere an ihn erinnern, wird immer ein Teil von ihm weiterleben« (▶ Seite 66).

Nutzen Sie die Kraft Ihrer Ahnen

Wenn Sie in Ihrer eigenen Familiengeschichte 500 Jahre zurückgehen, stehen 20 Generationen von Eltern, Großeltern, Urgroßeltern und Ururahnen hinter Ihnen. Mathematisch betrachtet sind dies 2^{20} Verwandte – also über eine Million.

• Kein Einziger aus dieser Reihe durfte fehlen. Jeder Einzelne von ihnen hat sein Leben gemeistert, jeder Einzelne von ihnen hat es geschafft, seine Kinder großzuziehen: Dass Sie heute leben, ist nur möglich, weil all Ihre Verwandten gelebt haben, einander begegnet sind und zusammen Kinder bekommen haben. Diese wunderbare Kette von Begegnungen setzen Sie nun fort, indem Sie dieses Geschenk des Lebens an Ihr Kind weitergegeben haben.

• Wenn Sie sich in der Erziehung überfordert fühlen: Stellen Sie sich vor, wie all diese Ahnen in einer Reihe hinter Ihnen stehen. Sehen Sie sich als Glied in einer langen, erfolgreichen Kette aus Lebensgeschichten. Diese gedankliche Übung relativiert die Sorgen des Alltags und gibt Ihnen Zuversicht und Energie.

Vorbereiten auf die Selbstständigkeit

Erziehung ist wie Wellenreiten: Eltern dürfen ruhig ins Wanken geraten. Die große Kunst besteht darin, immer wieder das Gleichgewicht zu suchen. Wer folgende Stützpunkte im Auge behält, erzieht erfolgreich.

• Bindung und Wärme
Damit schenken wir unseren Kindern ein gesundes Vertrauen in die Welt. Kuscheln, Trösten und Beschützen geben ihnen Geborgenheit. Doch wir müssen sie auch selbstständig werden lassen: Indem wir unserem Kleinkind zumuten, bei der Oma zu übernachten. Wenn wir unserem Vierjährigen zutrauen, auf eine Mauer zu klettern. Und unserem Teenager seine Freunde wichtiger werden lassen, als wir ihm sind.

• Sicherheit und Schutz
Was für unsere Kinder wichtig ist, müssen wir durchsetzen. Wollen unsere trotzenden Zweijährigen partout alleine über die Straße gehen, nehmen wir sie trotzdem bei der Hand. Wir verdonnern unsere Zwölfjährigen zur Mathe-Nachhilfe, damit sie in der Schule nicht durchfallen. Aber wir üben keine Macht über unsere Kinder aus, sondern respektieren ihre Würde: Indem wir sie nicht zwingen, ihren Teller leer zu essen. Indem wir ihnen genug Freiraum geben, um sich entwickeln zu können. Indem wir ihnen nicht drohen »Dann hab ich dich nicht mehr lieb«, sondern »Tut mir leid« sagen, wenn wir mal ungerecht waren.

• Orientierung und Bildung
Um klug zu werden, brauchen Kinder Geborgenheit, Förderung, Bewegung, Ermutigung und Fantasie. Was gut und was richtig ist und wie die Welt funktioniert, lernen sie an unserem Vorbild und indem wir es ihnen altersgemäß erklären (▶ Seite 200).

Wenn die Kinder das Haus verlassen

Als Eltern wünschen wir uns das Beste für unsere Kinder. Doch unbewusst wünschen wir uns auch das Beste von unseren Kindern. Womit sie uns Freude machen, zeigt uns, wo unsere Stärken liegen. Womit sie uns enttäuschen, führt uns unsere Schwächen und unerfüllten Lebenswünsche vor Augen. Wir leben in unseren Kindern weiter: durch die Erziehung, die wir ihnen mit auf ihren Lebensweg geben. Und auch biologisch betrachtet, indem sich unsere Gene in ihnen fortpflanzen, wodurch wir unsterblich werden. Dennoch sind Kinder nicht die Fortsetzung unseres Lebensplans. Sie wollen und müssen ihren eigenen Weg gehen, und das dürfen Eltern fördern und lieben. Elternliebe ist wie eine Kaskade: Sie kann nur von oben nach unten fließen. Dass wir für unsere Kinder alles tun, heißt nicht, dass sie uns dies zurückgeben müssen. Sie werden diese Liebesmühe und Liebe, die sie von uns bekommen haben, eines Tages an ihre Kinder weitergeben. Sich dies vor Augen zu führen stimmt zunächst traurig, ist aber ein Schlüssel zum Glück. Denn nur durch Loslassen lässt sich das Glück festhalten.

In der Pubertät erwartet uns das Loslassen als letzte Erziehungsaufgabe. Auch wenn es zu Hause noch so schön ist: Jugendliche müssen den elterlichen Hafen eines Tages verlassen und riechen kurz vor ihrem Aufbruch nur noch den Mief der Hafenmole. Wenn sie schließlich die Segel hissen und hinaus in die Welt ziehen, scheinen sie am Horizont zu verschwinden. Doch sie kommen als junge Erwachsene wieder zurück. Fast jeder dritte erwachsene Deutsche, das zeigen Umfragen, telefoniert täglich mit seiner Mutter. Über zwei Drittel halten mindestens einmal pro Woche Kontakt. Und 80 Prozent der erwachsenen Kinder, so der Züricher Sozialforscher Marc Szydlik, wohnen eines Tages wieder in der Nähe der Eltern.

Bis der Draht nach der Pubertät wieder so gut wird, denken Eltern oft wehmütig an die schöne Zeit, als Sohn oder Tochter ihnen noch ganz zugewandt waren. Und manchmal vermisst man schmerzlich jenes kleine Kind, das sie früher einmal waren. Für manche Mütter fällt der Auszug der Kinder obendrein mit dem Eintritt in die Wechseljahre zusammen, also in einen Lebensabschnitt, in dem viele Frauen aufgrund der hormonellen Umstellung sowieso eher melancholisch und dünnhäutig sind. Eltern müssen ihr Leben jetzt neu sortieren. So schwer es ist, die Kinder mit einem wehmütigen »Mach's gut!« gehen zu lassen: Studien dazu kommen zu dem Ergebnis, dass Eltern sich bald von dieser Melancholie erholen und insbesondere die Frauen meist noch einmal richtig aufblühen.

Schließlich geht die Liebe zu den Kindern ja nicht verloren, sie verändert sich nur. Das Gefühl der Nähe wird durch das Gefühl, stolz auf sein erwachsenes Kind zu sein, ersetzt. Man ist stolz auf seine Erfolge, seine Freundschaften, seine Interessen, in ein paar Jahren vielleicht sogar auf seine kleine Familie, die auch die eigene sein wird. Die Zeit und die Kraft, die wir bei der Kindererziehung brauchen, wird uns eines Tages wieder für uns selbst zur Verfügung stehen: für unsere Interessen, unseren Beruf, unsere Freunde und unsere Partnerschaft. Ob unsere Kinder klein oder groß sind: Mit der Wehmut, die Eltern beim Loslassen empfinden, schließt sich immer ein Kapitel – und ein neues beginnt.

Anhang

Hilfreiche Adressen

1. Beim Elterntelefon des Bundesfamilienministeriums können sich Mütter und Väter kostenlos und anonym aussprechen und bekommen Rat und Hilfe, Tel. 0800 / 1110550. Auf der Website *www.familien-wegweiser.de* finden Sie umfassend Auskunft zu verschiedensten Fragen rund um das Thema Familie. Außerdem gibt das Bundesfamilienministerium eine Fülle an Broschüren heraus. Zum Herunterladen unter *www.bmfsfj.de* oder Bestellen bei Publikationsverband der Bundesregierung, Postfach 481009, 18132 Rostock, E-Mail *publikationen@bundesregierung.de*. Zum Weiterlesen für die Lektionen in diesem Buch empfehlen wir zu den beschriebenen Themen insbesondere folgende Publikationen: »Geflimmer im Zimmer«; »Schau hin! – Der Medienratgeber für die ganze Familie«; »Ein Netz für Kinder – Surfen ohne Risiko?«; »Handy ohne Risiko? Mit Sicherheit mobil!«.

2. Die Adressen Ihres örtlichen Jugendamtes, örtlicher Beratungsstellen oder dem Schulpsychologischen Dienst erfahren Sie im Internet, Telefonbuch oder bei Ihrer örtlichen Gemeindeverwaltung. Beratungsstellen in Ihrer Nähe finden Sie außerdem über: Bundeskonferenz für Erziehungsberatung e.V., Herrnstr. 53, 90763 Fürth, Tel.: 0911 / 97714-0, *www.bke.de*.

3. Deutscher Kinderschutzbund Bundesverband e.V., Bundesgeschäftsstelle, Schönebergerstr. 15, 10963 Berlin. Tel.: 030 / 214809-0, *www.dksb.de*, E-Mail: *info@dksb.de*. Die »Nummer gegen Kummer« des Kinderschutzbundes lautet für Kinder und Jugendliche: 0800 / 1110333; für Eltern: 0800 / 1110550.

4. *www.familienhandbuch.de*. Das Online-Familienhandbuch des Staatsinstituts für Frühpädagogik.

5. Die Bundeszentrale für gesundheitliche Aufklärung hat eine Vielzahl hervorragender Informationshefte herausgebracht. So auch zum Thema Homosexualität: »Heterosexuell? Homosexuell?« Eine Themenübersicht finden Sie unter *www.bzga.de*. Man kann die Broschüren aus dem Internet herunterladen, per E-mail *(order@bzga.de)* oder Post bestellen (BZgA, 51101 Köln).

6. *www.elternimnetz.de*. Der Onlineratgeber der öffentlichen Kinder- und Jugendhilfe.

7. pro familia, Deutsche Gesellschaft für Familienplanung, Sexualpädagogik und Sexualberatung e. V., Bundesverband Stresemannallee 3, 0596 Frankfurt/Main, Tel.: 069/639002, E-Mail: info@profamilia.de. Im Internet finden Sie unter *www.profamilia.de* zahlreiche Informationen sowie die Adressen von über 160 Beratungsstellen in ganz Deutschland.

8. Deutscher Caritasverband e. V., Karlstraße 40, 79104 Freiburg, Tel.: 0761/200-0, *www.caritas.de.* Unter »Service« finden Sie Adressen von Caritas-Einrichtungen und Beratungsstellen in ganz Deutschland.

9. *www.kinderaerzte-im-netz.de.* »Kinder- und Jugendärzte im Netz« ist eine Gesundheitsplattform für die ganze Familie. Für Kinder aller Altersstufen finden Sie umfassende und aktuelle Informationen über Gesundheit, Vorsorge, Entwicklung und Sicherheit. Ein umfangreiches Lexikon beschreibt Krankheiten, ein Adressfinder hilft bei der Suche nach Ärzten, Kliniken und Notdiensten. Außerdem kann man Merkblätter herunterladen.

10. Stiftung Kindergesundheit, *www.kindergesundheit.de.* Hier finden Sie wissenschaftliche Informationen unter anderem über Gesundheitsvorbeugung, Ernährung, Allergien, Impfungen.

11. Information und Beratung zum Stillen und bei Stillproblemen:
    - Berufsverband Deutscher Laktationsberaterinnen e. V., Sekretariat: Hildesheimer Straße 124 E, 30880 Laatzen, Tel.: 0511/87649860, *www.bdl-stillen.de,* E-Mail: sekretariat@bdl-stillen.de.
    - La Leche Liga Deutschland e. V., Gesellenweg 13, 32427 Hille, Tel.: 0571/48946, Info-Hotline: Tel.: 0517/4049481, *www.lalecheliga.de,* E-Mail: info@lalecheliga.de.
    - Arbeitsgemeinschaft Freier Stillgruppen e. V., Geschäftsstelle: Bornheimer Straße 100, 53119 Bonn, Tel.: 0228/3503871, *www.afs-stillen.de,* E-Mail: ak.internet@afs-stillen.de

12. Mehr Informationen über Babyschlaf:
    - Unter *info@kindergesundheit.de* kann das Faltblatt »Wichtige Tipps zum sicheren und gesunden Babyschlaf« bestellt werden.
    - *www.schlafumgebung.de*
    - *www.babyschlaf.de*
    - Unter der Telefonnummer 0180/5099555 läuft ein Band mit Informationen. Außerdem bekommen rauchende Schwangere und Mütter hier persönliche Hilfe, um sich das Rauchen abzugewöhnen.
    - Hilfe bei Fragen zum Plötzlichen Kindstod bietet die Gemeinsame Elterninitiative Plötzlicher Säuglingstod e. V. GEPS, Bundesgeschäftsstelle, Fallingbosteler Straße 20, 30625 Hannover, Tel.: 0511/8386202, *www.geps.de,* E-Mail: geps-deutschland@t-online.de.

13. Bundesverband »Das frühgeborene Kind« e. V., Speyerer Straße 5–7, 60327 Frankfurt/Main, E-Mail: info@fruehgeborene.de. Unter *www.fruehgeborene.de* finden Sie Informationen und können Broschüren herunterladen. Darüber hinaus können Betroffene dienstags und donnerstags von 9 bis 12 Uhr eine Eltern-Hotline anrufen, Tel.: 01805/875877.

14. SAFE® (Sichere Ausbildung für Eltern) ist ein Trainingsprogramm des Münchner Bindungsforschers Karl Heinz Brisch. Es unterstützt Eltern bereits ab der Schwangerschaft bis zum Ende des ersten Lebensjahres, damit ihre Kinder eine sichere Bindung zu ihnen entwickeln können. SAFE®-Kurse werden in ganz Deutschland und im Ausland angeboten. Informationen und Anmeldung: *www.safe-programm.de.*

15. Beim Giftnotruf bekommen Sie schnell Hilfe, was zu tun ist, wenn ein Kind etwas Giftiges oder Gefährliches verschluckt hat oder Kontakt damit hatte. Recherchieren Sie vorsorglich (zum Beispiel unter *www.ggiz.de*) die Telefonnummer des Giftnotrufs für Ihr Bundesland. Berlin: 030/19240; Bonn: 0228/19240; Erfurt: 0361/730730; Freiburg: 0761/ 19240; Göttingen: 0551/19240; Homburg: 06841/19240; Mainz: 06131/19240; München: 089/19240; Nürnberg: 0911/3982451; Wien: 0043/1/4064343; Zürich: 0041/44/2515151. Sie sind nicht unbedingt an den nächstgelegenen Giftnotruf gebunden, sondern können im Notfall auch ein anderes Zentrum anrufen.

16. Mehr zum Thema Fremdbetreuung und Berufstätigkeit:
    - Die Bertelsmann-Stiftung hat Broschüren und Checklisten darüber herausgegeben, was eine gute Kinderkrippe beziehungsweise einen guten Kindergarten ausmacht. Als Download unter: *www.kinder-frueher-foerdern.de* oder zu bestellen bei: Bertelsmann Stiftung, Tel.: 05241/818160.
    - *www.berufstaetige-muetter.de.* Die Website des Verbands berufstätiger Mütter.

17. *www.eltern.de.* Das Internetportal der Zeitschrift *Eltern.*

18. *www.institutkom.de* informiert über EPL (Ein Partnerschaftliches Lernprogramm) und darüber, wo Sie in Ihrer Umgebung an einem EPL-Seminar teilnehmen können. Über diese Website können Sie auch die interaktive DVD der EPL-Gründer Joachim Engl und Franz Thurmaier bestellen: Ein Kick mehr Partnerschaft. Gelungene Kommunikation … damit die Liebe bleibt. Institut für Forschung und Ausbildung in Kommunikationstherapie, München 2007.

19. Mehr zum Thema Medien:
 - *www.schauhin.info*
 - Auf *www.top-videos.de* werden Spielfilme für Kinder und Jugendliche kommentiert und nach Altersempfehlung aufgelistet.
 - Die Programmberatung Flimmo *(www.flimmo.de)* bewertet TV-Sendungen nach Alter und Eignung.

 Hilfreiche Adressen bei Computersucht:
 - Arbeitskreis gegen Spielsucht e. V. *(www.ak-spielsucht.de)*
 - *http://jugendinfo.de/themen.php/450/comptersucht.html*
 - Buchtipp: Wolfgang Bergmann, Gerald Hüther: *Computersüchtig: Kinder im Sog der modernen Medien.*

20. Gegen Legasthenie hilft bereits im Vorschulalter das Training nach dem Würzburger Konzept. Übungen, die man auch zu Hause anwenden kann, findet man in der Box mit Anleitung und Arbeitsmaterial der Leiterin des Würzburger Instituts für Lernförderung Petra Küspert mit Wolfgang Schneider: Hören, Lauschen, Lernen. Vandenhoeck & Ruprecht, Göttingen 2006.
 - Bundesverband Legasthenie und Dyskalkulie e. V., *www.bvl-legasthenie.de.*

21. ADHS Deutschland e. V., Bundesgeschäftsstelle, Postfach 410724, 12117 Berlin, Tel.: 030/85605902, *www.adhs-deutschland.de,* E-Mail: info@adhs-deutschland.de.

22. Bei Scheidungen hilft Eltern, Kindern und Jugendlichen die Website *www.trennungskind.de.*

23. Zum Thema Mobbing bietet das Internet weitere Informationen zu Prävention, Hilfe und dem Austausch von Betroffenen:
 - *www.buddy-ev.de*
 - *www.faustlos.de*
 - *www.seitenstark.de*
 - Die Broschüre »Mobbing an der Schule« von der Aktion Kinder- und Jugendschutz e. V. kann man unter Tel.: 0431/2606878 bestellen oder unter *www.akjs-sh.de* herunterladen.

24. Über selbstverletzendes Verhalten hat die Aktion Kinder- und Jugendschutz e. V. das Heft »Schnippeln und Ritzen: Selbstverletzendes Verhalten bei Jugendlichen« herausgebracht, unter Tel.: 0431/260 68 78 zu bestellen oder unter *www.akjs-sh.de* herunterzuladen.

25. *www.mehrzeitfuerkinder.de*. Website der Aktion »Mehr Zeit für Kinder e. V.«

Literatur

LEKTION 1: **Rollen und Veränderung**

Bettermann, Stella: *Mama Solo!* Fischer Verlag, Frankfurt am Main 2003
Engl, Joachim, Franz Thurmaier: *Wie redest Du mit mir?* Herder Verlag, Freiburg im Breisgau 1995
Fthenakis, Wassilios, Martin R. Textor: *Knaurs Handbuch Familie. Alles, was Eltern wissen müssen.* Knaur Verlag, München 2004
GEO 05/2007
Gottman, John M.: *Die 7 Geheimnisse der glücklichen Ehe.* Ullstein Verlag, München 2006
Gudladt, Katharina, Maike Lück, Imke König: *Kinder? Ja, bitte!* Schwarzkopf & Schwarzkopf Verlag, Berlin 2006
Hetherington, E. Mavis: *Scheidung. Die Perspektiven der Kinder.* Beltz Verlag, Weinheim 2003
Kasten, Hartmut: *Geschwister. Vorbilder, Rivalen, Vertraute.* Ernst Reinhardt Verlag, München 2003
Keller, Heidi (Hrsg.): *Lehrbuch Entwicklungspsychologie.* Huber Verlag, Bern 1998
Maus, Sabine: *Kinder, Krümel, Katastrophen.* Herder Verlag, Freiburg im Breisgau 2001
Rufo, Marcel: *Geschwisterliebe, Geschwisterhass. Die prägendste Beziehung unserer Kindheit.* Piper Verlag, München 2004
Smolka, Sibylle: *Frauen erzählen vom Kinderkriegen.* dtv, München 2001
Tannen, Deborah: *Du kannst mich einfach nicht verstehen.* Goldmann Verlag, München 2006

LEKTION 2: **Vertrauen**

Bauer, Joachim: *Das Gedächtnis des Körpers.* Piper Verlag, München 2003
Bauer, Joachim: *Warum ich fühle, was Du fühlst.* Hoffmann und Campe Verlag, Hamburg 2005
Bergmann, Wolfgang: *»Du sollst glücklich sein mein Kind!«* Audio-Book. Wolfgang Bergmann spricht und liest über »Die Kunst der Elternliebe« und »Gute Autorität«. Beltz Verlag, Hamburg 2007
Furedi, Frank: *Die Elternparanoia.* Eichborn Verlag, Frankfurt am Main 2002
GEO, 05/2007
Grossman, Karin und Klaus E.: *Bindungen. Das Gefüge psychischer Sicherheit.* Klett-Cotta Verlag, Stuttgart 2006

Keller, Heidi (Hrsg.): *Lehrbuch Entwicklungspsychologie*. Huber Verlag, Bern 1998
Lothrop, Hanah: *Das Stillbuch*. Kösel Verlag, München 2006
Nilsson, Lennart: *Ein Kind entsteht*. Mosaik Verlag, München 1997
Papousek, Mechthild, Michael Schieche, Harald Wurmser: *Regulationsstörungen der frühen Kindheit*. Huber Verlag, Bern 2004
Preuschoff, Gisela: *Eltern brauchen Grundvertrauen*. Herder Verlag, Freiburg im Breisgau 2000
www.rabeneltern.org

LEKTION 3: **Alltag**

American Academy of Pediatrics: *Guide to Your Child's Nutrition*. Editors: H. W. Dietz, L. Stern, Villard 1999
Bensel, Joachim: *Was sagt mir mein Baby, wenn es schreit?* Oberstebrink-Verlag, Ratingen 2003
Faix, Wilhelm, Cornelia Mack: *Morgens, mittags, abends*. Hänssler Verlag, Holzgerlingen 2005
Kammerer, Dorothea: *Zärtlicher Abschied vom Tag*. Herder Verlag, Freiburg im Breisgau 1997
Kast-Zahn, Annette, Hartmut Morgenroth: *Jedes Kind kann richtig essen*. Oberstebrink-Verlag, Ratingen 2005
Kast-Zahn, Annette, Hartmut Morgenroth: *Jedes Kind kann schlafen lernen*. Oberstebrink-Verlag, Ratingen 2002
Papousek, Mechthild, Michael Schieche, Harald Wurmser: *Regulationsstörungen der frühen Kindheit*. Huber Verlag, Bern 2004
Rankl, Christine: *So beruhige ich mein Baby. Tipps aus der Schreiambulanz*. Walter Verlag, Düsseldorf und Zürich 2007
Satter, Ellyn: *How to Get Your Kid to Eat. But Not Too Much*. Bull Publishing, Boulder 1987
Weymann-Reichardt, Beate: *Kindern klare Grenzen setzen*. Südwest Verlag, München 2003

LEKTION 4: **Schlaf**

Gürtler, Norbert, Doro Kammerer: *Stillwerden und Entspannen*. Herder Verlag, Freiburg im Breisgau 1998
Kast-Zahn, Annette, Christian Mogenroth: *Jedes Kind kann schlafen lernen*. Oberstebrink-Verlag, Ratingen 2002
Müller, Else: *Träumen auf der Mondschaukel. Autogenes Training mit Märchen und Gute-Nacht-Geschichten*. Kösel Verlag, München 2007
Schnabel, Michael: *Einschlafrituale stärken Kinder*. In: Fthenakis, W.E., M.R. Textor (Hrsg.): Online-Familienhandbuch. *http://www.familienhandbuch.de/cmain/f_Fachbeitrag/a_Erziehungsbereiche/s_1938.html* (9.12.09)
Suer, Paul: *So schlafen alle Kinder besser*. Südwest Verlag, München 1998
Suer, Paul: *Wenn Kinder Angst haben*. Südwest Verlag, München 1998
Suer, Paul: *Wenn Kinder nicht schlafen können*. In: Fthenakis, W. E., M. R. Textor

(Hrsg.): Online-Familienhandbuch. *http://familienhandbuch.de/cmain/f_Aktuelles/a_Haeufige_Probleme/s_844.html* (9.12.09)

LEKTION 5: **Regeln und Grenzen**

Bergmann, Wolfgang: *Warum unsere Kinder ein Glück sind. So gelingt Erziehung heute.* Beltz Verlag, Weinheim und Basel 2009

Dreikurs, Rudolf, Vicki Soltz: *Kinder fordern uns heraus. Wie erziehen wir sie zeitgemäß?* Klett-Cotta Verlag, Stuttgart 2008

Kast-Zahn, Annette: *Jedes Kind kann Regeln lernen.* Oberstebrink-Verlag, Ratingen 1997

Koch, Marianne: *Die Gesundheit unserer Kinder.* dtv, München 2007

Müller, Franz-Werner, Hiltrud Laubach: *Liebe, Grenzen, Konsequenzen. Mut zur Erziehung.* Grünewald Verlag, Mainz 2003

Rogge, Jan-Uwe: *Kinder brauchen Grenzen.* Rowohlt Verlag, Reinbek 2004

LEKTION 6: **Respekt**

Alexander, Jenny: *Das ist gemein! Wenn Kinder Kinder mobben. So schützen und stärken Sie Ihr Kind.* Herder Verlag, Freiburg im Breisgau 1999

Bastian, Till: *Kinder brauchen böse Eltern.* Verlag Droemer Knaur, München 2001

Bergmann, Wolfgang: *Disziplin ohne Angst. Wie wir den Respekt unserer Kinder gewinnen und ihr Vertrauen nicht verlieren.* Beltz Verlag, Weinheim und Basel 2007

Bueb, Bernhard: *Lob der Disziplin. Eine Streitschrift.* List Verlag, München 2008

Dreikurs, Rudolf, Loren Grey, Hans Schmidthüs: *Kinder lernen aus den Folgen.* Herder Verlag, Freiburg im Breisgau 2008

Furedi, Frank: *Die Elternparanoia. Warum Kinder mutige Eltern brauchen.* Eichborn Verlag, Frankfurt am Main 2001

Hurrelmann, Klaus, Norbert Rixius, Heinz Schirp: *Gewalt in der Schule.* Beltz Verlag, Weinheim 2000

Mainberger, Bettina: *Jede Menge Zoff. Was tun gegen Mobbing und Gewalt?* dtv, München 2000

Winterhoff, Michael: *Tyrannen müssen nicht sein. Warum Erziehung allein nicht reicht – Auswege.* Gütersloher Verlagshaus, Gütersloh 2009

LEKTION 7: **Spielen**

Jeitner-Hartmann, Bertrun: *Das große Ravensburger Buch der Kinderbeschäftigung.* Ravensburger Verlag, Ravensburg 2004

Koch, Marianne: *Die Gesundheit unserer Kinder.* dtv, München 2007

Largo, Remo: *Babyjahre.* Piper Verlag, München 2007

Leger, Elke: *Lernen mit allen Sinnen.* In: Fthenakis, W. E., M.R. Textor (Hrsg.): Online-Familienhandbuch *www.familienhandbuch.de/cmain/f_Aktuelles/a_Erziehungsfragen/s_1079.html* (9.12.09)

Stoppard, Miriam: *Kreative Spiele für Babys. So fördern Sie die Entwicklung Ihres Kindes im ersten Lebensjahr.* Dorling Kindersley Verlag, München 2005

Weymann, Beate: *Chaos im Kinderzimmer.* In: Fthenakis, W. E., M. R. Textor (Hrsg.): Online-Familienhandbuch *www.familienhandbuch.de/cmain/f_Aktuelles/a_Haeufige_Probleme/s_445.html* (10.12.09)

LEKTION 8: **Fördern und Motivieren**

Berger, Ruth: *Warum der Mensch spricht.* Eichborn Verlag, Frankfurt am Main 2008

Eliot, Lise: *Was geht da drinnen vor? Die Gehirnentwicklung in den ersten fünf Lebensjahren.* Berlin Verlag, Berlin 2001

Elschenbroich, Donata: *Weltwissen der Siebenjährigen.* Verlag Antje Kunstmann, München 2003

GEO kompakt, Nr. 17, Kindheit, 12/2008

GEO Wissen, Nr. 40, Sprache, 10/2007

Gopnik, Alison, Andrew Meltzoff, Patricia Kuhl: *The Scientist in the Crib.* Harper Collins, New York 2000

Haug-Schnabel, Gabriele: *Wie Kinder sauber werden können. Was Sie als Eltern wissen müssen, damit das Sauberwerden klappt.* Oberstebrink-Verlag, Ratingen 2004

Hauser, Uli: *Eltern brauchen Grenzen. Lasst die Kinder Kinder sein.* Piper Verlag, München 2008

Keller, Georg: *Körperzentriertes Gestalten und Ergotherapie.* Verlag Modernes Lernen, Dortmund 2004

Largo, Remo: *Babyjahre.* Piper Verlag, München 2007

Leach, Penelope: *Die ersten Jahre deines Kindes.* dtv, München 2001

Nitsch, Cornelia: *Kinder gezielt fördern: So entwickelt sich Kinder spielend.* Graefe und Unzer Verlag, München 2004

Pauen, Sabina: *Was Babys denken.* Verlag C. H. Beck, München 2006

Pinker, Susan: *Das Geschlechter-Paradox: Über begabte Mädchen, schwierige Jungs und den wahren Unterschied zwischen Männern und Frauen.* DVA, München 2008

Rubner, Jeanne: *Was Frauen und Männer so im Kopf haben.* dtv, München 1999

Szagun, Gisela: *Das Wunder des Spracherwerbs.* Beltz Verlag, Hamburg 2007

LEKTION 9: **Selbstbewusstsein und Persönlichkeit**

Aust-Claus, Elisabeth, Petra Marina-Hammer: *Das A.D.S-Buch. Aufmerksamkeits-Defizit-Syndrom. Neue Konzentrations-Hilfen für Zappelphilippe und Träumer.* Oberstebrink-Verlag, Ratingen 2005

Bauer, Joachim: *Prinzip Menschlichkeit: Warum wir von Natur aus kooperieren.* Heyne Verlag, München 2008

Bergmann, Wolfgang: *Halt mich fest, dann werd ich stark. Wie Kinder fühlen und lernen.* Pattloch Verlag, München 2008

Brooks, Robert, Sam Goldstein, Ulrike Stopfel: *Das Resilienz-Buch.* Klett-Cotta Verlag, Stuttgart 2007

Clemens, Harris, Reynold Bean: *Selbstbewusste Kinder.* Rowohlt Verlag, Reinbek 1994
Eltern sein – Die ersten Jahre. Ideen, Informationen und Gesundheitstipps für die junge Familie. Hrsg. von Barmer und Mehr Zeit für Kinder e. V., 2. Auflage 2002
Erlinger, Rainer: *Lügen haben rote Ohren.* Ullstein Verlag, Berlin 2005
Haug-Schnabel, Gabriele, Barbara Schmid-Steinbrunner: *Wie man Kinder von Anfang an stark macht.* Oberstebrink-Verlag, Ratingen 2005
Heueck-Mauß, Doris: *Das Trotzkopfalter.* Humboldt Verlag, Hannover 2008
Hofferer, Manfred: *Wenn Kinder trotzen. Hilfe, das ICH meines Kindes erwacht!* In: Fthenakis, W. E., M. R. Textor (Hrsg.): Online-Familienhandbuch. *www.familienhandbuch.de/cmain/f_Aktuelles/a_Haeufige_Probleme/s_485.html* (10.12.09)
Hüther, Gerald, Cornelia Nitsch: *Wie aus Kindern glückliche Erwachsene werden.* Graefe und Unzer Verlag, München 2008
Iggulden, Conn und Hal: *The dangerous book for boys. Das einzig wahre Handbuch für Väter und ihre Söhne.* Cbj-Verlag, München 2007
Mahler, Margaret S., Fred Pine und Anni Bergman: *Die psychische Geburt des Menschen. Symbiose und Individuation.* Fischer Verlag, Frankfurt am Main 2001
Rampe, Micheline: *Der R-Faktor.* Eichborn Verlag, Frankfurt am Main 2004
Stern, Daniel N.: *Tagebuch eines Babys.* Piper Verlag, München 1991
Wenk, Conny: *Schmetterlingszauber.* Paranus Verlag, Neumünster 2007
Wenk, Conny: *Außergewöhnlich.* Paranus Verlag, Neumünster 2004
Weymann-Reichardt, Beate: *Kindern klare Grenzen setzen.* Südwest Verlag, München 2003
Zimmer, Katharina: *Widerstandsfähig und selbstbewusst. Kinder stark machen fürs Leben.* dtv, München 2009

LEKTION 10: **Medien**

Bachmair, Ben: *Abenteuer Fernsehen. Ein Begleitbuch für Eltern.* dtv, München 2001
Bergmann, Wolfgang, Gerald Hüther: *Computersüchtig. Kinder im Sog der modernen Medien.* Walter Verlag, Düsseldorf 2007
Bundesministerium für Familie, Senioren, Frauen und Jugend (Hrsg): *Geflimmer im Zimmer* (Broschüre). Berlin 2008
Bundesministerium für Familie, Senioren, Frauen und Jugend (Hrsg.): *Schau hin! Der Medienratgeber für die ganze Familie* (Broschüre). Berlin 2008
Bundesministerium für Familie, Senioren, Frauen und Jugend (Hrsg.): *Ein Netz für Kinder* (Broschüre). Berlin 2008
Gehirn und Geist, Heft 3/ 2008
Götz, Maya: *Alles Seifenblasen? Die Bedeutung von Daily Soaps im Alltag von Kindern und Jugendlichen.* Kopäd Verlag, München 2002
Rogge, Jan-Uwe: *Kinder können fernsehen. Vom Umgang mit der Flimmerkiste.* Rowohlt Verlag, Reinbek 2005

LEKTION 11: **Schule**

Aust-Claus, Elisabeth, Petra-Marina Hammer: *Auch das Lernen kann man lernen. Vom Kindergarten in die Schule. Was Sie als Eltern dafür tun können, dass Ihr Kind gut und gern lernt.* Oberstebrink-Verlag, Ratingen 2005

Bauer, Joachim: *Lob der Schule. Sieben Perspektiven für Schüler, Lehrer und Eltern.* Hoffmann und Campe Verlag, Hamburg 2007

Becker, Susanne: *Mein Traum von mir. Hoffnungen im letzten Schuljahr – Chancen für danach.* Zabert Sandmann Verlag, München 2009

Friedrich, Sabine, Volker Friebel: *Entspannung für Kinder. Übungen zur Konzentration und gegen Ängste.* Rowohlt Verlag, Reinbek 2002

Gemmer, Björn u. a.: *Konzentration. Fit in 30 Minuten.* Klett Verlag, Stuttgart 2006

Küspert, Petra: *Neue Strategien gegen Legasthenie. Wie Kinder leicht lesen und schreiben lernen.* Oberstebrink-Verlag, Ratingen 2003

Thorbrietz, Petra: *Konzentration. Wie Eltern ihr Kind unterstützen können.* dtv, München 2007

LEKTION 12: **Sexualität**

Ausfelder, Trude: *Alles, was Jungen wissen wollen.* Klopp Verlag, Hamburg 2004

Ausfelder, Trude: *Alles, was Mädchen wissen wollen.* Klopp Verlag, Hamburg 2004

Forssberg, Manne: *For Boys only.* Beltz Verlag, Weinheim 2008

Geisler, Dagmar: *Das bin ich von Kopf bis Fuß.* Loewe Verlag, Bindlach 2003

Geisler, Dagmar: *Mein Körper gehört mir! Ein Aufklärungsbuch der Pro Familia.* Loewe Verlag, Bindlach 2002

Grossmann, Thomas: *Schwul – Na und?* Rowohlt Verlag, Reinbek 2002

Hassenmüller, Heidi, Hanz Georg Wiedemann: *Warum gerade mein Kind?* Patmos Verlag, Düsseldorf 2003

Kreul, Holde, Dagmar Geisler: *Mein erstes Aufklärungsbuch.* Loewe Verlag, Bindlach 2003

Raith-Paula, Elisabeth: *Was ist los in meinem Körper?* Pattloch Verlag, Augsburg 2003

Rogge, Jan-Uwe: *Von wegen aufgeklärt! Sexualität bei Kindern und Jugendlichen.* Rowohlt Verlag, Reinbek 2008

Schütz, Esther Elisabeth, Theo Kimmich: *Körper und Sexualität. Entdecken, verstehen, sinnlich vermitteln.* Atlantis, Orell Füssli Verlag, Zürich 2007

Thor-Wiedemann, Sabine, Birgit Rieger: *Wachsen und erwachsen werden.* Ravensburger Verlag, Ravensburg 2004

Thor-Wiedemann, Sabine: *Liebe, Sex & Co.* Ravensburger Verlag, Ravensburg 2008

Wanzeck-Sielert, Christa: *Kursbuch Sexualerziehung.* Don Bosco Verlag, München 2004

Was Mädchen wissen wollen: Das Mädchenfragebuch. Von Wolfgang Hensel (Übersetzer), Ravensburger Verlag, Ravensburg 2008

Werner, Pia, Barbara Wörmann: *Jane liebt Julia. Das Coming-Out-Buch.* Verlag Droemer Knaur, München 2000

LEKTION 13: **Pubertät**

Bergmann, Wolfgang: *Disziplin ohne Angst.* Beltz Verlag, Hamburg 2007

Dawirs, Ralph, Günther Moll: *Endlich in der Pubertät! Vom Sinn der wilden Jahre.* Beltz Verlag, Hamburg 2008

Eder, Renate: *»Ihr versteht mich einfach nicht!« Kinder durch die Pubertät begleiten.* Verlag Droemer Knaur, München 2005

GEO Wissen, Nr. 41: Pubertät, 5/2008

Haug-Schnabel, Gabriele, Nikolas Schnabel: *Pubertät: Eltern-Verantwortung und Eltern-Glück: Wie Sie Ihr Kind beim Erwachsenwerden begleiten.* Oberstebrink-Verlag, Ratingen 2008

Pinker, Steven: *Das unbeschriebene Blatt.* Berlin Verlag, Berlin 2003

Rogge, Jan-Uwe: *Pubertät: Loslassen und Halt geben.* Rowohlt Verlag, Reinbek 2005

Sichtermann, Barbara: *Pubertät. Not und Versprechen.* Beltz Verlag, Hamburg 2008

Strauch, Barbara: *Warum sie so seltsam sind. Gehirnentwicklung bei Teenagern.* Berliner Taschenbuch Verlag, Berlin 2004

Wüschner, Peer: *Grenzerfahrung Pubertät.* Eichborn Verlag, Frankfurt am Main 2005

LEKTION 14: **Loslassen**

Fritschi, Tobias, Tom Oesch: *Volkswirtschaftlicher Nutzen von frühkindlicher Bildung in Deutschland. Eine ökonomische Bewertung langfristiger Bildungseffekte bei Krippenkindern.* Büro für Arbeits- und Sozialpolitische Studien (BASS) im Auftrag der Bertelmann-Stiftung, 2008

Kast, Verena: *Loslassen und sich selber finden. Die Ablösung von den Kindern.* Herder Verlag Verlag, Freiburg im Breisgau 2008

Mahler, Margaret S., Fred Pine und Anni Bergman: *Die psychische Geburt des Menschen. Symbiose und Individuation.* Fischer Verlag, Frankfurt am Main 2001

Spangenberg, Peter: *Wenn Kleine große Fragen stellen.* Patmos Verlag, Düsseldorf 1988

www.elternimnetz.de/cms/paracms.php?site_id=5&page_id=281 (11.12.09)

Register

E

F

G

H

I

J

K

L

M

N

O

P

Q

R

S

T

U

V

W

Z

Uli Hauser

Eltern brauchen Grenzen

Weniger Schul- und Erziehungsstress und alles wird gut.
224 Seiten. Piper Taschenbuch

Unbeschwert spielen und etwas erleben können, in Freiheit und doch geborgen aufwachsen dürfen. Oft sieht Kindheit diesertage anders aus: Turboschule und Förderwahn herrschen, große und kleine Elternsorgen regieren. Uli Hauser beschreibt, wie reglementiert unsere Kinder heute aufwachsen und wie der Leistungsdruck viele Kinder krank macht. Er zeigt, dass alles nur »gefühlt« gefährlicher geworden ist und warum es einfach ist, Kindern zu geben, was sie brauchen. Mehr Gelassenheit im Umgang mit Kindern! Statt Sorgen, Kontrolle und Förderstress brauchen unsere Kinder Abenteuer, kleine Geheimnisse und dass es auch mal langweilig sein darf.

Ein Mutmach-Buch für gestresste Eltern – für das Glück Ihrer Kinder ist es nie zu spät!

05/2308/02/L

Gabriele Frydrych

Von Schülern, Eltern und anderen Besserwissern

Aberwitz im Schulalltag.
224 Seiten. Piper Taschenbuch

Neues von der Schulfront.

Gabriele Frydrych, erprobt durch viele Jahre hinter dem Pult, liefert augenzwinkernd und mit bissigem Humor Einblicke in den aberwitzigen Alltag im Klassenzimmer. Die handelnden Personen: pubertierende Ungeheuer, hauptberufliche Mütter, notorische Erziehungsverweigerer, besserwisserische Kollegen und überforderte Schulleiter. Frydrychs scharfem Blick entgeht nichts; ihre spitze Feder zeichnet den ganz normalen Wahnsinn »Schule« auf.

»Wer hier zu lesen beginnt, liest auch zu Ende. Ich garantiere ein Riesenvergnügen.«
Vito von Eichborn

05/2653/01/R

Remo H. Largo

Kinderjahre

Die Individualität des Kindes als erzieherische Herausforderung. 378 Seiten. Piper Taschenbuch

Wie man Kinder fit fürs Leben macht, ihnen hilft, im Einklang mit ihrer Umwelt zu leben – das zeigt Remo H. Largo in diesem Buch. Er ist seit über zwanzig Jahren Leiter der Abteilung Wachstum und Entwicklung am Kinderspital in Zürich und kennt daher die ganze Bandbreite kindlicher Entwicklung. So kann er Eltern und Erziehern wirkliche Hilfe anbieten, nicht nur Theorien. Anschaulich führt er durch die entscheidenden Jahre zwischen dem Kleinkindalter und der Schwelle des Erwachsenseins. Wie entsteht die Individualität des Kindes? Welche Rolle spielen Anlagen und Umwelt? Wann und wie können Eltern die Entwicklung ihres Kindes unterstützen? Auf diese Fragen gibt der Autor fundierte Antworten mit praktischen Beispielen.

05/1355/02/L

Remo H. Largo

Babyjahre

Entwicklung und Erziehung in den ersten vier Jahren. Vollständig überarbeitete Neuausgabe. 592 Seiten mit über 300 Farbfotos und Schaubildern. Piper Taschenbuch

Der erfahrene Kinderarzt Remo H. Largo hat mit seinem vollständig überarbeiteten Standardwerk ein Erziehungsbuch ganz anderer Art geschrieben: Er geht nicht von einer idealen Entwicklung oder festen Erziehungsprinzipien aus, sondern sieht das Kind so, wie es ist. Vor allem will er bei Eltern und Erziehern Verständnis wecken für die biologischen Voraussetzungen und die Vielfalt kindlichen Verhaltens. Dieses Buch ist längst ein Klassiker und gehört als das einzige Buch, das Eltern wirklich brauchen, in jede Erstausstattung. – Der Bestseller in vollständig überarbeiteter Neuausgabe

05/2591/01/R